# Success Factor Modeling

## Band II

# Next Generation Collaboration

### Befreie die Kreative Kraft Kollektiver Intelligenz

von

## Robert B. Dilts

Design und Illustrationen von Antonio Meza

Übersetzung von Dr. Gudrun Reinschmidt

Castle Mount
Media

2019

# Inhaltsverzeichnis

# Success Factor Modeling
## Band II

# Next Generation Collaboration

*Befreie die Kreative Kraft Kollektiver Intelligenz*

## von
# Robert B. Dilts

Design und Illustrationen von
Antonio Meza

Übersetzung von
Dr. Gudrun Reinschmidt

Veröffentlicht in Zusammenarbeit mit

Dilts Strategy Group
P. O. Box 67448
Scotts Valley CA 95067
USA
Telefon: +1 (831) 438-8314
Email: info@diltstrategygroup.com
Web: www.diltstrategygroup.com

© 2017 der deutschsprachigen Ausgabe Castle Mount Media GmbH Alle Rechte vorbehalten.
3. überarbeitete Auflage 2020
© 2016 der Originalausgabe by Robert Dilts und Dilts Strategy Group. Alle Rechte vorbehalten.
Originaltitel: Generative Collaboration – Releasing the Creative Power of Collective Intelligence
Bibliografische Information der Deutschen Nationalbibliothek unter
https://dnb.d-nb.de

Die Übersetzerin Dr. Gudrun Reinschmidt ist Partnerin und autorisierte Trainerin der Dilts Strategy Group.
Covergestaltung und Illustrationen: Antonio Meza
Layout und graphische Gestaltung: Antonio Meza und Gudrun Reinschmidt

Gesamtdeutsche Rechte bei Castle Mount Media GmbH, Erlangen
www.castlemountmedia.com

I.S.B.N. 978-3-9818472-7-7

# Inhaltsverzeichnis

# Inhaltsverzeichnis

# Inhaltsverzeichnis

# Widmung

Dieses Buch ist mit großer Liebe und Wertschätzung meiner Frau

Deborah Bacon Dilts

gewidmet.

Sie wurde zu meinem wichtigsten Partner und Lehrer bei meiner Erforschung der Freuden, der Herausforderungen und der Kraft von generativen Kollaborationen.

**Robert Dilts**

Mit viel Liebe und Dankbarkeit widme ich dieses Buch meiner Frau

Susanne Kischnick.

Sie war im wahrsten Sinne des Wortes „an meiner Seite" während der Gestaltung dieser Seiten. Meine Hände zeichneten die Illustrationen, aber wir waren durch den Geist unserer generativen Kollaboration inspiriert.

**Antonio Meza**

# Danksagungen

Als erstes geht ein sehr spezieller Dank an Antonio Meza für seine Arbeit an der Layoutgestaltung für dieses Buch und für seine brillanten Illustrationen. Antonio's Intuition, Kreativität und Kunstfertigkeit haben sich immer weiter gesteigert, als wir gemeinsam an diesen Seiten arbeiteten. Antonio war in vielerlei Hinsicht wieder ein geschätzter Berater und Partner auf dem ganzen Weg bis zur Publikation dieses Buches. Es war Antonios Idee, das ursprünglich geplante Buch, das sehr lang geworden wäre, in drei Bände zu unterteilen.

Ich möchte mich ganz herzlich bei Glenn Bacon, Michael Dilts und Benoit Sarazin für ihre Zeit und ihren Einsatz beim Lesen des ersten Entwurfes dieses Buches bedanken sowie für ihr Feedback und ihre Vorschläge. Vielen Dank auch an Amanda Frost für ihr professionelles Lektorat dieses Buches wie von Band 1.

Natürlich kam der Hauptbeitrag zu diesem Buch von all den Menschen, Gruppen und Organisationen, die in den Erfolgsfaktor-Fallbeispielen dargestellt werden. Ich bedanke mich bei den CrossKnowledge-Gründern Steve Fiehl, Michaël Ohana, Pascal El Grably und Hervé Goudchaux; sowie bei Stefan Crisan von EDHEC; Randy Williams, dem Gründer des Keiretsu Forum, Chuck Dudek, Dave Redys, John Vance und Mike Mercer vom Comau Pico Custom Products Team; bei Drew Dilts mit seiner Arbeit für das Friedenskorps der Vereinigten Staaten; sowie bei Julia Dilts und Alejandro Moxey von Expedia. Und ein spezieller Dank geht an Dorothy Oger für ihr Gedicht über Kollektive Intelligenz, das sich am Ende des Fazits befindet.

Ich möchte auch allen weiteren Personen, Führungskräften und Unternehmern danken, die als Inspiration und Beispiel dienen und auf die auf diesen Seiten hingewiesen wird: Steve Jobs, Barney Pell, Cindana Turkatte, Mark Fizpatrick, Samuel Palmisano und Walt Disney.

Adam Grant und seine Arbeit über Weisheit und „Task Significance" (Aufgabensignifikanz) sowie James Surowiecki's Arbeit über die „Weisheit der Vielen" hatten ebenfalls wichtigen Einfluss auf die Entwicklung von mehreren Schlüsselideen und Grundsätzen in diesem Buch.

Dankbare Anerkennung geht ebenfalls an viele meiner Kollegen, die mit mir kollaborierten und wichtige Beiträge produzierten, auf die in diesem Band eingegangen wird: an Mitchell und Olga Stevko, meine Mitbegründer der *Successful Genius und Conscious Leadership Mastermind*-Gruppen; an Miklos (Mickey) Feher für unsere Zusammenarbeit an der *SFM Mindset Map*; an Robert McDonald für unsere Studie zum *Gruppendenken und Teamgeist*; an Stephen Gilligan für unsere Entwicklungen zu den Prinzipien und Praktiken des *Generative Change*; an Anne Deering und Julian Russell für unsen kollaborativen Einsatz zum *Alpha Leadership*; an Benoit Sarazin für unsere Studie über Disruptive Innovation; sowie an Ian McDermott für unsere Zusammenarbeit über *Intentional Fellowship*.

Schließlich möchte ich meinem Bruder John Dilts zutiefst danken, seine Liebe zu generativer Kollaboration und seine Leidenschaft zur Schaffung einer Welt voller visionärer Entrepreneure waren die Grundlage und bleibt der Geist des Success Factor Modeling.

**Robert Dilts**

# Vorwort zur deutschen Ausgabe

Wir leben in schnelllebigen Zeiten, in denen keine einzelne Person mehr genau wissen kann, welches Projekt oder welches Unternehmen als nächstes ein globaler Erfolg wird und welches untergehen wird. In diesen Zeiten gibt es einen hohen Bedarf an Generativer Kollaboration, bei der Menschen mit offenem Geist und offenen Herzen zusammenkommen, um neue Wege zu erkunden, wie sie eine friedlichere, produktive und sichere Welt schaffen können. Wir müssen auf die schwachen Signale achten, die offenbaren, was die Zukunft bringen wird. Und wir müssen den Mut haben, geeignete Kurskorrekturen durchzuführen. Mit diesem Buch verfolge ich das Ziel, Ihnen Instrumente an die Hand zu geben, mit denen Sie die kreative Kraft Kollektiver Intelligenz freisetzen können, die notwendig ist, um diese wichtige und herausfordernde Aufgabe zu erfüllen.

Seit vielen Jahren habe ich die Vision von einer Zukunft, in der Menschen zusammenarbeiten, um eine Welt zu schaffen, der Menschen zugehören wollen. Mit Success Factor Modeling hat die Dilts Strategy Group eine Bewegung gestartet, der sich Menschen aus der ganzen Welt anschließen, um mit uns auf ein besseres Morgen hinzuarbeiten. Wir geben Führungspersönlichkeiten, Unternehmern genau wie Teams und Organisationen die notwendigen Instrumente und Praktiken an die Hand, die ihnen helfen, weise Entscheidungen zu treffen und innovative Lösungen zu entwickeln, die sowohl Ihrem Unternehmenserfolg dienen als auch diese Welt zu einem besseren Ort machen.

Ich danke Gudrun Reinschmidt für ihre Unterstützung bei der Erfüllung unserer Vision, indem sie die Success Factor Modeling Programme für das deutschsprachige Publikum in den DACH-Ländern verfügbar macht. Meine Anerkennung gilt ihrer Übersetzungsleistung der ersten beiden Bände der Success Factor Modeling-Reihe, Next Generation Entrepreneurs und Next Generation Collaboration, sowie ihrer kollaborativen Arbeit mit Eric Effenberger beim Start des Next Generation Entrepreneur-Zertifikatsprogramms in Deutschland. Ich kenne Gudrun seit 2004 als engagierte Führungspersönlichkeit, die mit ganzem Herzen bei der Sache ist. Sie ist ein erfahrener Facilitator, Coach und Katalysator. Zum Beispiel hat sie andere dazu inspiriert, die SFM-Bücher in ihre eigenen Sprachen (Chinesisch, Italienisch, Russisch u.a.) zu übersetzen.

Selbstverständlich gebührt mein Dank auch der generativen Kollaboration zwischen Gudrun Reinschmidt und Laura Baxter von Castle Mount Media, die maßgeblich zum Start der Success-Factor-Modeling-Bewegung in Deutschland beiträgt. Über die Veröffentlichung der kompletten SFM-Triologie in traditioneller und digitaler Form (als Bücher und e-Books) hinaus, bieten die beiden Trainerinnen persönliche und innovative Online-Weiterbildungslösungen, um mehr Menschen die Chance zu geben, ihre Leidenschaft zu entdecken und ihre Träume zu leben, um eine bessere Welt mit ihren Unternehmen zu schaffen und die kreative Kraft kollektiver Intelligenz freizusetzen.

Paris, Oktober 2017
**Robert Dilts**

# Vorwort

Wie ich im Vorwort von *Success Factor Modeling Band I* gesagt hatte, ist diese Buchreihe die Erfüllung eines Traums, der 1999 begann, als mein verstorbener Bruder John (Sein Leben wird in Kapitel 4 (S. 236-246) in diesem Buch dargestellt.) und ich die Dilts Strategy Group gründeten und mit unseren ersten Forschungen mit Success Factor Modeling begannen.

Die Fragen, die wir beantworten wollten, waren: „Was ist der Unterschied, der den Unterschied zwischen erfolgreichen, durchschnittlichen oder mangelhaften Unternehmen, Teams oder Unternehmern ausmacht?" „Was sind die entscheidenden Erfolgsfaktoren, um ein erfolgreiches und nachhaltiges Geschäft zu gründen und auszubauen?"

Viele unserer Entdeckungen wurden im ersten Band dieser Trilogie, *Next Generation Entrepreneurs: Lebe Deinen Traum und schaffe eine bessere Welt durch dein Unternehmen,* beschrieben. Sie werden in der Einführung zu diesem Buch zusammengefasst (S. 2-37). Dazu gehört die Beschreibung Ihrer Passion, Vision, Mission, Ambition und Rolle sowie die Bildung des sogenannten „Erfolgszirkels". Ich fange dabei den Geist und das Hochgefühl (genau wie die Einsatzbereitschaft und Kompetenz) ein, die mit der Unternehmensgründung auf Basis Ihrer Leidenschaft und Vision verbunden sind.

Ein weiterer wichtiger Erfolgsfaktor, den wir entdeckten, war die sogenannte „Generative Kollaboration". Als wir erfolgreiche Persönlichkeiten studierten, wurde es schnell klar, dass der Refrain: „Niemand schafft etwas von Bedeutung ganz allein" eine sehr akkurate Beschreibung von Erfolg im 21. Jahrhundert ist. Wir fanden heraus, dass besonders erfolgreiche Menschen in der Lage waren, kreativ und produktiv mit anderen zusammenzuarbeiten, um ihre Träume und Visionen zu verwirklichen.

Dies stimmt ganz sicher für meine eigene Karriere. Jeder meiner größten Erfolge war das Resultat einer gewissen Art von generativer Kollaboration. Tatsächlich sind auch dieses Buch selbst die ganze Buchreihe Produkte generativer Kollaborationen, angefangen mit der offensichtlichen kreativen Kollaboration zwischen mir und dem Illustrator Antonio Meza.

In den Danksagungen erwähne ich ebenso viele weitere: Mitchell und Olga Stevko, meine Mitgründer der Successful Genius und Conscious Leadership Masterind-Gruppen; Miklos (Mickey) Feher, der mit mir an der *SFM Mindset Map-App* arbeitet; Stephen Gilligan und unsere Entwicklungen bei den Prinzipien und Praktiken auf dem Gebiet des *Generative Change*; Anne Deering und Julian Russell und unser kollaborativer Einsatz zum *Alpha Leadership*; Benoit Sarazin und unsere Studie über *Disruptive Innovation*; sowie Ian McDermott und unsere Arbeit am *Intentional Fellowship*.

Es gab viele, viele weitere Kollaborationen über die Jahre, die zu bedeutenden Entwicklungen, Projekten und Büchern führten. Mein eigener Pfad der generativen Kollaboration begann mit den Begründern des NeuroLinguistischen Programmierens, Richard Bandler und John Grinder. Die Entwicklung dieser anerkannten Methode, die überall auf der Welt gelehrt und studiert wird, war die Folge einer immensen Menge an kollektiver Intelligenz und generativer Kollaboration, die nicht nur Bandler und Grinder einschloss, sondern viele andere in ihren ersten Studentengruppen, wie Stephen Gilligan, Judith DeLozier, Frank Pucelik, Leslie Lebeau und David Gordon.

Meine Arbeit mit dem verstorbenen Todd Epstein, der ebenfalls mit der ersten Gruppe der NLP-Entwickler verbunden war, gipfelte in unserer Arbeit (und dem Buch) über *Dynamic Learning* und der Gründung der *NLP University* in Santa Cruz, Kalifornien. Viel von dieser Arbeit wurde fortgesetzt und weiterentwickelt während meiner jahrelangen Kollaboration mit Todds Ehefrau Teresa Epstein und Judith DeLozier. Judy und ich schrieben zusammen das zweibändige Werk *Encyclopedia of Systemic NLP* und das Buch *NLP II: The Next Generation* (Anm. d. Ü.: dt. NLP II – Die Neue Generation, Junfermann 2013)

Meine Kollaboration mit Tim Hallbom und Suzi Smith führte zu vielen wichtigen Entwicklungen und Anwendungen von NLP auf die Gesundheit, die in unserem Buch *Beliefs: Pathways to Health and Well-Being* (Anm. d. Ü: dt. Identität, Glaubenssysteme und Gesundheit, Junfermann 2001) zusammengefasst und im Health Certification Training, das wir weltweit durchgeführt haben, erfahren wurden.

Ich kollaborierte auch mit meinem Kollegen Robert McDonald beim Studium der spirituellen Dimensionen von Einzelnen und Gruppen. Daraus resultierten unser Buch *Tools of the Spirit* (Anm. d. Ü.: dt. Und dann geschah ein Wunder, Junfermann 1998) und unsere Seminare zum Gruppen-Denken und Teamgeist.

Weitere Kollaborationen schlossen die mit Richard Moss und unsere Entwicklungen zu *Depth Coaching* ein; auch die mit Mia Segal und unserer Arbeit, um NLP mit der Feldenkrais Methode für die Körperarbeit zu integrieren; Gino Bonissone und unsere Forschung zu Leadership und Innovation in großen Organisationen; sowie die meiner Frau Deborah Bacon Dilts und die Methoden, die wir für das Coaching auf der Identitätsebene *(Identity Coaching)* und der Integration von der *Heldenreise* mit der *5Rhythms®* Bewegungspraxis entwickelt haben.

Jede dieser generativen Kollaborationen beeinflusste auf gewisse, bedeutungsvolle Weise das Leben anderer und förderte die an diesen Kollaborationen Beteiligten, in wichtigen Punkten zu wachsen und sich zu entwickeln. Genau diese duale Dynamik zwischen persönlicher Entwicklung und dem Beitrag zu etwas Größerem als man selbst ist ein Schlüsselthema in diesem Band. In diesem Buch werde ich Grundsätze, Modelle, Instrumente und Übungen vorstellen, die dazu entwickelt wurden, das Beste aus sich selbst durch die Interaktionen mit anderen herauszuholen.

Ich hoffe, Sie finden die Welt des Success Factor Modeling und der generativen Kollaboration genauso aufregend und lohnenswert zu erkunden wie John und ich. Möge es Ihnen viel Erfolg und Freude bereiten, wenn Sie die kreative Kraft kollektiver Intelligenz freilassen, um eine bessere Welt zu schaffen.

**Robert Dilts**
Im Mai 2016
Santa Cruz, Kalifornien

# Einführung
## Grundlagen für ein erfüllendes, lohnenswertes Unternehmen

*Es gibt zwei Fragen, die wir uns stellen müssen. Die erste ist:*
*„Wohin gehe ich?" Und die zweite ist: „Wer wird mit mir gehen?"*

**Howard Thurman**

*Eine klare Aufgabe wird euch vereinen, während ihr vorankommt, die Werte*
*werden euer Verhalten leiten und die Ziele werden eure Energie fokussieren.*

**Kenneth H. Blanchard**

*Es gibt keine großartigere Sache,*
*die Sie in Ihrem Leben und mit Ihrer Arbeit anfangen können,*
*als Ihrer Leidenschaft zu folgen – genau so, wie es der Welt und Ihnen dient.*

**Richard Branson**

*Success Factor Modeling™ erforscht die Frage „Was ist der Unterschied, der den Unterschied ausmacht?", um die Erfolgsfaktoren herauszufinden, die zwischen mangelhafter, durchschnitt-licher und bemerkenswerter Leistung entscheidet.*

**Ein effektives Modell liefert eine Beschreibung des Schlosses (strategische Herausforderungen und Ziele) sowie die Schlüssel dazu (Kompetenzen und Aktionen).**

# Überblick über Success Factor Modeling™

Wie ich im ersten Band dieser Serie ausführte, ist Success Factor Modeling™ (SFM) eine Methode, die von mir und meinem Bruder entwickelt wurde, um die entscheidenden Erfolgsfaktoren, die erfolgreiche Menschen und Organisationen antreiben und unterstützen, zu erkennen, zu verstehen und anzuwenden. SFM basiert auf einer Reihe von Grundsätzen und Unterschieden, die besonders geeignet sind, die entscheidenden Muster in Geschäftspraktiken und Verhaltenskompetenzen erfolgreicher Personen, Teams und Firmen zu analysieren und zu erkennen.

Der SFM™-Prozess wird angewandt, um die wichtigsten gemeinsamen Merkmale und Fähigkeiten erfolgreicher Unternehmer, Teams und Geschäftsführer zu ermitteln, um daraus konkrete Modelle, Instrumente und Fähigkeiten festzulegen, die von anderen genutzt werden können, um ihre Chancen erheblich zu erhöhen, Eindruck zu hinterlassen und erfolgreich zu sein.

SFM unterstützt Menschen und Organisationen durch Analysen erfolgreicher Geschäfte, Projekte und Unternehmen und durch die Beobachtung leistungsstarker Personen und Teams. So können sie jene Faktoren erkennen, die zu einem bestimmten Erfolgsmuster geführt haben, und die erforderlichen Trends ermitteln, um das Bewährte auch in Zukunft fortzusetzen. Diese Faktoren können dann durch geeignete Strategien, Instrumente und Unterstützung an die alltäglichen Aktivitäten der Menschen genau angepasst werden.

Eine Stärke des SFM-Prozesses ist die Integration effektiver Geschäftspraktiken und Schlüsselkompetenzen. Verhaltenskompetenz zu modellieren bedeutet, die entschei-denden mentalen und physischen Prozesse, die eine erfolgreiche oder beachtenswerte Leistung irgendeiner Art hervorrufen, zu beobachten und abzubilden. Beim Modellieren des Verhaltens werden die wesentlichen Elemente der Gedanken und Handlungen ermittelt, die eine Person oder Gruppe benötigen, um die gewünschten Reaktionen oder Ergebnisse zu erhalten; d. h. es gilt zu entdecken, was „der Unterschied ist, der den Unterschied ausmacht." Dabei wird eine komplexe Handlung oder eine Wechselwirkung in ausreichend kleine Segmente unterteilt, die klein genug sind, um sie wiederholen zu können. Der Zweck des Modellierens ist, einen pragmatischen Plan oder ein „Modell" dieses Verhaltens zu entwickeln, mit dessen Hilfe einige Aspekte dieses Verhaltens von jedem, der dazu ermutigt wird, reproduziert oder simuliert werden können.

Success Factor Modeling kann damit verglichen werden, den bestimmten Schlüssel zu finden, der benötigt wird, um die Tür zum Erfolg in verschiedenen Lebenssituationen zu entriegeln. Der „Schlüssel" zu einem bestimmten „Schloss" ist die geeignete Kombination erforderlicher Verhaltensweisen und der entsprechenden Denkweise, um die in einem gewissen Rahmen dargebotenen Probleme und Beschränkungen wirksam anzugehen.

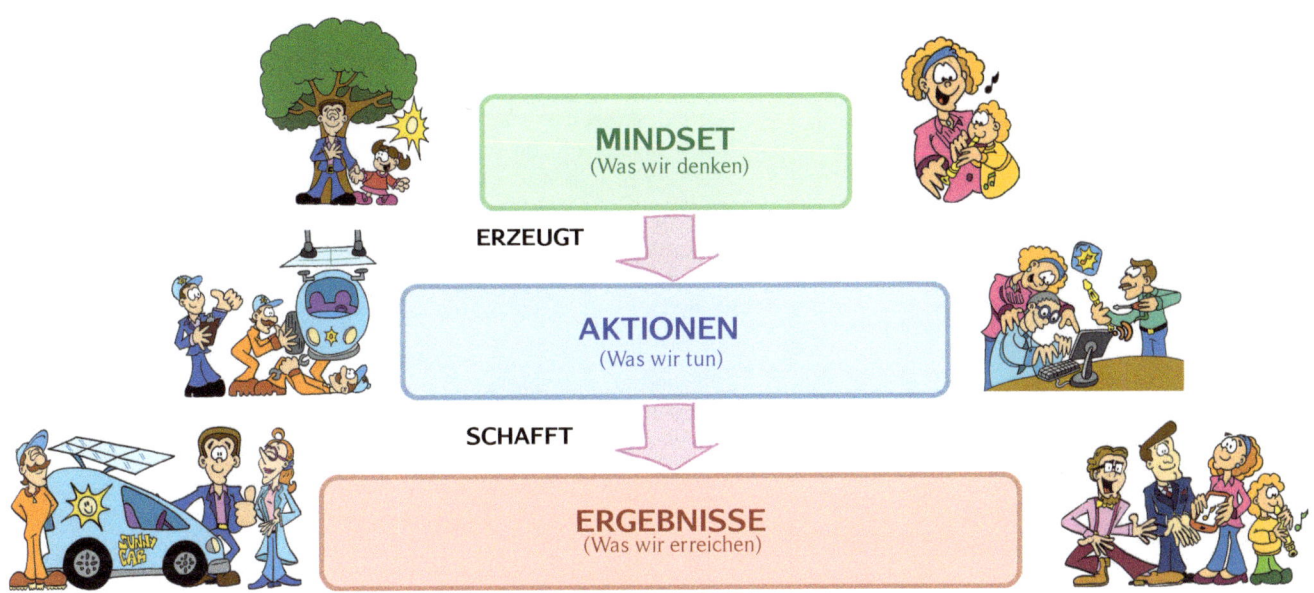

**Das Basis Success Factor Modeling Modell**

Somit ist das Ziel des Success Factor Modeling Prozesses, einen hilfreichen Plan zu entwickeln – der durch vielerlei Übungen, Formaten und Instrumenten unterstützt wird, die es Menschen ermöglichen, die modellierten Faktoren anzuwenden, um entscheidende Ergebnisse innerhalb ihrer eigenen Kontexte zu erreichen. Dazu verwendet SFM die folgende Grundvorlage:

Unser *Mindset* – gebildet aus unserem inneren Zustand, unseren Einstellungen und Denkprozessen – erzeugt außen sichtbare Handlungen. Es ist unsere *Denkweise*, die bestimmt, was wir tun und wie wir in bestimmten Situationen handeln.

Diese *Aktionen* bringen wiederum Ergebnisse im Außen hervor. Die gewünschten *Ergebnisse* (*Ziele*) in unserem Umfeld zu erreichen, erfordert also ein passendes Mindset, um die erforderlichen und geeigneten *Maßnahmen* zu erzeugen.

Die Schritte die zu unseren gewünschten Ergebnissen führen, sind die „Schlösser", die wir zu öffnen versuchen. Unser Mindset und unsere Handlungen bilden den „Schlüssel", der ein bestimmtes Schloss öffnet. Das Ziel des Success Factor Modeling ist, die richtigen „Schlüssel" zu finden, die die erforderlichen „Schlösser" zu authentischem und nachhaltigen Erfolg öffnen.

# Die Schlüsselebenen der Erfolgsfaktoren

Wenn wir versuchen, die Eigenschaften der Denkweise und der Handlungen zu be-stimmen, um die „Schlüssel", die mit erfolgreicher Leistung einhergehen, zu ermitteln, berücksichtigt der Success Factor Modeling-Ablauf folgende Erfolgsfaktorebenen:

* **Umfeldfaktoren** bestimmen die äußeren Möglichkeiten oder Beschränkungen, die Einzelpersonen und Organisationen aner-kennen sollten und auf die sie reagieren müssen. Sie bedeuten, darauf zu achten, *wann* und *wo* Erfolg auftritt.

* **Verhaltensbezogene Faktoren** beziehen sich auf die konkret getroffenen Handlungsmaßnahmen, um Erfolg zu haben. Sie beinhalten, *was* konkret getan werden oder erfüllt sein muss, um erfolgreich zu sein.

* **Fähigkeiten** bilden die zum Erfolg führenden mentalen Land-karten, Pläne oder Strategien. Sie regeln, *wie* Handlungen ausgewählt und überwacht werden.

* **Werte und Überzeugungen** stellen Verstärkung dar, die bestimmte Fähigkeiten und Handlungen unterstützen oder hemmen. Sie beziehen sich auf das ‚*Warum* ein bestimmter Weg eingeschlagen wird' und die tieferen Beweggründe, die Menschen dazu antreiben, zu handeln oder auszuharren.

* **Identitätsfaktoren** beziehen sich auf den Sinn der Menschen für ihre Rolle und ihre einzigartigen Unterscheidungsmerkmale. Diese Faktoren hängen davon ab, ‚*Wer*' eine Person oder Personengruppe glaubt zu sein.

* **Vision und Bestimmung** bezieht sich auf die Auffassung der Menschen von dem größeren System, von dem sie ein Teil sind. Diese Faktoren betreffen ‚*für Wen*' oder ‚*für Was*' eine bestimmte Maßnahme oder Richtung ergriffen wurde.

Diese Ebenen wurden ausführlich im ersten Band dieses Werkes und in anderen Büchern von mir beschrieben (siehe: Professionelles Coaching mit NLP – From Coach to Awakener, 2005 und NLP II: Die neue Generation, 2013).

**Umfeld:** *Unser ganzheitliches Obstgarten-Netzwerk konzentriert sich darauf, nachhaltige Techniken im Obstanbau zu teilen, die Wert auf die Bodengesundheit im Obstgarten legen, was wiederum zu gesunden Bäumen und damit zu gesunden Äpfeln und Menschen beiträgt.*

**Verhalten:** *Unsere Aktivitäten decken alles Notwendige ab, um unseren Saft vom Obsthain direkt zum Kunden zu bringen, einschließlich des Entsaftens, der Verpackung und der Distribution.*

**Fähigkeiten:** *Wir haben ein innovatives System entwickelt, um unsere Flotte von elektrischen LKWs zu organisieren, so dass wir unseren Saft ohne Konservierungsmittel auf schnelle und saubere Weise vertreiben können.*

**Werte:** *Haben Sie es erraten? Unsere Werte sind Qualität, Geschmack, Gesundheit und Ökologie. Sie leiten unsere Entscheidungen als Organisation.*

**Identität:** *Wir sehen uns selbst als einen modernen „Johnny Appleseed", der für seine freundliche, großzügige Art und seine Marktführerschaft in Konservierung bekannt war, gerade auch wegen der symbolischen Bedeutung von Äpfeln für die Gesundheit.*

**Bestimmung:** *Und wir wollen, dass unsere Gemeinde von unserer Arbeit profitiert, indem wir Menschen mit unseren Werten inspirieren und weil wir den besten Apfelsaft liefern!*

PLANET ERDE

GEMEINDE

BERUF

FAMILIE

INDIVIDUUM

**Der Teil unserer Existenz, den wir als individuelles Ganzes erfahren, nennen wir gewöhnlich *EGO*. Der Teil unserer Existenz, den wir als ein Holon (Teil eines größeren Ganzen) erfahren, kann als unsere *SEELE* bezeichnet werden.**

## Ego und Seele

Bei der Untersuchung der Ergebnisse, Handlungen und des Mindsets, die mit erfolgreicher Leistung einhergehen, berücksichtigt Success Factor Modeling die Tatsache, dass jede Person, jedes Team oder Organisation etwas ist, das Arthur Köstler ein „Holon" nannte. Einerseits sind sie an und für sich ganze und unabhängige Systeme. Andererseits sind sie Teil nachfolgender größerer Systeme, die das Individuum, das Team oder die Organisation einschließen und transzendieren.

Somit werden unser Leben und unsere Motivation gemäß Success Factor Modeling von diesen beiden komplementären Aspekten unserer Persönlichkeit gesteuert: solche, die 1.) durch unsere Existenz als separate, unabhängige Ganze auftreten und solchen, die 2.) aus unserer Existenz als Teil eines größeren Ganzen (z. B. der Familie, des Berufs, der Gemeinde, usw.) entstehen. Den Teil unserer Existenz, den wir als ein individuelles Ganzes erfahren, nennen wir gewöhnlich unser Ego. Der Teil unserer Existenz, den wir als Holon (Teil eines größeren Ganzen) erfahren, kann als unsere Seele bezeichnet werden.

Aus der Sicht des Success Factor Modeling sind für ein gesundes und erfolgreiches Dasein beide Aspekte, Ego und Seele, notwendig. Die primären Fragen, die sich auf unser Ego beziehen, behandeln, was wir für uns selbst in Hinsicht auf unsere Ambition und Rolle erreichen wollen: „Welche Art Leben will ich für mich selbst erschaffen?" und „Welche Person muss ich sein, um das Leben zu erschaffen, das ich mir wünsche?" Sie drehen sich darum, wie wir unsere Träume verwirklichen. Die primären Fragen im Hinblick auf die Seele beziehen sich auf unsere Vision und Mission für die größeren Systeme, deren Teil wir sind: „Was möchte ich in der Welt durch mich selbst erschaffen, das über mich hinausgeht?" und „Was ist mein einzigartiger Beitrag, um dieser Vision Ausdruck zu verleihen?"

Im Success Factor Modeling Ansatz wird zwischen Ego (man selbst als unabhängiges Ganzes) und Seele (wir selbst als Holons, die Teil eines größeren Systems sind) differenziert und mit den verschiedenen Erfolgsfaktorebenen kombiniert, die im nebenstehenden Diagramm gezeigt werden.

Die komplementären Dimensionen des Egos und der Seele tendieren dazu, auf jeder Erfolgsfaktorebene unterschiedliche Ausprägungen zu betonen. Die Ego-Seite hebt die Ambition (also den Ehrgeiz), die Rolle, die Bedeutung der Erlaubnis, der Strategie und geeigneter Reaktionen auf Beschränkungen und mögliche Gefahren im Umfeld hervor. Die Seelen-Seite legt Wert auf die Vision (das positive Bild der Zukunft), die Mission, die innere Motivation und Aktivierung der Tatkraft und der emotionalen Intelligenz, die erforderlich sind, um sich proaktiv die umfeldbedingten Chancen zu Nutze zu machen.

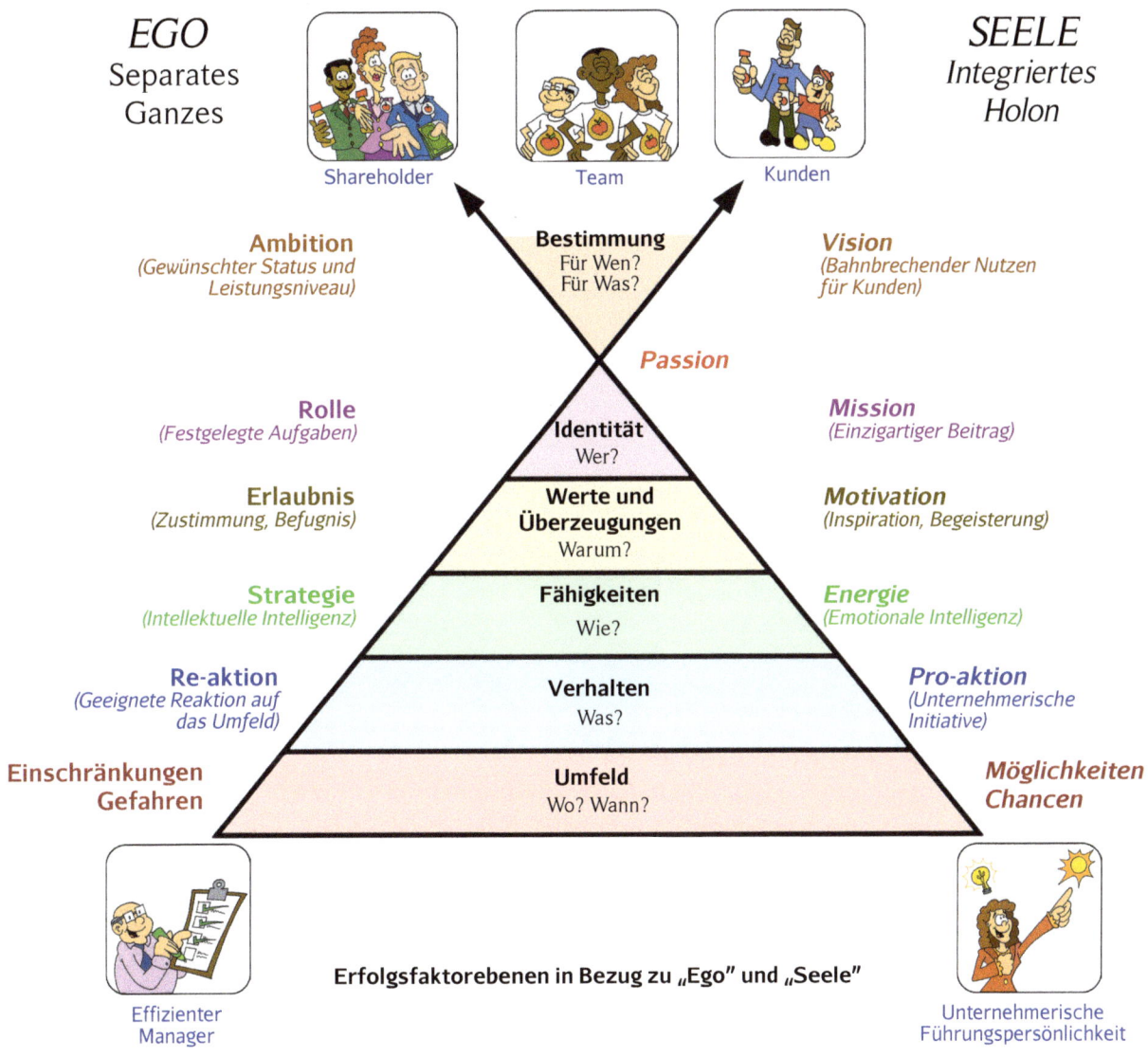

EGO
Separates
Ganzes

SEELE
Integriertes
Holon

Shareholder

Team

Kunden

**Ambition**
*(Gewünschter Status und
Leistungsniveau)*

**Bestimmung**
Für Wen?
Für Was?

*Vision*
*(Bahnbrechender Nutzen
für Kunden)*

*Passion*

**Rolle**
*(Festgelegte Aufgaben)*

**Identität**
Wer?

*Mission*
*(Einzigartiger Beitrag)*

**Erlaubnis**
*(Zustimmung, Befugnis)*

**Werte und
Überzeugungen**
Warum?

*Motivation*
*(Inspiration, Begeisterung)*

**Strategie**
*(Intellektuelle Intelligenz)*

**Fähigkeiten**
Wie?

*Energie*
*(Emotionale Intelligenz)*

**Re-aktion**
*(Geeignete Reaktion auf
das Umfeld)*

**Verhalten**
Was?

*Pro-aktion*
*(Unternehmerische
Initiative)*

**Einschränkungen
Gefahren**

**Umfeld**
Wo? Wann?

*Möglichkeiten
Chancen*

**Erfolgsfaktorebenen in Bezug zu „Ego" und „Seele"**

Effizienter
Manager

Unternehmerische
Führungspersönlichkeit

*Der Hauptzweck des Success Factor Modeling ist, die Schlüsselkompetenzen und andere erforderliche Faktoren zu ermitteln, um Erfolg in Ihren Projekten, Vorhaben und Geschäften zu erreichen und dabei Ihre Träume zu leben und die Welt besser zu machen.*

Recherchen mit Success Factor Modeling weisen darauf hin, dass die höchsten Leistungsniveaus einer Einzelperson, eines Teams oder einer Organisation dann auftreten, wenn das Ausmaß der Erfolgsfaktoren, die sich sowohl auf das Ego als auch auf die Seele beziehen, ausbalanciert, aufeinander ausgerichtet und integriert sind. Seine Vision, Mission, Ambition und Rolle zu klären und aufeinander auszurichten, sind ein wesentlicher Teil, um diese Balance und Integration zu erreichen. Diese vier Wegweiser sind die Grundlagen für ein erfolgreiches, unternehmerisches Mindset und bilden die Basis für die Projekte und Vorhaben, die wir als Entrepreneure unternehmen.

Auf einer tieferen Ebene sind unsere Vision, Mission, Ambition und Rolle Ausdrucksformen einer grundlegenden Lebenskraft, die wir durch unseren Körper und Geist in die Welt bringen. Wir kennen diese grundlegende Lebenskraft und verbinden uns damit durch unsere persönliche Leidenschaft.

## Die Dynamik zwischen Passion, Vision, Mission, Ambition und Rolle

*Passion – Leidenschaft*

Persönliche *Leidenschaft* ist die Grundlage für die geistige Haltung eines Unternehmers. Leidenschaft kann in diesem Sinne als ein intensives *Verlangen* oder die *Begeisterung für etwas Bestimmtes* definiert werden. Wie Richard Branson sagt, ist es der Ausdruck *„sein Leben in vollen Zügen zu genießen"*. Die **Leidenschaft** kann durch die Beantwortung folgender Fragen hervorgelockt werden.

> *Was tun Sie wirklich besonders gern?*
>
> *Worüber freuen Sie sich so richtig?*
>
> *Was finden Sie interessant oder unwiderstehlich?*
>
> *Was gibt Ihnen ein tiefes Gefühl von Enthusiasmus oder Energie?*

Die erfolgreichsten Unternehmer der neuen Generation haben eine Leidenschaft und ein Verlangen, etwas Neues und ganz Anderes zu erschaffen, das auf positive Weise „revolutionär" und „bahnbrechend" für ein größeres System ist, von dem sie ein Teil sind. Diese Leidenschaft dient ihnen, ihr „Ego" mit ihrer „Seele" zu vereinen, und wird zu einem Vehikel, durch das sie persönlich und spirituell wachsen. Einige Beispiele für die Leiden-schaften der Next Generation Entrepreneurs, die wir interviewt haben, beinhalten:

- Globale Lösungen für allgemeine Probleme schaffen
- Soziale Herausforderungen lösen
- Dinge zum Guten zu wenden – die Welt verbessern
- Kreativität und „über den Tellerrand hinaus" denken
- Wachstum von sich selbst und anderen fördern
- Verbindung schaffen und reichhaltige Beziehungen entwickeln
- Etwas machen, das sowohl nützlich als auch schön ist.

Es ist ihre tiefe persönliche Leidenschaft, für das was sie tun und erschaffen, die Unternehmer antreibt, Risiken einzugehen und fokussiert zu bleiben im Angesicht der vielen Herausforderungen, mit denen sie konfrontiert sind. Sie ist, was sie über ihre kühnsten Träume hinaus antreibt und sie in ihrer Zuversicht und ihren Kompetenzen zu neuen Höhen wachsten lässt. Ohne ein hohes Maß an Verlangen und Begeisterung ist es praktisch unmöglich, ein erfolgreiches Unternehmen zu gründen. Mit den Worten des Apple-Gründers Steve Jobs:

> *Die Leute sagen, dass Sie sehr viel Leidenschaft für das haben müssen, was Sie tun, und das ist wirklich wahr. Denn weil es so schwer ist, würde ohne die Leidenschaft jede rational denkende Person aufgeben. Es ist wirklich schwer und Sie müssen über eine lange Zeit durchhalten. Also, wenn Sie etwas nicht wirklich lieben, werden Sie nicht genug Freude daran haben und aufgeben.*

*Die Grundlage des Unternehmergeistes ist Ihre persönliche Leidenschaft für das, was Sie tun. Ihre Leidenschaft gibt Ihnen die Begeisterung, Energie und die erforderliche Entschlossenheit, um ein erfolgreiches Unternehmen aufzubauen.*

**Steve Jobs lebte seine Leidenschaft innovative Technologie-Produkte zu kre-ie-ren, die einen positiven Unterschied in der Welt machen.**

## Vision – Weltsicht oder Zukunftsbild

Die *Vision* kann am besten als *„ein mentales Bild dessen, was die Zukunft sein wird oder sein könnte"* definiert werden. Die kreative Vision erfolgreicher Unternehmer hängt mit der Fähigkeit zusammen, sich etwas vorzustellen und sich auf langfristige Möglichkeiten zu fokussieren, die unser Leben irgendwie verbessern. Sie beinhaltet die Fähigkeit, über die Grenzen des *„Hier und Jetzt"* hinaus zu schauen und sich Zukunftsszenarien vorzustellen. Sie umfasst ebenso die Eigenschaft, sich langfristige Ziele zu setzen und darauf fokussiert zu bleiben, indem man langfristige Pläne macht und eine holistische (ganzheitliche) Sichtweise einnimmt.

Eine entscheidende Eigenschaft der Vision erfolgreicher Unternehmer und Führungskräfte der Neuen Generation ist, dass sie immer auf etwas Größeres über sie selbst hinausgehendes gerichtet ist (d.h. es ist ein Produkt ihrer „Seele"). Es geht darum, wovon wir mehr oder was wir anders in der Welt sehen wollen – es geht um *„die Erschaffung einer Welt, der Menschen zugehören wollen"*. Deshalb umfasst die **Unternehmervision** die Antworten auf folgende Fragen:

> *Was wollen Sie durch sich selbst in der Welt erschaffen, das sogar größer ist als Sie selbst?*
>
> *Was wollen Sie in der Welt mehr und was weniger sehen?*
>
> *Wie ist die Welt, zu der Sie gehören wollen?*

## Mission – Auftrag oder Aufgabe

Die *Mission* eines Einzelnen oder einer Organisation hängt mit ihrem Beitrag zusammen, eine bestimmte Vision zu verwirklichen. Das Wort Mission leitet sich von dem lateinischen Wort missio ab, was „Entsendung" bedeutet. In der Tat wird Mission im Wörterbuch als *„eine ehrenvolle Aufgabe"* definiert, *„die für einen politischen, religiösen oder kommerziellen Zweck geleistet wird"*.

Genau wie die Vision eines Unternehmers, ergibt sich das Sendungs-bewusstsein aus der Ansicht, ein „Holon" zu sein. Eine Mission ist das Sich-Einbringen für ein System, das größer ist als der Einzelne oder die Gruppe, die sie ausführt, um einen Zweck für dieses größere System zu erfüllen.

**Barney Pell von "Powerset" stellte sich eine Welt vor, wo Menschen mit Computern in "natürlicher Sprache" kommunizierten (Siehe *SFM Band I*, S. 105.)**

**Mark Fizpatrick (Tidal Wave Technologies) erklärte, seine Mission und die seines Teams war, "die bestmöglichen Lösungen" für ihre Kunden zu entwickeln. (Siehe *SFM Band I*, S. 159.)**

Deshalb hängt die Mission eines Einzelnen innerhalb einer Organisation mit seinem oder ihrem Beitrag für diese Organisation und deren Vision zusammen.

In ähnlicher Weise wird die Mission einer Organisation gegenüber einem größeren System Ihrer Kunden und deren Bedarf sein. Dementsprechend ergibt sich die **Mission** aus den Antworten auf folgende Fragen:

*Welchen Dienst erweisen Sie dem größeren System und der Vision?*

*Was ist Ihr einzigartiger Beitrag, um die Vision zu verwirklichen?*

*Was sind die speziellen Gaben, Ressourcen, Fähigkeiten und Aktionen, die Sie für ein größeres System erbringen, um daran mitzuwirken, die Vision zu erreichen?*

*Ihre Vision und Mission liefert ein Gespür für die Richtung und die Bestimmung Ihres Unternehmens.*

*Ihre Ambition schürt Ihr Verlangen, zu wachsen, etwas zu vollbringen, und zu erreichen.*

## Ambition – Ehrgeiz oder Streben

Die *Ambition* ist ein Resultat aus dem Wunsch und dem Entschluss, Erfolg und Anerkennung für sich selbst zu erlangen. Die Ambition wird als *„ein starkes Verlangen"* definiert, *„etwas zu schaffen oder zu erreichen, das typischerweise Entschlossenheit und harte Arbeit erfordert"* und das uns persönlichen Nutzen bringt. Unsere Ambitionen in Form von Träumen oder Erwartungen für unser Leben entspringen einem gesunden Ego und entstehen aus dem Antrieb für *Wachstum und Überlegenheit.*

Ambitionen entstehen aus unseren persönlichen Träumen, Wünschen, Antrieben und Bedürfnissen. Zusätzlich zu einem vernünftigen oder guten Auskommen aus unseren Anstrengungen, haben wir zum Beispiel auch den Wunsch zu wachsen, den Antrieb zum Erfolg oder das *Bedürfnis nach Anerkennung und Zustimmung.* Die **Ambition** ergibt sich aus der Beantwortung folgender Fragen:

*Welches Leben wollen Sie für sich selbst erschaffen?*

*Was wollen Sie vollbringen? Welchen Status oder welche Leistung wollen Sie im Hinblick auf sich und andere erreichen?*

*Wofür möchten Sie anerkannt werden und/oder in Erinnerung bleiben? Was könnte gut zu Ihrem Lebenslauf oder Ihrer Biographie passen?*

Cindana Turkatte wurde als Präsidentin und CEO von Xindium Technologies eingestellt, weil sie offensichtlich den Ehrgeiz hatte, schnell in einen zukunftsfähigen Markt einzutreten und eine positive Rendite (Return-on-Investment) zu erlangen. (Siehe *SFM Band I*, S. 165.)

*Ihre Rolle legt die Stellung und den Status fest, sie unterstützt die zum Erlangen Ihrer Vision, Mission und Ambition notwendigen Kompetenzen und Fähigkeiten.*

**Als Samuel Palmisano der CEO bei IBM war, wollte er, dass die Firma eine positive Rolle im regionalen Umfeld einnahm. Eine Frage, die er sich stellte, um Entscheidungen zu treffen, war: "Warum sollte eine soziale Gruppe Dir erlauben, in ihrem Territorium zu agieren?" (Siehe *SFM Band I*, S. 117.)**

### Rolle – Funktion oder Anteil

Die *Rolle* wird als *„die übernommene Funktion oder der Anteil"* definiert, *„den eine Person in einer bestimmten Situation spielt"*. Somit beziehen sich Rollen sowohl auf die *„Funktion"* – basierend auf der Kompetenz – als auch auf den *„gespielten Anteil"* – bestimmt durch die Position oder den Status. Einerseits spiegelt die Rolle also die persönlichen Kenntnisse, Fähigkeiten und den Einsatz wider. Sie bezieht sich auf das, was eine Person tut (oder was von ihr erwartet wird zu tun). In der Tat sind Menschen am erfolgreichsten, wenn ihre Rollen *„kompatibel mit ihren persönlichen Eigenschaften und Kompetenzen"* sind. Andererseits, spiegelt die Rolle *„den Status"* wider, d. h. wer wir *„in Bezug zu anderen"* sind. Mit anderen Worten bildet eine Rolle die Schnittmenge aus der Position, die eine Person in Bezug auf andere besetzt, und den erwarteten Fähigkeiten und Verhalten, die mit dieser Position verbunden sind.

Ähnlich wie bei dem Begriff Mission, ist es nicht sinnvoll, bei der Rolle nur allein an eine Person zu denken. Sie bezieht sich darauf, ein „Holon" zu sein; also sowohl ein einzigartiges Individuum und gleichzeitig ein Teil von einem größeren Ganzen zu sein. Die Rolle dient der Vision. Jedoch konzentriert sie sich zusätzlich auf Wege, wie die Person andere ergänzt, mit ihnen kooperiert oder zu ihnen in Wettbewerb steht – je nach seinen oder ihren persönlichen Ambitionen. Somit hängt die **Rolle** mit folgenden Fragen zusammen:

> *Welche Person müssen Sie sein, um das Leben zu gestalten, das Sie sich wünschen und in dem Sie gleichzeitig Ihren einzigartigen Beitrag zu Ihrer Vision leisten?*
>
> *Welche Position oder Status würde Sie unterstützen, in Ihrer Ambition erfolgreich zu sein? Und in Ihrer Mission? Und Vision?*
>
> *Was sind die notwendigen Kernkompetenzen, um die Person zu sein, die Sie in der erforderlichen Position oder dem Status sein oder werden müssen und bleiben wollen.*

Die Vision, Mission, Ambition und Rolle haben alle etwas mit der Integration unserer doppelten Realität zu tun. Wir sind sowohl ein einzigartiges, unabhängiges Wesen und gleichzeitig ein Teil von etwas Größerem als wir selbst. Alle Begriffe sind ein Ausdruck unserer persönlichen Leidenschaft, die sich in Bezug auf ein größeres System ausdrückt, von dem wir ein Teil sind.

# Der COACH State –
## Integration von Ego und Seele zu einem „Holon"

Die Fähigkeit, sich immer wieder mit der Erfahrung zu verbinden, beides zu sein, ein individuelles Ganzes und gleichzeitig verbunden mit etwas, das größer ist als wir selbst, und damit verbunden zu bleiben, gibt uns einen Sinn und Kraft. Die wesentliche Eigenschaft einer erfolgreichen Denkweise ist, genau diese duale Sichtweise beizubehalten. Sie ist die Grundlage jeder effektiven Leistung. Auf individueller Ebene kann diese Fähigkeit durch einen inneren Zustand erreicht werden, der mit dem Akronym COACH beschrieben wird:

In einem COACH-Zustand sind Sie zentriert, offen, achtsam, verbunden und nehmen ihren Kontext mit Neugierde an.

| | |
|---|---|
| **C**entering: | Zentrieren Sie sich, besonders im Bauchzentrum. |
| **O**pening: | Öffnen Sie Ihr Bewusstseinsfeld. |
| **A**ttending: | Nehmen sie Anteil an dem, was in Ihnen und um Sie herum vorgeht, mit Achtsamkeit. |
| **C**onnecting: | Verbinden Sie sich mit dem größeren System oder den Systemen, von denen Sie ein Teil sind. |
| **H**olding: | Halten Sie die Gefühle und alles, was kommt, aus einem Zustand des Einfallsreichtums und der Neugierde heraus. |

Das Gegenteil davon tritt ein, wenn wir in einen inneren Stuck-State kollabieren, der durch die Buchstaben CRASH zusammengefasst werden kann:

| | |
|---|---|
| **C**ontraction: | Kontraktion |
| **R**eactivity: | Reaktivität |
| **A**nalysis Paralysis : | Gelähmtsein durch Analyse |
| **S**eparation: | Getrenntsein |
| **H**urting or Hating: | Verletzend oder Hassend |

In einem CRASH-Zustand sind Sie verkrampft, reagieren nur noch auf das Umfeld, analysierend, getrennt und fühlen sich verletzt oder feindselig.

Wenn wir „zusammenbrechen" („crashen"), empfinden wir uns nicht mehr als ein Holon. Wir verlieren unsere Verbindung zu unserer Seele, und alles wird schwieriger. Sind wir dann mit einem äußeren Hindernis im CRASH-Zustand konfrontiert, erleben wir dies als ein unlösbares Problem.

Fähig zu sein, den COACH State zu erreichen und aufrechtzuerhalten, besonders in schwierigen oder herausfordernden Umständen, ist einer der wichtigsten individuellen Erfolgsfaktoren, die das SFM bestimmt hat.

*Unternehmertum der Zukunft oder
„Next Generation Entrepreneurship"*

Durch die jahrelange Anwendung des Success Factor Modeling, habe ich erkannt, dass eine neue Generation von Unternehmern aufgetaucht ist. Diese *„Next Generation Entrepreneurs"*, oder auch *„Zentrepreneurs"*, sind auf weit mehr als den finanziellen Erfolg fokussiert. Sie haben sich geradezu verpflichtet, ihre Traum zu leben und die Welt durch ihr Business besser zu machen. Die erforderlichen Kompetenzen, um ein erfolgreicher *„Next Generation Entrepreneur"* zu werden, standen im Mittelpunkt des ersten Bandes dieser Serie.

Next Generation Entrepreneure wollen sowohl ein erfolgreiches als auch sinnhaftes Unternehmen oder eine solche Karriere aufbauen; Sie vereinen Ehrgeiz (Ambition) mit ihrem Beitrag, ihrer Mission und dem Verlangen nach persönlichem Wachstum und Erfüllung. Sie wollen andere anziehen, die die gleiche Vision, Mission und Ambition teilen, und mit ihnen zusammenarbeiten. Mit anderen Worten Unternehmertum der Zukunft bedeutet, eine Welt zu erschaffen, der Menschen zugehören wollen.

Unsere Recherchen mit Success Factor Modeling haben gezeigt, dass erfolgreiche Next Generation Entrepreneure dies vollbringen, indem sie sich den folgenden fünf Punkten verpflichten:

- persönlich und spirituell zu wachsen
- zur Gesellschaft und zur Umwelt beizutragen
- ein erfolgreiches und nachhaltiges Unternehmen oder eine solche Karriere aufzubauen
- für emotionales und physisches Wohlergehen von sich selbst und anderen zu sorgen
- Visionen und Ressourcen mit einer Gemeinschaft Gleichgesinnter zu teilen und neue Möglichkeiten zu entfachen

Diese fünf Schlüssel sind im Diagramm auf der rechten Seite zusammengefasst.

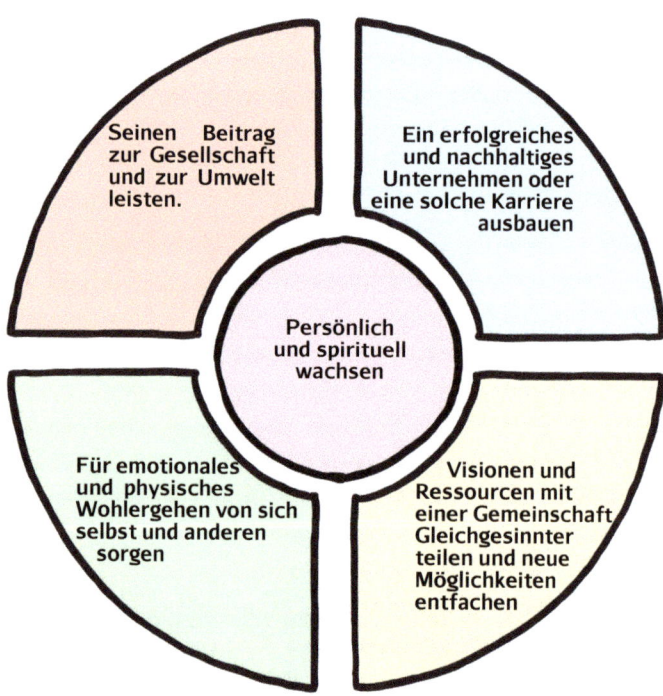

**Die Schlüsselfaktoren, die sich auf authentischen Erfolg und die Erschaffung einer Welt beziehen, zu der Menschen zugehören wollen**

Beispiel:

**Persönlich und spirituell wachsen**

"ICH WILL ALS GESCHÄFTSMANN UND ALS VATER WACHSEN UND ZU EINER GESÜNDEREN WELT BEITRAGEN."

seinen Beitrag zur Gesellschaft und zur Umwelt leisten

"DURCH MEIN UNTERNEHMEN WERDEN MENSCHEN ZUGANG ZU AUTOS HABEN, DIE DURCH SONNENLICHT ANGETRIEBEN WERDEN. DIE ERFORDERLICHE ENERGIE WIRD SAUBER UND PREISWERT SEIN."

Ein erfolgreiches und nachhaltiges Unternehmen oder eine solche Karriere aufbauen

"WEIL WIR PIONIERE SIND, GIBT ES EINEN GROSSEN MARKT UND GELEGENHEITEN FÜR LANGFRISTIGE INNOVATIONEN."

Für emotionales und physisches Wohlergehen von sich selbst und anderen sorgen

"ALS FÜHRUNGSKRAFT WERDE ICH MEINEN MITARBEITERN WACHSTUMSCHANCEN BIETEN UND SIE ZU IHREM BEITRAG ERMUTIGEN."

Visionen und Ressourcen mit einer Gemeinschaft Gleichgesinnter teilen, neue Möglichkeiten entfachen

"INDEM WIR UNSER WISSEN UND UNSERE IDEEN MIT ANDEREN TEILEN, KÖNNEN WIR EINEN UNTERSCHIED MACHEN UND GEMEINSAM GEDEIHEN."

# Der SFM Erfolgszirkel™

Unsere Forschung mit Success Factor Modeling hat ergeben, dass Next Generation Entrepreneure einen sogenannten *SFM Erfolgszirkel™* bilden, wenn sie diese fünf Schlüssel zu authentischem Erfolg in ein Projekt oder Unternehmen verwandeln. Ein „*Erfolgszirkel*" wird aus den Ergebnissen, Handlungen (Aktionen) und Denkweisen (Mindsets) konstruiert, die notwendig sind, um ein erfolgreiches und nachhaltiges Unternehmen aufzubauen.

*Der SFM Erfolgszirkel beschreibt die notwendigen Ergebnisse, Aktionen und Denkweisen, um ein erfolgreiches und nachhaltiges Unternehmen aufzubauen.*

*Die fünf Kernziele der Next Generation Entrepreneure*

Zunächst einmal haben wir herausgefunden, dass die fünf Schlüsselfaktoren für authentischen Erfolg sich natürlich in die fünf Kernziele übersetzen lassen, die erreicht werden müssen, um wirklich ein Unternehmen der neuen Generation aufzubauen. Diese fünf Kernziele sind:

1. Persönliche Zufriedenheit
2. Bedeutender Beitrag
3. Bahnbrechende Entwicklungen
4. Skalierbares Wachstum
5. Finanzielle Stabilität

*Um erfolgreiche und nachhaltige Unternehmen aufzubauen, müssen Next Generation Entrepreneure fünf Kernziele erreichen:*

*1. Persönliche Zufriedenheit*

*2. Bedeutende Beiträge*

*3. Bahnbrechende Entwicklungen*

*4. Skalierbares Wachstum*

*5. Finanzielle Stabilität*

*Persönliche Zufriedenheit* ist eine Konsequenz, wenn man sich mit seiner Leidenschaft verbindet und persönlich sowie spirituell wächst.

Einen *bedeutenden Beitrag zu leisten*, folgt aus unserer Fähigkeit, sowohl zur Gesellschaft als auch zur Umwelt etwas beizutragen und für emotionales wie auch physisches Wohlergehen von uns und anderen zu sorgen.

*Innovation und Resilienz* resultieren aus Visionen und Ressourcen, die wir mit anderen teilen, um neue Möglichkeiten zu entfachen und wenn wir sie anwenden, um das emotionale und physische Wohlergehen von uns und anderen zu unterstützen. So nutzen wir Chancen zu unserem Vorteil und lassen uns von Widrigkeiten nicht unterkriegen.

*Skalierbares Wachstum* ist das Ergebnis, wenn neue Möglichkeiten und geteilte Visionen wirksam eingesetzt werden, um erfolgreiche und nachhaltige Unternehmen zu gründen.

*Finanzielle Stabilität* resultiert aus unserer Fähigkeit, unseren Beitrag zur Gesellschaft und Umwelt mit der Gründung eines erfolgreichen und nachhaltigen Unternehmens oder der Karriere zu verbinden.

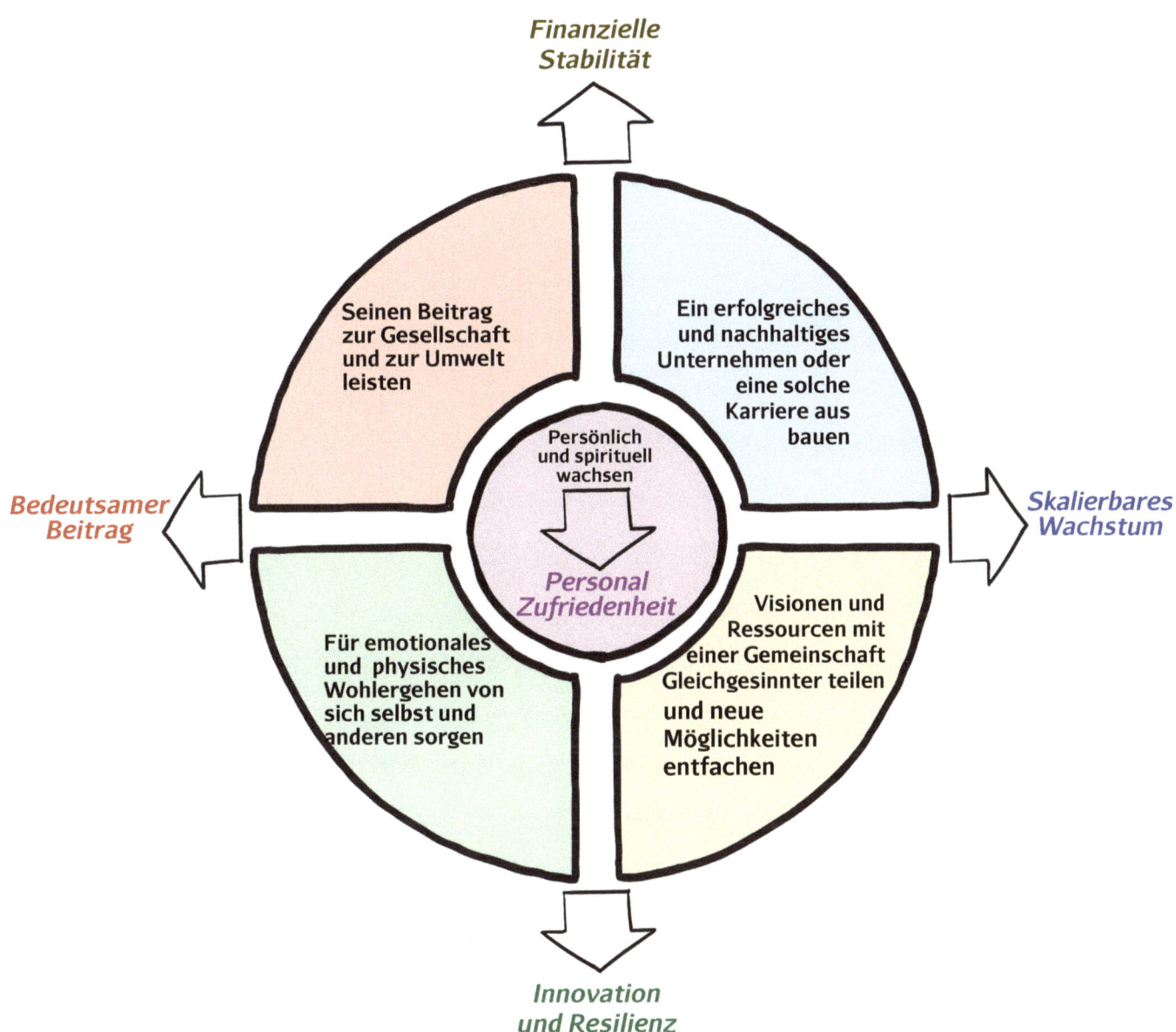

**Die fünf zentralen Ergebnisse erfolgreicher Next Generation Entrepreneure**

*Der SFM Erfolgszirkel benennt fünf grundlegende Bereiche, auf die sich Unternehmer konzentrieren müssen, um ein erfolgreiches und nachhaltiges Unternehmen aufzubauen, durch das sie ihre Träume leben und die Welt verbessern können:*

- *Selbst / Identität*
- *Kunden / Markt*
- *Teammitglieder / Angestellte*
- *Stakeholder / Investoren*
- *Partner / Allianzen*

*Entscheidende Maßnahmen und erforderliche Schlüsselperspektiven, um die fünf Kernziele der Next Generation Entrepreneure zu erreichen*

Wir beobachteten, dass die Gründer erfolgreicher Unternehmen den Fokus ihrer Aufmerksamkeit und ihrer Handlungen gleichmäßig auf fünf grundlegende Blickwinkel verteilen: 1. auf sich selbst und ihr Gespür für den Zweck und die Motivation für das, was sie tun, 2. auf ihre Kunden und Produkte oder Dienstleistungen, 3. auf ihre Investoren und Stakeholder, 4. auf ihre Teammitglieder oder Angestellten und 5. auf ihre strategischen Partner und Verbündeten.

Mit anderen Worten: Um die fünf Kernziele eines erfolgreichen Next Generation Unternehmens zu erfüllen, müssen Unternehmer eine Reihe von entscheidenden Maßnahmen eingehen, die sich auf die wichtigsten Menschen und Gruppen beziehen. Zu den entscheidenden Maßnahmen gehören:

1. *Sich mit **sich selbst**, seiner Bestimmung und Motivation für das Unternehmen verbinden.*

2. *Für **Kunden** bedeutende Produkte und Dienstleistungen entwickeln und genügend Interesse und Umsatz generieren, um ihre Firma zu unterstützen – Aufbau von ausreichend Markenbewusstsein (Mind Share) und Marktanteil (Market Share).*

3. *Ein **Team** aus kompetenten Teammitgliedern aufbauen, indem die Ausrichtung auf die Mission des Unternehmens geschaffen und die Kompetenzen erweitert werden, während das Unternehmen reift.*

4. *Gelder aufbringen und andere wesentliche Mittel sicherstellen, damit das Unternehmen seine Ambition erreichen kann. Danach das Geschäft kontinuierlich ausbauen und Mehrwert für **Stakeholder und Investoren** schöpfen.*

5. *Win-Win-Beziehungen eingehen und Allianzen mit strategischen **Partnern** aufbauen, die es allen Parteien ermöglichen, Ressourcen anzureichern und wirksam einzusetzen, so dass sie ihre Sichtbarkeit erhöhen und ihre Rolle auf dem Markt erweitern können.*

Wie der Name „Erfolgszirkel" besagt, wird die Beziehung zwischen diesen entscheidenden Maßnahmen und den daraus folgenden Kernzielen als Kreis dargestellt; im Mittelpunkt das Selbst und seine Bestimmung und Motivation, umgeben von vier Quadranten bestehend aus den Bereichen Kunden/Markt, Teammitglieder/Angestellte, Stakeholder/Investoren und Partner/Allianzen.

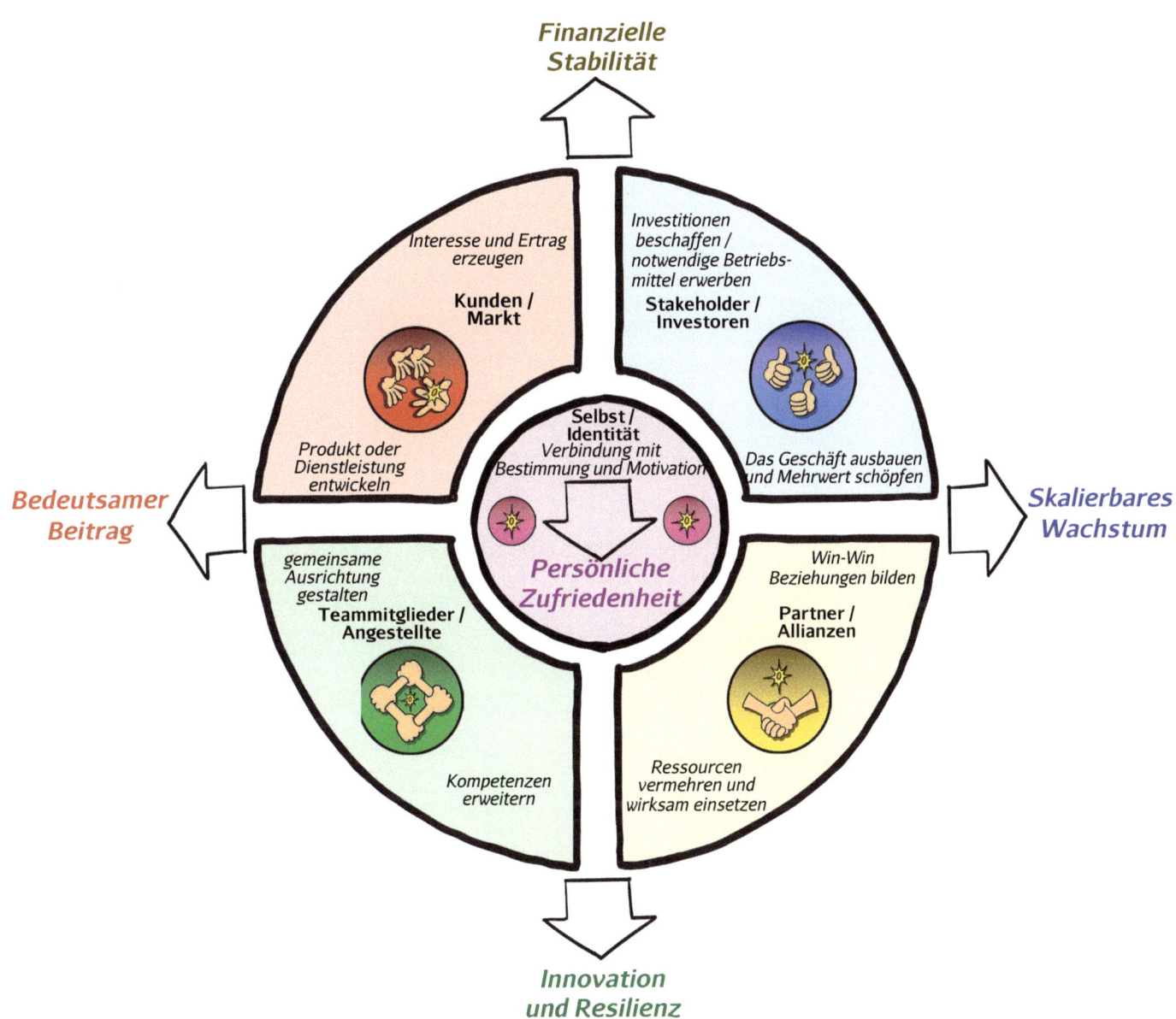

Der SFM Erfolgszirkel™

*Es gibt neun Schlüsselaktionen, die in Kombination die fünf Kernziele von Next Generation Entrepreneuren verfolgen.*

Wie die Abbildung des Erfolgszirkels auf der vorigen Seite andeutet, kommt die **persönliche Zufriedenheit** aus 1.) *der Verbindung mit der eigenen Bestimmung und Motivation.*

Das Ziel eines **bedeutsamen Beitrags** wird in erster Linie durch die Maßmnahmen erreicht, 2.) *ein Produkt oder eine Dienstleistung zu entwickeln,* die Kunden nutzt und 3.) *eine gemeinsame Ausrichtung* unter den Teammitgliedern schafft. (S. Erfolgsfaktor-Fallbeispiel der Firma CrossKnowledge auf S. 103–115.)

Das Erreichen der **Innovations- und Resilienzziele** hängt wesentlich von den Maßnahmen ab, die 4.) *Kompetenzen im Team erweitern* und 5.) mittels Partnerschaften und Allianzen *Ressourcen anreichern und wirksam einsetzen.* (Siehe das Erfolgsfaktor-Fallbeispiel von Stefan Crisans Programm „Masters in Management" auf S. 158–167.)

Das Ziel **Skalierbares Wachstum** wird vor allem durch die Maßnahmen erreicht, die zu 6.) *Win-Win-Beziehungen* mit Partnern und Verbündeten führen und *das Geschäft ausweiten* um für Stakeholder und Investoren *Mehrwert zu schöpfen.* (Siehe das Erfolgsfaktor-Fallbeispiel von Randy Williams und Keiretsu auf S. 198–209.)

**Finanzielle Stabilität** ist zum großen Teil das Ergebnis der Maßnahmen, die 8.) zur Finanzierung und zum *Erwerb wesentlicher Ressourcen* von Stakeholdern und Investoren beitragen und 9.) *Interesse und Umsatz* von Kunden erzeugen. (Siehe das Comau Pico Erfolgsfaktor-Fallbeispiel auf S. 270–277.)

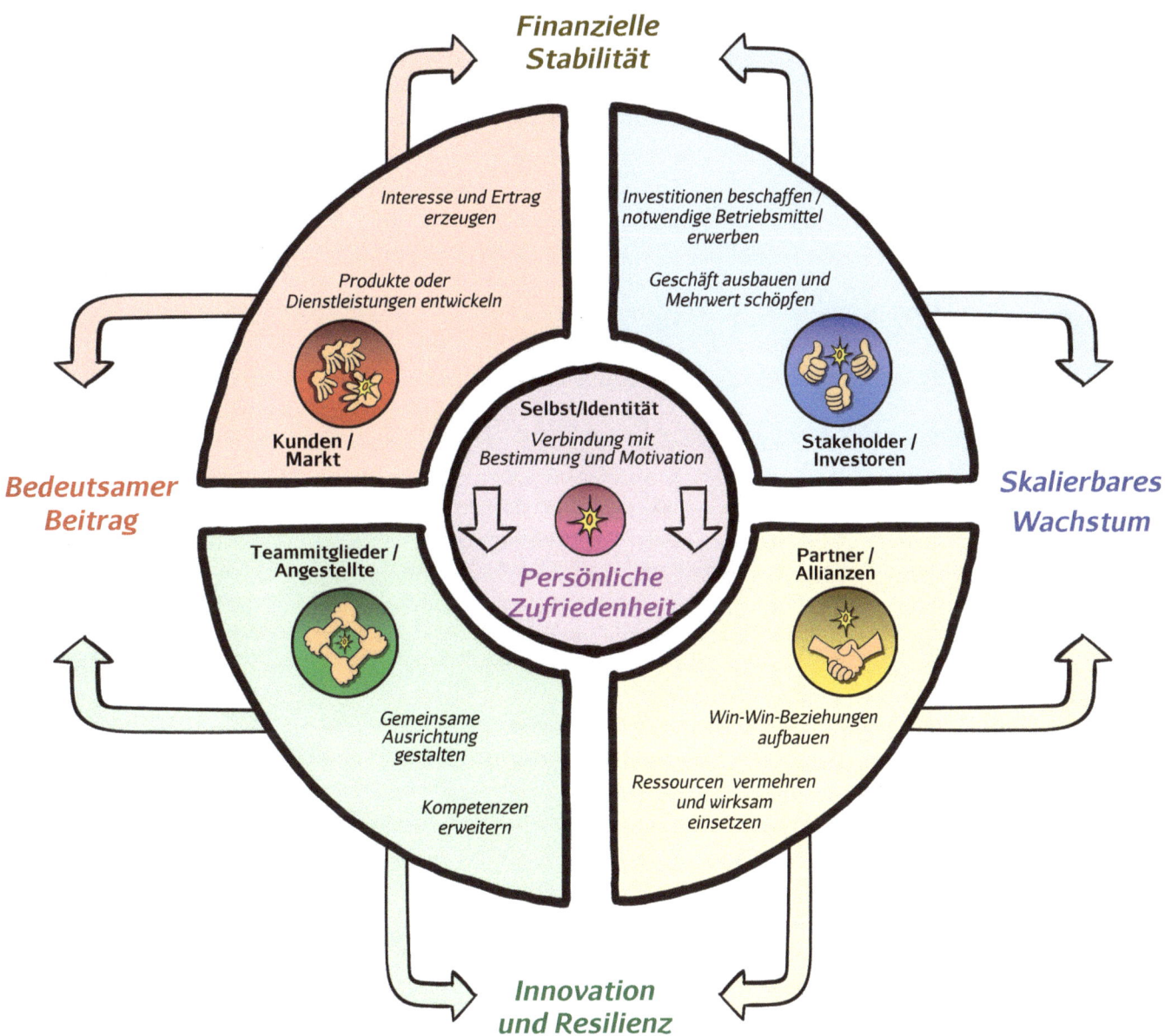

Laut SFM Erfolgszirkel™ werden die Kernziele der
Next Generation Entrepreneure durch die Schlüsselaktionen erreicht,
die auf die Kunden, Stakeholder, Teammitglieder und Partner ausgerichtet sind.

*Unternehmergeist entwickeln – Integration von Passion, Vision, Mission, Ambition und Rolle mit dem SFM Erfolgszirkel™*

Unsere Success Factor Modeling Studien haben gezeigt, dass der Aufbau eines erfolgreichen Unternehmens letztendlich auf *Unternehmergeist* basiert, der zu den erforderlichen *Handlungen* ermutigt und *Maßnahmen* erzeugt, um die *Kernziele* zu erreichen. Diese Denkweise hängt von der Fähigkeit des Unternehmers ab, seine oder ihre Leidenschaft (Passion) in Form einer Vision, Mission, Ambition und Rolle mitzuteilen und sie auf die Schlüsselbereiche im Erfolgszirkel anzuwenden.

*Fünf grundlegenden Aspekte – Passion, Vision, Mission, Ambition und Rolle – gehören zu einer unternehmerischen Denkweise. Sie treiben neun notwendige Schlüsselaktionen an, um die erforderlichen Ergebnisse zum Aufbau eines erfolgreichen und nachhaltigen Unternehmens zu erreichen.*

- Persönliche *Leidenschaft (Passion)* ergibt sich aus der vollkommenen Verbindung mit **sich selbst** und seiner tiefsten **Identität** und wenn wir entdecken, was uns begeistert und Kraft gibt. Es bedeutet sich folgende Frage zu stellen: *Was möchte ich wirklich am liebsten tun?*

- Die *Vision* eines Unternehmers hängt von seiner oder ihrer persönlichen Leidenschaft ab, die sich gegenüber **Kunden** und dem **Markt** äußert, um einen Beitrag zu leisten. Es geht um die Antwort auf die Frage: *Was möchte ich in der Welt erschaffen?*

- Die Ausrichtung der **Teammitglieder** und **Angestellten**, um gemeinsam die Vision zu erreichen, ist eine Folge, wie der Entrepreneur seine oder ihre Vision in Form der *Mission* des Unternehmens kommuniziert und teilt. Es geht um die Beantwortung der Frage: *Was ist mein einzigartiger Beitrag zu der Vision?*

- Die Leidenschaft des Unternehmers in Form seiner oder ihrer *Ambition*, ein erfolgreiches und nachhaltiges Unternehmen aufzubauen und Wertschöpfung zu betreiben, ist, was **Stakeholder** und **Investoren** motiviert, Ressourcen anzubieten und Risiken einzugehen, um sich an dem Unternehmen zu beteiligen. Es bedeutet, sich über die Antwort auf die Frage klar zu sein: *Was will ich für mich selbst verwirklichen?*

- Die Leidenschaft des Unternehmers, seinen oder ihren Spitzenleistungsbereich in Form einer *Rolle* geltend zu machen und Win-Win-Beziehungen mit Gleichgesinnten aufzubauen, die Ressourcen anreichern und wirksam einsetzen, bildet die Basis für effektive **Partnerschaften** und **Allianzen**. Dies erfordert zu klären: *Wer muss ich sein, um meine Mission und Ambition zu erfüllen?*

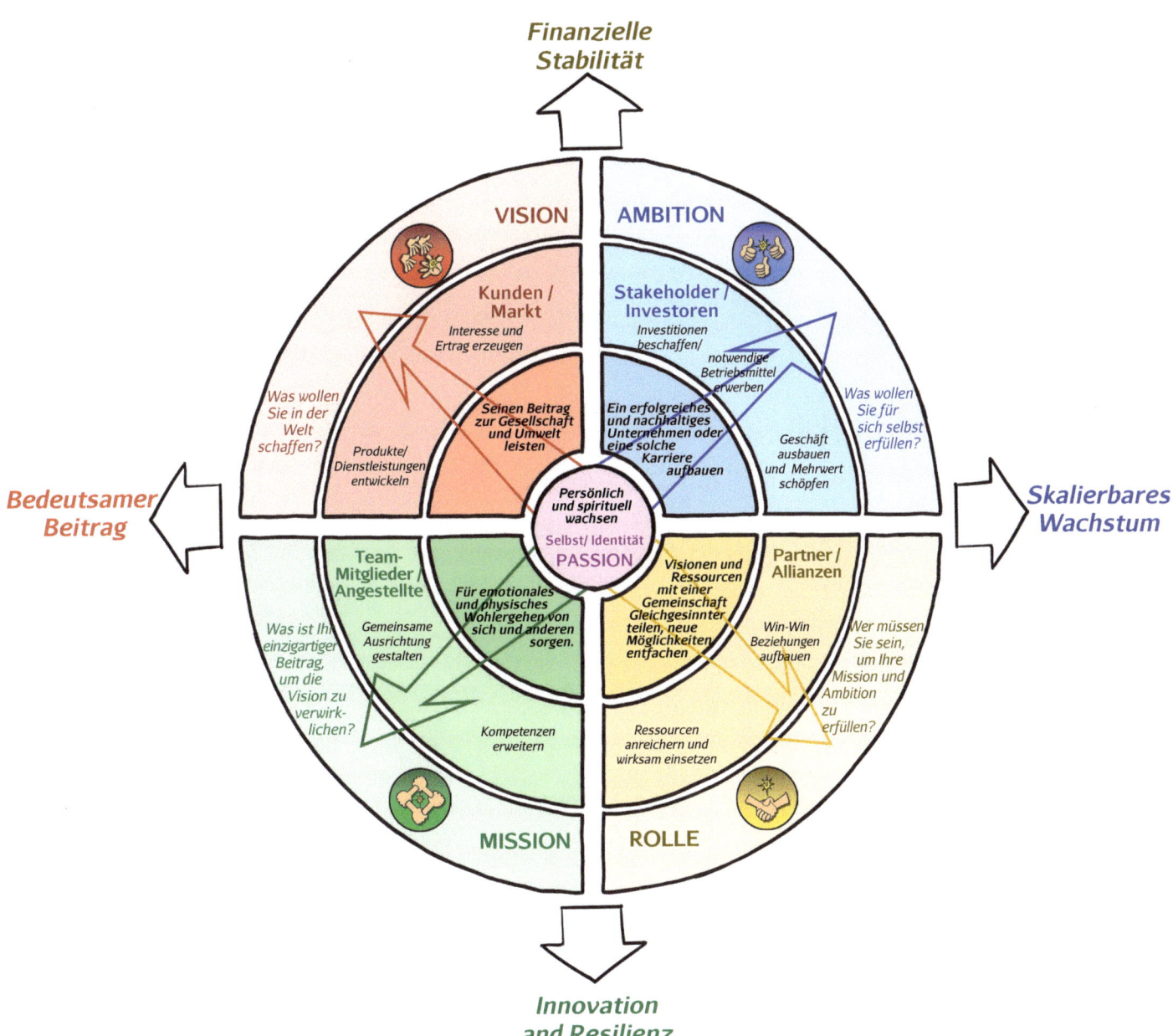

Finanzielle
Stabilität

VISION

AMBITION

Kunden /
Markt
*Interesse und
Ertrag erzeugen*

Stakeholder /
Investoren
*Investitionen
beschaffen/*
*notwendige
Betriebsmittel
erwerben*

*Was wollen
Sie in der
Welt
schaffen?*

*Seinen Beitrag
zur Gesellschaft
und Umwelt
leisten*

*Ein erfolgreiches
und nachhaltiges
Unternehmen oder
eine solche
Karriere
aufbauen*

*Was wollen
Sie für
sich selbst
erfüllen?*

*Produkte/
Dienstleistungen
entwickeln*

*Geschäft
ausbauen
und Mehrwert
schöpfen*

*Persönlich
und spirituell
wachsen*
Selbst/ Identität
PASSION

Bedeutsamer
Beitrag

Skalierbares
Wachstum

Team-
Mitglieder /
Angestellte

*Für emotionales
und physisches
Wohlergehen von
sich und anderen
sorgen.*

*Visionen und
Ressourcen
mit einer
Gemeinschaft
Gleichgesinnter
teilen, neue
Möglichkeiten
entfachen*

Partner /
Allianzen

*Was ist Ihr
einzigartiger
Beitrag,
um die
Vision zu
verwirk-
lichen?*

*Gemeinsame
Ausrichtung
gestalten*

*Win-Win
Beziehungen
aufbauen*

*Wer müssen
Sie sein,
um Ihre
Mission und
Ambition
zu
erfüllen?*

*Kompetenzen
erweitern*

*Ressourcen
anreichern und
wirksam einsetzen*

MISSION

ROLLE

Innovation
and Resilienz

**Passion, Vision, Mission, Ambition und Rolle und der SFM Erfolgszirkel™**

# Einen Elevator Pitch halten

**Ein Elevator Pitch ist eine kurze, prägnante Beschreibung Ihres Unternehmens oder Projektes.**

*Ein gut gestalteter Elevator Pitch sollte ebenso viel positive Emotionen wie kognitives Verständnis hervorrufen.*

Sobald Sie Ihren SFM Erfolgszirkel festgelegt – und ein Gefühl für Ihre Identität und Leidenschaft bekommen haben; für Ihre Vision und die Kunden; für Ihre Mission und das Team; Ihre Ambition und die Stakeholder; und Ihre Rolle und die Partner – haben Sie die grundlegenden Säulen, auf denen sich ein erfolgreiches Unternehmen gründet. Danach ist es an der Zeit Ihren Erfolgszirkel zusammenzufassen und in einem sogenannten „Elevator Pitch" darzustellen.

Wie ich am Ende von *SFM Band 1* ausführte, entstand das Konzept des Elevator Pitchs in der schnelllebigen Welt des Silicon Valley. In einem solch dynamischen Umfeld muss ein Unternehmer einer anderen Person das Wesentliche seiner oder ihrer Vision und Unternehmens innerhalb der Zeit mitteilen können, die es braucht, um mit dieser Person in einem Aufzug über mehrere Stockwerke nach unten oder oben zu fahren. Manchmal ist das die einzige Chance, die man bekommt, um bei einem zukünftigen Investor, Partner oder Teammitglied Interesse für seine Pläne zu wecken. Deshalb hat sich der Begriff *Elevator Pitch* für eine kurze und präzise Beschreibung eines Projektes, einer Idee oder eines Unternehmens durchgesetzt.

Ein Elevator Pitch muss eine prägnante, sorgfältig geplante und gut geübte Beschreibung von Ihnen, Ihrem Unternehmen oder Ihrem Produkt bzw. Dienstleistung geben, die ein geneigter Zuhörer innerhalb der Zeit verstehen kann, die er braucht, um mit Ihnen über mehrere Stockwerke im Aufzug zu fahren. Ob Sie als Unternehmer mit einer Start-up Firma Investoren finden wollen, als Absolvent eine Anstellung suchen, als Elternteil für Ideen, wie man den Klassenraum verschönern kann oder ob Sie für eine gemeinnützige Sache Spenden sammeln wollen, ein guter Elevator Pitch kann Ihnen helfen, bei Ihrer Zielgruppe Interesse für Ihr Projekt oder Unternehmen zu wecken.

Einen Elevator Pitch können Sie nicht innerhalb kürzester Zeit mit so viel Information wie möglich vollstopfen. Ein gut ausgearbeiteter Elevator Pitch sollte genauso viel Emotionen wachrufen wie auch kognitives Verstehen. Es gibt drei grundlegende Eigenschaften eines erfolgreichen Elevator-Pitches:

1. Präzision – Sie sollten in der Lage sein, Ihren Pitch innerhalb weniger Minuten vorzutragen.
2. Leidenschaft – Kunden, Investoren, Teammitglieder und potenzielle Partner erwarten Tatkraft und Einsatz von Unternehmern.
3. Eine Aufforderung – Am Ende Ihre Pitches müssen Sie um etwas bitten. Wollen Sie die Visitenkarte Ihres Zuhörers, um einen Termin für eine vollständige Präsentation auszumachen oder wollen Sie um Empfehlungen bitten, usw.?

# Arbeitsblatt zur Vorbereitung eines Elevator Pitch

In meinen Success Factor Modeling Programmen und Coaching Sitzungen lasse ich Unternehmer das folgende Arbeitsblatt ausfüllen, um ihre Arbeit mit dem Erfolgszirkel in einen grundsätzlichen Elevator Pitch zu verwandeln. Durch Beantwortung der Fragen und Vervollständigen der Aussagen, gelangen Sie zu einem effektiven, überzeugenden Elevator Pitch.

**Meine Leidenschaft ist** _____

*Was tun Sie wirklich sehr gern? Warum sind Sie motiviert, dieses Projekt oder Unternehmen zu übernehmen?*

**Meine Vision ist eine Welt, in der** _____ _____

*Welchen positiven Nutzen wird Ihr Projekt oder Unternehmen stiften?*

**Meine Mission ist** _____ **... zu tun.**

*Welche Maßnahmen werden Sie ergreifen oder welche Ressourcen liefert Ihr Unternehmen, die dabei helfen, die Vision zu erreichen?*

_____

*Für wen werden Sie diese Maßnahmen einleiten und diese Ressourcen liefern und für welchen Zweck?*

**Bei dem konkreten Projekt bzw. Unternehmen als Ausdruck meiner Mission handelt es sich um:**

_____

*Welches Produkt oder welche Dienstleistung ist ein konkreter Ausdruck für Ihre Mission?*

**Meine Ambition ist** _____ **... zu erreichen.**

_____

*Was wollen Sie werden oder vervollkommnen? Wann? Nutzen Sie wenn möglich konkrete Zahlen.*

*Das sind meine grundlegenden Schritte (Storyboard) um diese Ambition zu erreichen:*

1. _____

2. _____

3. _____

4. _____

*Welche entscheidenden Schritte befinden sich auf Ihrem kritischen Pfad zum Erfolg?*

### Meine Rolle ist die einer/eines _____

*Welchen Anteil werden Sie zur Erreichung Ihrer Vision, Mission und Ambition übernehmen?*

### Mein Spitzenleistungsbereich ist _____

*Welche einzigartigen Talente und Fähigkeiten machen es Ihnen möglich, diese Rolle zu übernehmen?*

### Die Mittel und Arten der Unterstützung, die ich brauche sind: _____

_____

_____

*Welche Arten von Ressourcen und Unterstützung (Geld, Informationen, Kontakte, usw.) brauchen Sie zum Erfolg?*

### Meine Bitte ist _____

*Was möchten Sie von Ihrem Publikum bekommen?*

**MEINE LEIDENSCHAFT**

...IST, JUNGE MENSCHEN, WIE MEINER TOCHTER, DIE FREUDE AM MUSIZIEREN NAHE ZU BRINGEN.

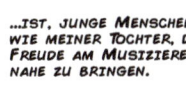

**MEINE VISION**

... IST EINE WELT, IN DER FAMILIEN DURCH DIE MAGIE DES GEMEINSAMEN MUSIZIERENS GESTÄRKT UND VEREINT WERDEN.

**MEINE MISSION**

... IST, TOOLS ZU GESTALTEN UND ZU PRODUZIEREN, DIE JUNGEN MENSCHEN MUSIK UND KOMPOSITION AUF UNTERHALTSAME UND GEMEINSCHAFTLICHE ART LEHREN.

**MEIN UNTERNEHMEN**

„TUNING TOGETHER" BIETET FAMILIEN EINE VIRTUELLE PLATTFORM ZUM GEMEINSCHAFTLICHEN LERNEN VON MUSIKALISCHEN FERTIGKEITEN.

**MEINE AMBITION**

... IST, DASS UNSERE METHODE UND TOOLS WELTWEIT EINGESETZT WERDEN UND AUF VERSCHIEDENE INSTRUMENTE SOWIE ANDERE KOMPETENZEN ALS MUSIK AUSGEWEITET WERDEN.

ICH PLANE, 1 MILLION USER IN 2 JAHREN ZU ERREICHEN.

**FOLGENDE BASISSCHRITTE WERDE ICH UNTERNEHMEN, UM DIESE AMBITION ZU ERREICHEN: .**

1. DAS GESCHÄFT AUF DEM ENGLISCH-SPRACHIGEN MARKT ABZUSICHERN.

2. DIE PLATTFORM IN DIE WEITEREN VIER WICHTIGSTEN SPRACHEN ZU ÜBERSETZEN.

3. ANFANGEN, INSTRUMENTE FÜR ANDERE KOMPETENZEN WIE Z.B. MATHE UND SPRACHEN ZU ENTWICKELN.

4. MEINUNGSBILDNER INSPIRIEREN, EINE GLOBALE SOCIAL-MEDIA-KAMPAGNE ZU STARTEN.

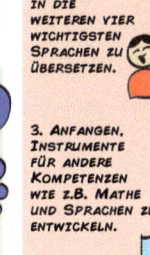

**MEINE ROLLE**

... IST URHEBER VON SYNERGIEN ZU SEIN. AM BESTEN KANN ICH MENSCHEN DURCH DIE GEMEINSAME LIEBE ZUR MUSIK VERBINDEN UND IHNEN HELFEN, ZU WACHSEN UND ZU KOOPERIEREN.

**WAS ICH BRAUCHE**

... SIND PARTNER DIE DAS UNTERNEHMEN IN ANDEREN LÄNDERN VERTRETEN UND DIE UNS DABEI HELFEN KÖNNEN, UNSERE METHODE AN SCHULEN EINZUFÜHREN.

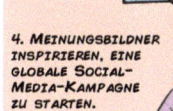

DARF ICH IHNEN MEIN UNTERNEHMEN VORSTELLEN?

OK. UM WAS GEHT ES?

**Beispiel für einen Elevator Pitch**

# Die SFM Mindset Map™

Zusätzlich zu den grundlegenden Elementen, aus denen Ihr Erfolgszirkel und der Elevator Pitch aufgebaut sind, ist die Fähigkeit notwendig, eine Reihe von verschiedenen, genau komplementären Denkweisen einnehmen zu können, um Ihren Erfolgszirkel in ein zukunftsfähiges Unternehmen zu verwandeln. Mein Kollege Miklos (Mickey) Feher und ich haben acht grundsätzliche Denkweisen (*Mindsets*) erkannt, die erfolgreiche Unternehmer bei der Implementierung ihrer Projekte und Unternehmen nutzen: *MarketMaker, ProductCreator, TeamMaker, CompetenceBuilder, Resourcerer, MatchMaker, VentureBuilder* und *FinanSourcerer*. Jede dieser Denkweisen korrespondiert mit einem Teil des Erfolgszirkels.

*Die SFM Mindset Map™ stellt acht konkrete Denkweisen – also Mindsets – dar, die ein Unternehmer beherrschen muss, um ein zukunftsfähiges Unternehmen aufzubauen.*

- Das **ProductCreator** Mindset versucht Kundenbedürfnisse und Wünsche vorauszuahnen und zu erfüllen, indem er innovative und stärkende Lösungen (Produkte und Dienstleistungen) entwickelt.

- Der Schwerpunkt des **TeamMaker** Mindsets ist, Menschen anzuziehen und ihnen eine Richtung zu geben, die die Mission des Unternehmens (seine Produkte und Dienstleistungen) unterstützen, indem sie Synergien, Komplementaritäten und Ausrichtung fördern.

- Die primäre Aufmerksamkeit des **CompetenceBuilder** Mindsets gilt, Gelegenheiten und Ressourcen zu bieten, die die Teammitglieder brauchen, um zu wachsen und ihre Kompetenzen zu erweitern.

- Das Hauptanliegen des **Resourcerer** Mindsets ist, signifikante Synergien mit den Produkten, Diensten, Kompetenzen usw. anderer ergänzender Unternehmen (Partner/ Allianzen) zu erkennen, zu erkunden und zu nutzen, um Ressourcen auszuweiten und wirksam einzusetzen.

- Der Fokus des **MatchMaker** Mindsets liegt auf der Suche nach anderen Unternehmen (Partner/Allianzen), die gemeinsame Visionen und Werte teilen und deren Unternehmensstärken sich gegenseitig ergänzen (durch Teilen, Kombinieren oder Austauschen), um Win-Win-Beziehungen zu bilden.

- Das **VentureBuilder** Mindsets konzentriert sich auf eine nachhaltige Infrastruktur und den Weg zu Wachstum und Skalierung für das Unternehmen, um einen Mehrwert für die Stakeholder/Investoren zu erzeugen.

- Die Priorität des **FinanSourcerer** Mindsets ist, Finanzierungs-Quellen und andere wesentliche Ressourcen (Stakeholder/Investoren) zu erschließen und sie kreativ mit der Ambition und den Stärken des Unternehmens in Verbindung zu bringen.

- Das **MarketMaker** Mindset eröffnet und hält den Dialog mit verschiedenen Kunden und Kundenvertretern aufrecht, um Interesse und Umsatz zu generieren.

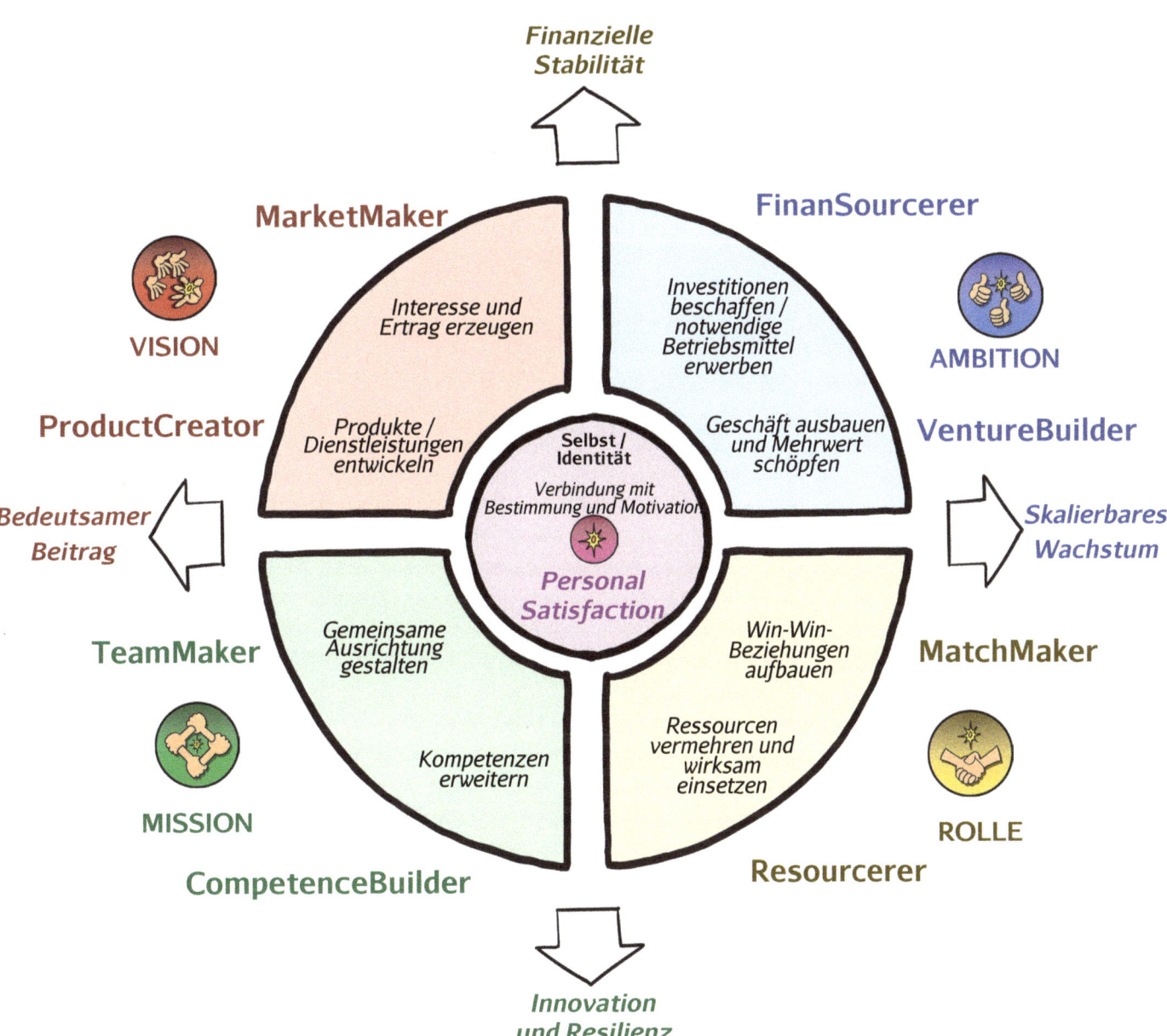

Finanzielle
Stabilität

**FinanSourcerer**

AMBITION

**MarketMaker**

VISION

Interesse und
Ertrag erzeugen

Investitionen
beschaffen /
notwendige
Betriebsmittel
erwerben

**VentureBuilder**

**ProductCreator**

Produkte /
Dienstleistungen
entwickeln

Geschäft ausbauen
und Mehrwert
schöpfen

Bedeutsamer
Beitrag

Selbst /
Identität

Verbindung mit
Bestimmung und Motivation

*Personal
Satisfaction*

Skalierbares
Wachstum

**TeamMaker**

Gemeinsame
Ausrichtung
gestalten

Win-Win-
Beziehungen
aufbauen

**MatchMaker**

MISSION

Kompetenzen
erweitern

Ressourcen
vermehren und
wirksam
einsetzen

ROLLE

**CompetenceBuilder**

**Resourcerer**

Innovation
und Resilienz

**Es gibt acht konkrete Denkweisen, die Unternehmer brauchen, um ein zukunftsfähiges Unternehmen aufzubauen.**

*Die acht SFM Mindsets tragen wesentlich zum Erreichen der Kernziele bei, die zur Bildung eines erfolgreichen und nachhaltigen Unternehmens notwendig sind.*

Die Denkweisen des ProductCreators und TeamMakers tragen im Wesentlichen dazu bei, einen bedeutsamen Beitrag zu leisten. Die Denkweisen des CompetenceBuilders und Resourcerers sind für Innovation und Resilienz notwendig. Die Denkweisen des MatchMakers und VentureBuilders machen es möglich, skalierbares Wachstum zu erreichen. Die Denkweisen des MarketMakers und FinanSourcerers sind erforderlich, um finanzielle Stabilität zu erlangen.

Häufig fühlen wir uns mit einigen dieser Denkweisen wohler oder nutzen sie eher als die anderen. Um den Erfolgszirkel aufzubauen, müssen wir entweder einige dieser Denkweisen vollständiger entwickeln oder andere zu Partnern machen, die eher zu den Denkweisen tendieren, die uns fehlen, um unsere Schwachstellen zu ergänzen.

In diesem Band werden wir beide Wege untersuchen. Ich werde Übungen und Praktiken anbieten, die Ihnen helfen werden, die verschiedenen Denkweisen zu entwickeln und zu stärken. Ich werde Ihnen auch zeigen, wie Sie die Prinzipien und Praktiken der kollektiven Intelligenz nutzen können, um die verschiedenen Denkweisen zu verbessern, indem das Können anderer in Ihrem Team oder Netzwerk wirksam eingesetzt wird.

Mickey Feher und ich haben die *SFM Mindset Map App* entwickelt, die Sie unterstützt, die unterschiedlichen Aspekte der erforderlichen Denkweisen zu beurteilen und weiterzuentwickeln, um ein erfolgreiches Unternehmen aufzubauen, siehe http://www.mindsetmaps.com

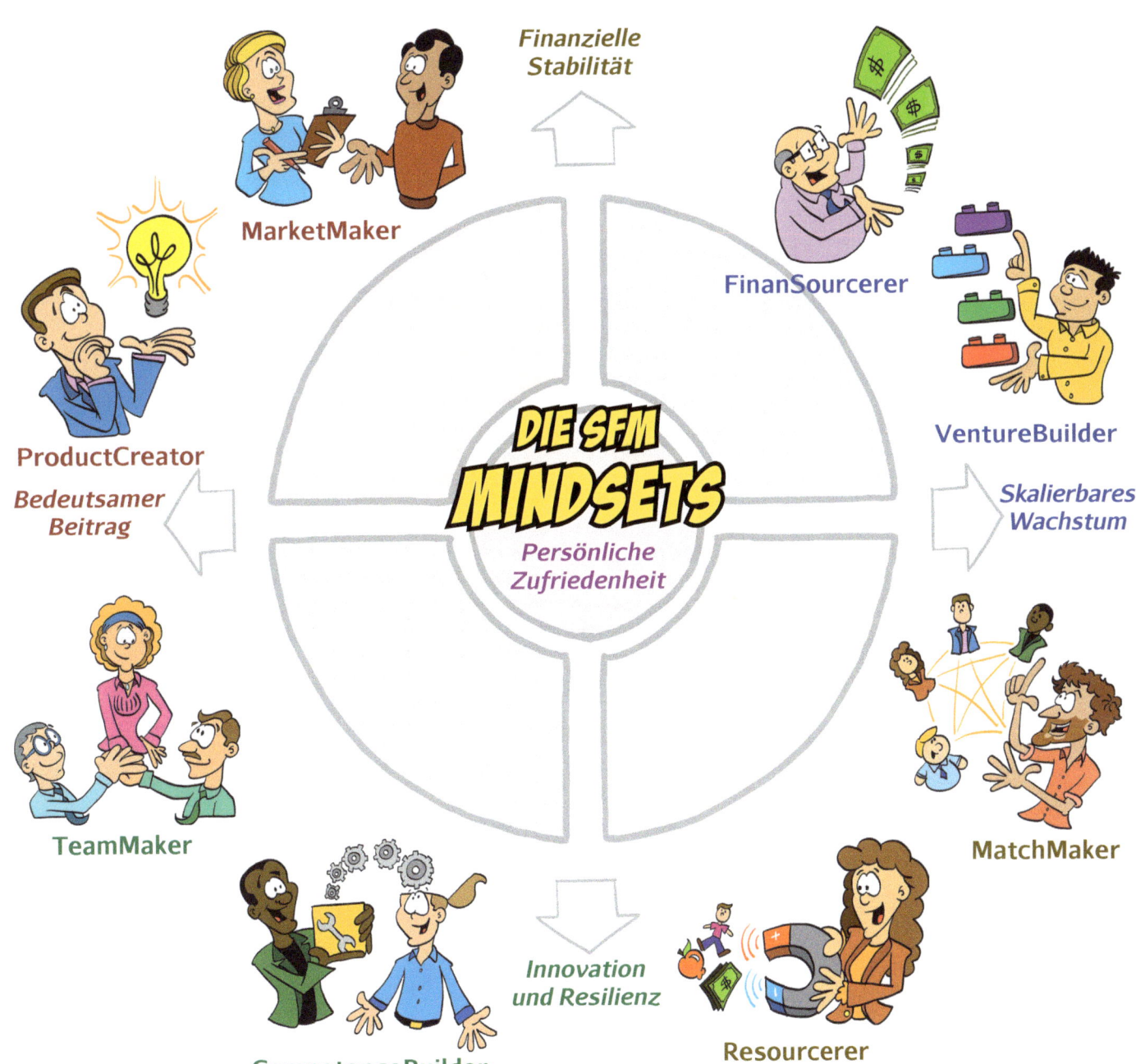

Finanzielle
Stabilität

MarketMaker

FinanSourcerer

VentureBuilder

ProductCreator

Bedeutsamer
Beitrag

DIE SFM
MINDSETS

Persönliche
Zufriedenheit

Skalierbares
Wachstum

TeamMaker

MatchMaker

Innovation
und Resilienz

CompetenceBuilder

Resourcerer

## Integration vielfältiger Denkweisen in den Erfolgszirkel

Die folgende Übung kann Ihnen helfen, die acht SFM Denkweisen anzuwenden, um Ihren Erfolgszirkel zu bereichern und Ihren Elevator Pitch zu einer vollständigen Unternehmenspräsentation zu erweitern. In der Übung steht eine Person als *Erforscher* im Zentrum des Erfolgszirkels, während vier andere als Vertreter aus jedem der äußeren Quadranten mit den zugehörigen Mindsets fungieren. Die Übung beginnt damit, dass der Erforscher seinen Elevator Pitch vorträgt, wobei er sich sicher ist, die Schlüsselfragen bezüglich seines Selbstbildes und der Persönlichkeit beantworten zu können: *Was ist meine Leidenschaft? Und was ist meine Bestimmung und Motivation?*

Die Vertreter nehmen dann die Perspektive ihrer jeweiligen Bereiche des Erfolgszirkels ein und stellen dem Erforscher Fragen zu dem Mindset, dass mit ihrem Quadranten einhergeht.

*Praktizieren Sie die verschiedenen Denkweisen. Das wird Ihnen helfen, einen stärkeren Erfolgszirkel auszubilden und Ihren Elevator Pitch zu verfeinern, um diesen zu einer detaillierteren Unternehmenspräsentation auszuweiten.*

**Kunden:**

ProductCreator: *Welches Produkt oder Dienstleistung haben Sie?*

MarketMaker: *Wie werden Sie Interesse und Umsatz bei Ihren Kunden erzeugen?*

**Team:**

TeamMaker: *Wer gehört zu Ihrem Team? Welche Kernwerte verfolgen Sie?*

CompetenceBuilder: *Welche einzigartigen Kompetenzen haben Sie?*

**Stakeholder:**

FinanSourcerer: *Welche wesentlichen Ressourcen brauchen Sie? Wie wollen Sie diese erwerben?*

VentureBuilder: *Wie werden Sie Ihr Projekt/Geschäft ausbauen und Wertschöpfung erzielen?*

**Partner:**

MatchMaker: *Wer sind Ihre Schlüsselpartner?*

Resourcerer: *Wie wird Ihre Partnerschaft die Ressourcen vermehren und wo ergibt sich eine Hebelwirkung?*

Für die Vertreter ist dies eine gute Möglichkeit zu üben, verschiedene Denkweisen einzunehmen, und der Erforscher kann proben, wie er auf die unterschiedlichen Fragen zu seiner Präsentation und über sein Unternehmen am besten eingeht.

**Repräsentanten aus jedem Bereich des Erfolgszirkels stellen zu dem Projekt bzw. Unternehmen Fragen.**

## Der Einfluss des Umfeldes und des "Innovationsfeldes" auf den Erfolgszirkel

*Der Erfolg neuer Unternehmen ist eine Konsequenz, wie gut sie einem größeren sozio-ökonomischen System, worin sie gestartet sind, dienen und davon angenommen werden.*

*Technische Weiterentwicklungen, Änderungen existierender Bedürfnisse und die Einstellungen der Menschen tragen zu einem „Innovationsfeld" bei, das die Machbarkeit, Attraktivität und Akzeptanz einer Idee oder eines neuen Produktes bestimmt.*

*Um erfolgreich zu sein, müssen Unternehmer in der Lage sein, aufkommende Trends und Gelegenheiten innerhalb eines dynamischen "Innovationsfeldes" frühzeitig zu erkennen.*

Wie alles andere wird der Erfolg neuer Unternehmen zum großen Teil da-durch bestimmt, wie gut sie in das größere System passen, von dem sie ein Teil sind. Der sich verändernde Zustand dieser größeren Systeme bestimmt das Umfeld, in dem die Leidenschaft und Intention des Unternehmers hinsichtlich der verschiedenen Bereiche des Erfolgszirkels Form annimmt. Der Zustand dieser größeren Systeme kann als eine Art *Feld* angesehen werden, das sowohl von den sich entfaltenden sozio-ökonomischen Dynamiken abhängt wie auch von den technischen Entwicklungen. So ein Feld setzt sich nicht nur aus den existierenden Bedürfnissen, Einstellungen und Meinungen der Personen aus dem Erfolgszirkel zusammen, sondern auch aus ihren latenten und sich entwickelnden Bedürfnissen und Einstellungen.

Es ist der Zustand dieses größeren Feldes der Möglichkeiten, der bestimmt, ob die Idee eines Unternehmers als machbar und wünschenswert wahrgenommen wird. Die erfolgreichsten Unternehmen sind diejenigen, die etwas produzieren, das wirklich als *Durchbruch* und „bahnbrechend" erkannt wird. Dies geschieht, wenn sie die Welle eines auftauchenden Trends erwischen.

Die Fähigkeit, Schlüsselentwicklungen und Möglichkeiten in einem größeren Interessengebiet zu verstehen und zu verfolgen, ist ein maßgeblicher Erfolgsfaktor sowohl für etablierte Geschäftsführer als auch aufstrebende Unternehmer. Es hängt davon ab, die formgebenden Kräfte zu verstehen und die sogenannte „Entdeckung schwacher Signale" anzuwenden, um sich auf aufkommende Trends einzustimmen. Neue Möglichkeiten und bahnbrechende Potenziale tauchen permanent auf. Der entscheidende Erfolgsfaktor ist, wenn Unternehmer ein Gespür haben und vorhersagen können, wo und wann diese bahnbrechenden Entwicklungen als nächstes auftreten. Dies wird durch die Fähigkeit erreicht, von der sogenannten „Kollektiven Intelligenz" zu profitieren und diese zu fördern. Genau das ist der Schwerpunkt dieses Buches.

Im ersten Band dieser Serie haben wir eine Reihe von Modellen, Prinzipien und Übungen vorgestellt, die Lesern helfen, notwendige Kompetenzen zu entwickeln und anzuwenden, um ihren eigenen Erfolgszirkel für ein Projekt oder Unternehmen zu bilden. In diesem Band werden wir untersuchen, wie Sie Ihre Vision und Ihr Unternehmen durch „kollektive Intelligenz", „generative Kollaboration" und „dynamisches Teaming"[1] bereichern, erweitern und detaillierter beschreiben können.

---

1   Der Begriff Teaming wurde für *enge, koordinierte Zusammenarbeit* von Amy Edmonson aus der Harvard Business School geprägt.

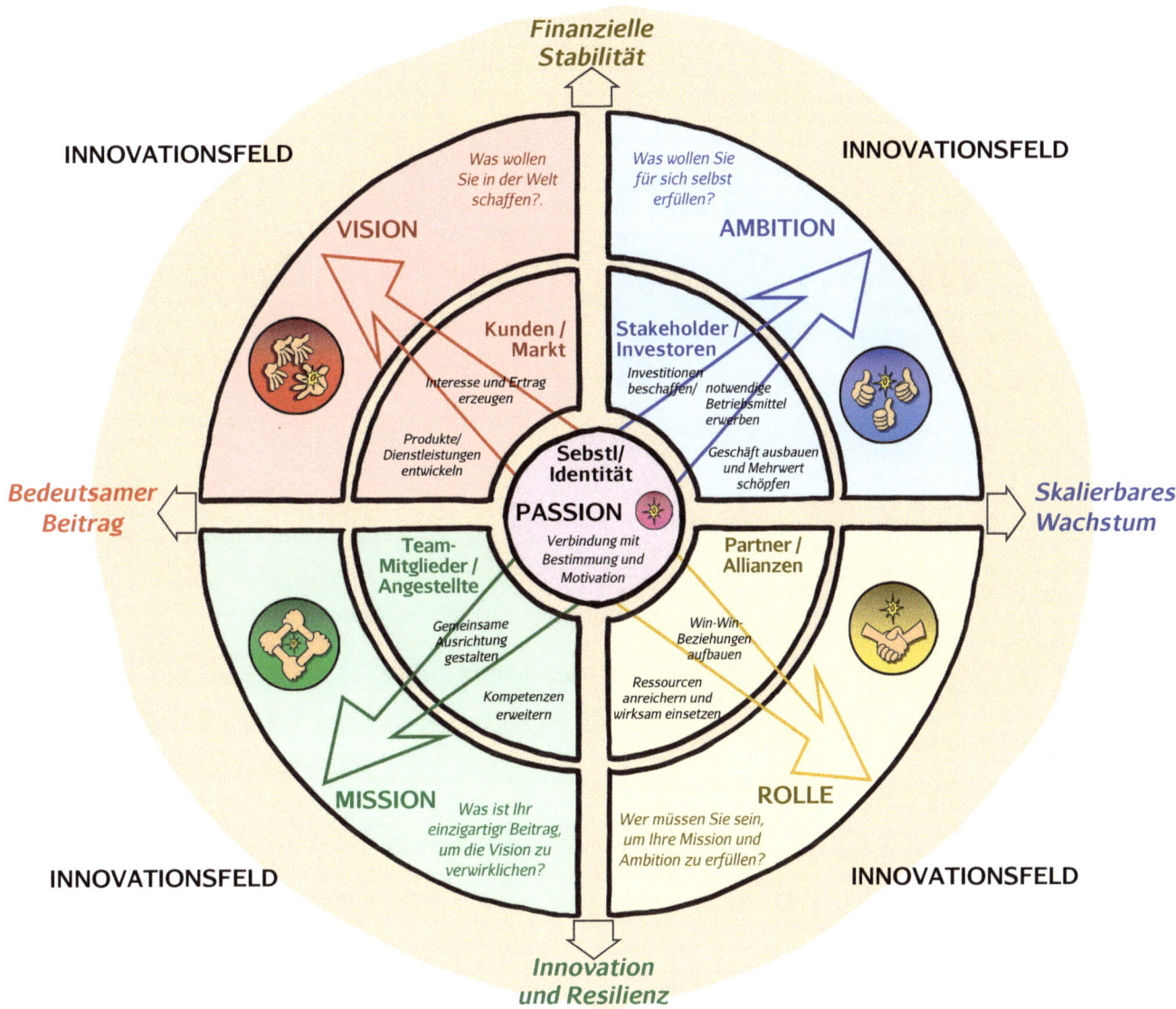

**Finanzielle Stabilität**

INNOVATIONSFELD

*Was wollen Sie in der Welt schaffen?.*

**VISION**

*Was wollen Sie für sich selbst erfüllen?*

**AMBITION**

INNOVATIONSFELD

**Kunden / Markt**

*Interesse und Ertrag erzeugen*

*Produkte/ Dienstleistungen entwickeln*

**Stakeholder / Investoren**

*Investitionen beschaffen/ notwendige Betriebsmittel erwerben*

*Geschäft ausbauen und Mehrwert schöpfen*

**Bedeutsamer Beitrag**

**Sebstl/ Identität**

**PASSION**

*Verbindung mit Bestimmung und Motivation*

**Skalierbares Wachstum**

**Team-Mitglieder / Angestellte**

*Gemeinsame Ausrichtung gestalten*

*Kompetenzen erweitern*

**Partner / Allianzen**

*Win-Win-Beziehungen aufbauen*

*Ressourcen anreichern und wirksam einsetzen*

**MISSION**

*Was ist Ihr einzigartigr Beitrag, um die Vision zu verwirklichen?*

**ROLLE**

*Wer müssen Sie sein, um Ihre Mission und Ambition zu erfüllen?*

INNOVATIONSFELD

INNOVATIONSFELD

**Innovation und Resilienz**

**Die erfolgreichsten Unternehmungen sind die, die einen bahnbrechenden Beitrag zu dem größeren sozio-ökonomischen Umfeld oder „Innovationsfeld" leisten, in dem sie leben.**

# Den Kuchen größer machen
## Bringen Sie Kollektive Intelligenz in Ihren Erfolgszirkel

*Das Ganze ist größer als die Summe seiner Teile.*
**Aristoteles**

*Wir formen unser Selbst, um zu dieser Welt zu passen,
und durch die Welt werden wir erneut geformt.
Das Sichtbare und das Unsichtbare arbeiten
in gemeinsamer Sache zusammen,
um das Wunderbare hervorzubringen.*
**David Whyte**

*Der beste Einsatz des Lebens ist, es mit etwas zu verbringen, das es überdauern wird.*
**William James**

## Bringen Sie Kollektive Intelligenz in Ihren Erfolgszirkel

*Zur Bildung eines effektiven Erfolgszirkels ist das Vermögen, kollektive Intelligenz und generative Kollaboration mit Kunden, Teammitgliedern, Stakeholdern und Partnern zu ermöglichen, erforderlich.*

Der erste Band dieser Success Factor Modeling Serie gipfelte darin, einen „Elevator Pitch" für Ihr Unternehmen (s. S. 286-290) zu erstellen. Wie im vorangegangen Abschnitt gesagt, ist ein Elevator Pitch eine prägnante Beschreibung über sich, sein Unternehmen, Produkt oder seine Dienstleistung, die man jemanden in der Zeit gibt, die man braucht, um in einem Aufzug über mehrere Stockwerke zu fahren. Der Sinn, einen Elevator Pitch zu halten, ist, Aufmerksamkeit und hoffentlich Interesse zu erreichen. Letztlich soll sich eine Zusammenarbeit mit Menschen ergeben, die möglicherweise dem Erfolgszirkel als Kunden, Stakeholder, Teammitglieder oder Partner beitreten oder zu ihm beitragen könnten. Dieser Band zum Success Factor Modeling erkundet, was als nächstes passiert.

Wirklich erfolgreiche Unternehmer sind in der Lage, effektiv und kreativ mit den Beteiligten ihres Erfolgszirkels zu arbeiten, um ihre Vision zu bereichern, auszuweiten und zu verwirklichen sowie ihre Ambition zu erreichen. Dies erfordert ein praktisches Verständnis von „kollektiver Intelligenz" und „generativer Kollaboration" sowie das Vermögen, diese zu fördern. Wie alle erfolgreichen unternehmerischen Aktivitäten beginnt auch dies mit einer Win-Win-Mentalität.

**Um ein erfolgreiches und nachhaltiges Unternehmen aufzubauen, sind wir aufgefordert, andere in unseren Erfolgszirkel einzuladen und kollektive Intelligenz sowie generative Kollaboration zu fördern.**

# Den Kuchen größer machen

Es ist nicht ungewöhnlich zu hören, wie Menschen sich darüber streiten, wer das „größte Stück vom Kuchen" bekommen wird. Die Schlussfolgerung ist, dass Menschen und Organisationen ständig kämpfen und sich im Wettstreit gegeneinander befinden müssen, um ihren Anteil eines limitierten Marktes oder Ressource zu maximieren.

Die ist natürlich ein Win-Lose-Rahmen oder „Nullsummenspiel". Wie in Band 1 diskutiert, muss bei einem Nullsummenspiel eine Person oder Partei verlieren (-1) damit die andere gewinnt (+1), das Endergebnis ergibt Null (0). „Nullsummenspiele" treten typischerweise bei Situationen ein, in denen es eine wahrgenommene oder vorausgesetzte Verknappung gibt, wenn es z. B. nur für eine Partei genug zum Gelingen oder Überleben gibt.

Andererseits setzen Win-Win-Wechselbeziehungen voraus, dass es potenziell genug Ressourcen gibt, so das jeder irgendwie davon profitieren kann und dass sogar durch Kooperation mehr Ressourcen erzeugt werden können. Win-Win-Wechselbeziehungen schaffen typischerweise eine positive selbst-verstärkende Feedbackschleife, die Evolution und Wachstum verursacht – eine die den „Kuchen größer macht", so dass alle mehr bekommen, ungeachtet ihres ursprünglichen Teils.

Das Verlangen, den Kuchen größer zu machen, bildet das Herzstück aller wahren unternehmerischen Aktivitäten. Unternehmer wollen größeren Wohlstand und neue Ressourcen erschaffen, indem sie ihren Beitrag leisten. Wie die Unternehmerin Cindana Turkatte (proträtiert in Band 1 dieser Serie, s. S. 163 – 171) ausführte, entsteht unternehmerische Zufriedenheit, wenn als Resultat ihres Erfolges andere in der Lage sind, etwas zu erreichen, „von dem sie nicht wussten, dass es möglich wäre."

Erfindungen wie das Automobil, das Telefon, die Luftfahrt, das Radio, der PC, das Internet und der iPod sind z. B. Entwicklungen, die diese Art der generativen, Win-Win-Kapazität verursacht haben. Sie führten zur Entwicklung neuer Märkte und erweiterten bestehende Fähigkeiten derart, dass sie neue und „größere Kuchen" erzeugten.

Die Triebkraft hinter solchen Entwicklungen und der Motor von Win-Win-Wechselbeziehungen wird im Success Factor Modeling™ „generative Kollaboration" genannt. Generative Kollaboration bedeutet, dass Menschen kreativ zusammenarbeiten, um „mehr des Guten" herzustellen. Generative Kollaboration basiert wiederum auf dem Phänomen der kollektiven Intelligenz.

**Nullsummen-Mentalität:**
*Sich darum streiten, wer das größere Stück vom Kuchen bekommt*

**Win-Win-Mentalität:**
*Den Kuchen größer machen*

*Angesammelte Intelligenz funktioniert wie ein Puzzlespiel: Jedes Gruppenmitglied bringt sein oder ihr Können oder Wissen wie ein einzelnes statisches Objekt ein.*

*Kollektive Intelligenz funktioniert eher wie ein Fraktal oder neurales Netzwerk: der Beitrag jedes Team- oder Gruppenmitglieds beeinflusst, ergänzt oder erweitert das Wissen und die Kompetenz der anderen Mitglieder, wobei ein generatives und häufig unvorhersagbares Ergebnis entsteht.*

## Kollektive gegenüber angesammelter Intelligenz

Wie ich im ersten Band dieses Werkes (S. 87) ausführte, ist *kollektive Intelligenz* eine gemeinsame Intelligenz die aus der Kollaboration und Kommunikation unter Menschen in Gruppen entsteht. Sie bezieht sich auf das Vermögen der Menschen in einem Team, einer Gruppe oder Organisation in ausgerichteter und koordinierter Weise zu denken und zu handeln und separate Individuen in eine geschlossene Gruppe zu verwandeln, in der das Ganze wirklich größer ist als die Summe seiner Teile.

Es ist wichtig, „*kollektive* Intelligenz" von „*angesammelter* Intelligenz" zu unterscheiden. Wie ich zuvor sagte, verursacht kollektive Intelligenz ein Ergebnis, bei dem das Ganze größer ist als die Summe seiner Teile. Andererseits ist die Folge angesammelter Intelligenz die Summe der individuellen Beiträge. Ein Puzzlespiel wäre eine gute Analogie für angesammelte Intelligenz. Die verschiedenen Stücke passen zu einem endgültigen, einzelnen, statischen Bild. Die Stücke passen nur auf eine Art und Weise zusammen und erzeugen immer exakt dasselbe Bild. So sind viele Aufgaben in Firmen oder im Geschäftsleben organisiert. Teammitglieder leisten einen individuellen Beitrag mit ihren Kompetenzen oder Wissen, um ein klar definiertes Ziel zu erreichen. Bei korrekter Ausführung liefert jeder individuelle Beitrag einen Teil oder ein Stück des größeren Puzzles. Ein herkömmliches Fließband ist ein gutes Beispiel für angesammelte Intelligenz.

Während angesammelte Intelligenz für viele Situationen wichtig und ausreichend ist, hat sie jedoch nicht die kreative oder synergetische Kraft der kollektiven Intelligenz, die notwendig ist, um als Next Generation Entrepreneur in einer sich schnell verändernden Welt erfolgreich zu sein. Kollektive Intelligenz funktioniert eher als ein Fraktal oder neurales Netzwerk. Sie ist dynamischer als angesammelte Intelligenz, in der jeder individuelle Beitrag das Wissen und die Kompetenz der anderen Individuen in der Gruppe oder dem Team beeinflusst, ergänzt oder erweitert.

In einem neuralen Netzwerk werden z. B. „Informationen" und „Wissen" kollektiv vom gesamten Netzwerk als Aktivitätsmuster der verbundenen Neuronen gespeichert. Das Systemwissen kann nicht von dem Schaltkreis als Ganzes getrennt werden. Die Intelligenz des Netzwerkes ist dem System zu Eigen und hängt von der Anzahl und Qualität der Verbindungen zwischen den Elementen ab. Intelligentes Verhalten entsteht organisch im Netzwerk durch Lernen, wenn das Netzwerk verschiedenen Umständen ausgesetzt ist. Gemäß der *Hebbschen Regel* verändern unterschiedliche Erfahrungsmuster die Stärke der Verbindungen zwischen Teilen des Netzwerkes. Diese Regel erklärt, dass die Verbindung gestärkt wird, wenn zwei Elemente in einem ähnlichen Zustand „in Resonanz" sind oder gleichzeitig reagieren; d. h. die Neuronen, die gleichzeitig „feuern" (fire together), verbinden (wire together) sich auch miteinander.

In ähnlicher Weise, entsteht kollektive Intelligenz in Geschäftsunternehmen aus Verflechtungen und der Qualität der Beziehungen unter den Menschen. Die Intelligenz der Gruppe ergibt sich daraus, wie Menschen kooperieren, um gemeinsame Visionen und Ambitionen zu erreichen, während sie Informationen und Ideen austauschen sowie Ihre Kompetenzen, Erfahrungen und Vorstellungen ergänzen und Synergien nutzen. Ähnlich wie bei einem neuralen Netzwerk wird die Intelligenz eines Systems durch die Stärke der Verbundenheit oder der „Resonanz" zwischen einzelnen Gruppen- oder Teammitgliedern bei zentralen Werten oder Themen begünstigt. Die resultierende Ansammlung und Integration von individuellem Wissen, Kreativität und Kompetenz dient als Plattform, auf der sich neue Einsichten, Ideen und Fähigkeiten entwickeln können. Hauptsächlich dient die Förderung von kollektiver Intelligenz dazu, dass Gruppenmitglieder schneller wachsen und die Kreativität sowie die Problemlösungskompetenz derjenigen zunimmt, die an dem Unternehmen beteiligt sind, weil sie vermehrten Zugang zu Wissen, Ideen und Erfahrung haben.

**Kollektive Intelligenz resultiert aus dem Austausch von Information und Ideen, durch gegenseitiges Ergänzen und Synergie der Kompetenzen, Erfahrungen und Vorstellungen.**

# Bildung Kollektiver Intelligenz

Um es deutlich zu sagen, nicht alle Interaktionen erzeugen kollektive Intelligenz oder generative Kollaboration. In der Tat ist das meistens nicht der Fall. Es gibt viele Beispiele von Gruppen, die durch die Wechselbeziehung ihrer einzelnen Mitglieder keinen Anstieg der Intelligenz oder Kreativität zeigen, sondern sogar das Gegenteil, nämlich eine Art „degenerativer Kollaboration". Mobs, zerrüttete Teams oder Familien sind Beispiele dafür. Was sind die Unterschiede, die den Unterschied machen?

Unsere Untersuchung mit Success Factor Modeling hat gezeigt, dass wahre kollektive Intelligenz das Produkt von drei wesentlichen Systemdynamiken sind: Resonanz, Synergie und Emergenz.

*Resonanz*

*Resonanz* bezieht sich auf die Tendenz, dass Systeme bei manchen Frequenzen stärker schwingen als bei anderen. Bei diesen Frequenzen können sogar kleine, sich wiederholende Kräfte große Veränderungen bewirken. Abgeleitet vom lateinischen *resonantia*, was „Echo" oder wörtlich „Widerhall" bedeutet, wird „Resonanz" auch gebraucht, um sich auf eine Art gegenseitigen Einflusses zwischen Systemen oder Objekten zu beziehen, die besonders aufeinander eingestimmt sind. Wenn man zum Beispiel zwei ähnlich gestimmte Gitarren hat und eine Saite auf der einen Gitarre anschlägt, beginnt die entsprechende Saite auf der anderen Gitarre zu vibrieren, ohne dass sie physisch berührt wurde. Die gleiche Art der Resonanz kann zwischen korrespondierenden Klaviertasten, Stimmgabel usw. auftreten. Sie kann sogar zwischen unterschiedlichen Instrumenten vorkommen. Wenn man zum Beispiel eine bestimmte Note auf einer Flöte spielt, kann dies eine Gitarrensaite bei dieser Frequenz zum Schwingen bringen.

In der Psychologie wird der Begriff Resonanz gebraucht, um „den Komplex interner Körperprozesse" zu beschreiben, „die bei emotionalen Zuständen wie Rapport oder Empathie auftreten." In Gruppen spiegelt Resonanz das Ausmaß wider, wie sehr sich die Mitglieder mit den Ideen, Werten und Zielen der anderen Gruppenmitglieder identifizieren und verbunden fühlen. Intellektuelle und emotionale Resonanz sind wesentliche Quellen für Motivation, Synergie, Generativität und kollektive Intelligenz der Gruppe.

Resonanz ist im Wesentlichen die Verstärkung von Schwingungen zwischen zwei Instrumenten (oder Menschen), die aufeinander eingestimmt sind.

Resonanz zwischen Menschen ist die Basis für kollektive Intelligenz.

Im Zusammenhang mit der Bildung von unternehmerischen Vorhaben hängt Resonanz praktisch von dem Grad des gegenseitigen Interesses und Verständnisses ab, den man mit verschiedenen Mitgliedern des Erfolgszirkels erzeugen kann. Dies ist einer der Gründe, warum es so wichtig ist, dass Sie Ihren Elevator Pitch mit Leidenschaft vortragen.

Resonanz in Form von gegenseitigem Interesse und Verständnis kann zwischen jeder Ebene der Erfolgsfaktoren auftreten, die wir ermittelt haben: Umfeld, Verhalten, Fähigkeiten, Überzeugungen und Werte, Identität und Sinn.

- Umgebungsbedingte Resonanz ergibt sich einfach aus dem Teilen desselben physischen Kontextes.

- Resonanz auf der Verhaltensebene ergibt sich, wenn man sich bei ähnlichen oder parallelen Aktivitäten wie andere engagiert.

- Eine tiefere Ebene der Resonanz tritt auf, wenn man gemeinsame Strategien, Kompetenzen und Denkweisen mit anderen teilt.

- Resonanz auf Basis geteilter Werte und Überzeugungen kann besonders stark zur Intensivierung von Motivationen, Loyalitäten und beim Setzen gemeinsamer Prioritäten sein.

- Werden gemeinsame Rollen und Missionen geteilt, erzeugt das eine starke Resonanz auf der Identitätsebene.

- Eine gemeinsame Vision und Ambition schafft vielleicht die tiefgreifendste Form von Resonanz aller Ausprägungen und kann ein Energieniveau sondergleichen in eine Gruppe oder ein Team bringen.

In den folgenden Kapiteln, werden wir praktische Möglichkeiten untersuchen, um Resonanz auf all diesen Ebenen zu schaffen und zu beurteilen. Dies spielt eine entscheidende Rolle bei der Bildung Ihres Erfolgszirkels.

**Ebenen der Resonanz**

## Synergie

*Synergie* tritt auf, wenn zwei oder mehr Dinge zusammenwirken, um ein Ergebnis zu produzieren, das für keines der Dinge unabhängig voneinander erhältlich wäre. Das Wort stammt vom griechischen synergia ab, was wörtlich „zusammen arbeiten" bedeutet. Als einfaches Beispiel seien zwei Menschen angeführt, die beide zu klein sind, um einen Gegenstand auf einem hohen Regal zu erreichen. Einer kann sich auf die Schultern des anderen setzen und so erreichen sie ein Ergebnis, dass keiner hätte allein bewerkstelligen können.

Im Rahmen des Organisationsverhaltens ist Synergie die Fähigkeit einer Gruppe sogar ihr bestes einzelnes Mitglied zu übertreffen; d. h. ein generell besseres Ergebnis zu erzielen, als wenn jede Person innerhalb der Gruppe auf das gleiche Ziel hin individuell arbeiten würde. Synergie erfordert einen Austausch von Energie zusätzlich zum Austausch von Informationen, um ein Ergebnis zu erzeugen, das die Fähigkeiten der beteiligten Einzelpersonen einschließt und erweitert.

Die Synergie zwischen Ihnen und jedem Mitglied aus jedem Bereich Ihres Erfolgszirkels ist offensichtlich entscheidend für den Aufbau eines erfolgreichen Projektes oder Unternehmens.

**Synergie geht über Resonanz hinaus. Sie resultiert aus den gegensetzlichen, sich ergänzenden Eigenschaften, die etwas über die individuellen Beiträge Hinausgehendes erschaffen.**

**Eine synergetische Beziehung erzeugt ein Ergebnis, das keiner der Beteiligten allein hätte vollbringen können.**

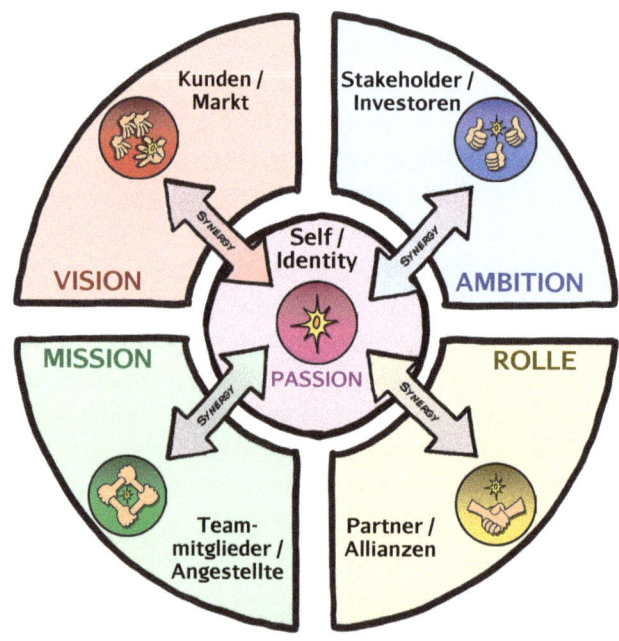

**Synergie zwischen Ihnen und den Mitgliedern Ihres Erfolgszirkels zu schaffen, ist der Schlüssel zum Aufbau erfolgreicher Unternehmen.**

Ebenso entscheidend für den Erfolg Ihres Projektes oder Unternehmens ist ein gewisser Grad an Synergie zwischen den verschiedenen Mitgliedern in Ihrem Erfolgszirkel untereinander.

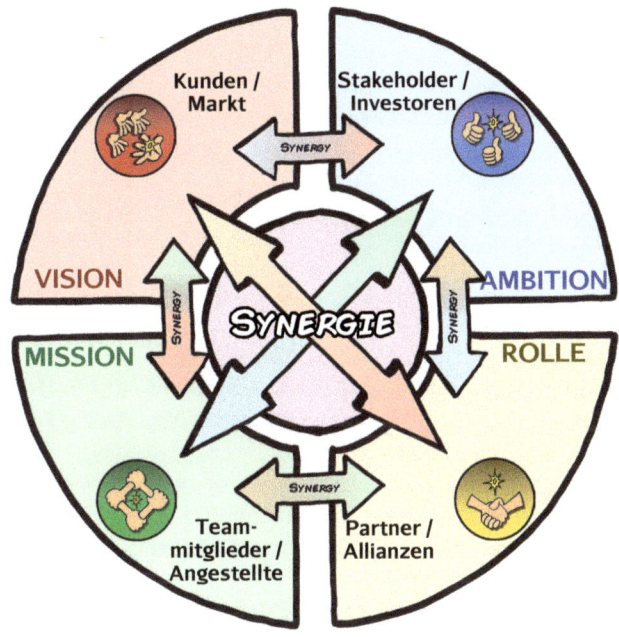

*Synergien zwischen sich und verschiedenen Mitgliedern Ihres Erfolgszirkels zu bilden, spielt eine wichtige Rolle beim Aufbau eines erfolgreichen Unternehmens.*

**Die Förderung von Synergie zwischen den verschiedenen Mitgliedern Ihres Erfolgszirkels ist ebenfalls ein wichtiger Erfolgsfaktor.**

*Synergetische Rollen*

**Synergetische Werte**

**Synergetische Aktionen**

**Die Ebenen der Synergie**

Genau wie Resonanz kann auf jeder Erfolgsfaktorebene Synergie in Form von gegensätzlichen, sich ergänzenden Eigenschaften auftreten, die die Leistung erheblich verbessern.

- Unterschiedliche Personen oder Firmen können ökologische Ressourcen kombinieren oder austauschen, um gemeinschaftlich ihre Märkte in Schwung zu bringen oder auszuweiten.

- Wie im Beispiel, wo jemand auf den Schultern eines anderen sitzt, um einen hochgelegenen Gegenstand zu erreichen, können Personen, Teams und Organisationen zusammenarbeiten, um Kernaktivitäten und Verhaltensweisen zu vereinen oder zu verbessern.

- Die Synergie verschiedener Fähigkeiten zu nutzen, ist offensichtlich die Grundlage zur Bildung von strategischen Allianzen und beim Vorantreiben offener Innovation in Bezug auf Produkte oder Dienstleistungen.

- Komplementäre Werte und Überzeugungen sind absolut wichtig, um starke und produktive Beziehungen in jedem Bereich des Erfolgs-zirkels zu bilden. Unterschiedliche Werte wie „Kreativität" und „Detailorientierung" können vereint werden, um leistungsstarke Ergebnisse zu erzielen. Dies ist häufig bei Werten der Fall, die sich auf die „Seele" beziehen – wie zum Beispiel „Beitrag" oder „Dienst" – und bei Werten, die sich auf das „Ego" beziehen – wie zum Beispiel „Anerkennung" und „Investitionsrendite". Der Grad, zu dem Sie und die verschiedenen Mitglieder Ihres Erfolgszirkels sich wertschätzen und aneinander glauben, wird das letztliche Ausmaß des Erfolges Ihres Unternehmens bestimmen.

- Komplementäre und synergetische Rollen und Missionen sind sowohl bei Personen als auch bei Organisationen der Ursprung sich entfaltender und ausweitender Identitäten. Ganz offensichtlich sind sie der Hauptgrund für Fusionen und Akquisitionen.

- Die Triebkraft für die Schaffung neuer Märkte liegt in der Nutzung von Synergien, die sich auf der Ebene der Vision und Ambition ergänzen.

In den vorliegenden Kapiteln werde ich Beispiele, Instrumente, Methoden und Strategien anbieten, um Synergien mit den Mitgliedern Ihres Erfolgs-zirkels auf mehreren Ebenen zu finden und zu schaffen.

*Emergenz*

Emergenz tritt auf, wenn etwas Neues aus der Interaktion zwischen verschiedenen Elementen eines Systems erscheint. Komplexe Muster können aus der Kombination relativ einfacher Interaktionen erscheinen. Die Moirée-Muster, die aus der Überlappung von zwei anderen visuellen Mustern resultieren, sind ein Beispiel für das Merkmal der Emergenz. Siehe dazu die Abbildungen unten.

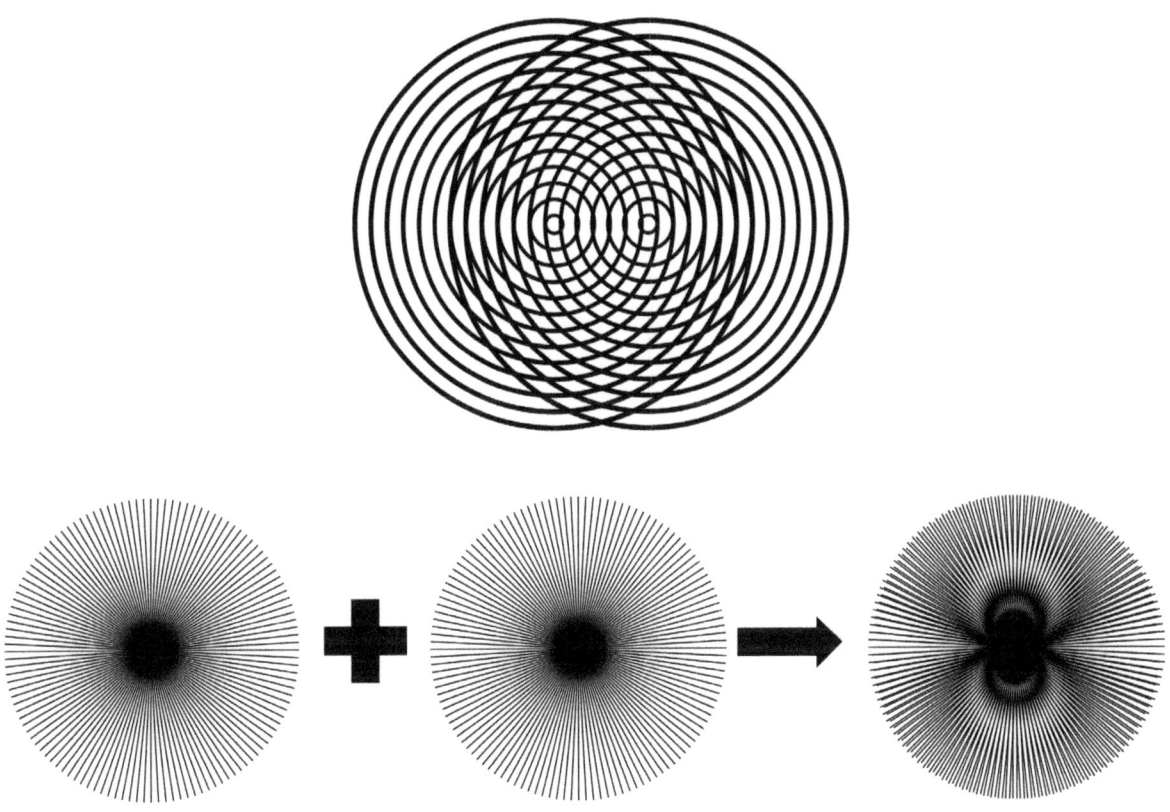

Das Moirée-Muster selbst wird zu einer dritten Einheit. Etwas Ähnliches geschieht, wenn Musiknoten einen Akkord erzeugen. Wie der Systemtheoretiker Gregory Bateson ausführte, gilt im Allgemeinen: „Wenn zwei sich wiederholende Systeme vereint werden, wird notwendigerweise ein drittes erzeugt." Dieses grundlegende Prinzip der Emergenz ist: 1 + 1 = 3.

**Emergenz: Unvorhersagbare Formen entstehen auf einem vibrierenden Lautsprecher, wenn dieser mit einer Mischung aus Maisstärke und Wasser gefüllt ist.**

*Emergenz entsteht, wenn komplexe und unvorhersagbare Muster als Resultat einer Kombination von relativ einfachen Interaktionen erscheinen.*

Der Begriff „Emergenz" stammt vom lateinischen *emergere* ab, was wörtlich „unsinkbar sein" bedeutet; es kennzeichnet, dass etwas aus einer Flüssigkeit oder einem anderen Medium „auftaucht." Es ist das Gegenteil von abtauchen, in dem etwas versinkt. Diese Eigenschaft der Emergenz kann konkret veranschaulicht werden, wenn man eine Mischung aus Maisstärke und Wasser auf einen vibrierenden Lautsprecher gießt. Sobald der oszillierende Lautsprecher die Mischung mit Energie versorgt, beginnen verschiedene Gestalten und Formen aus der Flüssigkeit aufzutauchen – wie auf dem Foto zur Linken gezeigt.*

Die Ergebnisse dieses einfachen Experiments erzeugen eine ähnliche Szene, wie man sich das Aussehen der ersten Lebensformen vorstellen möchte, als sie aus der „Ursuppe" auf unserem Planeten vor Milliarden von Jahren auftauchten.

Auftauchendes Verhalten, oder Merkmale wie dieses, beginnen in jedem verbundenen System zu erscheinen, sobald mehrere einfache Einheiten (wirkende Kräfte) zusammen mit einem geeigneten Maß an Energie in einem gemeinsamen Umfeld interagieren. Elementare Interaktionen zwischen individuellen Einheiten bauen aufeinander auf und verursachen komplexeres Verhalten als ein Kollektiv.

Die sogenannte *starke Emergenz* tritt auf, wenn die resultierenden Muster aus einem kollektiven Verhalten in einem System nicht direkt auf die Systemkomponenten zurückzuführen sind, sondern eher darauf, wie diese Komponenten wechselwirken. In diesem Fall gilt wirklich, dass das Ganze größer ist als die Summe seiner Teile. Ein bekanntes Beispiel dieser Art von Emergenz ist die Bildung von Schneeflocken und anderen natürlichen „fraktalen" Strukturen.

Die Bilderserie auf der folgenden Seite ist eine gute Darstellung starker Emergenz. Die Bilder sind einem Experiment entnommen, das in der Physik als „Kymatik" bezeichnet wird. *Kymatik* ist die Studie der Effekte von Klang und Wellen auf Materie. Diese Bilder veranschaulichen einige der wichtigsten Merkmale der Emergenz. Die Bilderserie zeigt Sand auf einer Metallplatte. Die sich verschiebenden Muster im Sand erscheinen während eine aufsteigende Klangfrequenz auf der Platte gespielt wird. Die Klangwellen erzeugen eine komplexe Wechselwirkung zwischen der Platte und dem Sand sowie zwischen den einzelnen Sandkörnern. Die Bilder zeigen, was geschieht, während die Klangfrequenz zunehmend höher wird. Auch wenn die Klangfrequenz inkrementell, linear ansteigt, ergeben sich immer komplexere, unvorhersagbare Sandmuster auf der Platte. Wenn man nicht schon wüsste, was passieren wird, wäre es praktisch unmöglich, vorauszusagen, wie das nächste Muster aussehen wird.

---

\* Ein faszinierendes Video zu diesem Phänomen ist auf Youtube unter dem Titel „Non-Newtonian Fluid on a Speaker Cone" zu sehen.

**Komplexe Muster erscheinen als Folge eines einfachen Anstiegs der Klangwellen in Sand auf einer Metallplatte.***

---

*Sie können das Video in voller Länge auf YouTube unter dem Titel "Cymatics Experiment" sehen.

Häufig zeige ich dieses Video meinen Klienten und Teilnehmern in den Success Factor Modeling Workshops als Metapher zur Veranschaulichung der Effekte eines energetischen „Feldes" und welche Bedeutung verschiedene Resonanzniveaus auf das Potenzial für Emergenz haben. Wir können den Sand als die Einzelpersonen in einer Organisation betrachten oder als Inhalte eines bestimmten Produktes oder Problems. Die Metallplatte ist der Rahmen, in dem die Personen oder Inhalte zusammengebracht werden. Das Ding, das letztlich bestimmt, was auftauchen wird, ist das energetische Feld (in diesem Fall buchstäblich Schwingung), das die Wechselwirkung anregt. Bei Menschen oder in einer Organisation wird dieses energetische Feld durch das Ausmaß und den Grad emotionaler sowie psychologischer Resonanz bezüglich der verschiedenen Erfolgsfaktorebenen bestimmt – besonders durch Vision, Mission und Ambition.

In unternehmerischen Bestrebungen, wo es ein angemessenes Maß an Resonanz zwischen den verschiedenen Mitgliedern innerhalb des Erfolgszirkels gibt, entsteht Emergenz in Form von Innovationsdurchbrüchen, die unerwartet als Folge der Kombination von anscheinend beziehungslosen oder unvereinbaren Ideen, Überzeugungen und Technologien erscheinen.

Ähnlich wie die Eigenschaften der Resonanz und Synergie kann Emergenz auf einer Reihe von unterschiedlichen Ebenen im Unternehmen stattfinden.

- Der Trend zur Globalisierung und die vermehrte multinationale Präsenz vieler Firmen und Unternehmen ist ein Beispiel für Emergenz auf der Ebene des Umfeldes.

- Auf der Ebene des Verhaltens wussten Musiker, Tänzer und Performance-Artisten schon lange, dass neue Ausdrucksformen aus Überlappung oder Intergration anderer Aktionen und Aktivitäten spontan entstehen können. Neue Produkte und Dienstleistungen können auf ähnliche Weise entstehen, wenn bestehende Produkte und Dienstleistungen integriert und zusammen in komplexeren und anspruchsvolleren Variationen angewandt werden. Denken Sie an die Kombination von Drucken, Scannen, Fotokopieren und Faxen, was heute gängig ist. Vor ein paar Jahren waren es noch separate Arbeiten.

- Neue Ideen und Fähigkeiten können auch spontan und unerwartet auftauchen, wenn das Teilen und Synthetisieren mit anderen Ideen und Fähigkeiten überraschende Durchbrüche erzielt. Viele Innovationen entstehen als Ergebnis interdisziplinärer „Think Tanks", wie zum Beispiel Xerox PARC.

**Bei unternehmerischen Bestrebungen entsteht Emergenz in Form von Innovationsdurchbrüchen, die unerwartet als Folge einer Kombination von anscheinend beziehungslosen oder unvereinbaren Ideen, Überzeugungen und Technologien erscheinen.**

- Neue Organisationskulturen entstehen, während bestehende, ältere Überzeugungen und Werte mit neuen vermischt und integriert werden. Samuel Palmisanos „Werte-Jam" (SFM Bd 1, S. 118) ist ein gutes Beispiel dafür. Als Vorstandsvorsitzender bei IBM Anfang 2000 erkannte Palmisano, dass IBMs Kommando-und-Kontroll-Kultur nicht länger funktionierte. Er startete online eine massive, interaktive „Werte-Jam", die alle 440.000 Angestellten aus 170 Ländern für 72 Stunden einschloss, um zu bestimmen, welche Werte IBM haben sollte. Die drei Kernwerte aus dieser kollektiven Kollaboration – Einsatz für den Erfolg jedes Kunden; Innovation, die etwas für unsere Firma und für die Welt bedeutet sowie Vertrauen und persönliche Verantwortung in allen Beziehungen – dienten seitdem als Leitfaden für die Entscheidungsprozesse in der gesamten Organisation. Sie haben zur Bildung dieser einzigartigen, kollaborativen Organisationsstruktur beigetragen und das Potenzial für größere kollektive Intelligenz erhöht.

- Natürlich kann Emergenz auch auf der Identitätsebene geschehen. Rollen und Missionen können sich überlappen, vereinen und entfalten, um komplett neue Arten von Firmen oder Unternehmungen hervorzubringen. In den letzten zehn Jahren sind Organisationen wie Amazon, Google oder Facebook entstanden, die vor 25 oder 30 Jahren nicht hätten existieren können.

- Die Emergenz neuer Visionen oder Ambitionen bewirken sogenannte „disruptiven Innovationen", welche in unserer Gesellschaft und in den Technologien Quantensprünge darstellen. *Disruptive Innovationen* sind solche, die einen neuen Markt erschaffen, dessen Grenzen nicht in existierende Märkte passen. Disruptive Innovationen sind ein ausgezeichnetes Beispiel für den Ausdruck „den Kuchen größer machen." Die Massenproduktion von Autos, digitalen Kameras, die Nespresso Maschine, der iPod, Smartphones und soziale Medien sind alles Beispiele für disruptive Innovationen. Jede von ihnen hat einen ganz neuen Markt geschaffen, der vorher nicht existierte.

Der besondere Schwerpunkt im Success Factor Modeling Band 2 handelt davon, wie Sie innerhalb Ihres Unternehmens unter sich und den verschiedenen Mitgliedern Ihres Erfolgszirkels *Bedingungen für Emergenz* schaffen können. Diese Fähigkeit wird eine der wichtigsten Faktoren für Ihren persönlichen Erfolg und dem Ihres Unternehmens sein.

**Ebenen der Emergenz**

# Andere Einflüsse auf Kollektive Intelligenz und Generative Kollaboration

Zusätzlich zu den systemischen Dynamiken der Resonanz, Synergie und Emergenz haben unsere Forschungen mit Success Factor Modeling weitere wichtige Einflüsse ans Licht gebracht, die zu kollektiver Intelligenz und generativer Kollaboration führen.

## Holons und Hologramme

Ein Schwerpunktthema in *Success Factor Modeling*™ Band I bildete das Konzept, dass jeder von uns ein „*Holon*" ist (s. S. 22-23). Einerseits sind wir an und für sich ganz und gar unabhängige Einzelwesen. Andererseits sind wir auch Teil aufeinanderfolgender größerer Systeme, die uns einschließen und transzendieren. Konkret bedeutet das: Wir bestehen aus einzelnen Atomen, die Moleküle bilden, die sich zu ganzen Zellen verbinden, welche sich zu ganzen Organen und einem ganzen vernetzten Nervensystem zusammenschließen, aus dem unser Körper aufgebaut ist. Wir sind wiederum Teil zunehmend größerer Ganzheiten: Familie, Berufsgemeinschaft, das ganze System der Lebewesen auf diesem Planeten und letztlich das ganze Universum.

Unsere dauerhafte, konkrete Beteiligung als Holons ist ein weiterer Schlüsselfaktor für erfolgreiches Erschaffen kollektiver Intelligenz. Ganzheiten verbinden sich zu noch größeren Ganzheiten, die sich durch neue und andersartige Eigenschaften und Fähigkeiten von den Teilen unterscheiden, aus denen sie gemacht sind. Das menschliche Gehirn hat als Ganzes andere Eigenschaften als die individuelle Nervenzelle, aus der es beschaffen ist. Wasser hat andere Eigenschaften als Wasserstoff und Sauerstoff, aus denen es besteht. Genauso haben Gruppen andere Eigenschaften als die Einzelpersonen, die sie bilden.

Ein weiterer entscheidender Faktor zur Schaffung kollektiver Intelligenz hat mit Hologrammen und holographischen Systemen zu tun. Ein *Hologramm* ist ein dreidimensionales Bild, in dem die gesamte Abbildung in jedem Teil des Bildes enthalten ist. Wenn man eine Glasplatte oder ein Stück Film, auf dem das Hologramm aufgezeichnet ist, nimmt und entzweibricht, kann man immer noch die ganze Abbildung sehen. Wenn man diese Hälften in Viertel bricht, ist das ganze Bild immer noch da und so weiter. Aufgrund dieses Phänomens wurde das Hologramm zur Metapher für das Konzept, dass in vielen Systemen alle systemrelevanten Informationen irgendwie durch jeden Teil des Systems verbreitet sind.

**Ganzheit und Holon: Wir alle sind einzigartige, unabhängige Einzelne und gleichzeitig Teil größerer Systeme.**

Offensichtlich haben unsere eigenen Körper diese Eigenschaft. Jede Zelle in unserem Körper benutzt dieselbe DNS. Auch wenn jede Zelle einzigartig ist und eine Zelle in unserem Auge sich deutlich von einer Zelle an unserem Fußnagel unterscheidet, nutzen alle einen gemeinsamen Code, der es ihnen ermöglicht als ein koordiniertes Ganzes zu fungieren.

Den gleichen Ablauf können wir bei der Arbeit in einer erfolgreichen Firma oder Kultur beobachten. Ein hohes Resonanzniveau bezüglich der Erfolgsfaktorebenen (besonders der höheren Ebenen – Vision, Mission, Werte, usw.) wirkt als eine Art DNS für das Unternehmen. Wenn man die Firma in separate Divisionen, Teams oder sogar Personen unterteilt, sollte die Vision, Mission, Ambition, Rolle, Werte usw. der gesamten Firma in jedem Teil präsent sein. Wenn es das nicht ist, herrscht vermutlich Chaos und Verwirrung anstelle von Zusammenhalt. Wenn ein Manager in einer Firma zu einer Besprechung ginge und sich nur nach seinen eigenen Zielen, Interessen und Werten richten würde, würde dieser Manager die Interessen und manchmal sogar das Überleben der größeren Organisation gefährden.

Daraus können wir schließen, dass ein erfolgreiches Unternehmen ein Hologramm ist, das durch die Wechselbeziehungen der Holons geschaffen wird. Es gilt:

1. *Jeder Teil enthält das Ganze.*
2. *Jeder Teil kann das Ganze wiederherstellen.*

Ein Hologramm ist ein dreidimensionales Bild, in dem die gesamte Abbildung in jedem Teil des Bildes enthalten ist.

*Du bist kein Wassertropfen im Ozean.*
*Du bist der ganze Ozean in einem Tropfen.*

**Rumi**

Ein Geschäft ist zugleich ein Ganzes, ein Holon und ein Hologramm.

**Adam Grant**
Autor von "Geben und Nehmen:
Erfolgreich sein zum Vorteil aller"

*"Aufgabensignifikanz" hat mit der Wahrnehmung zu tun, ob die Arbeit und Handlungen eines Einzelnen andere in wichtiger und sinnvoller Weise beeinflusst.*

*Es gibt viele Dinge im Leben, die Dir ins Auge springen, doch nur wenige werden Dein Herz berühren ... verfolge diese.*

**Michael Nolan**

## Aufgabensignifikanz und Leistung

Der renommierte Professor der Wharton Business School Adam Grant, Autor von „Geben und Nehmen" (2013, dt. 2016), hat eine Reihe von spannenden Experimenten durchgeführt, die die Bedeutung der „Aufgabensignifikanz" für die Motivation und Leistungsfähigkeit bei der Arbeit demonstrieren. *Aufgabensignifikanz* wird als „das Ausmaß der Bedeutung"definiert, „die ein erkennbarer Arbeitsanteil für andere innerhalb oder außerhalb der Organisation hat" . Die Aufgabensignifikanz ergibt sich aus dem Bewusstsein und Verständnis einer Person über das Ausmaß, wie sehr ihre eigenen Arbeitsergebnisse andere Menschen innerhalb und außerhalb ihrer Organisation beeinflussen.

In typisches Experiment von Grant ist die Einteilung von Teammitglieder (zum Beispiel Anrufer einer Spendenaktion) in verschiedene Gruppierungen. Eine Gruppe erhält Informationen aus geschriebenen, persönlichen oder Video-Botschaften von anderen, welchen positiven Einfluss ihre Arbeitsbereitschaft auf das Leben anderer gehabt hat. Eine zweite Gruppe wird von Leuten, die die gleiche Arbeit getan haben, darüber informiert, welchen persönlichen Nutzen die Arbeitsbereitschaft auf ihr eigenes Leben haben kann; wie z. B. neu gewonnenes Wissen und Fähigkeiten zur Gestaltung der eigenen Karriere zu nutzen. Die dritte Gruppe erhält keine Information zur Aufgabensignifikanz, sondern ein Verhaltenstraining oder das Versprechen eines Bonus für gute Leistung.

Die Ergebnisse von Grants Experimenten haben signifikante Auswirkungen für Manager und Unternehmer. Laut seinen Studien hat die erste Gruppe, die Informationen über den Zusammenhang ihrer Arbeitsbereitschaft mit der Verbesserung im Leben anderer (normalerweise der Kunden) erhielt, häufig ihr Arbeitspensum verdoppelt. Beispielsweise verbrachte eine Gruppe dieser Spendenanrufer 142 Prozent mehr Zeit am Telefon und brachte 171 Prozent mehr Umsatz in den Monaten, nachdem sie den Nutzen ihrer Aktivitäten für andere begriffen hatten.

Im Vergleich dazu verbesserte sich die Gruppe, die über den persönlichen Nutzen, den ihr Arbeitseinsatz für ihr eigenes Leben hat, nur gering. Die dritte Gruppe, die keinerlei Informationen zur Aufgabensignifikanz bekommen hatte, zeigte wenig bis gar keine Leistungsverbesserung.

In einem anderen Experiment brachte Grant zwei Zeichen über den Handwaschbecken im Krankenhaus an. Auf dem ersten war zu lesen: „Handhygiene beugt Ihrer Ansteckung mit Krankheiten vor"; während es auf dem anderen hieß: „Handhygiene beugt der Ansteckung von Patienten mit Krankheiten vor." Er wertete den Effekt der Schilder einfach anhand des Seifenverbrauchs aus. Das Schild mit dem Hinweis auf den Patientennutzen erhöhte den Verbrauch von Seife und Gel um mehr als 45% und das Handwaschverhalten um mehr als 10% gegenüber dem Schild, das auf den Eigennutzen hinwies.

Grants Experimente unterscheiden deutlich zwischen den Motivationen, die sich auf „Ego" und „Seele" beziehen. Siehe dazu meine Ausführungen in *Success Factor Modeling Band 1* (S. 24-27) und die Zusammenfassung in der Einführung dieses Bandes auf den Seiten 8 und 9. Die offensichtliche Folgerung dieser Experimente ist: Unser Empfinden, dass unsere Aktivitäten mit einer größeren Mission oder einem Zweck verbunden sind, die anderen dienen, ist ein mächtiger Motivator. Eine bedeutungsvolle Aktivität verbindet uns mit unserem Sinn zu dienen und unserer „Seele".

Ebenso wie Resonanz, Synergie und Emergenz kann sich die Wahrnehmung der Aufgabensignifikanz auf die verschiedenen Erfolgsfaktorebenen wie Umfeld, Verhalten, Fähigkeiten, Überzeugungen und Werte, Identität und Sinn, auswirken.

**Das Wissen, dass ihre Arbeit eine positive Wirkung auf andere hat, erhöht das Energieniveau und die Anstrengungen von Menschen.**

**Die Wahrnehmung von Aufgabensignifikanz hat einen bemerkenswerten Einfluss auf die Motivation und Leistungsfähigkeit.**

## Das Gleichnis der sechs Steinmetze

Im *Success Factor Modeling Band I* (S. 20) habe ich das Gleichnis der sechs Steinmetze präsentiert, das ich häufig nutze, um den Grad unserer Verbundenheit mit unseren Projekten und Unternehmen auf verschiedenen Ebenen zu veranschaulichen.

Das Gleichnis konzentriert sich auf sechs Personen, deren Arbeit von mangelhaft bis ausgezeichnet reicht, das gleiche gilt für den Grad ihrer Zufriedenheit. Während sie arbeiten, wird der Leistungsschwächste und am wenigsten zufriedene Arbeiter gefragt: *„Was machen Sie gerade?"*

*Auf die Uhr blickend, schimpft er: „Ich warte darauf, dass meine Zeit hier um ist, damit ich nach Hause gehen kann, um etwas zu tun, was mich interessiert."*

*Die nächste Steinmetz, der ein wenig besser arbeitet und nicht völlig gelangweilt ist, wird gefragt: „Was machen Sie gerade?" Er hebt den Blick von seiner Arbeit. „Wonach sieht es aus, was ich hier mache? Ich bin dabei, einen Felsen zu behauen", antwortet er leicht verärgert.*

*Der nächste Steinmetz, der eine durchschnittliche Arbeit leistet und etwas engagierter erscheint, wird gefragt: „Was machen Sie gerade?" „Ich verwende meine Fähigkeiten, um diesen Quaderstein zu gestalten", ist seine sachliche Antwort.*

*Der vierte Steinmetz, der ziemlich motiviert ist und eine anständige Arbeit verrichtet, wird gefragt: „Was machen Sie gerade?" Er antwortet mit Entschlossenheit: „Ich bin dabei, meinen Lebensunterhalt zu verdienen, um meine Familie zu unterstützen und meine Kinder durch die Schule zu bringen. Das ist es, was ich mache."*

*Der fünfte Steinmetz, der nicht nur hervorragende Arbeit leistet, sondern auch darauf achtet, dass auch die anderen ordentlich arbeiten, wird gefragt: „Was machen Sie gerade?" „Ich bin ein Steinmetzmeister und ich baue eine Kathedrale", antwortet er mit Begeisterung.*

*Der sechste und versierteste Steinmetz ist voll und ganz dabei und bei jedem seiner Handgriffe achtsam. Ständig überprüft er die Arbeit der anderen und tut sein Bestes, dass auch sie konzentriert und interessiert bleiben. Als er gefragt wird: „Was machen Sie gerade?", sagt er mit tiefer Ehrfurcht: „Ich erbaue einen heiligen Raum, um Menschen zu helfen, sich mit ihren Seelen zu verbinden".*

Offensichtlich drückt der sechste Steinmetz den größten Sinn für die Aufgabensignifikanz und die höhere Bestimmung aus.

*Das Gleichnis der Steinmetze veranschaulicht, welche Wirkung die Auffassung von zunehmend größerer Aufgabensignifikanz hat.*

*Eine Gesellschaft gedeiht großartig, wenn alte Männer Bäume pflanzen, mit dem Wissen, dass sie niemals in deren Schatten sitzen werden.*

**Griechisches Sprichwort**

## Vorteile und Anwendungen Kollektiver Intelligenz

Kollektive Intelligenz tritt bei Gruppen auf, die ein starkes Empfinden für die Aufgabensignifikanz und Bestimmung teilen. Innerhalb dieser Gruppen haben die Menschen ein gegenseitiges Verständnis für die Missionen im Dienst einer gemeinsamen Vision zum Nutzen anderer. Die Bedingungen zur Schaffung kollektiver Intelligenz sind offene Kommunikation, gegenseitiges Vertrauen und Respekt, Neugierde und die Einsatzbereitschaft für etwas Größeres als man selbst. Um generativ zu werden, erfordert kollektive Intelligenz eine gewisse Zeit, damit Menschen zusammen träumen und an bestehenden Projekten arbeiten können. Dies unterstreicht die Bedeutung des kreativen Unbewussten in der Synergie und Emergenz. Alle diese Faktoren zusammen erzeugen ein deutlich erhöhtes Niveau der Motivation, Leistungsfähigkeit und Zufriedenheit.

*Die Förderung kollektiver Intelligenz in Gruppen bringt eine Reihe von signifikanten Vorteilen: verbesserte Leistung, weisere Entscheidungen, neue Ideen und kreativere Lösungen.*

Andere Vorteile kollektiver Intelligenz beinhalten:

- Eine gesunde Arbeitsweise von Gruppen und Gemeinschaften unterstützen
- Teams und Organisationen erhalten und revitalisieren
- Innovationskraft, Produktivität und Profit für die Firmen erhöhen
- Konflikte, soziale Probleme und Umweltprobleme lösen
- Durchbrüche erzielen, Einsichten und Inspirationen bei Menschen und Gruppen herbeiführen
- Signifikante, transpersonale Erfahrungen hervorlocken, wie z. B. Zusammenhalt, Vertrauen und Teamgeist
- Die entstehende Zukunft spüren und bevorstehende Ereignisse besser als individuelle Experten voraussagen
- Emergenz von neuen sozialen Formen, Funktionen und Fähigkeiten erleichtern

Wir können diese Vorteile als die vier grundsätzlichen Ergebnisse zusammenfassen, zu denen kollektive Intelligenz führen kann:

1. Verbesserte Leistung
2. Weise Entscheidungen
3. Neue Ideen
4. Kreative Lösungen

Kollektive Intelligenz entsteht, wenn sich Menschen in offenen und bedeutungsvollen Dialogen und Diskussionen engagieren; deshalb müssen die Gruppenmitglieder die Fähigkeit entwickeln, sich in klarer und transparenter Kommunikation zu engagieren, um gleiche Bedeutung und gemeinsames Verständnis zu entwickeln. Bei Interaktionen in Organisationen zeigt sich kollektive Intelligenz auf ganz unterschiedliche Weise in Form von:

- *Sharing: (Mit-)Teilen* – Informationen austauschen
- *Swarming: Schwärmen* –
  Wissen auf ein bestimmtes Problem oder Ziel lenken
- *Flocking: Strömen* –
  Zusammenkommen, um sich gegenseitig zu unterstützen

*Success Factor Modeling Band I* lieferte praktische Beispiele dieser grundlegenden Formen von kollektiver Intelligenz. Steve Jobs' Beschreibung, „mit einer Idee umherzuziehen", um hunderte von Leuten bei Apple „zum Reden zu bringen" und um „zu sehen, was verschiedene Menschen darüber denken" (S. 266) ist ein ausgezeichnetes Beispiel für den Prozess des *Teilens*. Die „Werte-Jam" des ehemaligen IBM Vorstands Samuel Palmisano, die 72 Stunden lang alle Angestellten einband, um die IBM-Werte zu bestimmen, damit eine neue Vision und Mission erreicht werden konnten (S. 118), ist eine Demonstration des *Schwärmens*. Das Beispiel vom sogenannten „Wunder auf dem Hudson" (S. 30-31), in dem der Pilot, die Crew und die Passagiere zusammenarbeiteten und sich gegenseitig unterstützt haben, um die Gefahr des Abstürzens abzuwenden, als bei ihrem Flugzeug beide Maschinen ausfielen, veranschaulicht sehr gut das *Strömen*.

*Teilen* ermutigt und fördert die Entdeckung und Entwicklung von Resonanz zwischen den Gruppenmitgliedern. *Schwärmen* ermöglicht Synergie von komplementären Kompetenzen und Handlungen hin zu einem gemeinsamen Ziel oder einer Intention. *Strömen* schafft die Möglichkeit der Emergenz von einzigartigen, unvorhersehbaren Verhaltensweisen und Ideen.

Diese Abläufe zur Förderung kollektiver Intelligenz werden bei unternehmerischen Vorhaben häufig auf folgende Maßnahmen angewandt:

- *Benchmarking* – Standards festsetzen
- *Best Practices* – Effektive Strategien teilen
- *Brainstorming* – Innovative Optionen erfinden
- *Generative Kollaboration* – Etwas Neues erschaffen

*Bei Interaktionen in Organisationen kommt kollektive Intelligenz in unterschiedlichen, grundlegenden Gestalten vor, wie Mit-Teilen, Schwärmen und Strömen.*

*Kollektive Intelligenz wird bei unternehmerischen Vorhaben durch Benchmarking, Austausch von Best Practices, Brainstorming und generative Kollaboration gefördert.*

## Das SFM Kollektive Intelligenz Modell™

**Benchmarking**

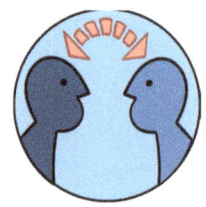
**Best Practices**

**Brainstorming**

**Generative Kollaboration**

*Das SFM Kollektive Intelligenz Modell fasst die Beziehungen zwischen den grundlegenden Abläufen, den Maßnahmen und den Ergebnissen zusammen, die bei unternehmerischen Vorhaben mit kollektiver Intelligenz einhergehen.*

Wir können die grundlegenden Elemente zur Förderung Kollektiver Intelligenz in folgendem *SFM Kollektive Intelligenz Modell* zusammenfassen:

- Die Maßnahmen zum *Benchmarking* und der Austausch von *Best Practices* ergeben *verbesserte Leistung*.

- *Brainstorming* und *generative Kollaboration* entfachen *neue Ideen*.

- *Benchmarking* und *Brainstorming* schaffen Bedingungen für *weise Entscheidungen*.

- Der Austausch von *Best Practices* verbunden mit *generativer Kollaboration* ruft *kreative Lösungen* hervor.

Alle Maßnahmen und Ergebnisse werden durch folgende grundlegende Prozesse unterstützt:

1. *Sharing – (Mit-)Teilen: Resonanz* finden durch Austausch von Ideen und Informationen.

2. *Swarming – Schwärmen: Synergien* schaffen, indem vielfältige, komplementäre Perspektiven und Know-how auf ein gemeinsames Ziel oder Problem gelenkt werden.

3. *Flocking – Strömen:* Den Zusammenhalt stärken und die Möglichkeit der *Emergenz* von etwas Neuem schaffen, indem diverse Fertigkeiten und Ressourcen gesammelt und im Dienst eines gemeinsamen Zwecks auf einander abgestimmt werden.

**Resonanz, Synergie und Emergenz**

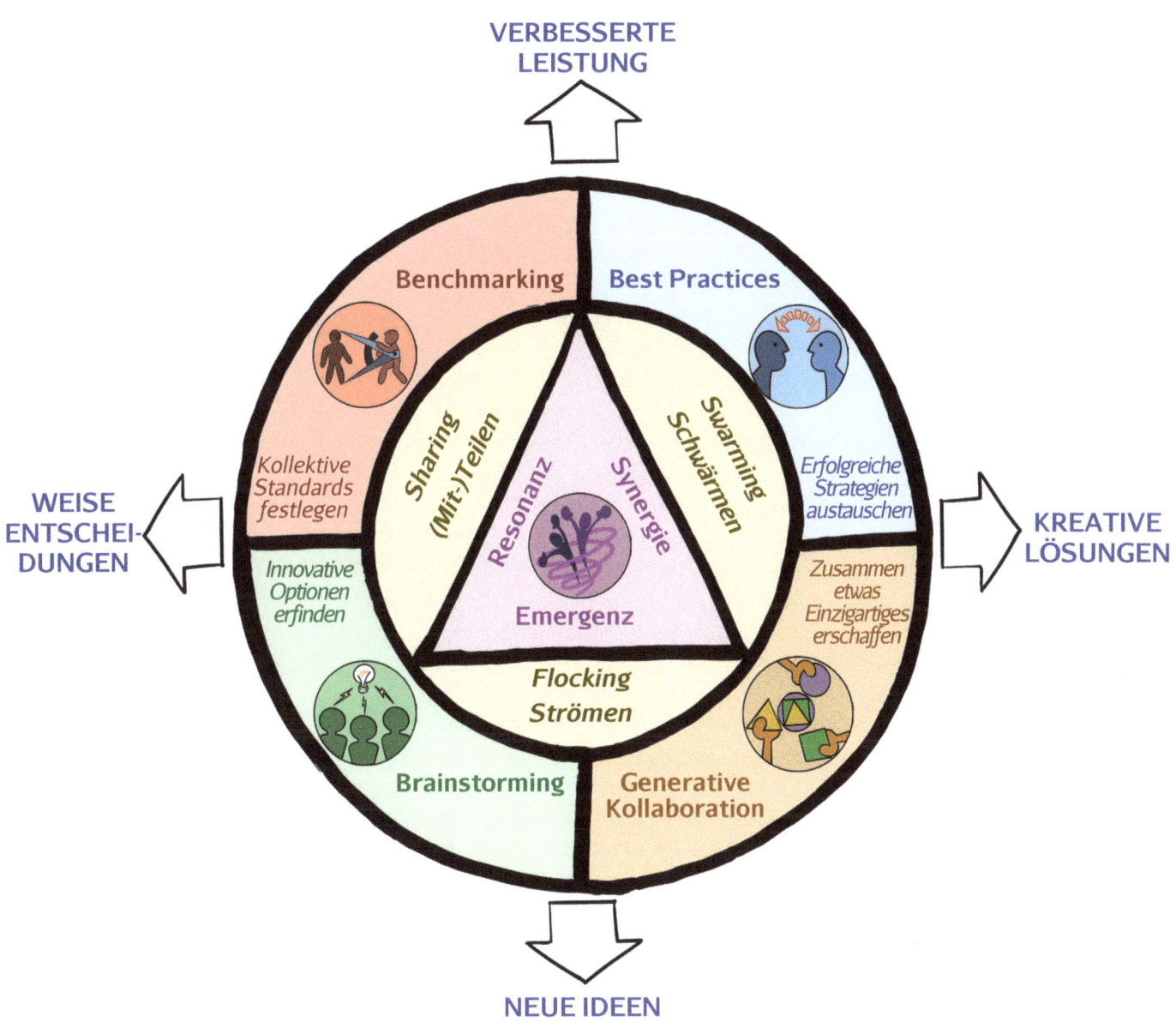

**VERBESSERTE LEISTUNG**

**WEISE ENTSCHEI-DUNGEN**

**KREATIVE LÖSUNGEN**

**NEUE IDEEN**

Benchmarking

Best Practices

Kollektive Standards festlegen

Sharing (Mit-)Teilen

Swarming Schwärmen

Erfolgreiche Strategien austauschen

Resonanz

Synergie

Emergenz

Innovative Optionen erfinden

Flocking Strömen

Zusammen etwas Einzigartiges erschaffen

Brainstorming

Generative Kollaboration

Das SFM Kollektive Intelligenz Modell™

*Integration von SFM Kollektive Intelligenz Modell und SFM Erfolgszirkel*

Die im SFM Kollektive Intelligenz Modell beschriebenen Prozesse können ausgezeichnet Ihren Erfolgszirkel erweitern. Obwohl das ganze SFM Kollektive Intelligenz Modell auf jeden Bereich des Erfolgszirkels angewandt werden kann, ergeben sich doch bestimmte direkte Verbindungen. Zum Beispiel:

- *Verbesserte Leistungsfähigkeit* trägt wesentlich zur *finanziellen Stabilität* bei
- *Kreative Lösungen* unterstützen ausgezeichnet *skalierbares Wachstum*
- *Neue Ideen* sind notwendig für *Innovation und Resilienz*
- *Weise Entscheidungen* unterstützen *bedeutsame Beiträge*

In ähnlicher Weise stärken die Maßnahmen, die mit der Förderung kollektiver Intelligenz einhergehen signifikant jene, die mit dem Erfolgszirkel verbunden sind. Der Austausch erfolgreicher Strategien durch *Best Practices* hilft z. B. bei der Wertschöpfung und der Ausweitung des Unternehmens. Durch *Benchmarking* kollektive Standards zu setzen ist wichtig um die Entwicklung von hochwertigen Produkten oder Dienstleistungen zu beschleunigen. Sich im *Brainstorming* mögliche Optionen vorzustellen ist notwendig, um die Kompetenz zu erhöhen. Und durch *generative Kollaboration* zusammen etwas Einzigartiges zu erschaffen ist die Grundlage um Ressourcen zu erweitern und wirksam einzusetzen.

In den folgenden Kapiteln werden wir untersuchen, wie diese Prozesse und Anwendungen der kollektiven Intelligenz in der aktuellen Praxis eingeführt werden, um die Erfolgschancen für Ihr Projekt oder Unternehmen zu steigern.

*Das SFM Kollektive Intelligenz Modell beschreibt Prozesse, Maßnahmen und Ergebnisse, deren Anwendung die Effektivität Ihres Erfolgszirkels erweitern.*

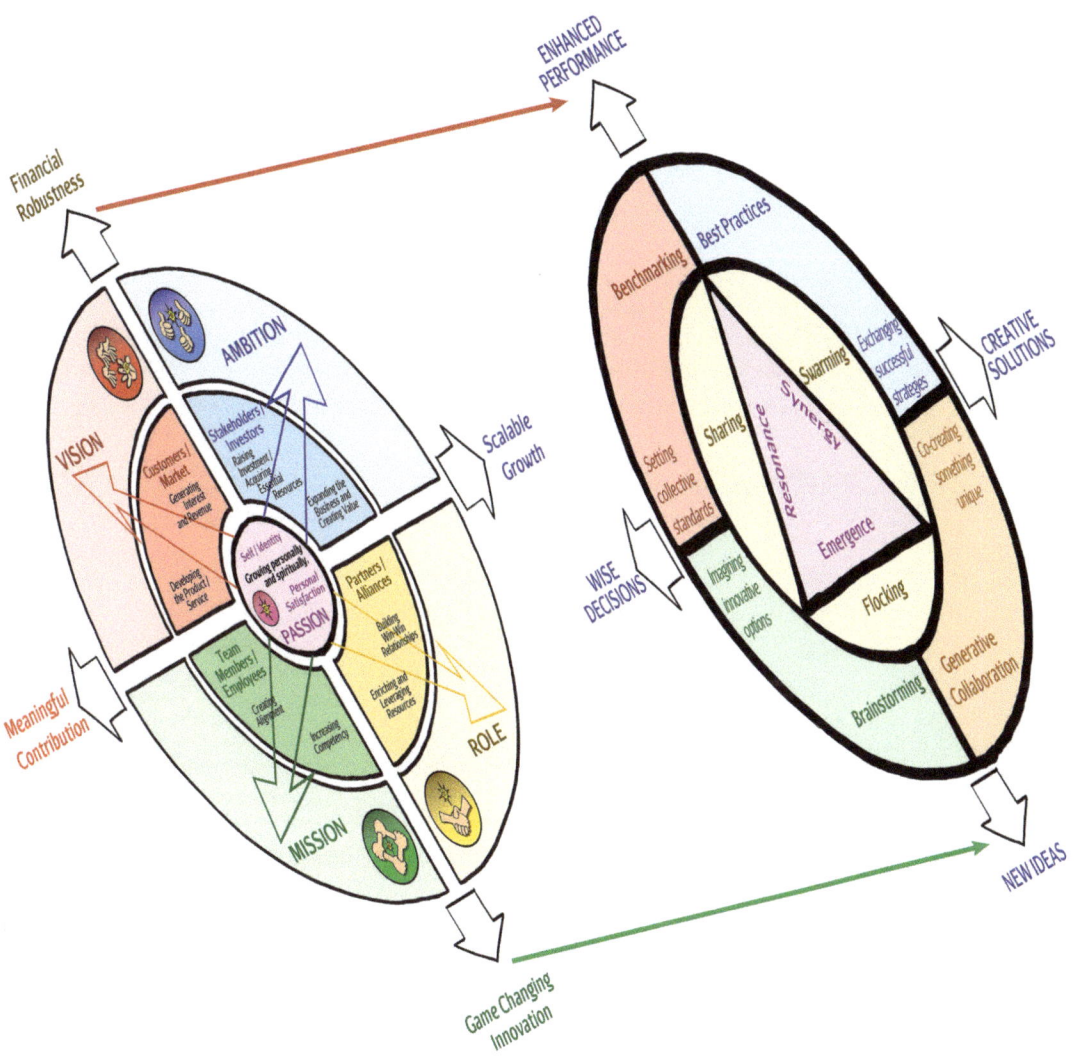

**Das SFM Kollektive Intelligenz Modell kann zur Erweiterung des SFM Erfolgszirkel genutzt werden.**

## Mastermind-Gruppen –
## Ein Beispiel für angewandte Kollektive Intelligenz

*Eine Mastermind-Gruppe ist ein gutes Beispiel für die Anwendung der Prinzipien kollektiver Intelligenz auf unternehmerische Aktivitäten.*

*Mastermind-Gruppen bieten eine Kombination aus Brainstorming, Unterricht, Verantwortlichkeit und Unterstützung Gleichrangiger in einem Gruppensetting, um die beruflichen und persönlichen Kompetenzen jedes Mitglieds zu schärfen.*

**Der "Mastermind" ist die kollektive Intelligenz der gesamten Gruppe**

Mastermind-Gruppen veranschaulichen, wie kollektive Intelligenz auf unternehmerische Bestrebungen angewandt werden kann. Das Konzept einer *Mastermind-Gruppe* wurde erstmalig von dem Autor Napoleon Hill in seinem Bestseller *Think And Grow Rich* (1937) (*„Denk nach und werde reich"*) vorgestellt. In diesem Buch definiert Hill das Mastermind-Prinzip als „die Koordination von Wissen und Anstrengung zweier oder mehr Menschen, die im Geiste der Harmonie auf einen bestimmten Zweck hinarbeiten".

Laut Hills Prinzip ist der sogenannte „*Mastermind*" kein besonderes Einzelwesen (wie etwa ein Kultführer, Guru oder kriminelles Genie), sondern eher die kollektive Intelligenz der gesamten Gruppe. Indem er intuitiv die Idee des „Holons" und das Prinzip der „Emergenz" anwendet, stellt Hill in seinem Buch heraus, dass „keine zwei Minds (Gedanken) zusammenkommen, ohne dabei einen dritten zu erschaffen, eine unsichtbare, unfassbare Kraft, die man mit einem dritten Verstand vergleichen kann." Dieser „dritte Verstand" ist der „Mastermind". Wie ich es schon erklärte, gilt 1 + 1 = 3, wenn Menschen kreativ auf eine größere gemeinsame Sache hin zusammenarbeiten.

Zu einer Mastermind-Gruppe gehört die Agenda der Gruppe, und die Teilnahme jeder Person ist essentiell. Die Gruppenmitglieder geben einander Feedback, helfen einander beim Brainstorming neuer Möglichkeiten und legen Verantwortungsstrukturen fest, die jeden fokussiert und auf der Spur halten. Der Mastermind-Prozess schafft eine Gemeinschaft unterstützender Kollegen, die zusammenarbeiten, um jedes Gruppenmitglied auf neue Erfolgsebenen zu bringen, sowohl in ihrem privaten wie auch beruflichen Leben.

Um ein hohes Maß an kollektiver Intelligenz zu erreichen, müssen die Teilnehmer eine Kombination aus Leidenschaft, Selbstverpflichtung und Verantwortung in die Mastermind-Gruppe einbringen. Ein entscheidender Vorteil von Mastermind-Gruppen ist, dass die Teilnehmer füreinander die Latte höher legen, indem sie sich herausfordern, neue Ziele festzulegen und umzusetzen, größere Ideen zu erdenken und sich dann gegenseitig mit totaler Ehrlichkeit, Respekt und Mitgefühl zu unterstützen. Mastermind-Teilnehmer agieren als Katalysatoren für Wachstum, als konstruktive Kritiker und als unterstützende Kollegen. Deshalb bieten Mastermind-Gruppen eine Kombination von Brainstorming, Bildung, Rechenschaftspflicht und Unterstützung in einem Gruppensetting, um die unternehmerischen Fähigkeiten und die persönliche Kompetenz jedes Mitglieds zu schärfen. Mit anderen Worten: Es ist die praktische Anwendung von *Teilen* (Ideenaustausch und Brainstorming), *Schwärmen* (Ausrichtung des vereinten Wissens der Gruppe auf Zielerreichung und Problemlösung) und *Strömen* (Zusammenschluss für gegenseitige Unterstützung).

Mastermind-Gruppen sind ein ausgezeichnetes Beispiel für die Bildung leistungsstarker Partnerschaften – was eines der wesentlichen Elemente ist, um einen effektiven Erfolgszirkel zu bilden.

*Wie arbeitet eine Mastermind-Gruppe?*

Eine Mastermind-Gruppe ist weder eine Klasse, eine Coaching Gruppe noch eine Netzwerkgruppe. Es ist mehr als ein Beratungsgremium aus Gleichgesinnten. Die typische Frist für eine Mastermind-Gruppe beträgt ein Jahr. Während dieser Zeit trifft sich eine Gruppe ambitionierter und intelligenter Menschen monatlich, wöchentlich oder sogar täglich, wenn es Sinn macht, um Herausforderungen und Probleme gemeinsam zu bewältigen. Sie unterstützen einander, geben sich Rat, teilen Kontakte oder machen miteinander Geschäfte, wenn es angebracht ist. Im Wesentlichen handelt es sich dabei um eine leistungsstarke Form des Mentorings unter Gleichgesinnten. Das Ziel für jedes Mitglied ist, eine markante Veränderung bei sich selbst, in ihren Leben und ihrem Business zu erfahren.

Mastermind-Gruppen können sich persönlich, am Telefon, bei Webkonferenzen oder online via soziale Medien treffen, wie z. B. Google Hangout, Facebook-Gruppen, usw. Häufig nutzen Mastermind-Gruppen eine Kombination aus diesen Möglichkeiten. Die Teilnehmer unterstützen einander, um sich herausfordernde oder bedeutende Ziele zu setzen und – noch wichtiger – zu erreichen. Um erfolgreich zu sein, braucht die Gruppe Verpflichtung, Vertraulichkeit und die Bereitschaft, sowohl Rat und Ideen zu geben und anzunehmen. Am besten funktioniert es mit hochmotivierten Menschen, die bereit sind, um Hilfe und Unterstützung zu bitten. Deshalb funktionieren Mastermind-Gruppen am besten mit Menschen, die:

- dieselben Interessen haben (wie eine Gruppe Entrepreneure, Erstautoren, CEOs – Vorstände, Immobilieninvestoren, Internetgeschäfte oder eine Gruppe von Menschen aus einer bestimmten Firma oder Branche).

- über vergleichbare Kompetenz oder Erfolg verfügen; wobei es besser ist, wenn die Teilnehmer unterschiedliche Werdegänge und Fähigkeiten haben, um genügend Vielfalt und sich ergänzende Ideen und Ressourcen einzubringen.

- motiviert sind und höhere Ziele in ihrem beruflichen und privaten Leben erreichen wollen, und die bereit sind, an sich selbst zu arbeiten, um dies zu erfüllen.

- ein unterstützendes Team als Partner wollen.

- sich dazu verpflichtet haben, ihre Ziele zu erreichen oder zu übertreffen.

*Mastermind-Gruppen sind eine leistungsstarke Form des Mentoring unter Gleichgesinnten.*

*Teilnehmer einer MastermindGruppe unterstützen sich gegenseitig dabei, herausfordernde und bedeut-same Ziele zu setzen und sie zu erfüllen.*

*Um erfolgreich zu sein, fordert die Gruppe Einsatzbereitschaft, Vertraulichkeit und den Willen, Rat und Ideen zu geben und zu bekommen.*

Entscheidend für die effektive Arbeitsweise einer Mastermind-Gruppe ist der Facilitator oder ein Facilitator-Team. Die Rolle eines Mastermind-Gruppen-Facilitators unterscheidet sich sehr von der eines Lehrers, Coaches oder Teamleiters. Die Leitung (Facilitieren) von Mastermind-Gruppen nutzt eigene Methoden und Kompetenzen, die sich von der Erwachsenenbildung oder vom Arbeiten mit Firmenteams zur Erreichung eines gemeinsamen Ziels unterscheiden. Die Arbeit eines Mastermind-Facilitators bedeutet, Vertrauen und Rapport in der Gruppe aufzubauen, den Mitgliedern zu helfen, sich gegenseitig zu coachen und zu beraten, Teilnehmer bei der Bildung mächtiger Ziele zu assistieren und die Mitglieder an ihre Verpflichtungen zu erinnern. Während des Mastermind-Treffens fokussiert der Facilitator die Gruppe und führt sie auf eine tiefere Diskussionsebene. Er oder sie überwacht das Energieniveau der Gruppe und kommt mit jedem Problem klar, das unter den Teilnehmern auftaucht und die Gruppenharmonie gefährdet.

Wenn Mastermind-Gruppen gut organisiert sind, können sie ihren Mitgliedern viele Vorteile bieten:

1. Neue Antworten und Ideen, die durch das Brainstorming mit der Gruppe auftauchen
2. Zugang zu den Erfahrungen und Fähigkeiten erfolgreicher Menschen
3. Erhöhte Zuversicht bei Entscheidungsprozessen
4. Größere Verantwortung, um Fortschritte bei wichtigen beruflichen und privaten Zielen zu machen
5. Ein sofortiges und wertvolles Unterstützernetzwerk
6. Erhöhte Motivation, die dem Gefühl eines gemeinsamen Sinns entspringt
7. Eine fokussiertere, bereicherte und positive Einstellung

**Mastermind-Vorteile**

*Die „Successful Genius" und „Conscious Leadership" Mastermind-Gruppen*

Im Sommer 2013 gründete ich den Successful Genius Mastermind zusammen mit meinen Kollegen Mitchell Stevko (einem Experten aus dem Silicon Valley für Wachstum, der über 150 Entrepreneuren geholfen hat, ihre Träume zu verwirklichen, und Kapital von über 5 Milliarden USD aufgebracht hatte) und Dr. Olga Stevko (eine russische Ärztin und Expertin für „Belief Medicine", die sich auf die Arbeit mit hochqualifizierten Fachkräften spezialisiert hat). Der *Successful Genius Mastermind* wurde rund um die Anwendung von Success Factor Modeling organisiert; insbesondere rund um die Studien über erfolgreiche Next Generation Entrepreneure und berühmte Genies wie Mozart, Einstein, Walt Disney, Leonardo da Vinci und andere. Dieses Programm wird über ein Jahr in der San Francisco Bay Region durchgeführt. Es umfasst drei Präsenstreffen, monatliche Live-Webinare, monatliche Kleingruppentreffen und sowohl persönliche als auch virtuelle Unterstützung durch unser Facilitatorteam.

Als Produkt der generativen Kollaboration zwischen meinen beiden Partnern und mir ist der Successful Genius Mastermind ein exklusiver Wachstumsbeschleuniger für vollendete Entrepreneure und Geschäftsinhaber. Die derzeitigen Mitglieder umfassen einflussreiche Führungspersönlichkeiten aus verschiedenen Gebieten, die die Leben von Hunderten Millionen Menschen positiv beeinflusst haben. Die Gruppe setzt sich aus besonders erfolgreichen Menschen mit unterschiedlichen Hintergründen aus Technologie, Psychologie, Medizin, Lehre, Ernährung, Finanzwesen und Management zusammen. Zum Beispiel ist Barney Pell, einer der Väter der sprachbasierten Datenverarbeitung („conversational computing") und Gründer von Powerset, der in Band eins dieser Serie (S. 102-115) portraitiert wurde, ein Gruppenmitglied; genauso wie John Gray, Autor des internationalen Bestsellers „Männer sind vom Mars und Frauen von der Venus".

Alle Teilnehmer am Successful Genius Mastermind waren individuell schon zuvor in gewissen Bereichen ihres Lebens oder ihrer Karriere erfolgreich und wollen sich nun auf ein höheres Niveau begeben oder eine neue Karriereplattform bilden. Ebenso wollen sie persönlich wachsen. Als weitere gemeinsame Eigenschaft verfügen alle Successful Genius Mastermind-Mitglieder über emotionale und zwischenmenschliche Intelligenz, die sie zu bewussten Führungspersönlichkeiten macht, die ihrem Herzen folgen. Sie alle sind hervorragende Beispiele für die sogenannten „Next Generation Entrepreneure" aus *Success Factor Modeling Band 1*. Sie haben sich verpflichtet, ihre Träume vollkommen auszuleben und eine bessere Welt durch ihre Geschäftsvorhaben zu schaffen.

Das einzigartige Merkmal des Successful Genius Mastermind ist die Einführung spezieller Denkmethoden und Übungsabläufe, die ich von einigen der weltweit erfolgreichsten Menschen modelliert habe. Zusätzlich zu den üblichen Mastermind-Methoden werden die Mitglieder des Successful Genius Mastermind mit Hilfe dieser Methoden gecoacht, um einen starken Erfolgszirkel aufzubauen, der ihr Wachstum beschleunigt und ihre Wirkung steigert. Dies bietet den Teilnehmern einen klaren Strategieplan und einen enormen Wettbewerbsvorteil, um verbesserte Effizienz und ein größeres Leistungspotenzial zu erreichen.

*Die Successful Genius Mastermind Gruppe wurde rund um die Anwendung von Success Factor Modeling organisiert.*

*Die Gruppe setzt sich aus sehr erfolgreichen Menschen mit unterschiedlichen Werdegängen zusammen, die schon in einigen Bereichen ihres Lebens oder ihrer Karriere Erfolg hatten und sich nun auf ein höheres Niveau begeben oder eine neue Karriereplattform bilden wollen.*

*Die Gruppenmitglieder unterstützen einander, um die Grundsätze und Merkmale des Success Factor Modeling anzuwenden und einen stabilen Erfolgszirkel aufzubauen, der ihr Wachstum beschleunigt und ihren Einfluss erhöht.*

*Nimm dynamische Kurskorrekturen vor*

*Bilde einflussreiche Partnerschaften*

*Erschaffe dir eine klare und verlockende Zukunft*

**Im Successful Genius Mastermind werden grundlegende Erfolgsstrategien erkundet.**

Meine Mitbegründer des Successful Genius Mastermind und ich fanden heraus, dass es sieben grundlegende Strategien gibt, die kreative und erfolgreiche Menschen nutzen, um einen potenten Erfolgszirkel aufzubauen. Diese sieben Strategien können folgendermaßen zusammengefasst werden

1. Meistere ein optimales Mindset
2. Erschaffe Dir eine klare und verlockende Zukunft
3. Etabliere einen kritischen Zukunftspfad
4. Sorge für innere Abstimmung
5. Bilde einflussreiche Partnerschaften
6. Verwandle Hindernisse effektiv
7. Nimm dynamische Kurskorrekturen vor

Wir haben herausgefunden, dass die Mehrheit der Menschen, einschließlich derjenigen, die schon gewissen Erfolg hatten, nur ein bis zwei dieser „Sieben Strategien des Erfolgreichen Genies" regelmäßig nutzt. Um sich mit größerer Zufriedenheit auf die nächste Erfolgsebene zu bringen, müssen Menschen dauerhaft und effektiv alle sieben Strategien anwenden.

Das Ziel des Successful Genius Mastermind ist, die Teilnehmer darin zu unterstützen, diese Strategien vollständig und gründlich zu entwickeln, indem sie als Gruppe diese erkunden und praktizieren. Gemeinsam arbeiten sie daran, bewährte Praktiken (Best Practices) auszutauschen, und helfen sich gegenseitig, kreativ und konkret diese Strategien zu implementieren. Als Ergebnis konnten viele Gruppenmitglieder eine Rendite vom 10 bis 100fachen ihrer Investition verzeichnen. Der Autor John Gray berichtete: „Nach dem ersten Gruppentreffen am Wochenende, erreichte ich eine solche Klarheit und Energie und sogar Inspiration. Ich beendete das, an dem ich schon seit zwei Jahren arbeitete innerhalb von nur 30 Tagen."

Barney Pell sagte: „Ich bin ein Visionär und der Mastermind verschaffte mir neue Rahmen, um über meine Vision nachzudenken, meine schon vorhandenen Fähigkeiten auszubilden und eine neue Sprache sowie Instrumente zu entwickeln, um andere lehren und führen zu können."

Viele dieser mächtigen Methoden, die wir zur Entwicklung dieser Strategien im Successful Genius Mastermind anwenden, werden ansatzweise im Laufe dieses Buches vorgestellt. (Anm. d. Ü.: Oft wird erst durch die eigene Erfahrung die volle Wirkkraft erkennbar.)

Während ich dieses Buch schreibe, haben meine Kollegen und ich beschlossen, den Successful Genius Mastermind zu einem *Conscious Leaders Mastermind* auszuweiten und weiterzuentwickeln. Wir definieren einen *„Conscious Leader (Bewusste Führungspersönlichkeit)"* als „jemanden, der danach strebt, in einem Zustand zentrierter Präsenz Zugang zu vielen Intelligenzen zu haben und zum Wohle aller Stakeholder seine höchsten Werte im Dienst einer größeren Bestimmung zu leben." Bewusstes Leadership bedeutet:

- Authentisch
- Emotional intelligent
- Zweckorientiert und
- Verantwortlich zu sein

Der Conscious Leaders Mastermind* basiert auf den sieben Strategien erfolgreicher Genies und fügt folgende wichtige Praktiken hinzu:

1. Formuliere und kommuniziere eine klare und bedeutungsvolle Vision für die Zukunft.

2. Fokussiere dich auf einen höheren Sinn.

3. Beeinflusse durch Inspiration.

4. Halte Eigeninteresse und Gemeinwohl bei dir selbst und anderen im Gleichgewicht.

5. Respektiere und integriere vielfältige Sichtweisen.

6. Praktiziere Kongruenz – führe als Vorbild (*Walk your Talk*).

7. Übe achtsame Selbstführung und denke eingehend darüber nach, was dich diese Erfahrung lehrt.

Bewusste Führung ist das Schwerpunktthema des dritten *Success Factor Modeling Bandes* mit dem englischen Titel *Conscious Leadership and Resilience*. (Anm. d. Ü.: Der Titel der deutschen Ausgabe ist „Next Generation Leadership".)

*Der Conscious Leaders Mastermind basiert auf den Sieben Strategien Erfolgreicher Genies zusammen mit Praktiken der bewussten Führung.*

*Bewusste Führung bedeutet, sein Vorhaben aus einem Zustand zentrierter Präsenz mit Zugang zu vielen Intelligenzen zu gründen und seine höchsten Werte im Dienst einer höheren Bestimmung zum Wohle aller Stakeholder zu leben.*

*Conscious Leadership (Bewusste Führung) ist das Schwerpunktthema im Success Factor Modeling Band III.*

---

* Weitere Informationen über Conscious Leaders Mastermind auf: http://www.consciousleadersmm.com.

## SFM Kollaborations-Katalysatoren

*Kollaborations-Katalysatoren sind Methoden, die effektive Zusammenarbeit und kollektive Intelligenz anregen und verstärken, indem sie eine gewisse Resonanz, Synergie und/oder Emergenz zwischen den Mitgliedern einer Gruppe erzeugen.*

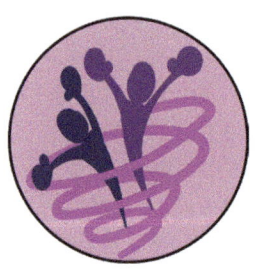

Die hauptsächlich genutzten Methoden zur Anleitung solcher Gruppen wie den Successful Genius oder den Conscious Leaders Mastermind haben mein Bruder John und ich „*Kollaborations-Katalysatoren*" genannt. Diese Vorgehensweise hat den Zweck, effektive Zusammenarbeit und kollektive Intelligenz anzuregen und zu verstärken. Das Ziel der Kollaborations-Katalysatoren ist, ein gewisses Maß an Resonanz, Synergie und/oder Emergenz zwischen den Mitgliedern einer Gruppe zu erzeugen, wenn sie in irgendeiner Form zusammenarbeiten.

Die in diesem Buch beschriebenen Kollaborations-Katalysatoren können dabei helfen Ihren „Glücksfaktor" (s. Kapitel 3 im *Success Factor Modeling Band 1*, S. 150-155) bei Ihrem Projekt oder Unternehmen zu vergrößern, indem sie Sie dabei unterstützen:

- Ein Netzwerk des Glücks aufzubauen – z.B. mit Menschen, die Sie unterstützen können und Sie über neue Gelegenheiten informieren.
- Subtile Hinweise oder schwache Signale wahrzunehmen, die Informationen über Zukunftstrends liefern (z.B. „wo der Puck sein wird").
- Diejenigen, mit denen Sie zusammenwirken, zu positiven Ergebnissen anzuspornen.
- Eine positive Einstellung zu behalten und mit den Herausforderungen und Widrigkeiten umzugehen, in dem Sie ein positives Ende erwarten und darauf hinarbeiten, sowie an jeder Situation etwas Positives zu finden, anstatt im Negativen zu verharren.

Einige Kollaborations-Katalysatoren haben mehr Relevanz für bestimmte Bereiche des Erfolgszirkels, während andere auf jeden der Quadranten effektiv angewandt werden können. Bestimmte Kollaborations-Katalysatoren sind eher für besondere Phasen während des kollaborativen Bestrebens geeignet. Ich ermutige Sie daher, mit ihnen zu experimentieren und diejenigen herauszufinden, die sich am besten für Sie und Ihr Unternehmen eignen.

Lassen Sie uns mit ein Paar Kollaborations-Katalysatoren beginnen, die helfen können, eine tiefgreifende Qualität der Resonanz in einer Gruppe oder einem Team zu bilden und zu verstärken.

## SFM Kollaborations-Katalysator:
## Aufbau eines "COACH-Containers"

Meine Arbeit mit Success Factor Modeling zeigt, dass ein optimales Mindset zu meistern, der erste und wichtigste Faktor ist, um erfolgreich zu sein. In Success Factor Modeling Band 1 haben wir damit begonnen, den sogenannten COACH State in der Praxis umzusetzen (S. 34). Dieser Zustand wurde ebenfalls hier in der Einführung kurz erklärt (S. 15). Der COACH State ist die Basis für ein erfolgreiches Mindset. Der COACH State ist im Wesentlichen ein innerer Zustand der Präsenz, Offenheit, Aufnahmefähigkeit und des Einfallsreichtums. Die Buchstaben COACH stehen für zentriert (centered), offen (open), aufmerksam und bewusst (alert and aware), verbunden (connected) – mit sich selbst und anderen – und haltend/annehmend (holding) von dem, was immer aus diesem Zustand der einfallsreichen Offenheit heraus geschieht.

Wir bringen uns in den COACH State, um gewissermaßen „unseren Kanal zu öffnen" und um uns mit der Erfahrung zu verbinden, sowohl ein individuelles Ganzes als auch Teil von etwas Größerem als wir selbst zu sein, das uns Sinn und Kraft gibt. Diesen Zustand zu erreichen und zu halten ist die Grundlage jeder erfolgreichen Leistung. Den COACH State zu seinem Ausgangszustand vor jeder Leistung zu machen, ist das erste Ziel in meiner Successful Genius Mastermind-Gruppe.

Eine gute Analogie zum Eintreten in den COACH State ist das „Online"-gehen mit einem iPad oder Smartphone, wobei man sich irgendwie mit dem drahtlosen Netzwerk verbindet. Dies ermöglicht dem Gerät den Zugang zur „Cloud", die damit zu einer Art „Holon" wird, weil sie mit einem größeren Feld „kollektiver Intelligenz" verbunden ist. Wenn ein Tablet oder Smartphone online und mit der Cloud verbunden ist, kann es Informationen in Echtzeit aus anderen Teilen der Welt empfangen. Man kann sogar neue Apps herunterladen, die die Vielseitigkeit und Leistungsstärke noch erweitern. Es kann genauso Informationen an andere Geräte und die Cloud durch das drahtlose Netzwerk verteilen. Einmal in der Cloud, kann die Information und das Wissen von vielen anderen Geräten abgerufen und genutzt werden.

Ist jedoch Ihr Tablet oder Smartphone „offline", ist es auf die in seinem Speicher vorhandenen Daten und Applikationen limitiert.

Unser Nervensystem verhält sich in gewisser Weise wie diese Geräte. Unsere Nervenzellen bilden eine Art Kreislauf, der verschiedene Programme und Applikationen durchläuft. Im COACH State haben wir vollständigen Zugang auf all unsere Anwendungen und Daten. Gleichzeitig sind wir online und haben das Potenzial, uns mit der „Cloud" des Wissens im Feld kollektiver Intelligenz um uns herum zu verbinden. In anderen Zuständen haben wir eher limitierten Zugang zu unseren eigenen Ressourcen und zu dem Wissen und den Ideen, die von anderen kommen. Im CRASH State, wo wir kontrahiert (contracted), reaktiv (reactive), in einer Analyse-Paralyse verharrend (analysis-paralysis), separiert (separated) und verletzt (hurt) sind, haben wir zum Beispiel nur zu einer sehr kleinen Menge unserer Intelligenz und Ressourcen Zugang.

**In den COACH State einzutreten, ist wie mit dem iPad oder Smartphone "online" zu gehen und sich mit der "Cloud" und einem größeren Feld "kollektiver Intelligenz" zu verbinden.**

*Zusammen „online"-gehen*

Somit ist ein einfacher und potenziell sehr mächtiger Kollaborations-Katalysator die Bildung eines sogenannten „COACH Containers". Ein *COACH Container* ist eine Art Beziehungsfeld oder Gruppenrapport, der entsteht, wenn sich alle Mitglieder einer Gruppe gleichzeitig im COACH State befinden. Wenn alle Mitglieder der Gruppe zusammen „online gehen", wird das Resonanzpotenzial zwischen ihnen auf den unterschiedlichen Erfolgsfaktorebenen erheblich verstärkt.

Die folgende Übung bietet Ihnen die Möglichkeit, die Eigenschaften des COACH States in das Zusammenspiel oder die Unterhaltung zwischen den Mitwirkenden einzuführen. So können Sie auf hervorragende Weise praktisch jede Besprechung oder interaktive Versammlung beginnen. Diese Übung soll gewährleisten, dass alle Teilnehmer ihre Interaktion aus der besten Version ihrer selbst beginnen. Nur so erhält man das beste Ergebnis aus dem Zusammenspiel. Genau wie Athleten eine Warm-up-Phase haben, die ihnen – sowohl als Einzelne als auch als Teammitglieder – ermöglicht, das Beste während eines Wettkampfs oder einer Übungseinheit zu geben, bereitet der COACH Container Teilnehmer in einer Gruppe darauf vor, das Beste voneinander zu bekommen.

*Ein „COACH Container" ist eine Art Beziehungsfeld oder Gruppen-rapport, der entsteht, wenn sich alle Mitglieder einer Gruppe gleich-zeitig im COACH State befinden.*

1. Sitzen oder stehen Sie in einer ausgerichteten, ausgeglichenen Haltung mit beiden Füßen flach am Boden einander gegenüber. Ihre Wirbelsäule ist aufrecht, aber entspannt, (sie befinden sich „in Ihrer vertikalen Achse").

2. Nehmen Sie sich ein oder zwei Minuten, um zusammen bewusst in den COACH State zu kommen. Dies können Sie mittels der stillen Abfolge folgender Schritte erreichen:

   a) Bringen Sie Ihre Aufmerksamkeit in Ihr Bauchzentrum (zwei Finger breit unterhalb des Bauchnabels befindet sich das physische Zentrum Ihres Körpers) und atmen Sie hierhin ein.

   b) Atmen Sie in Ihre Brust und öffnen Sie Ihre Aufmerksamkeit, um Ihren ganzen Körper und Ihre Umgebung zu erfassen.

   c) Werden Sie sich der 3-Dimensionalität Ihres Körpers bewusst; dann fahren Sie fort, Ihre Aufmerksamkeit auszuweiten, um den Raum unter Ihren Füßen und oberhalb Ihres Kopfes, hinter Ihnen und vor Ihnen, links und rechts neben sich zu erfassen.

d) Erleben Sie ein Gefühl von Verbundenheit nach innen (versichern Sie sich, dass Sie Kopf, Herz, Bauch und Füße einschließen) und nach außen (zu der Erde unter Ihren Füßen bis zum Kosmos über Ihrem Kopf und bis zum Umfeld um Sie herum), so dass Sie fühlen, sowohl ein Ganzes als auch Teil von etwas Größerem als Sie selbst zu sein.

e) Stellen Sie sich vor, ein Gefühl von Ruhe, Zuversicht und Neugierde in den Raum zu projizieren (das Umfeld haltend), den Sie um sich herum spüren.

3. Wenn jedes Gruppenmitglied das Gefühl hat, dass er bzw. sie in seiner bzw. ihrer vollen Präsenz und in seinem bzw. ihrem COACH State ist, sagt er bzw. sie laut (wie bei einer Anwesenheitskontrolle) zu den anderen „Ich bin hier!" oder „Ich bin bereit!"

4. Ein netter ergänzender Schritt ist, wenn die Gruppenmitglieder in der Gruppe umherschauen und, wenn sie miteinander Blickkontakt haben, laut zueinander sagen: „Ich sehe Dich!"

Wenn Sie dies mit Authentizität und Präsenz tun, kann diese einfache Methode ein starkes und reiches Gefühl von gegenseitigem Rapport und Einfallsreichtum hervorrufen. Das bezeichnen wir als Beziehungsfeld oder „COACH Container".

Alle meine Seminare, Mastermind-Gruppen, Coaching-Sitzungen und Besprechungen – sowohl die persönlichen als auch die virtuellen – beginne ich routinemäßig mit einer solchen Übung. Ich habe dies überall auf der Welt mit vielen verschiedenen Menschentypen mit ganz verschiedenen Hintergründen getan. Es verursacht eine viel reibungsfreiere, fokussierte Interaktion von höchster Qualität. Offensichtlich muss der vierte Schritt in Webinaren und Telefonkonferenzen, wenn die Leute keinen Blickkontakt miteinander haben, modifiziert werden. Zum Beispiel könnten die Menschen so etwas sagen wie: „Es ist gut hier zu sein."

Auf jeden Fall hilft es, wenn die Leute den COACH State kennen und ihn schon zuvor geübt haben. Wenn nicht, braucht es nicht viel Zeit, um einfach den Zustand und die Gründe für diese Praxis zu erklären, um dann verbal durch die verschiedenen Schritte in diesen Zustand hineinzuführen.

Wenn Sie ein Meeting oder eine Interaktion in einem ressourcenvollen Zustand mit einem positiven Mindset beginnen, spart es enorm viel Zeit, unnötige, ineffiziente und potenzielle Konflikte werden vermieden. Das Potenzial für Synergie und Emergenz wird besonders gefördert. Daher kann es sehr nützlich sein, wenn Sie regelmäßig während einer ausgedehnten Interaktion (z. B. Workshop oder Coaching-Sitzung) zu diesem Kollaborations-Katalysator zurückkehren. In der Tat ermutige ich Gruppen, gemeinsam eine Bewegung, eine Formulierung, ein Symbol oder eine andere Art von Signal oder „Anker" zu kreieren, den sie nutzen können, um schneller in die Erfahrung des COACH Containers zurückzukommen. Sportteams, zum Beispiel, durchlaufen oft ein kurzes Ritual oder einen Hochruf, bevor Sie ein Spiel beginnen, um alle Spieler in die gemeinsame „Spitzenleistungszone" zu bringen.

*Das kollektive Einnehmen des COACH States kann ein starkes und bereicherndes Gefühl der Verbundenheit und des Ideenreichtums auslösen.*

**Eine gemeinsame Bewegung oder Geste kann von der Gruppe als "Anker" genutzt werden, um schnell wieder in einen ressourcenvollen Zustand zurückzukehren.**

## SFM Kollaborations-Katalysator: Multi-Level Vorstellung

*Vorstellungsrunden auf mehreren Ebenen geben Gruppenmitgliedern die Gelegenheit, etwas über ihren Werdegang und ihre Ziele auf mehreren verschiedenen Ebenen mitzuteilen, bevor sie sich auf ein kollaboratives Zusammenspiel einlassen.*

Ein weiteres einfaches Beispiel für einen Kollaborations-Katalysator habe ich „Multi-Level Vorstellung" genannt. Es ist sehr geeignet für Gruppen, in denen sich die Menschen zum ersten Mal treffen. Der Sinn dieser Aktivität liegt darin, den Gruppenmitgliedern die Gelegenheit zu geben, einiges über ihren Werdegang und ihre Ziele auf mehreren verschiedenen Ebenen mitzuteilen, bevor sie sich auf das kollaborative Zusammenspiel einlassen. Die Methode fördert die Möglichkeit, schnell Resonanz auf den tieferen Erfolgsfaktorebenen zu finden, die über die oberflächlichen Schichten wie Umfeld, Verhalten und Fähigkeiten hinausgehen.

Der Ablauf sieht im Wesentlichen vor, dass jedes Gruppenmitglied fünf Fragen beantwortet, die sich auf die verschiedenen Erfolgsfaktorebenen beziehen: Umfeld, Verhalten, Fähigkeiten, Überzeugungen und Werte, Identität und Sinn. In dieser mehrstufigen Vorstellungsrunde gibt jede Person seine oder ihre Antwort auf die folgenden Fragen:

1. **Umfeld**: *Woher kommen Sie?*
2. **Verhalten**: *Was machen Sie beruflich/privat/als Hobby?*
3. **Fähigkeiten**: *Wie möchten Sie Ihre Kenntnisse und Fähigkeiten im Hinblick auf diese Zusammenarbeit verbessern oder erweitern?*
4. **Werte und Überzeugungen**: *Warum möchten Sie diese Kenntnisse oder Fähigkeiten verbessern oder erweitern? Für welche persönlichen Werte und Überzeugungen stehen Sie?*
5. **Identität und Sinn**: *Was ist Ihre Mission und Ihre Rolle? Welche Metapher oder welches Symbol gibt es für den, der Sie sind?*

Obwohl es sich vielleicht zu Beginn für einige Menschen riskant anfühlt, manche Informationen zu geben, habe ich herausgefunden, dass diese Methode Menschen hilft, schneller eine Ebene des gegenseitigen Vertrauens und der Vertraulichkeit zu erreichen.

Generell werden Multi-Level Vorstellungsrunden durchgeführt, um Rapport zwischen Menschen aufzubauen, die sich nicht kennen. Jedoch kann es auch sehr nützlich für Gruppen sein, in denen sich die Menschen untereinander schon kennen, damit sie ihre Intentionen für eine bestimmte Zusammenarbeit klären können. In diesem Fall sind die Fragen 3, 4 und 5 am wichtigsten.

Multi-Level Vorstellungen helfen Gruppenmitgliedern Resonanz
auf mehreren Erfolgsfaktorebenen zu entdecken.

## SFM Kollaborations-Katalysator: Die Intention festlegen

Das Wort „Intention" stammt vom lateinischen *intendere* ab, was wörtlich „ausstrecken" oder „vermehren" bedeutet. Die *Intention* wird üblicherweise als „die Bestimmung, das Ende oder Ziel, auf das die Gedanken gelenkt werden" definiert oder „als ein vorausgeahntes Ergebnis, das die geplanten Maßnahmen lenkt". Es wird auch in der Bedeutung von „Absicht, in einer bestimmten Weise zu agieren" verwandt. Deshalb sind Intentionen, was wir wollen oder hoffen, durch Aktivität zu vollenden.

*Intentionen sind das, was wir wollen oder durch eine bestimmte Aktivität zu vollenden hoffen.*

Eine Person mit der Intention zu helfen, wird vermutlich nicht genau wissen, was er oder sie tun wird oder tun muss, aber sie ist bereit und willens sich bei einer Reihe von Aktionen einzusetzen, die wahrscheinlich die allgemeine Intention befriedigen. Die Intention „positive Energie einzubringen" oder „zentriert zu bleiben" kann viele verschiedene Ausdrucksformen annehmen. Aus dieser Perspektive ist die Intention eine Art Filter, der unsere Aufmerksamkeit lenkt und bestimmte Kompetenzen und Aktionen in den Vordergrund rückt.

*Wenn Gruppenmitglieder ihre Intention zu Beginn des Treffens oder der Interaktion festlegen, kann das ein weiterer effektiver Kollaborations-Katalysator sein.*

Wenn Gruppenmitglieder ihre Intention zu Beginn des Treffens oder der Interaktion festlegen, kann das ein weiterer effektiver Kollaborations-Katalysator sein.

Ähnlich wie man seine Leidenschaft, Vision, Mission, Ambition und Rolle auf verschiedene Weise ausdrücken kann (s. *SFM Band 1*, S.178-179), kann auch die Intention unterschiedlich dargestellt werden:

- *Verbal* (positiv, prägnant: 5 Worte oder weniger, resonant)
- *Visuell* (bunte Bilder, entweder wörtlich oder symbolisch)
- *Somatischer Ausdruck* (Gesten oder Bewegungen zeigen, die das Ziel/Intention darstellen)

*Die Intention zum Ausdruck bringen*

In meinen Mastermind-Gruppen und Success Factor Modeling Seminaren, beginnen wir jede Sitzung oder Treffen mit dem gleichen Ritual. Jedes Gruppenmitglied nimmt sich ein paar Minuten Zeit und teilt seine Antworten auf die folgenden Fragen mit:

1. Was war Ihr durchschnittlicher COACH State (auf einer Skala von 0 – 10) seit unserem letzten Treffen?

2. Was war Ihre wichtigste Errungenschaft oder „Gewinn" seit unserem letzten Treffen?

3. Was war Ihre größte Herausforderung?

4. Welche Absicht (Intention) haben Sie für dieses Treffen und die Zeit bis zum nächsten Treffen.

**Es ist wichtig, sein Ziel oder seine Intention auf vielfältige Weise darzustellen.**

In manchen meiner Mastermind-Treffen und Success Factor Modeling Seminaren bitte ich die Teilnehmer, in Vierergruppen zusammenzugehen und sich bei der ausführlicheren Formulierung ihrer langfristigen Intention zu unterstützen. Jede Person nimmt dann die Rolle des Sprechers ein, während sich die anderen auf die Positionen A, B und C begeben.

• Person A hilft dem Sprecher die Frage zu erkunden: „Mit welchen 5 – 7 Worten würdest Du deine Intention ausdrücken?"
• Person B hilft dem Sprecher zu erkunden: „Welches Bild, entweder wörtlich oder symbolisch repräsentiert deine Intention?"
• Person C hilft dem Sprecher zu erforschen: „Wie könntest Du deine Intention in einer Geste oder Bewegung mit deinem Körper ausdrücken?"

Sobald jemand seine eigene Intention definiert und anderen Gruppenmitgliedern hilft ihre festzulegen, wird jeder in der Gruppe darauf vorbereitet, das Bestmögliche zum Zusammenwirken einzubringen und davon zu erhalten.

# SFM Kollaborations-Katalysator: Das "Feld" des Co-Sponsorings fördern

Für die kollektive Intelligenz ist die Bildung eines Beziehungsfeldes auf Basis von Vertrauen, gegenseitigem Respekt und Anerkennung der einzigartigen Ressourcen und Beiträge jedes einzelnen Gruppenmitglieds essenziell. Dies meinen wir, wenn wir im *Success Factor Modeling Band 1* von „Sponsoring" sprechen (S. 144-145).

Dem Transformationslehrer Richard Moss zufolge „ist das größte Geschenk, was wir uns selbst oder einer anderen Person machen können, die Qualität unserer Aufmerksamkeit". Sponsoring bedingt Sehen, Fühlen und positives Bestärken der potenziellen Eigenschaften bei anderen. Eine wahrhaftige generative Zusammenarbeit erfordert gegenseitiges Sponsoring unter allen Gruppenmitgliedern. Eine Möglichkeit zum gegenseitigen Sponsoring innerhalb einer Personengruppe bietet die Übung, bewusst darauf zu achten und zurückzumelden, was sie voneinander wahrnehmen und dies zu würdigen. Wenn Gruppenmitglieder in der Lage sind, einander diese Qualität der Aufmerksamkeit zu geben, dann kann sich eine sehr tiefe und kraftvolle Form der Resonanz zwischen ihnen einstellen.

Der folgende Ablauf wurde von meinem Kollegen, dem NLP Trainer Robert McDonald entwickelt. Diese Methode ermutigt Menschen, einander zu sponsern, indem sie sich darauf konzentrieren, was sie am anderen wahrnehmen und wirklich mögen.

Die Gruppenmitglieder wechseln sich darin ab, als Person A im Mittelpunkt der Gruppe zu stehen. Es ist wichtig, dass jede Person sich nur dann freiwillig meldet, wenn sie bereit dafür ist, im Fokus zu sein.

Person A benennt seine oder ihre Intention in der Gruppe. Starten Sie links von Person A und gehen Sie im Uhrzeigersinn ringsherum. Jedes Gruppenmitglied soll sich zu einer Sache äußern, die er oder sie physisch beobachtet und an der Person A mag, und zu etwas, das er oder sie intuitiv spürt und an der Person A mag.

Dem „Beobachten" liegt unsere buchstäbliche sensorisch-basierte Beobachtung des Verhaltens einer anderen Person zugrunde. „Spüren" ist ein somatischer, intuitiver Eindruck von dem tieferliegenden Wesen der anderen Person.

Jedes Gruppenmitglied soll das folgende Format nutzen:

„Ich beobachte, dass Du _____.
Und das mag ich."

„Ich spüre, dass Du _____.
Und das mag ich."

Dieser Ablauf wird solange wiederholt bis jeder in der Gruppe die Gelegenheit hatte, Person A zu sein und diese Anerkennung von jedem der anderen Gruppenmitglieder bekommen hat.

Egal ob ich mit Gruppen von Entrepreneuren arbeite, die die Chancen von Partnerschaften ausloten, mit der Geschäftsführung einer großen Organisation oder einfach bei einem Teamtreffen – sehr oft beginne ich mit dieser Übung. Nicht immer bitte ich die Leute, sich die Zeit zu nehmen, um die Dinge laut auszusprechen. Oft reicht es einfach aus, sich gegenseitig aus einer sponsernden Haltung heraus anzuschauen, um den Beginn einer subjektiven Erfahrung von Rapport und positiver Resonanz zu katalysieren.

Die Förderung eines Sponsoring-*Feldes* bedeutet, dass sich die Gruppenmitglieder darauf konzentrieren, was sie wahrnehmen und wirklich aneinander mögen.

## SFM Kollaborations-Katalysator:
## Bewährte Praktiken durch SFM erkunden und teilen

*Der Success Factor Modeling Prozess kann als Kollaborations-Katalysator zum Benchmarking als auch zum Austausch von Best Practices genutzt werden.*

*Die Gruppenmitglieder teilen Beispiele vergangener Erfolge, die sich auf ein bestimmtes Thema beziehen, und legen dann ein „Erfolgs-Storyboard" vom Kritischen Pfad mit den gemeinsamen Schlüsselschritten fest, die sowohl das Mindset als auch die Aktionen einschließen, die zu den gewünschten Ergebnissen führten.*

Wie ich zuvor erwähnte, erscheinen die Ausprägungen kollektiver Intelligenz in Organisationen in Form von „(Mit-)Teilen" – also Informationen oder Ideen austauschen und Resonanz finden – und von „Schwärmen" – also Wissen und Aktionen auf ein bestimmtes Ziel oder Ergebnis richten und Synergien nutzen. Werden diese beiden Methoden kombiniert, können sowohl effektives *Benchmarking* – also Standards setzen – und *Best Practices* – effektive Strategien zu Schlüsselzielen mitteilen – erreicht werden.

In meiner Mastermind-Gruppe und im Success Factor Modeling Coaching oder Training wenden wir das Success Factor Modeling als Katalysator für Benchmarking und Best Practices an. Die Gruppe wählt dann ein Thema wie z. B. „Effektive Entscheidungsfindung" oder „Einstellen neuer Teamkollegen". Danach teilt sie erfolgreiche Erfahrungsbeispiele zum gemeinsamen Thema.

Das (Mit-)Teilen geschieht am besten in Vierer- bis Sechsergruppen, die ihre Antworten auf die folgenden Fragen vergleichen:

1. Was sind die *Ziele/Ergebnisse*, die Sie zu erreichen versuchen?

2. Welche *Hauptaktionen* wären notwendig, um diese Ziele zu erreichen oder zu schaffen?

3. Welche Denkweise würde Ihre Handlungen leiten in Bezug auf:
   - Ihren inneren Zustand
   - Ihren Denkprozess
   - Ihre Werte und Überzeugungen

Während die Gruppenmitglieder ihre eigenen Erfolgsbeispiele mitteilen, werden Sie gebeten, gemeinsame Antworten an der FlipChart oder auf einem großen Stück Papier festzuhalten.

Wenn alle Mitglieder einer Gruppe das Teilen ihrer Antworten beendet haben, wird die Gruppe aufgefordert, ein „Erfolgs-Storyboard" anzufertigen, das den kritischen Pfad mit den Schlüsselschritten festlegt. Dies schließt sowohl die Denkweise als auch die Maßnahmen ein, die erfolgreich das gewünschte Ergebnis bewirken. Damit wirklich die wichtigsten gemeinsamen Erfolgsfaktoren gefunden werden, soll sich die Gruppe auf sechs Schlüsselschritte begrenzen.

Hier ist ein Beispiel über eine effektive Entscheidungsfindung aus meiner Successful Genius Mastermind-Gruppe.

*SFM Beispiel: Master Minding – Effektive Entscheidungsfindung*

**Ergebnisse:**

- ökologisch
- Win-Win
- Vermeide Desaster

**Aktionen:**

- Projekt-Szenarien – Handle „als ob"
- Bedenke Konsequenzen
  - *Was ist wirklich wichtig?*
  - *Wie und in welchem Ausmaß beeinflusst das meine Mission?*
- Nimm mehrere Perspektiven ein
- Nutze Intuition plus Vernunft

**Mindset:**

- Verbundenheit, Mitgefühl, Klarheit, Ruhe, Kongruenz
- Überzeugung: *Ich bin der Empfänger der Konsequenzen*

**Schritte:**

1. Nimm ein optimales Mindset an
2. Nimm die „Beobachter"-Position ein
3. Frage dich: „Was ist wichtig?" und „zu welchem Grad?"
4. Projekt-Szenarien – Handle „Als ob"
5. Fragen – aus mehreren Perspektiven
6. Evaluation – rational und intuitiv

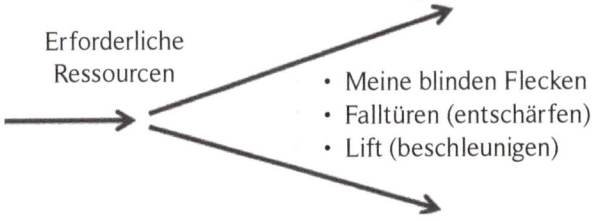

**Auswirkung, wenn man es tut.**

Erforderliche Ressourcen

- Meine blinden Flecken
- Falltüren (entschärfen)
- Lift (beschleunigen)

**Auswirkung, wenn man es nicht tut.**

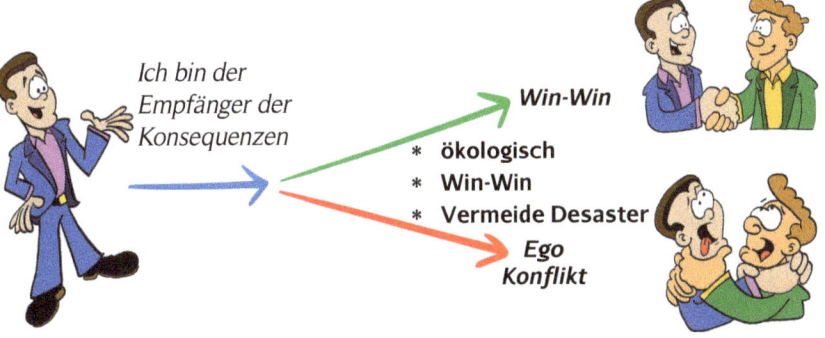

*Ich bin der Empfänger der Konsequenzen*

Win-Win

* ökologisch
* Win-Win
* Vermeide Desaster

*Ego Konflikt*

*Ein vorläufiges „Erfolgs-Story-board" dient als eine hochgradige Zusammen-fassung, die die Basis für eine mehr in die Tiefe gehende Diskussion bilden kann und zu einer detaillierteren praktischen Anwendung führt.*

Dies ist offensichtlich eine sehr verkürzte Zusammenfassung einer viel reichhaltigeren und detaillierten Diskussion, die vielleicht, vielleicht auch nicht, wertvoll für jemanden ist, der nicht an der Modeling-Sitzung teilgenommen hat. Sie hinterlässt jedoch für diejenigen genügend „Spuren", die an der Erkundung beteiligt waren, um sich die gemeinsamen Lernerfahrungen wieder zugänglich zu machen und davon zu profitieren. Sie kann auch die Basis für ein tiefergehendes, gemeinsames Modell und einige praktische Anwendungen bilden, wie zum Beispiel den folgenden Ablauf, der aus der Master-Minding-Sitzung herauskam:

Denke an eine wichtige Entscheidung, die Du im nächsten Jahr zu treffen hast.

- Was kannst Du tun, um zu gewährleisten, dass deine Denkweise und Haltung verbunden, mitfühlend, klar, ruhig und kongruent sind?
- Welche Überzeugungen und Werte werden dich darin unterstützen, die ökologischste und vorteilhafteste Entscheidung zu treffen?
- Wenn du über deine Vision und Ambition für das Jahr nachdenkst, was ist am wichtigsten? Was soll am ehesten in welchem Ausmaß erreicht werden?
- Welche möglichen Maßnahmen kannst du ergreifen, um das, was am wichtigsten ist zu vollbringen?
- Welches Feedback (sowohl ausdrücklich als auch intuitiv) wirst Du nutzen, um zu wissen, dass die Maßnahmen in die richtige Richtung gehen?

In den folgenden Kapiteln werden wir auf diese Art SFM Katalysatoren für Collaboration zurückkommen und zeigen, wie sie zur Verbesserung und zum Ertrag kollektiver Intelligenz in Gruppen und Teams genutzt werden können.

Zur Unterstützung nutze ich häufig das folgende Arbeitsblatt, um Gruppen beim Modellieren ihrer bewährten Praktiken (Best Practices) anzuleiten.

# Arbeitsblatt zum Success Factor Modeling

## Ergebnisse

Welche Ergebnisse waren der Hauptschwerpunkt ihrer erfolgreichen Leistungen, Projekte oder Unternehmen?
Listen Sie fünf oder weniger Ergebnisse auf.

1. _____

2. _____

3. _____

4. _____

5. _____

## Aktionen

Was waren die wichtigsten Maßnahmen, die Sie einsetzten, um diese Ergebnisse zu erzielen?
Listen Sie fünf Aktionen oder weniger auf.

1. _____

2. _____

3. _____

4. _____

5. _____

## Mindset

Was sind die Schlüsseleigenschaften des Mindsets (z. B. Innerer Zustand, Haltung, Denkvorgänge, Werte und Überzeugungen, usw.), die das notwendige Handeln unterstützen, um die Ergebnisse zu erreichen.

Listen Sie fünf oder weniger Schlüsseleigenschaften auf.

1. _____

2. _____

3. _____

4. _____

5. _____

*Welche Aktionen führen am ehesten zu den Ergebnissen?*

*Welche Schlüsseleigenschaften der Denkweise (Mindsets) erzeugen am ehesten Aktionen (Handlungen)?*

*Nutzen Sie die Tabelle auf der folgenden Seite, um zu strukturieren, was Sie entdeckt haben.*

# Success Factor Modeling Tabelle

Name: _____     Thema: _____

| Ergebnisse / Ziele | Aktionen / Maßnahmen | Mindset / Schlüsseleigenschaften |
| --- | --- | --- |
|  |  |  |
|  |  |  |
|  |  |  |
|  |  |  |
|  |  |  |

# Erfolgs-Storyboard

Denken Sie über die Informationen nach, die Sie gesammelt haben, legen Sie den kritischen Pfad mit den Schlüsselschritten fest, inklusive des Mindsets und den Aktionen, die erfolgreich zu den gewünschten Ergebnissen führen.

1. _____

2. _____

3. _____

4. _____

5. _____

6. _____

# Zusammenfassung des Kapitels

Erfolgreiche Unternehmer und Geschäftsführer sind in der Lage, kollektive Intelligenz zu fördern und wirksam einzusetzen, damit Ressourcen besser verteilt und genutzt und nahe liegende Geschäftsmöglichkeiten ausgeweitet werden können, d. h. um den zu teilenden „Kuchen größer zu machen".

Kollektive Intelligenz unterscheidet sich von „angesammelter" Intelligenz, weil ihre Ergebnisse größer sind als die Summe ihrer Teile. Nicht alle Interaktionen führen zu kollektiver Intelligenz. Es gibt viele Beispiele von Gruppen, die keinen Anstieg der Intelligenz zeigen, wenn die individuellen Mitglieder interagieren, sondern genau das Gegenteil. Mobs, zerrüttete Teams oder Familien sind hierfür Beispiele. Kollektive Intelligenz erfordert offene Kommunikation, gegenseitiges Vertrauen und Respekt, Neugierde und die Einsatzbereitschaft für etwas, dass größer ist als man selbst.

Drei Prozesse, die die Möglichkeit für kollektive Intelligenz schaffen, sind Resonanz, Synergie und Emergenz:

- *Resonanz* bezieht sich auf eine Art gegenseitigen Einfluss zwischen Systemen oder Objekten, die speziell aufeinander eingestimmt sind. Resonanz hängt damit zusammen, wie sehr die Mitglieder einer Gruppe das Gefühl der Übereinstimmung und Verbundenheit mit den Ideen, Werten und Eigenschaften der anderen Gruppenmitglieder spüren.

- *Synergie* tritt auf, wenn zwei oder mehr Dinge so zusammenwirken, dass ein Ergebnis erhalten wird, das unabhängig voneinander nicht möglich gewesen wäre. Es ist das Vermögen einer Gruppe, ein besseres Resultat zu erzielen, als wenn jede Person innerhalb der Gruppe einzeln auf das gleiche Ziel hingearbeitet hätte; d. h. *1+1=3*. Synergie erfordert nicht nur den Austausch von Informationen sondern auch von Energien, die zu einem Ergebnis führen, das die Fähigkeiten der beteiligten Einzelpersonen einschließt und erweitert.

- *Emergenz* tritt auf, wenn komplexe Muster aus einer Gruppe relativ einfacher Interaktionen erscheinen. Emergente Eigenschaften können nicht direkt auf die Systemkomponenten zurückgeführt werden, sondern eher auf deren Interaktion, d. h. wo das Ganze größer ist als die Summe seiner Teile. Bahnbrechende Innovationen entstehen beispielsweise als Folge, wenn anscheinend beziehungslose oder unvereinbare Ideen oder Technologien kombiniert werden.

Ein großer Teil des Buches beschäftigt sich damit, wie Bedingungen geschaffen werden können, die diese Eigenschaften innerhalb einer Gruppe erzeugen, um kollektive Intelligenz zu bewirken.

Die Phänomene der Holons und Hologramme sind ebenfalls wichtige Faktoren bei der Erschaffung von kollektiver Intelligenz. Der Begriff *Holon* bezieht sich auf die Tatsache, dass jeder von uns ein einzigartiges, separates Ganzes ist, das aus anderen Ganzheiten (Organen, Zellen, Molekülen usw.) besteht und gleichzeitig Teil einer größeren Gesamtheit (Familie, Beruf, Gemeinde, Kultur usw.) ist. Kollektive Intelligenz ist die Folge unserer Fähigkeit, als ein größeres integriertes Holon funktionieren zu können.

Ein weiterer Schlüsselfaktor zur Erschaffung kollektiver Intelligenz hat mit Hologrammen und holographischen Systemen zu tun. Ein *Hologramm* ist ein dreidimensionales Bild, bei dem in jedem Teil der Abbildung das ganze Bild enthalten ist. Aufgrund dieses Phänomens wurde das Hologramm zu einer Metapher für das Konzept, dass bei vielen Systemen die ganze, relevante Information über das System in jedem Teil des Systems auf irgendeine Art enthalten ist. Gruppen brauchen genau diesen gewissen Grad einer holographischen Funktionsweise, um kollektive Intelligenz zu erzeugen. Wichtige Informationen, wie der Zweck, die Prioritäten und die Prozesse müssen von jedem Einzelnen mit der Gruppe geteilt werden.

Außerdem ist ein gewisses Maß an „Aufgabensignifikanz" wichtig zur Erzeugung kollektiver Intelligenz. *Aufgabensignifikanz* wird als „das Ausmaß der Bedeutung" definiert, den ein „erkennbares Arbeitssegment für andere innerhalb oder außerhalb der Organisation hat". Aufgabensignifikanz ergibt sich aus dem Bewusstsein und dem Verständnis einer Person für das Ausmaß der Folgen ihrer Aktivitäten auf andere Menschen innerhalb und außerhalb ihrer Organisation. Forscher wie Adam Grant von der Wharton School haben gezeigt, dass ein gemeinsamer Sinn für die Signifikanz einer Aufgabe zu einem dramatischen Leistungsanstieg sowohl von Individuen als auch von Gruppen führt.

Bei Interaktionen in Organisationen verwirklicht sich kollektive Intelligenz auf mehrere unterschiedliche, grundlegende Arten:

- *Sharing: (Mit-)Teilen* – Informationen oder Ideen austauschen und Resonanz finden

- *Swarming: Schwärmen* – Wissen und Maßnahmen auf ein bestimmtes Problem oder Ziel lenken und Synergieeffekte nutzen

- *Flocking: Strömen* – Zusammenkommen, um gegenseitige Unterstützung zu bieten und Lösungen zu generieren.

Bei Geschäftsvorhaben wird kollektive Intelligenz häufig zu folgenden Zwecken angewandt:

- Benchmarking – Setzen von Standards
- Best Practices – Teilen effektiver Strategien, um Schlüsselziele zu erreichen
- Brainstorming – Ideen generieren
- Generative Kollaboration – Etwas Neues kreieren

Mastermind-Gruppen veranschaulichen sehr gut, wie die vielfältigen Aspekte kollektiver Intelligenz auf unternehmerische Herausforderungen angewandt werden können. Der Begriff „Mastermind" bezieht sich auf die kollektive Intelligenz von „zwei oder mehr Menschen, die im Geist der Harmonie auf einen bestimmten Zweck hinarbeiten".

Eine *Mastermind-Gruppe* fungiert wie eine Art Ratgebergremium von Gleichberechtigten, die eine Kombination aus Brainstorming, Lehre, Verantwortlichkeit füreinander und Unterstützung während einer Gruppensitzung anbieten, um die beruflichen und persönlichen Kompetenzen jedes Mitglieds zu schärfen.

Mastermind-Gruppen treffen sich monatlich, wöchentlich und sogar täglich, wenn es Sinn macht, um Herausforderungen und Probleme zusammen anzugehen. Sie unterstützen einander, geben sich Rat, teilen Verbindungen und können Geschäfte miteinander machen, wenn es mit dem Ziel vereinbar ist, eine markante Veränderung bei sich selbst, im Leben und im Geschäft zu erfahren.

Anstatt auf einen Lehrer, Coach oder Teamleiter angewiesen zu sein, haben Mastermind-Gruppen normalerweise einen Facilitator, der der Gruppe hilft, sich auf verschiedene Kollaborations-Katalysatoren einzulassen. *Kollaborations-Katalysatoren* sind Methoden, die effektive Zusammenarbeit und kollektive Intelligenz fördern und verstärken. Das Ziel der Kollaborations-Katalysatoren ist, ein gewisses Maß an Resonanz, Synergie und Emergenz zwischen den Gruppenmitgliedern zu erzeugen, die in irgendeiner Weise zusammenarbeiten.

Die Bildung eines *COACH Containers*, in dem die Gruppenmitglieder ein optimales Mindset annehmen, ist ein Beispiel für einen Kollaborations-Katalysator. Wenn dies regelmäßig geschieht, kann eine solche Methode einen starken und ausgeprägten Sinn für gegenseitigen Rapport und Erfindungsreichtum schaffen.

Vorstellungsrunden auf mehreren Ebenen sind Kollaborations-Katalysatoren, die besonders wertvoll sind, wenn sich Gruppen zum ersten Mal formieren. Sie geben den Gruppenmitgliedern die Gelegenheit, etwas Wichtiges über ihren Werdegang und ihre Ziele auf mehreren unterschiedlichen Ebenen mitzuteilen, bevor man sich auf das kollaborative Zusammenspiel einlässt.

Der Ablauf fördert die Möglichkeit, schnell Resonanz auf tieferen Ebenen der Erfolgsfaktoren zu finden, die über die oberflächlichen Schichten Umfeld, Verhalten und Fähigkeiten hinausgehen.

Intentionen auszudrücken, erzeugt eine Art Filter, der die Aufmerksamkeit der Gruppenmitglieder lenkt und gewisse Kompetenzen und Handlungen in den Vordergrund rückt. Indem sie sich gegenseitig helfen, die persönliche Intention durch Worte, Bilder und ein somatisches Modell auszudrücken, bereiten sich die Gruppenmitglieder immer weiter darauf vor, das Bestmögliche bei Ihren Interaktionen zu geben und zu bekommen.

Die Pflege eines „Feldes" des gegenseitigen Sponsorings ist ein weiteres Beispiel für einen Kollaborations-Katalysator, in dem die Gruppenmitglieder aktiv üben, darauf zu achten, was sie voneinander bekommen und aneinander schätzen, und das verbal zu honorieren. Dies kann dazu beitragen, ein kraftvolles „Beziehungsfeld" aufzubauen, das aus Vertrauen, gegenseitigem Respekt und der Anerkennung besteht, dass jedes Gruppenmitglied einzigartige Ressourcen und Beiträge einbringt.

Bewährte Methoden (Best Practices) durch Success Factor Modeling zu erforschen und zu teilen, ist ein Kollaborations-Katalysator, der die kollektive Intelligenz einer Gruppe durch die Methoden Teilen und Schwärmen verbessert und nutzt. Indem ein wichtiges Thema von gemeinsamen Interesse gewählt wird, das dann erforscht und in Beispielen erfolgreicher Leistungen oder Projekte untergliedert wird, können die Gruppenmitglieder wichtige Erfolgsfaktoren finden, die sie in Zukunft umsetzen können

## Referenzen und Literaturhinweise

· *Give and Take: Why Helping Others Drives Our Success*, Adam Grant
The Penguin Group, New York, NY, 2013.

(dt. Geben und Nehmen: Warum Egoisten nicht immer gewinnen und hilfsbereite Menschen weiterkommen, Droemer, 2016)

· *Think and Grow Rich*, Napoleon Hill,
Combined Registry Company, Chicago, Illinois, 1937, ISBN 1-60506-930.

(dt. Denke nach und werde reich: Die Erfolgsgesetze, Napoleon Hill, Hörbuch)

· *From Coach to Awakener*, Robert Dilts Meta Publications, Capitola, CA, 2003.

(dt. Professionelles Coaching mit NLP, Junfermann, 2005, vergriffen)

# 02
# Kollektive Intelligenz
## und Generative Kollaboration

*Synergie ist das, was geschieht, wenn eins plus eins zehn oder hundert oder sogar eintausend gleicht! Es ist das tiefgreifende Ergebnis, wenn zwei oder mehr respektvolle menschliche Wesen entschlossen sind, über ihre vorgefassten Ideen hinauszugehen, um sich einer großen Herausforderung zu stellen.*

**Stephen Covey**

*Viele Ideen wachsen besser, wenn sie in einen anderen Verstand eingepflanzt werden als in den, dem sie entsprungen sind.*

**Oliver Wendell Holmes**

*In jedem Leben geht irgendwann unser inneres Feuer aus. Es wird dann von der Begegnung mit anderen Menschen wieder entfacht. Wir alle sollten für die Menschen dankbar sein, die unsere innere Flamme wieder aufleben lassen.*

**Albert Schweitzer**

## Kollaboration ist für erfolgreiche Unternehmen wesentlich

Die Zusammenarbeit mit anderen in Gruppen und Teams ist ein normaler und wichtiger Bestandteil im modernen Geschäftsumfeld wie auch im zeitgenössischen Leben – dies effektiv zu tun, ist ein wichtiger Erfolgsfaktor für Unternehmer und Führungskräfte. Vor Kurzem bat der Journalist Dan Schawbel in einem Interview auf Forbes.com Adam Grant (den zuvor zitierten Professor der Wharton School) zu erklären, warum die Interaktion mit anderen das neue Mittel für eine erfolgreiche Karriere ist und warum es nun so viel wichtiger ist als in der Vergangenheit. Grant sagte dazu Folgendes:

*Effektive Kollaboration, um ein erfolgreiches, nachhaltiges Geschäft aufzubauen, ist wichtiger als jemals zuvor.*

> Innerhalb der Arbeitswelt ist man immer abhängiger voneinander geworden. Die Kontaktpflege und die Reputation werden zunehmend wichtiger für die Bildung innovativer Ideen oder für die sich bietenden Geschäftschancen sowie für Empfehlungen von Klienten oder Beförderungen. Hinter diesem Anstieg der gegenseitigen Abhängigkeit gibt es mindestens drei große Trends.
>
> Der erste Trend ist die Zunahme der projektbasierten Arbeit: Die Organisationen bringen Menschen zusammen, die in befristeten Teams miteinander arbeiten. Dadurch werden soziale Kompetenzen besonders wichtig für die Ergebnisse, die diese kurzzeitigen Gruppen erreichen.
>
> Zum Zweiten gibt es den Übergang von der Herstellungsindustrie zu einer Dienstleistungs- und Wissensökonomie: jeder Vierte von fünf Amerikanern arbeitet in einer Dienstleistungsrolle, wo die Erfüllung der Klienten- und Kundenbedürfnisse ein erfolgsbestimmendes Merkmal ist.
>
> Der dritte Trend ist das Auftreten der sozialen Netzwerke im Internet: Wir können nun die Reputation der Stellenanwärter, der potenziellen Geschäftspartner und Dienstleistungsanbieter nachverfolgen, indem wir allgemeine Verbindungen bei LinkedIn herausfinden und ihr Verhalten in den sozialen Medien verfolgen.

Grants Antwort zeigt, wie sehr sich die Welt in den letzten Jahren verändert hat und weshalb Kollaboration ein wesentlicher Erfolgsfaktor ist. Jeder der von ihm benannten Trends belegt eindeutig die Tragweite, wie wir uns selbst wahrnehmen und aus der Perspektive eines integrierten Holons mit anderen interagieren, anstatt als bloße separate Einzelperson. Um es deutlich zu sagen, das Vermögen kollaborativ als ein Holon mit anderen zusammenzuarbeiten, ist ein Schlüssel für den Erfolg.

# Die Ebenen der Kollaboration

*Kollaboration* bedeutet wortgetreu (Anm. d. Ü.: vertrauensvoll) „zusammenarbeiten". Es gibt viele Möglichkeiten, wie Menschen zusammenarbeiten und zusammenwirken können. Manche sind effektiver als andere. In der Tat kann die Gruppenleistung in drei Arten kategorisiert werden:

1. In einer *leistungsschwachen* Gruppe oder in einem solchen Team kann die Leistung oder das Ergebnis der Gruppe als Ganzes tatsächlich *schwächer* sein, als es der Fall wäre, wenn die Mitglieder einzeln arbeiten würden; d. h. 1+1<2.

2. In einer *durchschnittlichen* Gruppe oder einem solchen Team *entspricht* die Leistung oder das Ergebnis der Gruppe als Ganzes ungefähr der Summe der unabhängig voneinander arbeitenden Mitglieder; d. h. 1+1=2.

3. In einer *leistungsstarken* Gruppe oder einem solchen Team *übersteigt* die Leistung oder das Ergebnis der Gruppe als Ganzes die der Summe der einzeln für sich arbeitenden Mitglieder; d. h. 1+1=3. Dies ist ein Ergebnis *generativer Kollaboration*.

*Wie gut Gruppen oder Teams effektiv zusammenarbeiten können, kann sehr stark variieren.*

*In einer leistungsschwachen Gruppe ist das Ergebnis geringer, als wenn die Einzelpersonen getrennt arbeiten würden.*

*In einer durchschnittlichen Gruppe entspricht die Leistung der Summe der individuellen Beiträge.*

*In einer leistungsstarken Gruppe ist der Ausstoß viel größer, als wenn die Mitglieder allein arbeiten würden.*

*Wie können zwanzig Menschen eintausend übertreffen?*

Wir können sagen, dass einer leistungsschwachen Gruppe oder Team im Grunde genommen die Fähigkeit fehlt, vertrauensvoll zusammenzuarbeiten. Nicht nur, weil es den Einzelnen nicht gelingt miteinander zu arbeiten, sondern weil ihre Interaktionen ihre Fähigkeit beeinträchtigen, die eigenen Aufgaben erfolgreich zu erledigen. Es handelt sich um eine Art „degenerative Zusammenarbeit" oder eine Interaktion mit „Negativer Bilanz" – 1+1=0 oder sogar -1.

Man kann sagen, dass eine durchschnittliche Gruppe ein grundlegendes Maß an Zusammenarbeit erreicht. Bei einer solchen *simplen Art der Zusammenarbeit* arbeiten Einzelpersonen in einer Gruppe zusammen, um ein spezielles Ziel zu erreichen. Es handelt sich um eine Art „angesammelte" Intelligenz, bei der 1+1=2 gilt. Simple Zusammenarbeit erfordert auch, dass die Menschen ein gewisses Maß an Rapport miteinander haben, effektiv kommunizieren und jeder die Aufgabe erledigt, die von ihm in Abstimmung mit den anderen Partnern oder Gruppenmitgliedern verlangt wird. Das Ziel simpler Zusammenarbeit ist, dass die Menschen die von ihnen erwarteten Leistungen erbringen, damit ein Ergebnis erzielt wird, das der Summe der Einzelbeiträge entspricht.

Wie wir zuvor besprochen haben, ist die Frucht effektiver kollektiver Intelligenz die generative Kollaboration. *Generative Kollaboration* bedeutet, dass Menschen zusammenarbeiten, um etwas Neues, Überraschendes zu kreieren oder zu erzeugen, etwas, das die Fähigkeiten jedes einzelnen Gruppenmitgliedes übersteigt; 1+1=3 oder mehr. Durch generative Kollaboration können die Einzelnen ihre Fähigkeiten vollkommen ausschöpfen und Ressourcen entdecken oder einsetzen, von deren Vorhandensein sie vorher nichts wussten. Sie entlocken sich gegenseitig neue Ideen und Ressourcen. Dadurch ist die Leistung oder das Ergebnis der Gruppe insgesamt viel *großartiger*, als es der Fall wäre, wenn die Mitglieder für sich allein arbeiten würden.

Denken Sie an das Beispiel von einem großen bekannten multinationalen Telekommunikationsunternehmen. Die Firma hatte Schwierigkeiten, wettbewerbsfähig zu bleiben. Man wusste, dass ein Produkt für ein sehr wichtiges Marktsegment entwickelt werden musste. Die Situation war so kritisch, dass die Firma ein Team von 1000 Menschen zusammenstellte, um das Produkt so schnell wie möglich zu entwickeln. Es stellte sich jedoch zu ihrer Überraschung und auch zu ihrer Beschämung heraus, dass einer ihrer Wettbewerber in der Lage war, ein besseres Produkt in kürzerer Zeit zu entwerfen, das weniger kostete – er hatte sie komplett übertroffen – und dies gelang ihnen mit einem Team aus nur 20 Personen!

Natürlich war die brennende Frage für das Telekommunikationsunternehmen: „Wie ist es möglich, dass zwanzig Personen so vollkommen 1.000 übertreffen können?!" Der Unterschied, der den Unterschied ausmacht, ist das, was wir als Fähigkeit zur „Generativen Kollaboration" bezeichnen. Die Gruppenmitglieder in dem Team aus 1000 Personen hatten in „Silos", weitgehend isoliert voneinander, gearbeitet. Die verschiedenen Teammitglieder arbeiteten einfach, um die Aufgabe auszuführen, die ihnen vom Projektleiter zugewiesen worden war. Dieser Projektleiter betrachtete Menschen als notwendige Teile einer Maschine oder eines Computerprogramms – dies nennen wir „Brain-and-Pencil"-Führungsstil im Success Factor Modeling.

Auf der anderen Seite wurde die Gruppe mit den 20 Leuten von einer Person geführt, die sich leidenschaftlich für die Vision in diesem Projekt einsetzte. Diese Führungskraft arbeitete mehr wie ein „Dirigent eines Orchesters" und ermutigte das Team, ständig in Kommunikation und Interaktion zu sein; sich gegenseitig herauszufordern, einander zu stimulieren und dabei zu unterstützen, ihr Bestes zu geben und es selbst zu sein, „über den Tellerrand hinaus" zu denken und bei allem, was sie taten, nach Spitzenleistung zu streben.

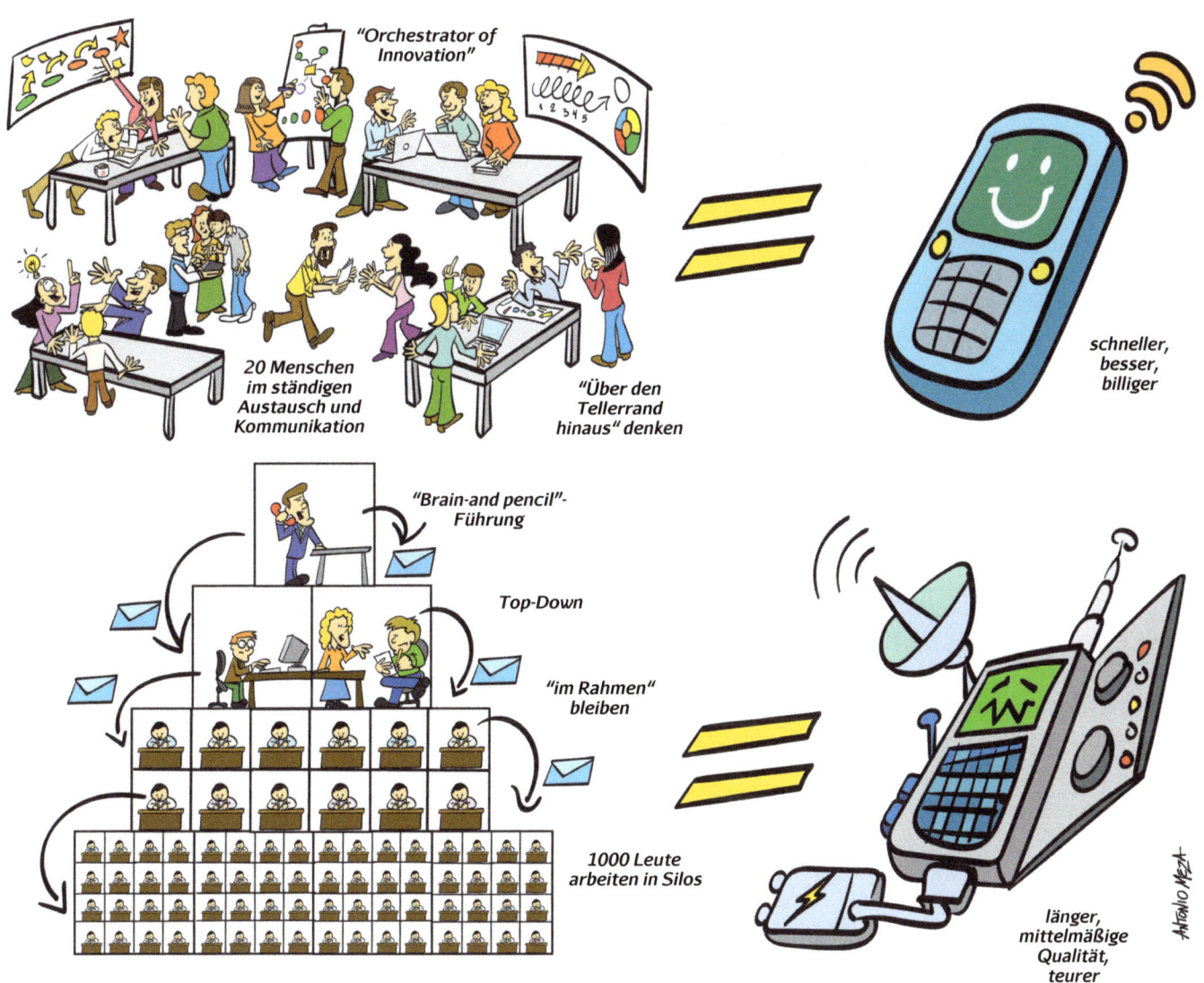

"Orchestrator of Innovation"

20 Menschen im ständigen Austausch und Kommunikation

"Über den Tellerrand hinaus" denken

schneller, besser, billiger

"Brain-and pencil"- Führung

Top-Down

"im Rahmen" bleiben

1000 Leute arbeiten in Silos

länger, mittelmäßige Qualität, teurer

Mit einem geeigneten Führungsstil, der richtigen Denkweise und der Pflege generativer Kollaboration können zwanzig Menschen eintausend übertreffen!

*Generative Kollaboration resultiert aus der Entwicklung eines „Gruppen-geistes" oder „Beziehungsfeldes", in dem sich das Wissen und Know-how der Einzelnen verbinden, um eine größere kollektive Kreativität herzustellen, die ohne die Gegen-wart der anderen Gruppenmitglieder unmöglich ist.*

*Zur Enrwicklung einer generativen Kollaboration sollten die Menschen stark mit sich selbst verbunden sein, zentriert in ihren persönlichen Ressourcen, und leidenschaftlich sowohl ihre Ambitionen verfolgen als auch ihre gemeinsame Vision verwirklichen.*

Es war ihnen möglich, ein hohes Maß an Generativer Kollaboration zu erreichen. Sie stimulierten und unterstützten einander, um auf neuen Wegen vorwärts zu gehen und etwas Ohnegleichen zu schaffen. Dies erforderte, dass die Gruppenmitglieder eine Vision teilten, verschiedene Sichtweisen integrierten und ein starkes „Beziehungsfeld" schufen, das auf Vertrauen und gegenseitigem Respekt basierte. Wie Steve Jobs sagte: „Es geht um die Leute, die Du hast, wie Du geführt bist und wie viel Du davon verstehst."

Wie wir gezeigt haben, resultiert generative Kollaboration dieser Art auf der Entwicklung eines „Gruppengeistes" oder „Beziehungsfeldes", in dem sich das Wissen und Know-how der Einzelnen verbinden, um eine größere kollektive Kreativität herzustellen, die ohne die Gegenwart der anderen Partner oder Gruppenmitglieder unmöglich ist. Dieser Prozess ähnelt dem, was geschieht, wenn sich zwei Wasserstoffatome mit einem Sauerstoffatom verbinden und etwas Drittes schaffen, das neue Element Wasser.

Um Wasser zu erhalten, muss Sauerstoff ganz Sauerstoff bleiben und Wasserstoff ganz Wasserstoff. Mit den Worten des Philosophen Ken Wilber: Die neue Beziehung die sich durch die Bildung von Wasser ausdrückt, „schließt die individuellen Bausteine ein und transzendiert" sie, um etwas herzustellen, das beides enthält, obwohl es gleichzeitig etwas vollkommen Neues ist.

Damit es funktioniert, sind Individualität, persönliches Interesse und die Leidenschaft der Menschen für die generative Kollaboration notwendig. Es wurde gesagt, dass es „kein ‚I' (ich) im Team gibt" und wahrscheinlich stimmt das für die simple Zusammenarbeit, doch nicht für die generative Kollaboration. (Es gibt buchstäblich ein „i" sowohl im Wort „generativ" als auch in „Kollaboration". Für die generative Kollaboration müssen die Menschen stark mit sich selbst verbunden sein, zentriert in ihrer einzigartigen Energie und sich ihrer persönlichen Ressourcen bewusst sein. Sie müssen mit Leidenschaft sowohl ihre Ambitionen verfolgen als auch dafür sorgen, dass die gemeinsame Vision Wirklichkeit wird. Wenn Menschen „ihre eigenen Interessen zum wohl des Teams opfern", verliert das Team seine ganze Leidenschaft, Kreativität und Energie.

Zur Verdeutlichung: Bei einer „simplen" Zusammenarbeit würde eine Gruppe aus sechs oder sieben Menschen zusammenkommen, sich auf eine bestimmte Idee oder einen bestimmten Ansatz verständigen und gemeinsam darauf hinarbeiten. So produzieren sie ein Ergebnis, dass der Summe ihres Zusammenspiels entspricht. Unter Anwendung der Prinzipien für „generative" Kollaboration würde die Gruppe von sechs oder sieben mindestens sechs oder sieben Ideen, Ansätze und weitere mögliche Synergien aus einigen dieser Ideen und Ansätze erzeugen.

Wie der amerikanische Gründervater Thomas Jefferson sagte:" „Wenn zwei Menschen zusammenkommen und einen Dollar tauschen, geht jeder mit einem Dollar davon. Kommen aber zwei Menschen zusammen und tauschen eine Idee aus, gehen beide mit mindestens zwei Ideen auseinander." (Und wahrscheinlich ergeben sich mehr aus den Kombinationen und Synergien aus den geteilten Ideen.) Generative Kollaboration ist ein gutes Beispiel für diese Art Ideenökonomie.

Eine gute Metapher, um die synergetische Dynamik generativer Kollaboration zu verstehen, ist das Zusammenspiel von Seifenblasen. Bei dieser Analogie würde eine Blase eine bestimmte Vision oder Idee darstellen. Bei simpler Zusammenarbeit arbeiten alle Partner oder Teammitglieder zusammen, um eine Blase zu bilden. Generative Kollaboration würde bedeuten, dass jedes Gruppenmitglied seine eigene Blase bildet und dann erkennt, wie sich diese Blase mit den von den anderen Gruppenmitgliedern gebildeten Blasen verbindet.

*Wenn zwei Menschen zusammenkommen und einen Dollar tauschen, geht jeder mit einem Dollar davon. Kommen aber zwei Menschen zusammen und tauschen eine Idee aus, gehen beide mit mindestens zwei Ideen auseinander.*

**Thomas Jefferson**

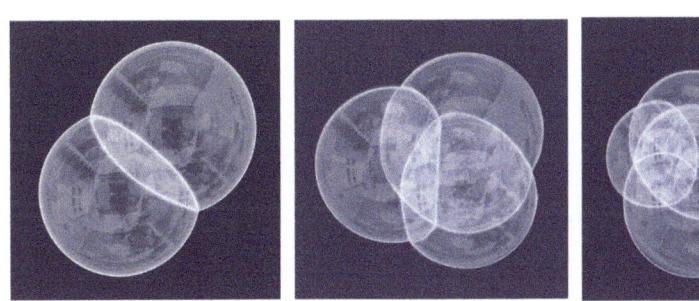

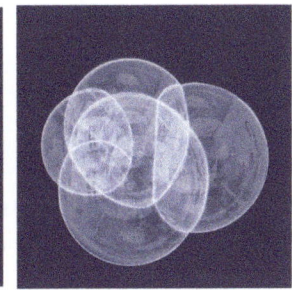

**Ähnlich wie sich Seifenblasen miteinander zu einem größeren Ganzen verbinden, integriert generative Kollaboration komplementäre Visionen und Ideen.**

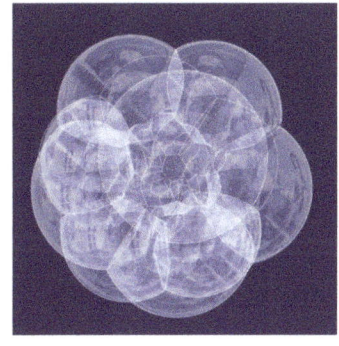

**Das Ergebnis generativer Kollaboration ist eine einzigartige kollektive Vision**

Viele erfolgreiche Entwicklungen und Errungenschaften unserer modernen Welt waren nicht das Ergebnis einer Vision einer einzelnen Person, sondern eher die Folge aus der Kombination vielfältiger Visionen und Ideen. Die Schaffung des Success Factor Modeling ist dafür ein sehr gutes Beispiel. SFM entstand als Resultat der Integration meiner eigenen Vision und Ideen über die Entwicklung von Verhaltensweisen mit der Vision und den Ideen meines Bruders John bezüglich des Coachings und der Unterstützung von neuen Unternehmen.

*Die Entwicklung des Internets ist ein gutes Beispiel, wie kollektives Visionieren etwas Unvorhergesehenes schafft.*

Die Entwicklung des Internets ist ein weiteres gutes Beispiel. Der Samen für das Internet wurde 1969 mit dem ARPANET gelegt. Dabei handelte es sich um ein Forschungsprojekt des U.S. Verteidigungsministeriums, um eine Netzwerk-Architektur zu militärischen Zwecken zu entwickeln. Es war eine Möglichkeit, den besten ökonomischen Nutzen aus den knappen Großrechner-Ressourcen zu ziehen. Universitäten, Forschungslabore und Wehrtechnikunternehmer entdeckten bald das Potenzial des Internets als ein Kommunikationsmedium zwischen „Menschen" und vernetzten sich immer zahlreicher. In den 80'er und den frühen 90'er Jahren wurden immer mehr Stücke des ursprünglichen Regierungsnetzwerks an große Telekommunikationskonzerne verkauft bis das Grundgerüst des Internets vollständig kommerzialisiert worden war. 1994 entdeckte die breite Masse der Computernutzer das Internet, angezogen vom „Hypertext" und den „Multimedia-Features" des World Wide Web. Heute ist das weltweit-ausgebaute Internet die wesentliche vereinende Kommunikationstechnologie der Menschen auf der ganzen Welt.

Jedoch weist einer der ursprünglichen Entwickler des Arpanets darauf hin: „Damals hatte keiner die Vision eines Internets. Was sich heute entwickelt hat, wurde von niemandem zur damaligen Zeit vorausgesehen."

Der Unternehmer Don Pickens (auf Seite 137 wird er im SFM Band I zitiert) bestätigt diese Sichtweise, wenn er behauptet: „Visionäre Führung besteht nicht nur daraus, eine Vision zu haben, es geht um das Verweben dieser Vision mit anderen Visionen." Unser erstes Success Factor Model Beispiel bietet eine gute Veranschaulichung dieser generativen Macht, Visionen miteinander zu verweben.

### Erfolgsfaktor-Fallbeispiel:

*CrossKnowledge*

*„Zusammen lernen und die Welt verändern"*

Im Juni 2009 befanden sich die Gründer Steve Fiehl, Michaël Ohana, Pascal El Grably und Hervé Goudchaux mit ihrer acht Jahre zuvor gegründeten E-Learning-Firma an einem Scheidepunkt. Sie hatten sich zusammengetan, um die Firma aus der gemeinsamen Passion für Management und Persönlichkeitsentwicklung aufzubauen. Wie sich Steve Fiehl erinnert: „Ich hatte das Verlangen, diese [Kompetenzen] vielen Menschen anzubieten und wusste, dass ich es mit anderen Leuten zusammen machen wollte." Die Partner entschieden sich für E-Learning weil, wie Steve es erklärt, „es vielen Menschen den Zugang ermöglicht." Die vier teilten ebenso das Verlangen, „etwas Revolutionäres zu tun", indem sie „die Regeln änderten; einen Markt übernahmen und ohne etwas darüber zu wissen, es anders als alle anderen machten". Wie bei jedem anderen Versuch, eine Veränderung in der Welt und besonders bei Organisationen zu bewirken, „war es nicht immer eine leichte Reise". Wie Steve sich lächelnd erinnert: „Ich habe durchgehalten, auch wenn mir zu Beginn gesagt wurde: „Du hast das falsche Feld gewählt."

Die vier hatten die Firma in den frühen Tagen des Online-Lernens gegründet. Zu dieser Zeit war E-Learning wenig bekannt und wurde in Trainings wenig genutzt; insbesondere nicht im Organisationsumfeld. Während ihrer ersten Tage hatte die Firma im Wesentlichen die Rolle als Pionier, und die Herausforderung der Gründer bestand darin, Organisationen zu überzeugen, dass E-Learning eine zukunftsfähige Trainingsmethode war. Leidenschaftlich und voller Engagement für ihren Traum, begannen sie eine Nische in der Wachstumsbranche aufzubauen. Dabei zogen sie eine Fakultät der Königsklasse an und produzierten interaktive Programme von hoher Qualität.

*Verwandlung einer Krise in eine Chance*

Nach einigen Jahren des Wachstums und Erfolgs erlebte die Firma eine herausfordernde Übergangsperiode. 2009 befanden sich die Unternehmen im Würgegriff der globalen Finanzkrise. Darüber hinaus hatten, als die E-Learning-Branche gereift war und die Märkte sich entwickelt hatten, mehr und mehr große Firmen begonnen, ihre eigenen E-Learning-Produkte zu entwickeln; einschließlich der großen Trainingsorganisationen mit ihren hohen Marketingbudgets.

**CrossKnowledge-Gründer Steve Fiehl, Michaël Ohana, Pascal El Grably und Hervé Goudchaux**

*Die Gründer der E-Learning Firma CrossKnowledge befanden sich während der weltweiten Wirtschafts-krise in einer herausfordernden Lage, die es erforderlich machte, ihr Unternehmen neu zu erfinden.*

**Die CrossKnowledge-Gründer teilten die Leidenschaft für Management und Persönlichkeitsentwicklung.**

Die CrossKnowledge-Gründer bemerkten, dass sie, um wettbewerbsfähig zu bleiben, ihre Firma in vielerlei Hinsicht neu erfinden und diese auf eine neue Ebene bringen müssten. Dies sollte eine Klärung ihrer Vision und ihrer Mission (in der sie ihren einzigartigen Beitrag konkretisieren) erforderlich machen und eine Anpassung ihrer Ambition und Rolle, um sich den verändernden Marktbedingungen anzupassen. Solch eine Veränderung bedeutete, dass sie die Richtung vorausahnen mussten, in die sich die E-Learning-Branche entwickelte, und dass sie ihren Geschäftsfokus neu ausrichteten, ihre Prioritäten verlagern und ihr gesamtes Team auf einen neuen Weg führen mussten. Insbesondere musste dies schnell geschehen, um nicht abgehangen zu werden.

Als Mitglied der CrossKnowledge-Fakultät war es selbstverständlich, dass ich sie bei ihrem Übergang unterstützte. Unsere Arbeit begann mit mehreren Sitzungen, die alle vier Gründer involvierten. Jedes Treffen begann mit einem oder mehreren Kollaborations-Katalysatoren, die bis jetzt in diesem Band beschrieben wurden. Wir wollten ausnahmslos damit beginnen, zuerst den *COACH Container* zu etablieren und dann ein *Feld des Co-Sponsorings zu pflegen*. Systematisch durchliefen wir eine Reihe von Schritten, um den derzeitigen Zustand der Firma, die Hindernisse, denen sie begegnete, und sowohl die Erfolgsfaktoren als auch die „Versagens"-Faktoren zu definieren, die die Firma bis dorthin gebracht hatten, wo sie war. Als nächsten Schritt teilten sich die Gründer ihre Sichtweisen mit und verglichen sie miteinander; dabei fanden sie Resonanz, würdigten und integrierten ihre unterschiedlichen, aber sich ergänzenden Perspektiven und ermöglichten so, neue Ideen und gemeinsame Rückschlüsse entstehen zu lassen.

*Vorbereitungen, um das Unternehmen auf eine neue Ebene zu bringen*

Dann fokussierten wir uns auf die Zukunft, indem wir die Schritte festlegten, die die Firma auf eine neue Ebene bringen würden.* Der Meilenstein im Prozess war, die gemeinsame **Vision** auszudrücken, also der Ausdruck ihrer gemeinsamen Passion für Management und Persönlichkeitsentwicklung. Der einfache aber kraftvolle Ausdruck dafür war: *Learning for a better Life* – Für ein besseres Leben lernen. Die Essenz ihrer Vision war: Organisationen zu ermöglichen, sich durch sich entwickelnde Einzelne weiterzuentwickeln – damit

**Die Vision der CrossKnowledge-Gründer war "learning for a better life", wobei Lernen "wie Wasser wie aus dem Wasserhahn einfach da sein sollte". Dies würde es Organisationen erlauben, sich durch die Entwicklung von Einzelnen weiterzuentwickeln.**

---

* Definitionen und Methoden zur Ermittlung der Vision, Mission, Ambitioin und Rolle werden in der Einführung in diesem Buch vorgestellt (S. 11-14) und ausführlich in *Success Factor Modeling Band I* – S.193-245 beschrieben.

wurde die Persönlichkeitsentwicklung als Möglichkeit zur Verbesserung von Management und Führung und letztlich der Organisation aufgewertet. Was dies für sie bedeutete, zeigt ihre gemeinsame Metapher, dass „Lernen wie Wasser sein sollte" – „Dreh den Hahn auf und es ist da"; verfügbar für jeden auf jeder Ebene in der Firma oder Organisation.**

Die Gründer sahen ihre **Mission** und einzigartigen Beitrag zu der Vision darin, *weltweit eine massive Verbesserung im Leben der Menschen mit E-Learning und Online-Bildung in Führung und Management-Kompetenzen* zu bewirken. Hauptsächlich erfüllten sie ihre Mission durch die Pflege der kollektiven Intelligenz mit ihren Kunden. Wie sie es sahen, bedeutete die Mission, „eine Gemeinschaft der Klienten zu schaffen; eine Lerngemeinschaft, in der wir konstant teilen, was wir gelernt haben." Ihre Metapher dafür war eine „Wasserfallkaskade".

Als sie ihre Vision und Mission geklärt hatten, bemerkten die Gründer, dass sie ihre gemeinsame **Ambition** stärken mussten, um den Fortschritt der Firma voranzutreiben und wirklich die Vision und Mission zu erreichen. Alle Gründer stimmten darin überein, dass sie eine *Premium-Position und Marke* erreichen wollten. Sie setzten sich zum Ziel, die Marktreferenz für hochwertige Online-Führungs- und Managementtrainings zu sein und die *bevorzugte Lösung* für Geschäftsführer, Personaldirektoren und Endnutzer zu werden.

Ein weiterer wichtiger Teil ihrer Ambition war die *Skalierbarkeit*. Ausgehend von Frankreich und derzeit vorrangig im europäischen Markt arbeitend wollten sie wachsen, um wirklich *international* zu werden und ihre Anwenderbasis von 400.000 auf 2 Millionen auszuweiten. Dies bedeutete, dass sie „robust", „fließend" und *zweimal schneller als der Markt wachsen* mussten. Als weitere Schlüsselkennzahl für das Erreichen ihrer Ambition stand eine 15%ige *Profitabilität*.

Um ihre Vision, Mission und Ambition zu erfüllen, sahen die Gründer die **Rolle** der Firma als ein *Trainings-Innovator und -Integrator*. Sie waren weder Anbieter von angepassten Lösungen noch Verkäufer von „Massenprodukten von der Stange". Ihr Fokus lag auf umfassenden Lösungen und Ergebnissen anstatt auf Produkten und Angeboten. Sie sahen ihre Stärke im Angebot von *integrierten Lösungen, die exklusive Lernformate und eine Reihe von begleitenden Dienstleistungen gemäß dem Bedarf des Kunden nutzten.*

**Die Mission der CrossKnowledge-Gründer bestand darin "weltweit eine massive Verbesserung im Leben der Menschen mit E-Learning und Online-Bildung in Führung und Management-Kompetenzen zu bewirken"; wie eine "Wasserfallkaskade".**

**Die Ambition der CrossKnowledge-Gründer war, "eine Premium Position und Marke" zu erreichen; um wirklich international zu werden und ihre Userbasis von 400,000 auf 2 Millionen innerhalb von zwei Jahren auszuweiten.**

---

**Interessanterweise waren eines der größten Hindernisse die Trainingsmanager (die den „Wasserhahn" kontrollieren wollten). Steve Fiehl weist darauf hin: „Manchmal braucht es viel Zeit und Hingabe, um zur ursprünglichen Vision zurückzukehren, dass wir es zu jedem bringen wollten."

**Die CrossKnowledge-Gründer sahen die Rolle ihres Unternehmens als Trainings-Innovator und -Integrator. Ihre Metapher war die eines "Komponisten" der auf einer Klaviertastatur Musik kreiert. Andere Musikinstrumente repräsentierten Partnerfirmen.**

Die Metapher für Ihre Rolle war die eines „Komponisten", der auf einer Klaviertastatur Musik kreiert. Die Tasten des Klaviers stellen die verschiedenen E-Learning-Produkt in ihrem Katalog dar. Die auf den Tasten erzeugten Noten stellten das Lernergebnis aus einem bestimmten Produkt oder Lektion dar. Genau wie bei einem Klavier gibt es eine feste Anzahl von „Tasten", die sich nicht verändert. Jede davon kann notwendig sein, um ein bestimmtes Lied zu erzeugen. Die „Musik" entsteht nicht aus den einzelnen Taste oder Noten, sondern aus der Art, wie sie in welcher Reihenfolge und in welcher Beziehung zueinander zusammengestellt werden. Andere Musikinstrumente stellen Partnerfirmen dar, die andere Arten des Lernens oder andere Trainingsprodukte anbieten könnten. Es ist die Aufgabe des Komponisten, die Instrumente zu finden, die die beste Musik für einen bestimmten Klienten erzeugen.

Ein Schlüssel, um diese Rolle vollständig anzunehmen, war die Ausweitung des CrossKnowlege-Netzwerks auf weitere Partner. Von Anfang an hatten sich die CrossKnowledge-Gründer erfolgreich mit anderen Trainingsanbietern auf lokaler, regionaler und globaler Ebene zusammengetan; damit *ergänzten sie* die *Trainingsbereiche, die nicht in ihrem eigenen Katalog abgedeckt waren,* wie z. B. Computer-Schulungen, Technische Kompetenzen, Sprachen usw. Sie hatten genauso wichtige Partnerschaften mit Business Schools etabliert. Um ihre Ambitionen zu erreichen, mussten sie nun diese Aktivitäten weiter ausbauen.

*Eine gemeinsame Ausrichtung schaffen und kollektive Intelligenz fördern*

Diese neue Richtung machte es erforderlich, dass alle CrossKnowledge-Teammitglieder eine gemeinsame Ausrichtung hatten und sich kompetent aktiv einbrachten. Ebenso notwendig war es, eine originelle kollektive Intelligenz und generative Kollaboration zu fördern.

*Als die CrossKnowledge-Gründer ihren Erfolgszirkel entworfen hatten, brauchten sie kollektive Intelligenz und generative Kollaboration ihres Teams, um ihn zu verwirklichen.*

Erst als sich die vier Gründer im Klaren waren und kongruent untereinander, organisierten wir eine Veranstaltung mit allen 160 Mitarbeitern der Firma in einem großen Kongresszentrum. Zur Vorbereitung hatten die vier Gründer darüber diskutiert und ausgearbeitet, wie sie die aktualisierte Vision und Mission des Unternehmens kommunizieren wollten (s. *SFM Band 1,* S. 208 – 216).

Als einer der Facilitatoren dieser Veranstaltung führte ich alle Teilnehmer in eine einfache Form des COACH States und lud sie ein, darüber nachzudenken, warum sie sich entschieden hatten, für diese Firma zu arbeiten, und was ihnen dabei wichtig war. Danach präsentierte Michaël, der offizielle CEO, der Gruppe in einer aufrichtigen und prägnanten Ansprache die neu geklärte Vision und Mission. Die Gruppenmitglieder wurden ermuntert, herauszufinden, wo sie ihre tiefste Resonanz mit der Firmen-Vision und Mission erlebten.

Die Teilnehmer wurden in abteilungsübergreifende, 10 – 12-köpfige Gruppen unterteilt und um runde Tische herum gesetzt, jede wurde von einem Mitglied der Geschäftsleitung als Facilitator unterstützt. Alle 160 Personen wurden mit Papier und Malutensilien ausgestattet. Sie wurden eingeladen, ihr eigenes Bild zu malen, was die Vision für sie selbst als Individuum innerhalb ihrer Rolle in der Firma bedeutete. An den verschiedenen Tischen teilten und verglichen dann die Gruppenmitglieder ihre Zeichnungen miteinander, wobei sie auf Resonanz und Synergie im Hinblick auf ihre Wahrnehmung der Firmenvision und Mission achteten. (Dies ist eine Form des Mastermind-Ablaufs, den ich „Intervision" nenne und den wir später in diesem Kapitel detaillierter besprechen werden.)

Alle 160 Bilder wurden anschließend an Moderationswänden rund um den Konferenzraum aufgehängt, so dass das Team von den Bildern umgeben war, die die Präsentation der Firmenvision ausgelöst hatte. Es war wirklich ein sehr inspirierendes „Feld", und die kollektive Energie und die Motivation waren in der Gruppe sehr hoch.

Danach führte ich die die Begriffe der verschiedenen Erfolgsfaktorebenen ein – Vision, Mission, Ambition, Rolle, Werte, Überzeugungen, Fähigkeiten und Verhalten – sowie die Schritte, um die Vision in Aktion umzusetzen. Jede Person wurde gebeten, fünf Schlüsselworte zu wählen, um ihr eigenes Gefühl für die Mission oder ihren eigenen Beitrag zur Vision festzulegen, um dann das gleiche für die Ambition zu tun. Beides wurde wieder innerhalb der Gruppen miteinander geteilt, wobei wieder auf Resonanz und Synergie geachtet wurde. Jeder Tisch wurde dann gebeten, die gemeinsamen Elemente ihrer Missionen und Ambitionen in fünf Schlüsselworten zusammenzufassen. Die Facilitatoren von jedem Tisch teilten die Ergebnisse dann der größeren Gruppe mit.

Im nächsten Schritt wurde kollektiv die Überzeugung der Gruppe untersucht, ob die Vision, Missionen und Ambitionen erreicht werden können. Die Leute wurden gebeten, ehrlich mit sich selbst zu sein bei der Beurteilung, in wie weit diese sich entwickelnde Zukunft möglich war. Wenn jemand Zweifel hatte, wurden sie nicht in die Verlegenheit gebracht, diese zuzugeben oder zu erklären, warum sie sich unsicher waren. Eher wurden diejenigen als Mentoren oder Vorbilder eingeladen, die einer oder mehreren Aussagen einen hohen Stellenwert einräumten, um der Gruppe mitzuteilen, warum sie so zuversichtlich waren. Jedes Mal, wenn eine Person ihre Gründe für ihren Glauben an die Zukunft der Firma darlegte, schien sich der Vertrauensgrad im ganzen Raum, spürbar zu erhöhen und ein Feld der Energie und Begeisterung zu entstehen.

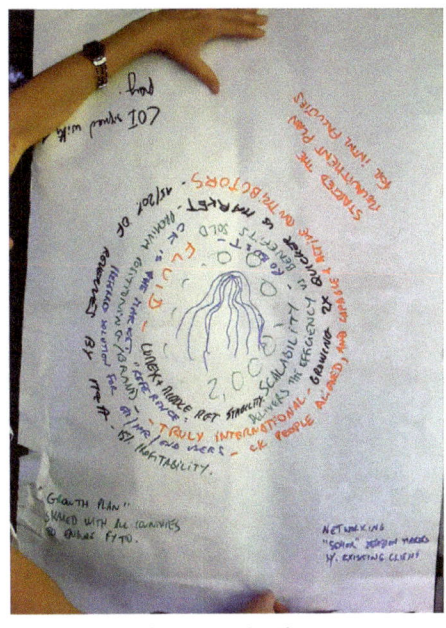

**Eine Fotografie der FlipChart aus einer der Arbeitssitzungen von CrossKnowledge zeigt das metaphorische Bild einer Wasserfallkaskade im Zentrum der Seite und die Beiträge der vier Gründer in verschiedenen Farben bezüglich der Ambitonen der Firma. Konkrete Verpflichtungen zum Handeln befinden sich in den vier Ecken.**

*Die CrossKnowledge-Gründer banden die Teammitglieder in die kraftvolle kollektive Visionsarbeit mit ein.*

*Unternehmergeist*

*Leidenschaft für Erstklassigkeit*

*"People first" – Menschen zuerst*

**Die Kernwerte von CrossKnowledge brachten das Team auf eine Linie und führten es durch die nächste Expansionsphase der Firma.**

Im letzten Teil der Veranstaltung verpflichtete sich jede der 160 Personen ihren Teammitgliedern an ihren Tischen gegenüber, welche konkreten Maßnahmen sie in den nächsten Tagen, Wochen und Monaten ergreifen würden, um der Zukunft der Firma mitzugestalten.

Die Veranstaltung markierte den Beginn eines neuen Kapitels für Cross-Knowledge. Noch einige Jahre später erinnerten sich die Leute, die dabei waren, daran; und die neuen Angestellten sollten von der Veranstaltung als von einem wichtigen Referenzerlebnis hören, wenn sie in die Firma und ihre Kultur eingeführt wurden.

### Eine neue Expansionsphase begleiten

Mit erneuerter Klarheit und Ausrichtung begab sich die Firma in eine neue Phase der Expansion und des Wachstums, wobei jede Person ihren Teil zur übergeordneten Vision und Mission beitrug, indem sie aus ihrem eigenen Gefühl für die Mission und Ambition handelte. „Wir sind eine Firma von *Unternehmern*", sagte Steve Fiehl über ihre geklärte Identität. „Wir organisieren uns selbst und handeln auf Basis der drei Kernwerte, die jeder in der Firma teilt: *1. Menschen zuerst, 2. Leidenschaft für Erstklassigkeit und 3. Unternehmergeist.*

„*Menschen zuerst* umfasst Werte über Kommunikation – die zwischenmenschlichen Werte", erklärt Steve. „Es ist wichtig, jeden zu respektieren. Das fördert Kommunikation zwischen den Menschen und schafft eine offene Umgebung." Die CrossKnowledge-Gründer ermutigten Teammitglieder ebenfalls, „eine positive Haltung an den Tag zu legen und das Beste an den Beteiligungen der anderen zu würdigen" sowie „selbstbewusste und Win-Win-Beziehungen zu bilden".

*Leidenschaft für Erstklassigkeit* erfordert „höchste Qualität anzustreben". „Gut ist nicht genug", sagt Steve. „Unsere stetige Intention ist, Lösungen zu entwickeln und vorzuschlagen, um messbaren und nachhaltigen Mehrwert für unsere Kunden zu erzeugen", erklärt er, „und um Feedback zu bitten, damit wir unsere Leistung verbessern. Wir lernen aus unseren Erfolgen und Misserfolgen, indem wir sie analysieren."

„Wir fördern *Unternehmergeist*, indem wir den Menschen Befugnisse geben", führt Steve weiter fort. „Wir sagen: ‚Erwarte nicht von uns, dass wir Dir sagen, was zu tun ist, denn wir wissen es nicht. '" Laut Steve ist „eine wesentliche Überzeugung, dass Menschen erlaubt ist, es selbst zu tun". Ein gutes Beispiel, welchen Einfluss dies auf das Team hatte, war die Integration des neuen sozialen Netzwerks Yammer in CrossKnowledges integriertes Lernumfeld. „Da war die Erkenntnis im Team, dass ‚wir das brauchen'", erklärt er. „Das Management organisierte nichts; es tauchte einfach auf."

Steve und die anderen Gründer erkannten auch, dass es schwierig würde, kollektive Intelligenz und Unternehmergeist aufrechtzuerhalten. Laut Steve:

> Wir unternehmen Schritte, damit die Leute Unternehmer bleiben. Eine entscheidende Frage ist: „Wie bleibt das ‚magische Gefühl' erhalten, während man wächst, und verliert nicht die Anfangsenergie?" Zu viele „Prozesse" treiben die Leute weg von der Vision. Die Menschen müssen befugt bleiben, für sich selbst zu denken, als Rebell zu handeln und Eigentumsrechte zu behalten.

> Anstatt viele Prozesse zu implementieren, haben wir die Organisation in Geschäftseinheiten unterteilt und dann auf die „DNA" von CrossKnowledge vertraut. Wir versuchen ebenfalls eine „Mythologie" zu schaffen; d. h. Geschichten, in denen Teammitglieder die wahren Helden sind. Zum Beispiel erfinden die Leute Dinge, die nicht von ihnen verlangt wurden, wie zum Beispiel die Einführung einer mobilen App.

Ein gutes Beispiel dafür war die Idee des 23 jährigen neuen Angestellten für eine „Fehler-Bank". Das hieß, zu Kunden und Teamkollegen zu gehen und zu sagen: „Ich möchte mit Ihnen darüber sprechen, wie ... (etwas, das nicht so wie erwartet gelaufen war)." In dem Dinge, die „scheiterten" oder nicht so erfolgreich verliefen, erkannt und anerkannt wurden, wurde es eher möglich „die Unterschiede, die den Unterschied ausmachen" zu ermitteln.

Kollektive Intelligenz und generative Kollaboration mit Kunden und Klienten zu pflegen, war immer schon Teil des Erfolges von CrossKnowledge, und das wurde kontinuierlich auf neue Art und Weise seit 2009 erhöht und ausgebaut. Steve Fiehl erklärt dazu:

> Wir sind gegen die traditionelle Art des E-Learning: d. h., dass wir alles wissen und alle Lösungen parat haben. Es ist für uns wichtig, [gegenüber Kunden] bescheiden aufzutreten, indem wir sagen: „Wir wissen es nicht."

> Die erste Grundlage für kollektive Intelligenz ist, ein Gefühl des Vertrauens mit seinen Klienten aufzubauen, dass „wir gemeinsam versuchen, irgendwohin zu gehen." Sie erleben uns niemals, dass wir ihnen etwas verkaufen wollen.

*Die CrossKnowledge-Teammitglieder wurden dazu befähigt und ermutigt „selbstständig zu denken, als Rebellen zu handeln und Eigenverantwortung zu behalten".*

*Die CrossKnowledge-Gründer förderten ebenfalls die kollektive Intelligenz und generative Kollabo-ration mit Ihren Kunden und Klienten.*

*Wie alle erfolgreichen Next Generation Unternehmen war CrossKnowledge besonders kundenorientiert.*

**CrossKnowledge schliesst seine Klienten in den Verbesserungsprozess seiner Dienstleistungen ein. So fördern sie kollektive Intelligenz. "Wir werden gemeinsam Lösungen finden, wir werden sie zusammen erfinden, wir lernen gemeinsam und verändern die Welt."**

Im Hinblick auf unsere Marketingleute betonen wir, dass wir unsere Kunden danach auswählen, wie sehr sie mit unserer Vision übereinstimmen. Wenn Menschen begeistert sind und Teil eines Traumes werden, erschaffen wir den Beginn neu. Vertriebsleute, die nur Verkaufsziele erreichen wollen, bekommen Klienten, die weniger loyal sind.

In *Band 1 dieser Reihe* (S. 196) wies ich darauf hin, dass unsere Forschung mit erfolgreichen Next Generation Entrepreneuren ergeben hat, dass sie besonders *kundenorientiert* sind und dass sie:

1. eine starke, dauerhafte Feedback-Schleife mit Kunden pflegen.
2. Strukturen und Infrastrukturen etablieren, die Austausch und gegenseitiges Feedback mit Kunden ermöglichen.
3. ihre Produkte und Dienstleistungen an kundenorientierten Werten anpassen.
4. Produkte und Dienstleistungen mit Kunden gemeinsam entwickeln, anstatt sie zu verkaufen.
5. sicherstellen, dass das ökonomische Wachstum des Unternehmens auf die Verbesserung der Qualität der Produkte und Dienstleistungen zurückzuführen ist gegenüber Marketing und Hype.
6. Kundenbedürfnisse und -wünsche in ihren Geschäftsentscheidungen und ihrer Managementpolitik berücksichtigen.

CrossKnowledge ist offensichtlich ein hervorragendes Beispiel dafür, was es bedeutet besonders kundenorientiert zu sein. Laut Steve Fiehl:

*Wir unternehmen Schritte, soziales Lernen oder kollektives Lernen mit unseren Kunden zu fördern; d. h., dass „wir gemeinsam einen Weg finden"; „wir werden es gemeinsam erfinden"; „wir lernen voneinander und wir verändern die Welt". Wir fühlen uns stolz und sind begeistert, etwas Neues gemeinsam zu erschaffen.*

*Wir tun das auf vielerlei Weise. Zum Beispiel gibt es alle drei Monate eine Besprechung ausgehend von Klienten, in der sie untersuchen: „Was haben wir über E-Learning von CrossKnowledge gelernt?"*

*Ebenso haben wir die CrossKnowledge-Akademie gegründet, in der wir unseren Kunden kostenfreie Trainings geben. Es gibt ein kostenfreies Seminar, um gemeinsam Dinge zu verändern. Wenn wir etwas zurückgeben, werden sie neue Dinge mit uns erfinden wollen.*

Die Schritte, die von den vier Gründern von CrossKnowledge unternommen wurden, führten zu einem anhaltenden Erfolgsweg. Bis 2014 war die Firma auf mehr als 200 Angestellte angewachsen mit einem Umsatz von 37 Millionen US Dollar und 5 Millionen Anwendern (die zum Zeitpunkt des Schreibens auf 8 Millionen angewachsen sind) in über 80 Ländern. Sie wurde von dem Verlagsgiganten Wiley im April 2014 für 175 Millionen US Dollar in bar übernommen und machte jeden der vier Gründer zu Multimillionären.

## Überlegungen zu CrossKnowledges Erfolgszirkel

CrossKnowledges Erfolgsstory veranschaulicht deutlich die Bedeutung kollektiver Intelligenz und generativer Kollaboration, um einen effektiven Erfolgszirkel zu entwickeln; angefangen mit den Interaktionen zwischen den Gründern untereinander. Die vier CrossKnowledge-Gründer bildeten eine sehr heterogene Personengruppe im Alter von 23 bis 52 Jahren, als sie die Firma gründeten. Jedoch verband sie eine gemeinsame und unerschütterliche Leidenschaft für Management und Persönlichkeitsentwicklung, die sich in der grundlegenden Vision „für ein besseres Leben lernen" ausdrückte und in der Mission „eine massive Verbesserung im Leben der Menschen weltweit durch E-Learning und Online-Bildung in Führung und Management-Kompetenzen".

*Der Erfolg von CrossKnowledge veranschaulicht deutlich die Bedeutung kollektiver Intelligenz und generativer Kollaboration um einen effektiven Erfolgszirkel zu entwickeln.*

Es ist interessant, dass die CrossKnowledge-Gründer, obwohl sie den SFM Erfolgszirkel nicht bewusst kannten, sich intuitiv auf jeden der wesentlichen Quadranten konzentrierten. Michaël, der jüngste der vier, begann seine Karriere in einer großen, bekannten Beratungsgesellschaft. Als CEO und COO, konzentrierte Michaël seine Aufmerksamkeit auf das Geschäftswachstum und die Wertschöpfung für die Stakeholder durch strategische Allianzen und internationale Entwicklungen. Steve, dessen Werdegang im maßgeschneiderten Verlagswesen lag, übernahm die Verantwortung für Innovationen, indem er ein Forschungs- und Entwicklungs-Team für Training und Technologie anführte. Pascal, der ehemalige Vertriebsdirektor bei Procter & Gamble Frankreich, konzentrierte sich darauf, Interesse und Umsatz bei Kunden zu erzeugen, und das Vertriebs- und Service-Team zu managen. Hervé, der älteste der Gründer, war Personalleiter bei mehreren großen Firmen. Sein Fokus lag darauf, sein umfangreiches Netzwerk an Verbindungen wirksam einzusetzen, um Partnerschaften und andere Win-Win-Beziehungen aufzubauen.

*Die Interaktionen zwischen den CrossKnowledge-Gründern zeigt ein intuitives Verständnis, wie die notwendigen, sich ergänzenden Denkweisen zusammengebracht und synergetisch genutzt werden, um ein erfolgreiches Unternehmen aufzubauen.*

# CrossKnowledges Erfolgszirkel

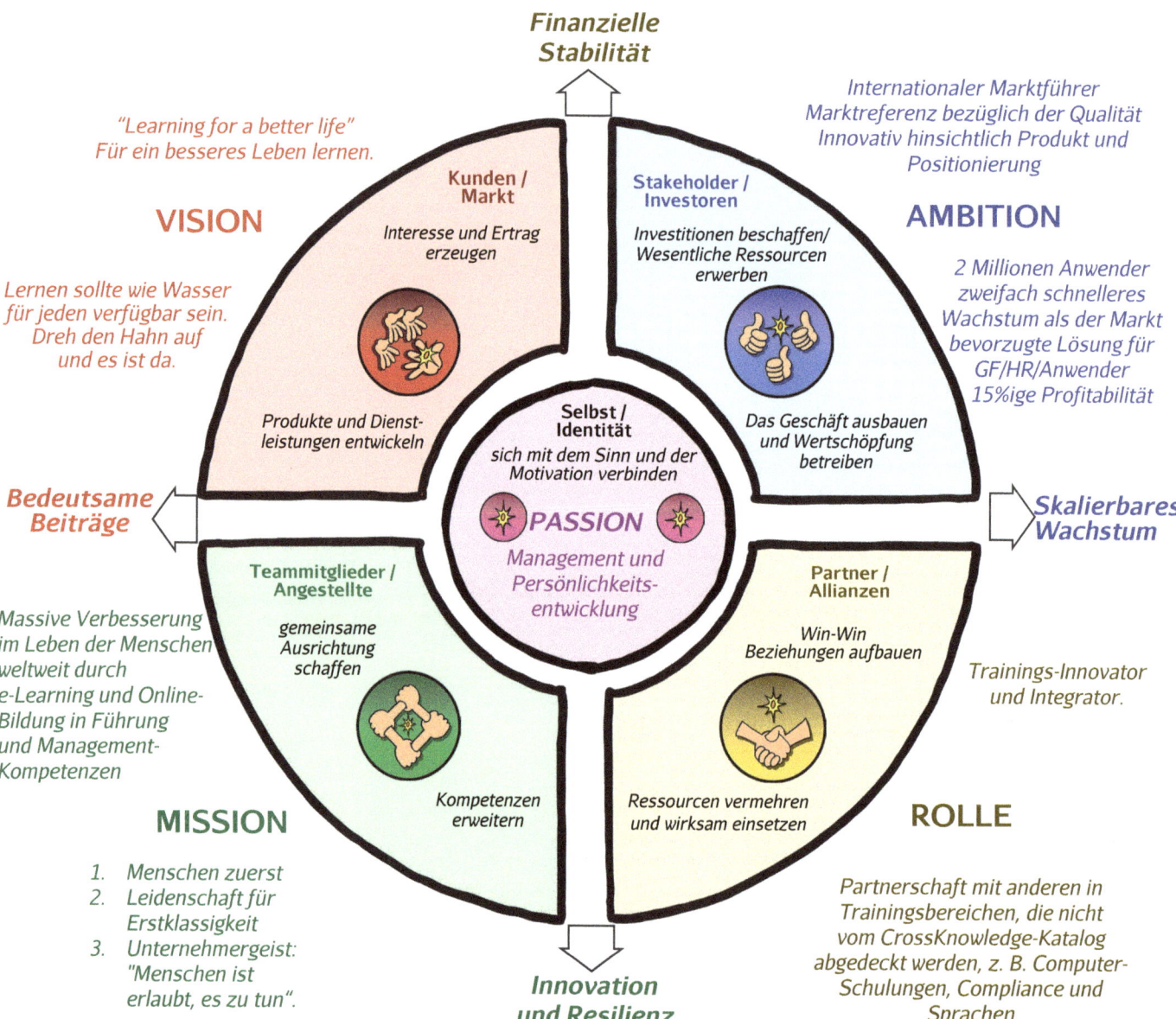

**Finanzielle Stabilität**

*"Learning for a better life"
Für ein besseres Leben lernen.*

**VISION**

*Lernen sollte wie Wasser
für jeden verfügbar sein.
Dreh den Hahn auf
und es ist da.*

**Kunden / Markt**

Interesse und Ertrag
erzeugen

Produkte und Dienst-
leistungen entwickeln

**Stakeholder / Investoren**

Investitionen beschaffen/
Wesentliche Ressourcen
erwerben

Das Geschäft ausbauen
und Wertschöpfung
betreiben

**AMBITION**

*Internationaler Marktführer
Marktreferenz bezüglich der Qualität
Innovativ hinsichtlich Produkt und
Positionierung*

*2 Millionen Anwender
zweifach schnelleres
Wachstum als der Markt
bevorzugte Lösung für
GF/HR/Anwender
15%ige Profitabilität*

**Selbst / Identität**

sich mit dem Sinn und der
Motivation verbinden

**PASSION**

Management und
Persönlichkeits-
entwicklung

**Bedeutsame Beiträge**

**Skalierbares Wachstum**

**Teammitglieder / Angestellte**

gemeinsame
Ausrichtung
schaffen

Kompetenzen
erweitern

*Massive Verbesserung
im Leben der Menschen
weltweit durch
e-Learning und Online-
Bildung in Führung
und Management-
Kompetenzen*

**Partner / Allianzen**

Win-Win
Beziehungen aufbauen

Ressourcen vermehren
und wirksam einsetzen

*Trainings-Innovator
und Integrator.*

**MISSION**

1. Menschen zuerst
2. Leidenschaft für
   Erstklassigkeit
3. Unternehmergeist:
   "Menschen ist
   erlaubt, es zu tun".

**ROLLE**

*Partnerschaft mit anderen in
Trainingsbereichen, die nicht
vom CrossKnowledge-Katalog
abgedeckt werden, z. B. Computer-
Schulungen, Compliance und
Sprachen*

**Innovation und Resilienz**

# CROSSKNOWLEDGES ERFOLGSZIRKEL

**VISION**
**Kunden / Markt**

* FÜR EIN BESSERES LEBEN LERNEN

* LERNEN SOLLTE WIE WASSER FÜR JEDEN VERFÜGBAR SEIN. DREH DEN HAHN AUF UND ES IST DA.

**AMBITION**
**Stakeholder / Investoren**

* INTERNATIONALER MARKTFÜHRER
* MARKTREFERENZ HINSICHTLICH DER QUALITÄT
* INNOVATIV HINSICHTLICH PRODUKT UND POSITIONIERUNG

* 2,000,000 ANWENDER
* ZWEIFACH SCHNELLERES WACHSTUM ALS DER MARKT
* BEVORZUGTE LÖSUNG FÜR GF/ HR/ANWENDER
* 15% PROFITABILITÄT

**MISSION**
**Teammitglieder / Angestellte**

* MASSIVE VERBESSERUNG IM LEBEN DER MENSCHEN WELTWEIT DURCH E-LEARNING UND ONLINE-BILDUNG IN FÜHRUNG UND MANAGEMENT-KOMPETENZEN.

1. MENSCHEN ZUERST
2. LEIDENSCHAFT FÜR ERSTKLASSIGKEIT
3. UNTERNEHMERGEIST: "MENSCHEN IST ERLAUBT, ES ZU TUN".

**PASSION:**
MANAGEMENT UND PERSÖNLICHKEITSENTWICKLUNG

**ROLLE**
**Partner / Allianzen**

* TRAININGS- INNOVATOR UND INTEGRATOR

* PARTNERSCHAFT MIT ANDEREN IN TRAININGS-BEREICHEN, DIE NICHT VOM CROSSKNOWLEDGE-KATALOG ABGEDECKT WERDEN, Z. B. COMPUTER-SCHULUNGEN, COMPLIANCE UND SPRACHEN.

Die Bereitschaft der vier Gründer, die Prinzipien kollektiver Intelligenz und des Success Factor Modeling in Bezug auf ihre Interaktionen einzusetzen, ist ein eindrucksvolles Beispiel, wie sie ihre eigene Passion für Management und Persönlichkeitsentwicklung und ihre Vision „für ein besseres Leben lernen" auf sich selbst als Team angewandt haben. Jeder Schritt auf ihrem Erfolgsweg, der nicht immer leicht war, bestand aus wirklicher generativer Kollaboration.

Die Gründer strebten absichtlich und aktiv danach, kollektive Intelligenz und generative Kollaboration (d. h. Resonanz, Synergie und Emergenz) mit Ihren Teammitgliedern und Kunden, und zwischen Teammitgliedern und Kunden zu pflegen. Offensichtlich betrachteten sie sowohl ihre Teammitglieder als auch ihre Kunden als „Holons" – d. h. als kreative, unabhängig denkende und handelnde Individuen, die gleichzeitig an einem größeren Ganzen beteiligt sind, wenn es eine gemeinsame Vision gibt. In diesem Geist arbeiteten die CrossKnowledge-Gründer, um ihre eigenen speziellen Kollaborations-Katalysatoren mit ihren Teammitgliedern und Kunden zu entwickeln (wie z. B. die CrossKnowledge-Akademie). Die CrossKnowledge Kernwerte Menschen zuerst, Leidenschaft für Erstklassigkeit und Unternehmergeist schufen eine gemeinsame Ausrichtung, regten zum unternehmerischen Handeln an und unterstützten die Entwicklung kollektiver Intelligenz und generativer Kollaboration unter den Teamkollegen. Der konstante Kontakt mit Klienten und Kunden schuf bei den Teammitgliedern einen starken Sinn für die „Aufgabensignifikanz". Die laufenden Prozesse des Benchmarkings von kollektiven Standards und des Brainstormings über vorstellbare Möglichkeiten mit ihren Kunden halfen das Team auszurichten und auf Kundenbedürfnisse angepasste Produkt mitzugestalten, was zu neuen Ideen und weiseren Entscheidungen führte.

> *Ein wesentlicher Faktor für den Erfolg von CrossKnowledge hing mit der Fähigkeit der Gründer zusammen, Synergien zwischen ihren Teammitgliedern, ihren Kunden, sich selbst und ihren Partnern zu schaffen.*

Der konstante Austausch von Best Practices und generativer Kollaboration – auf Veranstaltungen wie der zuvor beschriebenen „Kick-off Veranstaltung" und die fortlaufende Einführung der Werte Menschen Zuerst, Leidenschaft für Erstklassigkeit und Unternehmergeist – führten zu kreativen Lösungen und gesteigerter Leistung.

Mit allen Maßnahmen ist der Erfolg von CrossKnowledge ein Zeugnis für die Macht kollektiver Intelligenz und generativer Kollaboration.

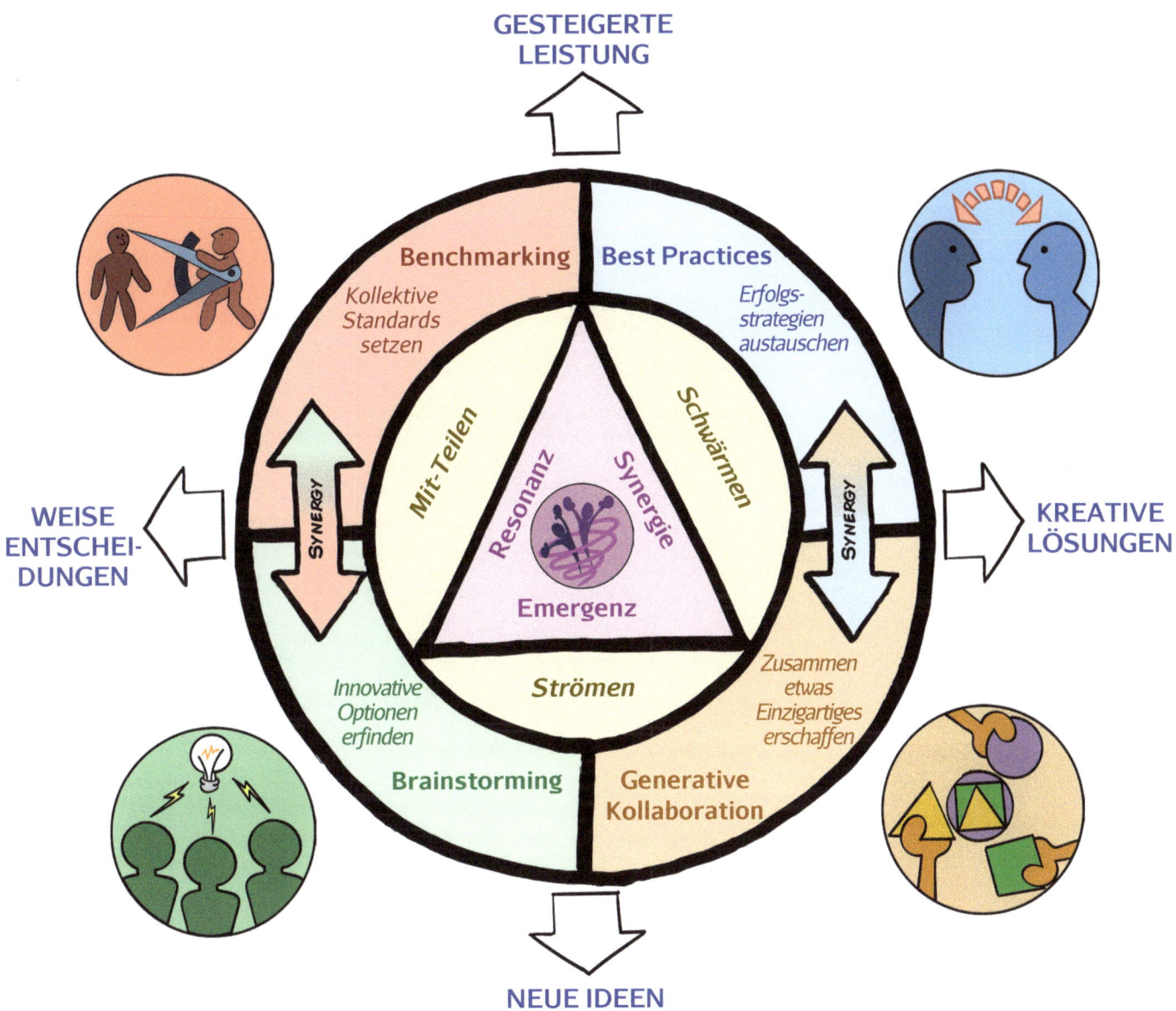

GESTEIGERTE
LEISTUNG

Benchmarking

Kollektive
Standards
setzen

Best Practices

Erfolgs-
strategien
austauschen

Mit-Teilen

Schwärmen

Resonanz

Synergie

SYNERGY

SYNERGY

Emergenz

Strömen

WEISE
ENTSCHEI-
DUNGEN

KREATIVE
LÖSUNGEN

Innovative
Optionen
erfinden

Zusammen
etwas
Einzigartiges
erschaffen

Brainstorming

Generative
Kollaboration

NEUE IDEEN

CrossKnowledges fortwährender Einsatz von Kollaborations-Katalystoren schufen Synergien zwischen
Benchmarking und Brainstorming sowie zwischen Best Practices und Generativer Kollaboration.

## Die Dynamiken des generativen Wandels

*Generative Kollaboration ist ein Ausdruck des Prinzips des generativen Wandels.*

Krisenzeiten, Wachstum und Transformation in unseren Unternehmen und in unseren Leben werden für gewöhnlich von der Notwendigkeit eines „generativen" Wandels begleitet anstatt der üblichen inkrementellen Veränderungen. Um *generativen Wandel* zu erreichen, müssen unsere mentalen Landkarten darüber, wer wir sind und was in der Welt möglich ist, weiter werden, und wir müssen alte Limitationen auf komplett neue Weise begreifen. Dies erfordert, dass wir unsere alte Denkweise durchbrechen und „über den Tellerrand hinaussehen", um etwas „komplett Neues" zu erschaffen. Solch ein generativer Wandel muss unser bisheriges Wissen und Bewusstsein „einschließen und transzendieren".

*Generativer Wandel* bedeutet Veränderungen in den „tiefen Strukturen" im Gegensatz zu den bloßen Modifikationen an der Oberfläche. Wahre Generativität erfordert einen Zusammenbruch der gegenwärtigen, bereits vorhandenen Strukturen, die überholt und allzu rigide sind. Natürlich ergibt sich aus diesem Zusammenbruch zunächst ein Zustand, der ein gewisses Maß an Chaos und Unsicherheit aufweist. Wenn wir jedoch zentriert bleiben (also in uns ruhen) können und sowohl verbunden mit unseren Ressourcen als auch auf unsere größere Vision von dem, was möglich ist, fokussiert bleiben, können wir einen generativen Zustand der Expansion und Reorganisation erreichen; wie wir es im Fall von CrossKnowledge gesehen haben.

Mein Kollege Stephen Gilligan und ich haben in den letzten zwei Jahrzehnten die Dynamiken des generativen Wandels bei Menschen und Organisationen studiert. Diese Forschung brachte uns dazu, Programme über generativen Wandel zu entwickeln, darunter Generatives Coaching, Generative Führung und natürlich Generative Kollaboration und noch weitere. Unsere beiderseitige Leidenschaft generativen Wandel zu fördern, resultierte in unserer Gründung der Internationalen Gesellschaft für Generativen Wandel (International Association for Generative Change, IACG – http://www.generative-change.com).

**IAGC Logo**

Stephen und ich fassen die grundlegenden Prozesse, um generativen Wandel zu ermöglichen, in folgenden fünf Schritten zusammen:

1. Lege eine Absicht oder Intention fest
   (d. h. eine Vision oder Richtung)
2. Entwickle einen generativen Leistungszustand
3. Nimm unterschiedliche Perspektiven ein, um Ziele und Maßnahmen festzulegen
4. Nimm unterschiedliche Perspektiven ein, um Hindernisse kreativ zu verwandeln
5. Etabliere fortlaufende Praktiken für kontinuierliche Kreativität

Das Fallbeispiel von CrossKnowledge bietet eine gute Veranschaulichung, wie diese Schritte funktionieren, um generativen Wandel herzustellen.

1. Die Gründer legten eine Intention in Form einer klaren, gemeinsamen Vision fest, die ihnen und ihrer Firma die Richtung vorgab.
2. Danach unternahmen sie Schritte, um kreatives Denken bei sich selbst, ihren Teammitgliedern und ihren Kunden zu stärken.
3. Sie richteten Veranstaltungen und Infrastrukturen ein, die es ihnen ermöglichten, unterschiedliche Perspektiven zusammenzubringen – d. h. ihre eigenen als Gründer, die ihres Teams, die ihrer Kunden und die ihrer Partner – um Ziele und Maßnahmen, mit denen ihre Vision erreicht werden sollte.
4. Genauso nahmen sie unterschiedliche Perspektiven ein, um aktiv und kreativ Hindernisse zu verwandeln, indem sie ihre „Fehler" als wichtige Lernchancen ansahen. Die Einrichtung einer „Fehler-Bank" ist dafür ein gutes Beispiel.
5. Sie etablierten proaktiv fortlaufende Praktiken für kontinuierliche Kreativität, wie die CrossKnowledge-Akademie und ihre vierteljährlichen kollektiven Lerntagungen mit ihren Kunden.

Jeder Schritt im Prozess des generativen Wandels kann durch vielfältige Kollaborations-Katalysatoren unterstützt werden. Im weiteren Verlauf des Buches werden wir eine Reihe dieser Kollaborations-Katalysatoren näher betrachten.

Üben

Hindernisse verwandeln

Vielfältige Perspektiven einnehmen

Einen generativen Zustand entwickeln

Eine Intention festlegen

**Schritte des Generativen Wandels.**

*Der erleuchtende Gedankenblitz erzeugt im einsamen Verstand erweckt sein Ebenbild im Verstand anderer.*

**Thomas Carlyle**

*Generative Kollaboration resultiert aus dem Gefühl der Verbundenheit und der Fähigkeit, sich ergänzende Kompetenzen und Ressourcen zu erkennen und einzusetzen und neue Möglichkeiten zu erkunden, die bei Interaktionen mit Kollaboratoren auftreten können.*

## Die Grundlagen generativer Kollaboration

Wie ich im vorigen Kapitel gezeigt habe, sind kollektive Intelligenz und generative Kollaboration abhängig von Resonanz, Synergie und Emergenz. Im Rahmen einer Gruppeninteraktion können diese Eigenschaften verstärkt werden, indem wenige einfache, praktische Fragen untersucht werden:

- **Resonanz**
  *Was ist dasselbe? Womit sind wir verbunden?*
- **Synergie**
  *Worin unterscheiden wir uns?*
  *Wie können sich diese Unterschiede ergänzen?*
- **Emergenz**
  *Was wird noch möglich?*
  *Welches Neue kann durch unsere Interaktion entstehen?*

Sich Zeit zu nehmen, um über diese Fragen nachzudenken, kann dazu dienen, beide Bereiche der grundlegenden und der generativen Kollaboration zu offenbaren und/oder zu stärken. Es kann helfen, das Gefühl der Verbundenheit zu steigern, sich ergänzende Kompetenzen und Ressourcen zu ermitteln und einzusetzen sowie neue Möglichkeiten zu erkunden, die Sie und Ihre Kollaboratoren von Ihren Interaktionen haben.

Es gibt einen sehr aufschlussreichen und inspirierenden Ausschnitt aus einem Musikvideo, das ich gern in meinen Coachingsitzungen, Workshops und Seminaren als Analogie und als Beispiel zeige, dass das Phänomen der Synergie, die generative Kollaboration und das generative „Feld" ganz wunderbar veranschaulicht. Das Video ist ein Ausschnitt aus dem Konzertmitschnitt des New Age Musikers Yanni auf der Akropolis in Athen, Griechenland. Der Ausschnitt zeigt eine kurze Improvisation der beiden Geiger: Karen Briggs – eine Afroamerikanische Jazzmusikerin – und Shardad Rohanian, der iranischer Abstammung und als klassischer Violinist ausgebildet ist.

Obwohl die beiden offensichtlich in vielerlei Hinsicht sehr verschieden sind – in Geschlecht, Ausbildung, Stil, kultureller Herkunft usw. – können sie diese Unterschiede in generative Komplementaritäten verwandeln, die eine innovative und unterhaltsame Performance erzeugt. Während ihrer Interaktion erhalten sie ihre Einzigartigkeit und Kreativität als Einzelpersonen und gleichzeitig spielen sie als ein integriertes Holon. Gehalten und geleitet durch das größere musikalische Feld, das vom Orchester erzeugt wird, spielen die beiden Geiger abwechselnd ihr Improvisationsduett. Während sie spielen wird offensichtlich, dass es einen positiven und kreativen Rapport zwischen Ihnen gibt, der sich in der körperlichen Begeisterung und Spielfreude zeigt, die sie mit ihren Körpern ausdrücken, während sie spielen und einander zuhören. Als Teil ihres Austausches bauen sie musikalische Ideen und Melodien ein, die sie gerade voneinander gehört haben, und setzen diese Ideen in neue und kreative Richtungen fort.

**Die Improvisation des Duetts der beiden Geiger auf der DVD *Yanni live at the Akropolis* (1994) ist ein inspirierendes Beispiel generativer Kollaboration.**

Am Ende bleibt eine inspirierende Performance, wobei jeder Musiker offensichtlich sein Bestes von sich gegeben hat und sie sich einander emporgehoben haben, indem sie Dinge spielten, die ihnen wohl niemals in den Kopf gekommen wären, hätten sie nur für sich selbst gespielt. Es ist genauso klar, dass das Ergebnis nicht nur eine Konsequenz ihrer offensichtlich großen Talente im Umgang mit ihren Instrumenten war. Es ist abhängig von dem generativen Feld, das von beiden und dem Orchester aus den Prinzipien der Resonanz, Synergie und Emergenz gebildet wird.

In den folgenden Abschnitten werden wir einige Kollaborations-Katalysatoren erkunden, die notwendig sind, um diese Art des „generativen Feldes" innerhalb von Gruppen oder Teams zu erzeugen und anzuwenden. Im vorherigen Kapitel habe ich die Schlüssel-Kollaborations-Katalysatoren wie die *Erzeugung eines COACH Containers* und das *Festlegen der Intention* vorgestellt. Diese beiden Katalysatoren bilden die Grundlage für den ersten Schritt im Prozess des generativen Wandels. Ein weiterer Kollaborations-Katalysator handelt von der *Entwicklung eines „generativen Leistungszustandes".*

## SFM Kollaborations-Katalysator:
## Entwicklung eines generativen Leistungszustandes

*Die Entwicklung eines generativen Leistungszustandes ist eine wichtige Bedingung, um generative Kollaboration zu erzeugen.*

*Ein generativer Leistungszustand entsteht, wenn jedes Gruppenmitglied auf die gemeinsame Intention fokussiert und in sich zentriert ist sowie ein Gefühl der Verbundenheit mit dem größeren „Feld" positiver Ressourcen hat, das sie umgibt.*

Ein *generativer Zustand* entsteht, wenn man den COACH State einnimmt und die – wie mein Kollege Stephen Gilligan und ich sie bei unserer Arbeit zum generativen Wandel nennen – „drei positiven Verbindungen" einschließt. Diese beinhalten eine dauerhafte, subjektiv gefühlte Verbindung mit:

1. Der Intention (oder Vision)
2. Dem persönlichen „Flowzustand", der aus der gefühlten Verbindung von sich selbst (dem somatischen Zentrum) zu seiner eigenen Exzellenz hervorgeht
3. Dem Potenzial und den Möglichkeiten, die aus der Verbindung mit dem umgebenden „Feld" der positiven Ressourcen entsteht.

In einer Gruppe erzeugt die Verbindung zu einer gemeinsamen Intention Resonanz zwischen den Gruppenmitgliedern. Die Verbindung jedes Gruppenmitglieds zu seinem oder ihrem Flowzustand und sich selbst als einzigartiges, kreatives Wesen erzeugt die Möglichkeit der Synergie mit anderen in der Gruppe. Die Verbindungen zum Feld der positiven Ressourcen schafft das Potenzial für die Emergenz von etwas Neuem und Unvorhersagbaren.

Bei meinem vorigen Beispiel von den beiden Musikern ist ihre gemeinsame Absicht, ihrem Publikum eine innovative und unterhaltsame Performance darzubieten, während sie selbst Spaß dabei haben und einander unterstützen. Ebenso deutlich können die beiden ihren eigenen Flowzustand mit ihrer einzigartigen, individuellen Bestleistung verbinden. Die Unterstützung des Orchesters bietet ihnen ein größeres Feld, in dem sie so spielen, dass Potenzial und Möglichkeiten geschaffen werden, damit etwas Neues entsteht. Die Kombination dieser drei Dinge zusammen erzeugt einen generativen Leistungszustand.

Um den Eintritt in einen generativen Leistungszustand als Gruppe zu üben, durchlaufen Sie die folgenden Schritte:

1. Beginnen Sie mit der Bildung eines COACH Containers wie in Kapitel 1 (S.74-75) beschrieben. Sobald jedes Gruppenmitglied seine oder ihre volle Präsenz im COACH State spürt, sagt er oder sie laut zu den anderen: „Ich bin hier" oder „ich bin bereit."

2. Die Gruppenmitglieder richten ihre Aufmerksamkeit auf eine gemeinsame Intention für die generative Kollaboration. Die Gruppenmitglieder können einfache, prägnante Aussagen, Bilder oder somatische Ausdrücke oder Gesten mitteilen, die diese Intention repräsentieren, bis jede/r eine starke Verbundenheit mit diesem zukünftigen Referenzpunkt spürt. Dies sollten den Fokus und die Resonanz in die Gruppe bringen.

3. Danach richtet jedes Gruppenmitglied seine oder ihre Aufmerksamkeit auf ihre Erfahrung ihres einzigartigen somatischen Zentrums (das „C" im COACH State) und ihrer eigenen, individuellen Bestleistung. Oft hilft es den Gruppenmitgliedern, sich an Erfahrungen in Situationen zu erinnern, als sie sich im „Flow" gefühlt haben – ein Zustand, in dem sie fähig waren, sich selbst und ihre Bestleistung kongruenter und ungehindert auszudrücken. Dabei können sie sich wieder jede einfache, prägnante Aussage, Bilder, somatische Ausdrücke oder Gesten mitteilen, die ihr Gefühl für ihre individuelle Bestleistung darstellt. Damit wird die Möglichkeit geschaffen, dass die Gruppenmitglieder ihre einzigartigen Ideen und Bestleistungen mit einander ergänzen und Synergien schaffen.

4. Danach erweitern die Gruppenmitglieder ihre Aufmerksamkeit, um die anderen Gruppenmitglieder und das „Feld" untereinander wahrzunehmen. Wenn die Gruppe den Kollaborations-Katalysator „Pflege eines Feldes des Co-Sponsorings" durchlaufen hat, kann es hilfreich sein, sich zu erinnern, was sie beieinander gesehen und gefühlt haben, das sie mochten. Es kann genauso nützlich für die Gruppenmitglieder sein, sich innerlich an Menschen (Lehrer, Sponsoren, Freunde), Dinge, Orte oder andere Präsenzen zu erinnern, die sie in ein Gefühl der Zuversicht und des Ideenreichtums versetzen; und in das Gefühl, Teil eines größeren Holons zu sein.

5. Unter Beibehaltung des COACH State öffnen die Gruppenmitglieder dann ihren Bewusstseinsfokus um gleichzeitig alle drei positiven Verbindungen einzuschließen

   – ihre gemeinsame Intention
   – ihren persönlichen Flow-Zustand und die Verbindung zu ihrer individuellen Bestleistung
   – dem größeren Feld oder Holon, von dem sie ein Teil sind.

6. Jedes Gruppenmitglied sollte beginnen, die generative Kraft und das ideenreiche Fließen auf sich zu und durch sich hindurch zu spüren, das von diesen Verbindungen einzeln und zusammen ausgeht. Es kann den Gruppenmitgliedern helfen, diesen Zustand zu „ankern", indem jede/r ein Symbol, eine somatische Geste oder eine Bewegung findet.

Ähnlich wie die Schwingung der sandbefüllten Metallplatte den Sand in zunehmend komplexere Formen überführt, fördert ein generativer Leistungszustand ein größeres Vorstellungsvermögen unter den Gruppenmitgliedern.

Wenn die Gruppe eine Intention festgelegt hat und in einen generativen Leistungszustand eingetreten ist, kann sie beginnen, diesen Zustand zu nutzen, indem sie die vielfältigen Perspektiven der Gruppenmitglieder einnimmt und daraus mögliche Ziele und Maßnahmen erkennt. Dazu kann der Kollaborations-Katalysator, den ich „Intervision" nenne, genutzt werden; er entspricht einem grundlegenden Mastermind-Ablauf.

**Ähnlich wie die Schwingung der sand-be-füllten Metallplatte den Sand in zuneh-mend komplexere Formen über-führt, fördert ein generativer Leistungs-zu-stand ein größeres Vorstellungs-ver-mögen unter den Gruppenmitgliedern.**

## SFM Kollaborations-Katalysator:
## Vielfältige Perspektiven einnehmen, um Synergie
## durch "Intervision" zu fördern

*Eine wichtige Quelle kollektiver Intelligenz und generativer Kollabo-ration geht aus der Tatsache hervor, dass Menschen verschiedene Land-karten und Modelle der Welt, unter-schiedliche Werdegänge und ver-schiedene Fähigkeiten haben.*

*Der Ablauf der Intervision geht davon aus, dass Gruppenmitglieder Gleichgestellte sind und dass es nicht nur eine einzige korrekte Ansicht über die Situation gibt. Sondern eher, dass jede Sichtweise einer Person wichtig ist und etwas zu dem gesamten Vorhaben beiträgt.*

*Die Art und Weise, wie ein Mensch eine bestimmte Vision oder Idee darstellt kann automatisch helfen, die Wahrnehmung der anderen zu fördern und zu bereichern.*

Wie ich schon erklärt habe, geht es bei der Denkweise der generativen Kollaboration nicht darum zu streiten, wer „das größere Stück vom Kuchen bekommt", sondern eher darum, wie man den gesamten Kuchen durch synergetische Beziehungen und Kooperationen größer machen kann. Der Schlüssel zum Erfolg ist Konnektivität. Erfolgreiche Unternehmer sind in der Lage zu sagen: *„Dies ist meine Zukunft. Können Sie etwas dazu beitragen?"* und dann zu fragen: *„Was ist Ihre Vision, zu der ich etwas beitragen kann?"*

Eine gute Quelle für kollektive Intelligenz und generative Kollaboration geht daraus hervor, dass Menschen verschiedene Landkarten und Modelle der Welt, unterschiedliche Werdegänge oder Fähigkeiten haben. Wenn sich diese Unterschiede ergänzen, bilden sie die Grundlage für generative Interaktionen, durch die etwas Neues entstehen kann. Die Intervision habe ich in den frühen 1990er Jahren entwickelt, um mögliche Synergien und konstruktive Überlappungen zwischen den verschiedenen Visionen, Missionen, Ambitionen, Projekten und Unternehmen der Menschen zu entdecken und die Emergenz potenzieller Kollaborationen zu fördern. Verschiedene Formen der Intervision gehören ebenfalls zur Grundlage des Mastermind-Prozesses.

Intervision kann als Gegenteil zu der Supervision aufgefasst werden. In der „Supervision" gibt es eine implizierte hierarchische Beziehung zwischen den Menschen; der Supervisor hat die ‚richtige Landkarte' für die andere Person. In der „Intervision" wird vorausgesetzt, dass die Menschen gleichrangig sind und dass es nicht die eine richtige Landkarte gibt; eher, dass die Sichtweise jeder Person wichtig ist und etwas zu dem gesamten Vorhaben beiträgt.

Neben der Annahme, dass die Menschen gleichrangig sind, ergibt sich noch eine wichtige Auswirkung durch die Bezeichnung „Vision." In der Tat hat der Intervisions-Ablauf das Ziel, zu visuellen und symbolischen Denkstrategien innerhalb der Gruppe zu ermutigen, so dass in diesem Rahmen neue Sichtweisen entstehen können.

Damit wird der Nutzen einer Intervision im Wesentlichen davon beeinflusst, wie wir unsere Ideen und Visionen darstellen und entwerfen. Selbst die Art, wie eine Person eine bestimmte Vision oder Idee darstellt, kann helfen, die Wahrnehmung der anderen anzuregen und zu erweitern. Deshalb wird die Intervision am besten in Gruppen von mindestens vier Personen durchgeführt, um genügend Vielfalt zu erreichen.

Ein weiteres wichtiges Ziel der Intervision ist, dass jedes Gruppenmitglied von den Visionen und Ideen der anderen inspiriert wird. Dies erfordert, aus seinem ganzem Wesen heraus zuzuhören und das kreative Unbewusste einzusetzen, anstatt nur seinen kognitiven Verstand zu gebrauchen. Und wieder gilt, was mein Freund und Kollege Richard Moss sagte: „Das größte Geschenk, dass du einer anderen Person machen kannst, ist die Qualität deiner Aufmerksamkeit." Deshalb beginnt jede Intervisions-Sitzung immer zuerst mit der Anwendung eines Kollaborations-Katalysators, wie dem COACH Container, Pflege eines Feldes des Co-Sponsorings oder Entwicklung eines generativen Leistungszustandes. Dies etabliert ein starkes Gefühl der Resonanz und Verbundenheit zwischen den an der Intervision beteiligten Personen und verbessert die Möglichkeit zu Synergie und Emergenz.

*Ein wichtiges Ziel der Intervision ist, dass jedes Gruppenmitglied von den Visionen und Ideen der anderen inspiriert wird.*

In dem Erfolgsfaktor-Fallbeispiel von CrossKnowledge beschrieb ich beispielsweise die Anwendung eines Intervisions-Ablaufs während der entscheidenden Veranstaltung, deren Zweck es war, Übereinstimmung und Begeisterung zu schaffen und kollektive Intelligenz im Hinblick auf die neue Richtung der Firma zu schaffen. Die Angestellten der Firma wurden in abteilungsübergreifende Gruppen von 10 -12 Personen eingeteilt und um runde Tische gesetzt, jede wurde durch ein Mitglied der Geschäftsführung angeleitet. Alle 160 Personen wurden mit Papier und Malutensilien ausgestattet und eingeladen, ihr Bild zu zeichnen, was die Firmenvision, die vom Geschäftsführer zuvor präsentiert worden war, für ihn oder sie als Individuum innerhalb der Rolle in der Firma bedeutete. Die Gruppenmitglieder an den verschiedenen Tischen teilten und verglichen dann ihre Zeichnungen, wobei sie auf Resonanz und Synergie hinsichtlich ihrer Wahrnehmung der Firmenvision und Mission achteten. Dann wurden alle 160 Bilder auf Faltwänden um den Konferenzraum herum angebracht, so dass das Team von den Bildern umgeben war, die die Präsentation der Firmenvision ausgelöst hatte.

*Die natürliche Folge nach der Ein-nahme verschiedener Perspektiven, ist, dass sich Menschen eher ein-bringen, weil sie spüren, dass ihre Meinung wichtig ist.*

**Eunice Parisi-Carew**

Wenn ich mit Unternehmergruppen arbeite, präsentiert nach dem typischen Intervisions-Schema jedes Gruppenmitglied der Reihe nach seinen „Elevator Pitch". Während die Gruppenmitglieder zuhören, sind sie eingeladen, sich von den Worten und Ideen der Präsentierenden berühren und inspirieren zu lassen und dann nach möglichen Synergien mit ihren eigenen Visionen, Projekten und Unternehmen Ausschau zu halten.

Nachdem jede Person ihre Vision oder ihr Unternehmen beschrieben hat, zeichnen die restlichen Gruppenmitglieder für sich ein symbolisches oder metaphorisches Bild von ihrem persönlichen Verständnis von der Vision oder dem Projekt des Vortragenden. Beim Zeichnen fertigt jeder seine eigene Darstellung an ohne auf die Zeichnungen der anderen zu schauen. Jedes Gruppenmitglied, einschließlich des Vortragenden sollte ihr eigenes individuelles Bild von dem zeichnen, wozu ihn oder sie die Vision oder das Projekt des Vortragenden inspiriert haben.

**Nacheinander beschreibt jedes Gruppenmitglied seine Vision oder Projekt, d. h. er oder sie gibt den "Elevator Pitch".**

**Die anderen Gruppenmitglieder zeichnen dann für sich ein Bild oder eine symbolische Karte der Vision, des Projektes oder Unternehmens, wobei sie über ihr eigenes persönliches Verständnis der Vision oder des Projekts reflektieren.**

Es kann jegliche Art von Diagramm oder Skizze sein. Zum könnte jemand einen Baum oder eine Landschaft malen; eine andere Person könnte einige Symbole wie ein Rechteck, Kreise und Sterne malen und diese mit Linien und Pfeilen verbinden.

Jedes Gruppenmitglied soll dann überlegen, wo es komplementäre Bereiche oder Synergien zwischen der Vision des Vortragenden, seinem Projekt oder Unternehmen, und ihrem eigenen. Die Gruppenmitglieder können symbolisch die Beziehung markieren, indem sie eine Verbindung zu ihrer eigenen Vision oder eigenem Unternehmen als Teil ihrer Zeichnung hinzufügen.

Dann sollen die Gruppenmitglieder überlegen, welche Ressourcen sie dem Vortragenden frei anbieten können. Eine „Ressource" könnte in diesem Fall sein, dass das Gruppenmitglied dem Vortragenden helfen kann, seine Vision, sein Projekt oder Unternehmen besser zu verwirklichen. Ressourcen können zum Beispiel ein Buch, ein Artikel, eine Website, eine Kontaktinformation usw. zu einer Person oder Organisation sein, die hilfreich sein könnte. Eine Ressource könnte auch in Form eines Vorschlags, eines Ratschlags oder Beratung daherkommen aufgrund der eigenen Erfahrung oder des Expertenwissens.

Es ist wichtig, dass die Ressource etwas ist, das das Gruppenmitglied dem Vortragenden anbieten kann, ohne eine Gegenleistung zu erwarten.

Sobald die Gruppenmitglieder ihre Zeichnungen fertiggestellt haben und über ihre Ressourcen, die sie anbieten können, nachgedacht haben, erklärt eine Person nach der anderen, was sie gezeichnet hat und leistet ihren Beitrag nach folgendem Schema:

1. Dies ist mein Bild von Deiner Idee oder Vision ..." (Erklären Sie kurz das nötigste an ihrer Zeichnung)

2. „Deine Vision inspiriert mich dazu, ..." (Teilen Sie Gefühle, Ideen, neue Perspektiven usw. mit, die die Worte des Vortragenden bei ihnen ausgelöst haben.)

3. „Eine Ressource, die ich Dir frei anbieten kann und die Dir helfen kann, Deine Idee oder Vision umzusetzen, ist ..."

4. „Mögliche Bereiche der Synergie oder der Kollaboration sind ..."

Nachdem alle Gruppenmitglieder damit fertig sind, ihre Bilder zu teilen und Ressourcen anzubieten, gibt der Vortragende der Gruppe Feedback, wie seine oder ihre eigene Karte der Vision oder des Unternehmens bereichert wurde.

Nachdem alle Gruppenmitglieder ihre Elevator Pitches gehalten haben, kann die Gruppe darüber diskutieren, wo es vielleicht Bereiche echter Kollaboration und Kooperation zwischen ihren verschiedenen Visionen und Unternehmen gibt. Wenn genügend Zeit ist, kann die Gruppe auch eine Zeichnung oder ein Bild anfertigen, dass die Überschneidungen oder die gemeinsamen Bereiche ihrer Visionen darstellt.

Die grundlegenden Schritte dieses „Intervisions"-Formates sind:

1. Nacheinander beschreibt jedes Gruppenmitglied seine Vision oder sein Projekt; d. h. er gibt seinen „Elevator Pitch". Während die anderen Gruppenmitglieder zuhören, achten Sie darauf, wozu sie die Präsentation inspiriert und halten nach möglichen Synergien mit ihren Visionen, Projekten und Unternehmen Ausschau.

2. Nach jeder Präsentation zeichnen die Gruppenmitglieder für sich ein Bild oder eine symbolische Karte der Vision, des Projektes oder Unternehmens, wobei sie über ihr eigenes persönliches Verständnis von der Vision oder Projekt reflektieren. Die Gruppenmitglieder denken auch über mögliche Bereiche von Komplementaritäten oder Synergien mit ihren eigenen Projekten oder Vision nach und welche möglichen Ressourcen sie dem Vortragenden freimütig anbieten können.

3. Dann teilen die Gruppenmitglieder ihre Bilder, bieten dem Vortragenden ihre Ressourcen an und benennen mögliche Kooperationsbereiche oder Synergien mit dem Vortragenden.

4. Nachdem alle Gruppenmitglieder ihre Vision fertig präsentiert haben, denkt die Gruppe über entscheidende Bereiche der Kollaboration zwischen den verschiedenen Gruppenmitgliedern nach.

**Dann teilen die Gruppenmitglieder ihre Bilder, bieten dem Vortragenden ihre Ressourcen an und benennen mögliche Kooperationsbereiche oder Synergien mit dem Vortragenden.**

**Die Gruppe denkt über den Prozess nach und kristallisiert entscheidende Kollaborationsbereiche zwischen den verschiedenen Gruppenmitgliedern heraus.**

*Die Wahrnehmung einer Problem-Situation aus vielfältigen Perspektiven ist ein wichtiger Teil der Problemlösung.*

*Die Veränderung oder Erweiterung unserer Wahrnehmung von einer Situation kann ganz neue Handlungsspielräume eröffnen.*

*Intervision zur Unterstützung generativer Kollaboration bei der Problemlösung*

Der Intervisions-Prozess kann ebenfalls angewandt werden, um kollektive Intelligenz und generative Kollaboration bei der Problemlösung zu fördern. In der Tat wurde die Bezeichnung „Intervision" für mehrere Jahrzehnte von Europäischen Psychotherapeuten benutzt, um Gruppensitzungen zu beschreiben, in denen darüber diskutiert wurde, wie man mit herausfordernden Situationen oder Klienten in der Praxis umgehen sollte. Ursprünglich hatte ich diesen Begriff im Businesskontcxt 1990 bei einer Leadership-Konferenz eingeführt, die ich an der Universität zu Kalifornien in Santa Cruz abgehalten hatte. Ich schlug ihn für ein Verfahren zum „Meta Leadership" vor, wobei es um das Führen anderer Führungskräfte geht. Im Wesentlichen geht der Prozess darum, dass ein Mitglied einer Gruppe Gleichrangiger einen schwierigen Sachverhalt offenlegt. Anstatt der Person nun zu sagen, was sie tun sollte oder was die „richtige" Lösung ist, stellen die gleichgestellten Gruppenmitglieder einfach Fragen, die den „Problemraum" um den Sachverhalt herum und die damit verbundenen persönlichen Erfahrungen klären. Die Klärung und die vielfältigen Perspektiven, die in diesem Prozess erzeugt werden, halfen den Personen sich mit schwierigen Situationen auseinanderzusetzen, um ihre eigenen Lösungen zu Problemen oder Herausforderungen zu finden.

Bevor die Intervision zur Problemlösung durchgeführt wird, betone ich, dass es wichtig ist, was das Wort „Vision" impliziert und welchen Nutzen symbolische Visualisierungen als Mittel zur Förderung von Innovation und Kreativität im Intervisions-Prozess haben. Der Nutzen der Intervision wird stark davon beeinflusst, wie wir unsere Probleme, Ideen oder Ergebnisse darstellen und entwerfen. Verändern wir unsere Wahrnehmung von einer Situation, kann das ganz neue Handlungsspielräume eröffnen. Wird die Intervision als Kollaborations-Katalysator eingesetzt, ist eines der Ziele, visuelle und symbolische Denkstrategien in die Gruppenarbeit einzuführen. Eine starke Form der Co-Kreativität ergibt sich aus der Tatsache, dass Menschen unterschiedliche, mentale Landkarten der Welt haben. An und für sich kann die Auffassung einer anderen Person von Ihrem Problem oder Ergebnis Ihre eigene Wahrnehmung von der Situation verändern oder bereichern.

Im Folgenden wird beschrieben, wie die Intervision zur Problemlösung angewandt wird. Es ist eines der wichtigsten Mastermind-Formate, die ich bei der Successful Genius Mastermind-Gruppe einsetze. Am besten wird sie wiederum mindestens in einer Vierergruppe durchgeführt, um möglichst große Vielfalt zu erhalten. (Da das lateinische Wort „intervisere" „anschauen" bedeutet, finden

Intervisionen generell so statt, dass die Gruppenmitglieder im Kreis sitzen.) Vor Beginn sollte der Vortragende dafür sorgen, dass die Gruppe einen COACH Container schafft, eine Intention festgelegt, einen generativen Leistungszustand entwickelt hat und bereit ist, zutiefst hinzuhören.

Bei dieser Form der Intervision beantwortet jedes Gruppenmitglied die Frage: "Was gibt es, wofür ich gern die Gruppenunterstützung hätte, was aber auch von gemeinsamen Interesse für die Gruppe sein könnte."

Einer der Gruppenmitglieder, der „Forscher", beschreibt den anderen Gruppenmitgliedern sein oder ihr Problem oder Herausforderung. Der Forscher sollte seine Schilderung auf fünf Minuten oder weniger begrenzen. Die Begrenzung der verfügbaren Zeit für die Beschreibung hat teilweise den Zweck, es nicht zu lang werden zu lassen, damit die Menschen achtsam hinhören können. Der Forscher kann auch ein Bild oder ein somatisches Modell (Geste) für seine Herausforderung einbeziehen.

Während des Zuhörens sollten die Gruppenmitglieder einen generativen Leistungszustand aufrecht erhalten und im Sinn zu behalten, dass das größte Geschenk, dass sie sich und Anderen machen können, die Qualität ihrer Aufmerksamkeit ist.

Wenn der Forscher seine Situation oder Herausforderung geschildert hat, soll jedes Gruppenmitglied eine Ressource für den Vortragenden in Form von Worten, Bildern oder somatischen Ausdrucksformen „zu sich" kommenlassen. Anstatt kognitiv darüber nachzudenken, sollten die Gruppenmitglieder ihren Beitrag für den Vortragenden aus der durch die Gruppe erzeugten kollektiven Intelligenz und dem kreativen Unbewussten (Feld) entstehen lassen.

Danach sollen die Gruppenmitglieder ihre Bilder und Impressionen beschreiben, ohne dabei dem Forscher spezielle Vorschläge zu unterbreiten. Anstatt Ratschläge zu geben, sollten sie helfen, die mentale Landkarte des Forschers zu erweitern, um die Situation rund um das Problem oder die Herausforderung wahrzunehmen. Um dies zu tun, zeigen und erklären die Gruppenmitglieder einfach auf ihre Weise, wie sie die Situation wahrnehmen. Die einfache Tatsache, dass sie die Situation des Forschers anders darstellen, wird ihn naturgemäß veranlassen, seine oder ihre Wahrnehmung auszuweiten und zu bereichern.

Am Ende des Prozesses soll der Forscher den Gruppenmitgliedern mitteilen, was er oder sie als das Wertvollste erhalten hat. Andere Gruppenmitglieder möchten sich vielleicht auch äußern, was sie als Ergebnis des Prozesses bekommen haben.

*Während der Intervision sollten die Gruppenmitglieder anstatt kognitiv zu „denken" eher ihre Ideen „auf sich zukommen" lassen, während sie aus der kollektiven Intelligenz und dem kreativen Unbewussten (Feld), das durch die Gruppe erzeugt wird, entstehen.*

**Der Forscher beschreibt (in 5 Minuten oder weniger) sein Problem oder ihre Herausforderung.**

**Jedes Gruppenmitglied soll sich dann für die beschriebene Herausforderung des Vortragenden eine Ressource in Form von Worten, Bildern oder somatischen Ausdrücken einfallen lassen.**

In der Zusammenfassung:

1. Der Forscher schildert (in 5 Minuten oder weniger) sein Problem oder ihre Herausforderung.

2. Aus den Kräften der kollektiven Intelligenz und des kreativen Unbewussten (Feldes), das durch die Gruppe erzeugt wurde, lässt sich jedes Gruppenmitglied aufgrund der Problemschilderung des Vortragenden inspirieren, Worte, Bilder und somatische Ausdrucksformen hinzuzufügen.

3. Die Gruppenmitglieder zeigen einander ihre Beiträge und diskutieren die Bereicherung(en) und Synergien.

4. Der Vortragende und die Gruppe teilen einander mit, was sie empfangen haben

Bei dieser Übung gilt die Vorannahme, dass das Anfertigen von externen Landkarten in Form von Zeichnungen oder anderen Arten der Repräsentation eine effektive Methode ist, um 1. die Vielfalt der Landkarten unter den Menschen zu würdigen und 2. mehrere Perspektiven auf eine bestimmte Situation zu entwickeln.

In einer Variante dieses Intervisions-Prozesses wählen alle Gruppenmitglieder einen ähnlichen Kontext und erforschen ihre Probleme, Ziele und Visionen für diesen Bereich, um gemeinsame Belange und Überschneidungsbereiche zu finden.

### Beispiel für die Anwendung von Intervision zur Problemlösung bei der italienischen Staatsbahn

Mitte der Neunzigerjahre war ich an einer Maßnahme für die italienische Staatsbahn beteiligt. Es geschah während der ersten Tage der Europäischen Union und die Firma befand sich im Übergang von einer staatlich geführten zu einer privatisierten Organisation. Die Firma kämpfte ebenfalls damit, die europäischen Standards einzuhalten. Die Umstellung verursachte viel Unruhe innerhalb der verschiedenen Abteilungen in der Organisation. Anstelle von generativer Kollaboration führten die Interaktionen zwischen den Managern der verschiedenen Abteilungen ausnahmslos zu Konflikten und Schuldzuweisungen.

Im Rahmen meiner Beteiligung an der Maßnahme versammelte ich eine Gruppe von Topmanagern mit unterschiedlichen Funktionen innerhalb der Organisation. Anstatt mit ihnen ihre Meinungen verbal zu diskutieren, ließ ich die Gruppenmitglieder ihr eigenes symbolisches Bild für die Problemsituation entwickeln, der ihre Firma gerade begegnete.

Eine Person schilderte ihre Situation, als sei man wie eine Gruppe von Seglern auf einem Segelboot. Jeder hatte viele Aufgaben an Bord des Schiffes zu erledigen. Unter normalen Umständen konnten die Segler sowohl ihren Job erledigen als auch miteinander kommunizieren. Doch auf stürmischer See mussten sich die Segler so sehr auf ihre eigenen Aufgaben konzentrieren, dass sie keine Gelegenheit hatten, sich gegenseitig zu beobachten oder miteinander zu agieren, was die Koordination ihrer Aktivitäten erschwerte.

Eine andere Person sah ihre Situation, als seien sie Astronauten, deren Kapsel auf einem Planeten eine Bruchlandung hatte, der keine natürlichen Ressourcen für sie zum Überleben hatte. So versuchten die Astronauten so viel Vorrat und Ausrüstungsteile wie möglich aus dem beschädigten Raumschiff zu retten, um auf dem Planeten zu überleben.

Ein weiterer Manager sah die Situation, als wäre die Firma eine zerrüttete Familie. Ein anderer nahm sie als eine ganz gewöhnliche Familie wahr. Sie beschrieb ihre Situation als sei sie ähnlich dem, wenn sich Heranwachsende zögerlich den Auszug vorbereiten und zum ersten Mal ganz allein lebten.

**Die Gruppenmitglieder teilen sich ihre Beiträge mit und diskutieren die Bereicherungen und Synergien.**

Indem sie ihre verschiedenen symbolischen Bilder verglichen, konnten die Gruppenmitglieder ihre unterschiedlichen Perspektiven hören und verstehen, ohne das Gefühl zu haben, ihre Auffassung verteidigen zu müssen. Anstatt zu argumentieren, wessen Wahrnehmung die richtige Landkarte bot, konnten sie leichter, die tieferliegenden Vorannahmen, die den symbolischen Bildern zugrunde lagen, wahrnehmen, erkunden und dabei die versteckten Stärken entdecken.

Beispielsweise setzten sowohl die Metapher des Schiffes als auch die der Astronautenkapsel eine herausfordernde Umgebung voraus, doch ein anderer nahm das Problem als eine Frage der Kommunikation zwischen den Crew-Mitgliedern wahr, während die Astronauten mit einer feindlichen Umgebung kämpften. Und es war bedeutsam, dass das Problem an Bord des Schiffes eine Frage der Kommunikation zwischen der Crew war anstatt der schlechten Führung auf Seiten des Kapitäns.

**Der Vortragende und die Gruppe teilen mit, was sie erhalten haben.**

Indem sie zwischen den verschiedenen Metaphern hin und her wechselten, begann die Gruppe sich bewusst zu werden, was das Gemeinsame zwischen den verschiedenen Perspektiven war und welche Annahmen bestätigt oder überprüft werden konnten. Infolge dieses Prozesses war die Gruppe in der Lage, mit viel weniger Spannung, Sorge und Abwehrhaltung über ihre Unterschiede in der Wahrnehmung zu sprechen. Sie hatten sogar mehrere neue Perspektiven und Metaphern entwickelt, aus denen die Situation gesehen werden konnte. Dies ermöglichte ihnen, innovative Lösungen zu erkunden, weil sie nun an das Problem mit ganz anderer Denkweise herangingen, als sie es zuvor getan hatten.

## Die Bedeutung der „Zweiten Position"
## für die Generative Kollaboration

*Effektive Kollaboration jeder Art beinhaltet ein gewisses Maß an Verständnis und Empathie für ihre Kollaboratoren.*

Es ist schwer, wenn nicht gar unmöglich, eine effektive Kollaboration irgendeiner Art zu haben, ohne ein gewisses Maß an Verständnis oder Empathie für ihren Kollaborator. Wie die Beispiele von CrossKnowledge, den beiden Musikern und der staatlichen Italienischen Eisenbahn zeigen, ist es für eine generative Kollaboration umso wichtiger zu wissen, was ihren Kollaboratoren wichtig ist und wie sie denken und fühlen. Dies gilt für jeden Bereich ihres Erfolgszirkels.

Wir haben beispielsweise herausgefunden, dass Gründer häufig die Denkweise und Werte der Investoren nicht verstehen. Sie verstehen nicht, warum die Investoren nicht den offensichtlichen Wert ihrer Ideen und Innovationen erkennen und ihnen kein Geld geben. In ähnlicher Weise können Investoren oft nicht den Prioritäten oder der Risikobereitschaft der Gründer folgen (besonders dann nicht, wenn es um Investorengelder geht!). Deshalb wurde wohl auch Steve Jobs Mitte der Achtzigerjahre bei Apple ausgebootet; es war ein gegenseitiges Missverständnis zwischen ihm selbst als Unternehmer und den Stakeholdern der Firma.

*'Die „Zweite Position" einnehmen' ist ein Ausdruck aus dem Success Factor Modeling, um die Fähigkeit zu beschreiben, die Ansicht oder Perspektive einer anderen Person nachvollziehen zu können.*

Gemäß dem Success Factor Modeling kommt unser Verständnis für andere aus der Fähigkeit, mit ihnen in die „Zweite Position" zu gehen. Die *Zweite Position* einzunehmen ist ein Begriff aus dem NLP, um die Fähigkeit zu beschreiben, die Ansicht oder Perspektive einer anderen Person in Bezug auf eine bestimmte Situation anzunehmen und nachzuvollziehen. Es bedeutet, aus unserer eigenen *Ersten Position* oder „Eigenperspektive" zu wechseln und die Situation so zu sehen, als sei man ein anderer Mensch; *„in der Haut des anderen stecken", „eine Meile in den Schuhen des anderen laufen", „auf der anderen Seite des Tisches sitzen"* usw.

Dies ist eine entscheidende Fähigkeit, um ein erfolgreiches Produkt, Team oder eine solche Firma entwickeln zu können. Wie die Unternehmerin Cindana Turkatte sagte: „Ohne sich in die Zweite Position zu versetzen, kann man gar nichts erreichen."

*Analyse aus der Zweiten Position*

Wenn ich Unternehmer coache, fordere ich sie auf, eine konkrete Analyse aller Positionen, aus denen der SFM Erfolgszirkel besteht, anzufertigen: Kunden, Investoren (Stakeholder), Angestellte und Partner.

Um beispielsweise ein Produkt oder einen Marketingplan zu entwickeln, muss der Unternehmer sich selbst in die Schuhe der potenziellen Kunden begeben. Um einen Finanzplan aufzustellen oder Kapital zu beschaffen, muss der Unternehmer die Perspektive der Stakeholder und Investoren einnehmen können. Um ein effektives Team aufzubauen und zu motivieren, muss der Unternehmer in der Lage sein, Sachverhalte mit den Augen seiner Teammitglieder und Angestellten zu sehen. Um starke Allianzen und Beziehungen zu etablieren, sollte der Unternehmer die Standpunkte möglicher Partner einnehmen.

Je nachdem wie belastbar die Perspektive aus der Zweiten Position ist, die der Unternehmer von jedem potenziellen Kollaborator einnimmt, kann jede dieser Kernbeziehungen mehr oder weniger leicht und effektiv eingegangen werden.

Es gibt unterschiedliche Ebenen und Niveaus, wie die Zweite Position eingenommen werden kann. Wenn Sie sich in das Zuhause oder den Arbeitsplatz von jemanden versetzen, ist das eine Möglichkeit, die zweite Position auf der Umfeldebene einzunehmen. Den anderen zu imitieren oder so wie er zu handeln, führt zur Zweiten Position auf der Verhaltensebene. Wenn Sie sich mit den Denkstrategien und den mentalen Landkarten der Person vertraut machen, kommen Sie zu der Zweiten Position auf der Fähigkeitenebene. Die Werte und Überzeugungen der Person zu übernehmen, ergibt die Möglichkeit, die Zweite Position auf einer noch tieferliegenden Ebene anzunehmen. Wenn Sie sich mit der anderen Person identifizieren oder seine bzw. ihre Persönlichkeit übernehmen, würden Sie die Zweite Position auf der sehr tiefliegenden Identitätsebene einbeziehen. Die Leidenschaft der anderen Person für ihre Vision und deren Sinnhaftigkeit zu erleben, liefert die tiefgründigste Zweite Position.

Wenn Sie die Kollaboratoreneigenschaften von einem Mitglied Ihres Erfolgszirkels analysieren wollen, sollten Sie mit dieser Person auf jeder dieser unterschiedlichen Ebenen in die Zweite Position gehen und überlegen, wie Sie, Ihr Projekt oder Ihr Geschäft dieser Person auf jeder Ebene Synergien, Chancen oder Nutzen bieten können.

Die folgende Methode können Sie für eine Analyse der Kollaboratoreneigenschaften von Schlüsselpersonen Ihres Erfolgszirkels nutzen, um festzustellen, wo es potenziell passt oder wie man sich unterstützen kann.

*Eine Analyse aus der zweiten Position vorzunehmen, bedeutet, den Standpunkt einer anderen Person aus unterschiedlichen Ebenen zu prüfen.*

## SFM Kollaborations-Katalysator:
## Analyse der Kollaboratoreneigenschaften

Die Anwendung der zweiten Position, um die wesentlichen Eigenschaften der entscheidenden Kollaboratoren zu ermitteln und Win-Win-Szenarien zu finden, ist ein wichtiger Teil der effektiven unternehmerischen Kollaboration. Die Zeit in die Analyse der Kollaboratoreneigenschaften zu investieren, unterstützt beispielsweise das sogenannte „Gesetz der Anziehung". Laut diesem Prinzip wird es einfacher, das anzuziehen, worüber man sich im Klaren ist, dass man es will und braucht. Das ins „Feld" zu bringen, was man will, wird es wahrscheinlicher machen, dass man gute Chancen erkennt, wenn sie entstehen und macht anderen im Netzwerk leichter, potenzielle Gelegenheiten zu erkennen und darüber zu informieren.

Die Definition der Schlüsseleigenschaften kann Ihnen helfen, jeden Teil Ihres Erfolgszirkels zu erweitern und zu bereichern:

**Wählen Sie einen (potenziellen) Kollaborator, den Sie gern besser verstehen möchten und mit dem Sie effektiver arbeiten möchten.**

- Die Schlüsselattribute der Kunden zu kennen, hilft Ihnen Zielprodukte und das Marketing zu entwickeln, die besser zu den Bedürfnissen und Motivationen ihrer Kunden passen. Vielleicht finden Sie sogar heraus, dass Sie einem größeren Bereich potenzieller Kunden gefallen, als Sie ursprünglich dachten.

- Die Schlüsselattribute der Teammitglieder zu kennen, hilft Ihnen, einfacher zukünftige Mitarbeiter auszuwählen und auszurichten.

- Die Schlüsselattribute der Stakeholder zu kennen, hilft Ihnen, potenzielle Investoren und andere mit wesentlichen Ressourcen zu ermitteln und anzuziehen.

- Die Schlüsselattribute der Partner zu kennen, hilft Ihnen, die Bereiche potenzieller Synergie und Komplementarität festzulegen und zu erkennen.

In der folgenden Übung werden Sie sich in die Schuhe eines Kollaborators von jedem Bereich Ihres Erfolgszirkels begeben, wobei Sie die Rolle des Kollaborators einnehmen und verschiedene Ebenen der Attribute einnehmen.

1. Stellen Sie sich vor, in dem Umfeld ihres Kollaborators zu sein.

   Fragen Sie sich: *Welche Eigenschaft hat das Umfeld meines Kollaborators? Welche umfeldbedingten Bedürfnisse hat mein Kollaborator, wobei kann ich ihm helfen? Welche Einschränkungen gilt es zu überwinden? Welche Chancen kann ich bieten?*

**Stellen Sie sich vor, "in den Schuhen" ihres Kollaborators "zu stecken".**

2. Stellen Sie sich vor, „in den Schuhen" ihres Kollaborators „zu stecken"

Fragen Sie sich: *Welche Eigenschaften hat das Verhalten meines Kollaborators? Welches Verhalten und welche Maßnahmen muss mein Kollaborator einsetzen, bei denen ich ihn unterstützen oder die ich erleichtern kann? Welche Taktiken kann ich bieten? Welche Reaktionen kann helfen zu vermeiden?*

3. Stellen Sie sich vor, im Geist ihres Kollaborators zu sein.

Fragen Sie sich: *Welche Eigenschaften haben die Fertigkeiten und Kenntnisse meines Kollaborators? Welche Fähigkeiten und welches Kompetenzen braucht mein Kollaborator, bei denen ich ihm helfen kann, diese zu entwickeln oder zu erwerben? Welche Strategien oder welches Wissen kann ich teilen?*

4. Stellen Sie sich vor, in der Gedankenwelt und im Wertesystem ihres Kollaborators zu sein.

Fragen Sie sich: *Welche Eigenschaften haben die Überzeugungen und Wertesysteme meines Kollaborators? Welches Werte und Überzeugungen hat mein Kollaborator oder braucht er? Wie kann ich helfen, diese zu fördern, zu stärken oder zu erfüllen? Wie kann ich ihm helfen, sich zu motivieren und motiviert zu bleiben? Wie kann ich ihm helfen zu spüren, dass er die Erlaubnis hat, Risiken einzugehen?*

5. Stellen Sie sich vor, in der Identität oder Rolle Ihres Kollaborators zu sein.

Fragen Sie sich: *Welche Eigenschaften hat die Identität meines Kollaborators? Welche Mission oder Identität kann ich sponsern? Wie kann ich zu seinem Selbstwertgefühl beitragen? Wie kann ich ihm helfen, seine Rolle klarer zu sehen und zu fühlen?*

6. Stellen Sie sich vor, im größeren System Ihres Kollaborators zu sein.

Fragen Sie sich: *Welche Eigenschaften hat die Vision und der Sinn meines Kollaborators? Wie kann ich helfen, die Vision oder Sinnhaftigkeit noch vollkommener zu erwecken? Wie kann ich ihm helfen, größeren Unternehmergeist zu erreichen?*

Welche Ebenen erscheinen am bedeutungsvollsten zu sein? Auf welche Ebene sollten Sie sich fokussieren, um genau Kollaboratoren dieser Art anzuziehen?

Zum Beispiel ist es vielleicht wichtiger, dass sie „warmherzig und offen" sind, als dass sie einen speziellen technischen Werdegang haben; z. B. war Steve Jobs Kriterium, dass sich seine Teammitglieder in Apple „verliebten".

Können Sie Synergien und Komplementaritäten auf anderen Ebenen hinzufügen, als auf denen Sie sich befinden?

In den folgenden Kapiteln werden wir immer wieder auf die Fähigkeit, die Zweite Position einzunehmen, als Teil weiterer Kollaborations-Katalysatoren zurückkommen, um einen noch aussagekräftigeren und stabileren Erfolgszirkel aufzubauen.

**Stellen Sie sich die Perspektive Ihres Kollaborators von jeder Erfolgsfaktorebene aus vor.**

**Finden Sie heraus, auf welchen Ebenen Sie ihren Kollaborator am besten unterstützen oder Synergien mit ihm entwickeln können. Wie können Sie dies in Ihre Interaktion einbauen?**

## Zusammenfassung des Kapitels

Erfolgreiche Unternehmer fördern kollektive Intelligenz und wenden Prinzipien generativer Kollaboration an, um Ressourcen zu teilen und wirksam einzusetzen und um Geschäftschancen, die sich ihnen bieten, auszuweiten – d. h. um einen „größeren Kuchen" zu teilen.

*Generative Kollaboration* unterscheidet sich von simpler Zusammenarbeit, weil ihr Sinn darin besteht, etwas Neues und über die Erwartungen hinausgehendes zu schaffen. Bei simpler Zusammenarbeit arbeiten die Menschen zusammen, indem sie den durch ihre Rollen vorgeschriebenen Maßnahmen folgen, um ein gegebenes Ziel zu erfüllen oder eine bestimmte Arbeit fertig zu bekommen. Für die generative Kollaboration müssen sich die Menschen gegenseitig stimulieren, „über den Tellerrand hinaus zu schauen" und sich gegenseitig unterstützen, um Dinge zu tun, die nie zuvor erreicht wurden.

Generative Kollaboration entsteht als Folge kollektiven Visionierens, wobei die Menschen ihre individuellen Leidenschaften und Visionen teilen und synergetisieren; ähnlich wie Seifenblasen sich vereinigen, um ein größeres Ganzes zu bilden oder wie sich zwei Wasserstoffatome mit einem Sauerstoffatom zu Wasser verbinden. Dies hilft, die vollkommene Teilhabe aller an der Kollaboration Beteiligten zur Geltung zu bringen.

Das Fallbeispiel von CrossKnowledge veranschaulicht die Bedeutung und Effektivität, kollektive Intelligenz und generative Kollaboration einzusetzen, um Krisen in Chancen zu verwandeln und das Unternehmen durch die Bildung eines starken Erfolgszirkels auf eine neue Ebene zu bringen. Die CrossKnowledge-Gründer wandten verschiedene Kollaborations-Katalysatoren an, um generative Kollaboration unter sich selbst als Stakeholder, aber auch mit ihren Kunden, Teammitgliedern und Partnern zu fördern.

CrossKnowledges Transformation ist ein Beispiel für den *generativen Wandel*, der ein Durchbrechen der alten Denkweisen erfordert, um etwas „komplett Neues" zu erschaffen. Die grundlegenden Schritte für generativen Wandel beinhalten:

1. Intention (d. h. Vision oder Richtung) festlegen
2. Einen generativen Leistungszustand entwickeln
3. Verschiedene Perspektiven anwenden, um Ziele und Maßnahmen festzulegen
4. Verschiedene Perspektiven einnehmen, um Hindernisse kreativ zu verwandeln
5. Fortlaufende Praktiken für kontinuierliche Kreativität etablieren

Diese Schritte sind so gestaltet, dass sie Resonanz, Synergie und ein Potenzial für Emergenz schaffen, die für effektive generative Kollaboration notwendig sind. Ihr Zweck ist, Menschen in Gruppen zu unterstützen, ihre Einzigartigkeit und Kreativität als Einzelne zu erhalten und gleichzeitig als ein integriertes Holon aufzutreten. Die Schritte für generativen Wandel können mithilfe von mehreren wichtigen und einflussreichen Kollaborations-Katalysatoren unterstützt werden.

Die *Entwicklung eines generativen Leistungszustandes* ist ein Kollaborations-Katalysator, der Mitgliedern einer Gruppe hilft, *Resonanz* und die Möglichkeit zur *Synergie* untereinander zu erzeugen, um das Potenzial für die *Emergenz* von etwas Neuem und Unvorhersagbaren zu schaffen. Generative Leistungszustände ergeben sich aus der Verbindung mit

1. einer Intention (oder Vision)
2. einem Zustand des persönlichen „Flows", der aus der gefühlten Verbundenheit mit sich selbst (seinem somatischen Zentrum) und seiner individuellen Bestleistung entsteht
3. dem Gefühl für das Potenzial und die Möglichkeit, die aus der Verbundenheit mit dem umgebenden „Feld" von positiven Ressourcen entstehen

Der Ablauf der *Intervision* nutzt den generativen Leistungszustand einer Gruppe, damit sich die Kollaboratoren aktiv unterstützen können, und so am Erreichen der Visionen und Vorhaben jedes anderen teilhaben. Die Intervision ist eine Methode, bei der vielfältige Perspektiven zusammengebracht werden, um die Vision, was möglich ist, zu bereichern und Hindernisse kreativ zu verwandeln. Die Intervision basiert darauf, dass eine sehr wichtige Quelle für kollektive Intelligenz und generative Kollaboration aus der Tatsache hervorgeht, dass Menschen unterschiedliche Landkarten oder Modelle von der Welt haben und sich mit ganz unterschiedlichen Werdegängen und verschiedenen Kompetenzen einbringen. Wenn sich diese Unterschiede ergänzen, bilden sie die Grundlage für generative Interaktionen, durch die etwas Neues entstehen kann. Während des Ablaufs der Intervision sollte man sein lineares, logisches und verbales Denken auf die symbolische Visualisierung verlagern, um eher visionäre und synthetische Arten des Denkens und Kommunizierens zu fördern.

Die *Analyse aus der Zweiten Position* – das Verständnis für die Weltsicht und Denkweise einer anderen Person – ist ein weiterer wichtiger Kollaborations-Katalysator. Es ist schwierig, irgendeine Art effektiver Zusammenarbeit zu haben, sei es simple Zusammenarbeit oder generative Kollaboration, ohne die Fähigkeit, sich in die Schuhe eines Kollaborators zu begeben und seine Denkprozesse und Motivationen zu verstehen. Die Analyse aus der Zweiten Position ist eine der Schlüsselfähigkeiten effektiver Unternehmer. Beispielsweise beinhaltet die *Analyse der Kollaboratoreneigenschaften*, dass Sie die Zweite Position mit Repräsentanten Ihres Erfolgszirkels auf den unterschiedlichen Ebenen einnehmen, um Möglichkeiten zu entdecken, wie Sie sie unterstützen oder was Sie zu deren Erfolg beitragen können.

## Referenzen und Literaturhinweise

· *Adam Grant: Be a Giver Not a Taker to Succeed at Work,* Dan Schawbel, Forbes.com, April 9, 2013 (dt. Geben und Nehmen: Erfolgreich sein zum Vorteil aller, Droemer HC, 2013)
· *Yanni Live at the Acropolis*, Private Music, 1994.

# 03
# Generative Kollaboration und Disruptive Innovation

*Wenn Sie inkrementell besser sein wollen: Seien Sie kompetitiv.*
*Wenn Sie exponentiell besser sein wollen: Seien Sie kooperativ.*
**Anonym**

*Diese Technologiewellen kann man kommen sehen, bevor sie geschehen,*
*man muss nur weise auswählen, auf welchen man reiten will.*
**Steve Jobs**

# Generative Kollaboration und Disruptive Innovation

Wenn Sie generative Kollaboration wirksam zur Bildung eines erfolgreichen Unternehmens einsetzen wollen, bedeutet das, Synergien zwischen den verschiedenen Teilen Ihres Erfolgszirkels zu finden – zwischen den Teammitgliedern und Kunden; zwischen Kunden und Investoren; und so weiter. Die tiefgreifendsten generativen Veränderungen treten auf, wenn mehrere Synergien mit Verschiebungen im – wie ich es genannt habe – „Innovationsfeld" zusammenfallen. Wenn dies geschieht, wird eine sogenannte „disruptive Innovation" erzeugt.

*Disruptive Innovationen bilden einen neuen Markt, dessen Grenzen nicht mit den existierenden Märkten übereinstimmen.*

*Disruptive Innovationen* bilden einen neuen Markt, dessen Grenzen nicht mit den existierenden Märkten übereinstimmen. Disruptive Innovationen sind ein ausgezeichnetes Beispiel für „den Kuchen größer machen". Die Massenfabrikation von Automobilen, die digitale Fotografie, die Nespresso-Maschine, das Internet, Mobiltelefone, und das iPod sind alles Beispiele für disruptive Innovationen. Jede schaffte neue Märkte, die vorher nicht existierten.

*Die meisten Innovationen sind „inkrementelle Innovationen", die bestehenden und klar gekennzeichneten Trends folgen.*

Die meisten Innovationen sind nicht disruptiv. Sie schaffen keine großen Veränderungen für Kunden, für Unternehmen, deren Zulieferer oder deren Partner. Sie werden „inkrementelle Innovationen" genannt. Sie folgen bestehenden und klar gekennzeichneten Trends. Wenn unser bewusster kognitiver Verstand und unser Ego in die Zukunft blicken, können sie im Allgemeinen nur durch die Filter des schon Bekannten projizieren. Die Extrapolation von unserem bestehenden Wissen aus gibt uns nur eine sehr begrenzte Sicht auf die zukünftigen Möglichkeiten.

*Die Extrapolation von unserem bestehenden Wissen aus gibt uns nur eine sehr begrenzte Sicht auf die zukünftigen Möglichkeiten.*

*Die Zukunft ist nicht mehr das, was sie einmal war!*

Wie dieser berühmte Kommentar des Science-Fiction-Autors Arthur C. Clarke zeigt, entwickelt sich das, was wir als eine mögliche oder wahrscheinliche Zukunft wahrnehmen, ständig weiter. Betrachten Sie die Bilder auf der folgenden Seite: Sie zeigen, wie sich Menschen im Jahr 1900 vorstellten, wie die Technologie des Jahres 2000 aussehen würde.

Obwohl bei diesen Visionen viel Kreativität für ihre Zeit im Spiel war und Technologien wie Fernsehen, Radio, Röntgenstrahlen, bemannte Flugzeuge und bewaffnete Fahrzeuge vorweggenommen wurden, ähneln die Bilder eher dem Jahr 1900 als dem Jahr 2000. Viele Technologien aus unserem Jahrtausend, werden in diesen Bildern nicht einmal angedeutet – wie zum Beispiel kommerzielle Flugzeuge, PCs, Smartphones, Mikrowellenherde, das Internet, GPS-Geräte, Atomwaffen, Satelliten, Raumstationen usw. Auch trifft die Vorstellung von der Mode im kommenden Jahrhundert, nicht annähernd das Kleidungsdesign von heute.

**Kommunikation**

**Luftfahrt**

**Unterhaltung**

**Überwachung**

**Militärgefecht**

Disruptive Innovationen entstehen eher aus Synergien von Visionen und Fantasien als aus der einfachen Fortsetzung des existierenden Wissens. Mit den Worten von Albert Einstein:

*Disruptive Innovationen entstehen eher aus Synergien von Visionen und Fantasien als aus der Fortsetzung des bisherigen Wissens.*

> *Vorstellungskraft ist wichtiger als Wissen. Wissen über das, was ist, öffnet nicht unmittelbar die Tür zu dem, was sein sollte oder werden könnte. Jemand könnte das kompletteste Wissen über das haben, was ist, und doch wäre er nicht in der Lage, daraus abzuleiten, was das Ziel unserer menschlichen Bestrebungen sein sollte oder sein könnte.*

Die Dynamik zwischen inkrementeller Innovation und disruptiver Innovation ist ein anderer Ausdruck für die Interaktion zwischen dem, was ich im Geschäftsleben und in Organisationen „Ego" und „Seele" nenne. Inkrementelle Innovationen werden eher durch die Bedürfnisse unseres Ego und unserer Ambitionen angetrieben. Wie ich im *Success Factor Modeling Band 1* gezeigt habe, ergibt sich der Aspekt des Egos bei einer Person oder Organisation aus der Wahrnehmung von sich selbst als separate Einheit, die dazu neigt:

- sich am Überleben, der Anerkennung und dem persönlichen Ehrgeiz (Ambition) zu orientieren
- sich auf soziale Rollen zu beziehen und wer wir glauben, sein zu müssen, um Zustimmung oder Anerkennung zu bekommen
- sich auf Erlaubnis, Sicherheit, Schutz, Zustimmung, Kontrolle, Vollendung und Eigennutzen zu konzentrieren
- die sorgfältige Anwendung von Analyse und Strategie zu betonen
- reaktiv auf äußere Bedingungen zu antworten
- auf Gefahren und Einschränkungen zu achten

*Der „Ego"-gesteuerte Wettbewerb neigt dazu inkrementelle Innovationen zu begünstigen, weil er weniger riskant und ungewiss ist, denn die Regeln sind wohl bekannt.*

Diese Eigenschaften verstärken einen eher auf Wettbewerb ausgerichteten Geschäfts- oder Innovationsansatz. Das Wettrennen besteht darin, vergleichbar mit dem Wettbewerb zu sein oder diesen in einem Spiel zu übertreffen, bei dem die Regeln festgelegt sind.

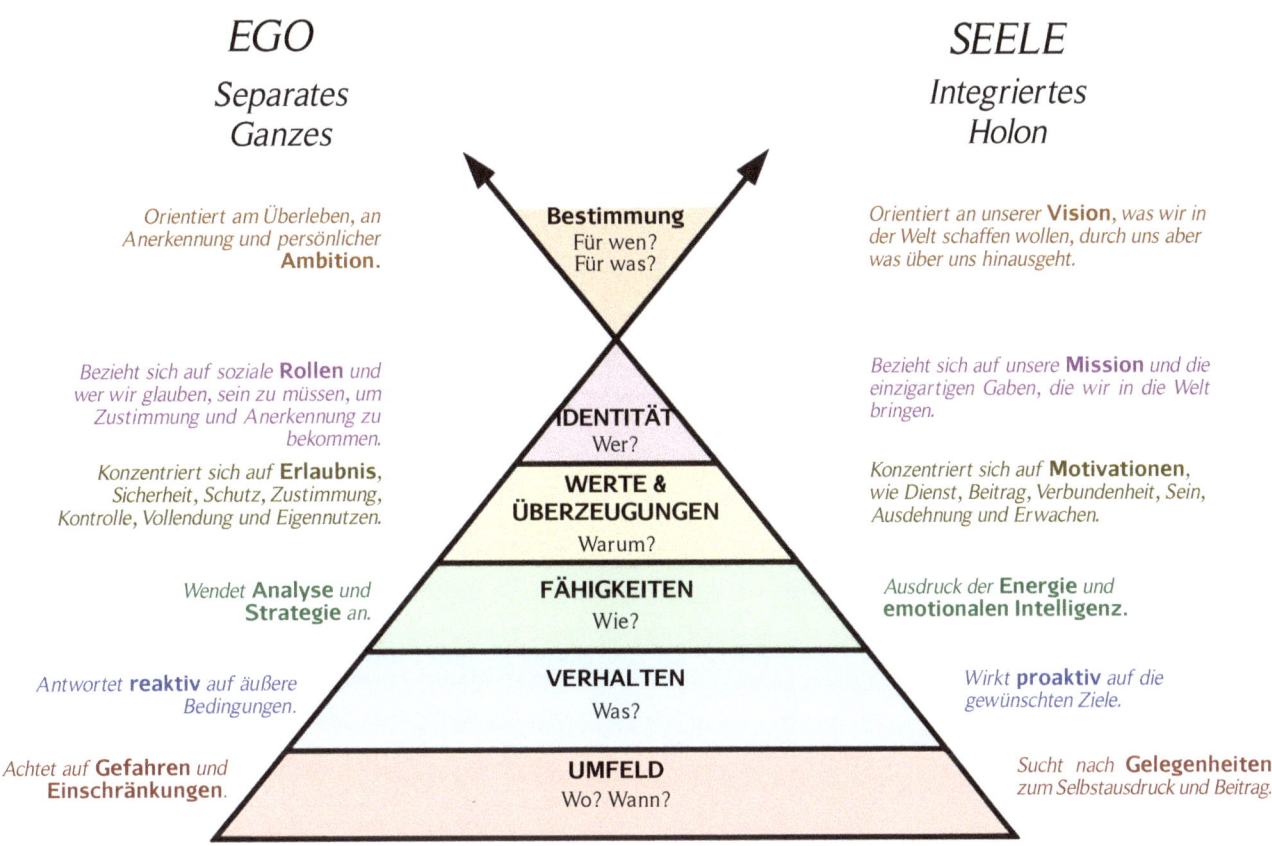

# EGO
*Separates
Ganzes*

# SEELE
*Integriertes
Holon*

*Orientiert am Überleben, an Anerkennung und persönlicher **Ambition**.*

**Bestimmung**
Für wen?
Für was?

*Orientiert an unserer **Vision**, was wir in der Welt schaffen wollen, durch uns aber was über uns hinausgeht.*

*Bezieht sich auf soziale **Rollen** und wer wir glauben, sein zu müssen, um Zustimmung und Anerkennung zu bekommen.*

**IDENTITÄT**
Wer?

*Bezieht sich auf unsere **Mission** und die einzigartigen Gaben, die wir in die Welt bringen.*

*Konzentriert sich auf **Erlaubnis**, Sicherheit, Schutz, Zustimmung, Kontrolle, Vollendung und Eigennutzen.*

**WERTE &
ÜBERZEUGUNGEN**
Warum?

*Konzentriert sich auf **Motivationen**, wie Dienst, Beitrag, Verbundenheit, Sein, Ausdehnung und Erwachen.*

*Wendet **Analyse** und **Strategie** an.*

**FÄHIGKEITEN**
Wie?

*Ausdruck der **Energie** und **emotionalen Intelligenz**.*

*Antwortet **reaktiv** auf äußere Bedingungen.*

**VERHALTEN**
Was?

*Wirkt **proaktiv** auf die gewünschten Ziele.*

*Achtet auf **Gefahren** und **Einschränkungen**.*

**UMFELD**
Wo? Wann?

*Sucht nach **Gelegenheiten** zum Selbstausdruck und Beitrag.*

**Inkrementelle Innovationen folgen aus der Orientierung hin zu uns selbst als separates Ganzes, während Disruptive Innovationen aus der Orientierung hin zu uns selbst als Teil eines größeren Systems hervorgehen.**

*Disruptive Innovationen entstehen aus kollektiven Visionen von bahnbrechenden Möglichkeiten, die neue Märkte erschaffen. Weil sie von früheren Marktentwicklungen abweichen, sind disruptive Innovationen schwer vorauszuahnen oder mit dem bestehenden Wissen vorherzusagen.*

Andererseits bedeutet disruptive Innovation große Veränderungen für Kunden, Zulieferer, Teammitglieder, Stakeholder und Partner. Disruptive Innovationen neigen dazu, aus kollektiven Visionen von neuen Möglichkeiten (wie bei der Analogie der sich verbindenden Seifenblasen im vorhergehenden Kapitel) zu entstehen und von alten Marktentwicklungen abzuweichen. Sie resultieren eher aus dem „SEELEn"-Aspekt von Menschen und Organisationen, der sich aus unserer Wahrnehmung ergibt, Teil von etwas Größerem als wir selbst zu sein. Dieser Standpunkt neigt dazu:

- sich an einer Vision, was möglich ist, um eine bessere Welt zu schaffen, zu orientieren.
- sich auf unsere Mission und die einzigartigen Gaben zu beziehen, die wir in die Welt bringen.
- sich auf Motivationen zu konzentrieren, wie Dienst, Beitrag, Verbundenheit, Sein, Ausdehnung und Erwachen.
- die Anwendung der Intuition und emotionalen Intelligenz zu betonen.
- proaktiv auf die gewünschten Ziele hinzuwirken.
- nach Gelegenheiten zum Selbstausdruck und Beitrag zu suchen.

Somit entstehen disruptive Innovationen aus Synergien von Vision und Vorstellungskraft und bilden vollkommen neue Märkte. Sie sind offensichtlich schwer aus dem bestehenden Wissen vorherzusagen.

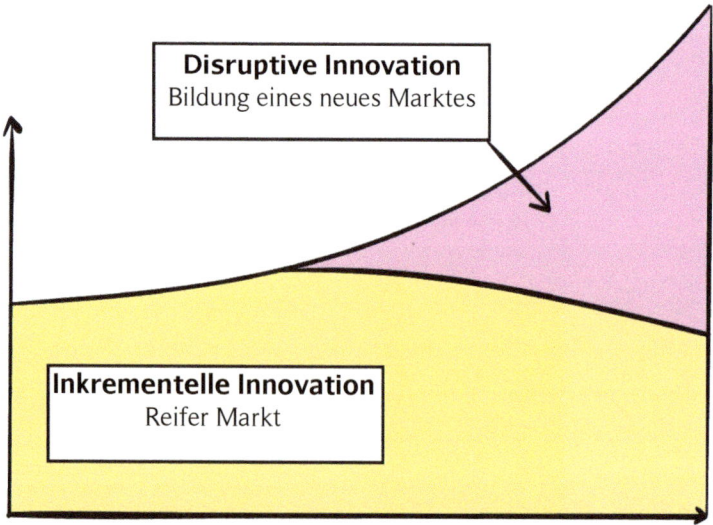

**Schallplatte**

**Magnet-Cassette**

**Compact Disc**

**Apple iPod**

**MP3 Player**

**Disruptive Innovationen entspringen der Synergie von Vision und Vorstellungskraft und schaffen vollkommen neue Märkte.**

## Die Dynamiken der Disruptiven Innovation

In seinem Buch *Misez sur les ruptures de marché* („*Wetten auf Disruptive Innovationen*") erklärt mein Kollege Benoit Sarazin, dass disruptive Innovationen zuerst in einer Marktnische stattfinden. Jedoch ist das Marktpotenzial aufgrund der Verschiebung zum „Innovationsfeld" viel größer als die anfängliche Nische und erreicht wahrscheinlich Marktsegmente, die die Firma zuvor nicht anziehen konnte. Somit bleibt die disruptive Idee, auch wenn sie zuerst innerhalb einer Nische in einem bestehenden Markt erscheint, nicht auf diesen Markt beschränkt.

*Disruptive Innovationen finden zuerst in einer Marktnische statt, aber sie adressieren einen potenziell viel größeren, latenten Markt.*

*Synchronisation von frühen Anwendern und Pionieren*

In unseren Studien über die Erfolgsfaktoren, die zu „disruptiver" Innovation führen, entdeckten Benoit und ich, dass diese Art der Innovation als Folge von Synergien zwischen mehreren, unterschiedlichen Teilen des Erfolgszirkels entsteht. Es beginnt mit einer virtuellen Gemeinschaft der „frühen Anwender" unter den *Kunden* und den „Pionieren" unter den *Teammitgliedern* des Unternehmens. Eine disruptive Innovation beginnt zu entstehen, wenn diese zwei Gruppen eine Möglichkeit haben, sich zu verbinden und Synergien zu bilden, um eine neue Vision für ein Produkt oder eine Dienstleistung zu bilden. Diese Vision transzendiert die gegenwärtige Identität und Fähigkeiten beider Gruppen. Die Visionen der beiden Gruppen müssen in Resonanz und synchronisiert sein. Darüber hinaus ist es wichtig, dass frühe Anwender unter den Kunden und Pioniere innerhalb des Geschäftsteams zu derselben „virtuellen" Gemeinschaft gehören. Diese virtuelle Gemeinschaft entsteht durch die Entwicklungen in dem größeren „Innovationsfeld".

*Disruptive Innovationen entspringen aus einer „virtuellen Gemeinschaft", die sich aus „frühen Anwendern" unter den Kunden und den „Pionieren" im Team zusammensetzt, die eine Vision teilen, die die gegenwärtige Identität und Fähigkeiten beider Gruppen transzendiert.*

Wir bezeichnen diese Gemeinschaft als virtuell, weil sie sich nur zum Zweck der Schaffung einer Innovation zustande kommt. Die frühen Anwender unter den Kunden und die Pioniere innerhalb einer Organisation kennen sich anfänglich vielleicht gar nicht. Sie kommen zusammen, um ein gemeinsames, aufregendes Projekt durchzuführen. Nach dem Abschluss haben sie nicht das Gefühl, in Kontakt bleiben zu müssen. Frühe Anwender und Pioniere werden durch die Tatsache vereinigt, dass sie durch eine Vision leidenschaftlich und begeistert sind und dass sie sich verpflichten, etwas zum Leben zu erwecken, was sich vorher noch keiner vorgestellt hat.

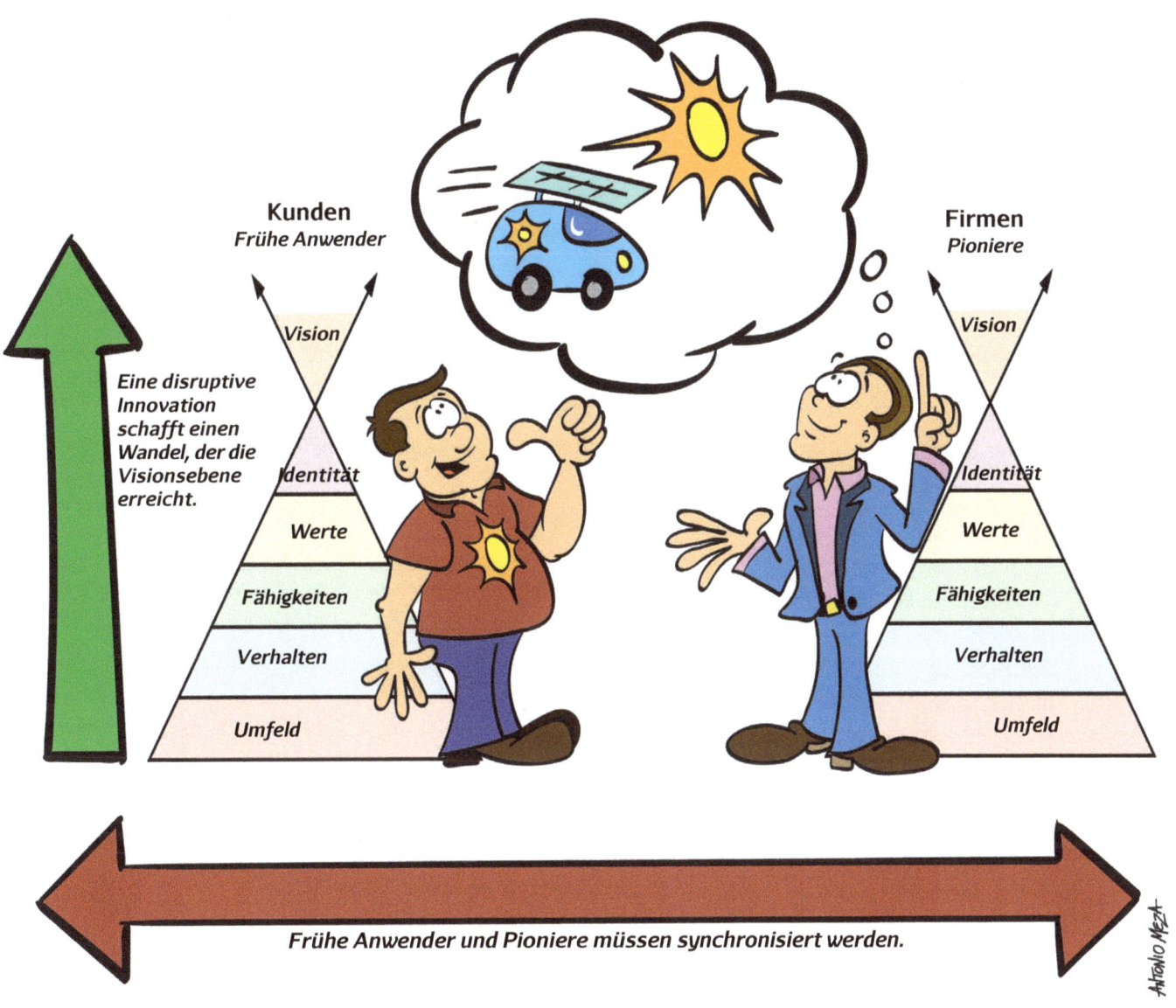

**Kunden**
*Frühe Anwender*

**Firmen**
*Pioniere*

Vision

Identität

Werte

Fähigkeiten

Verhalten

Umfeld

*Eine disruptive Innovation schafft einen Wandel, der die Visionsebene erreicht.*

Vision

Identität

Werte

Fähigkeiten

Verhalten

Umfeld

*Frühe Anwender und Pioniere müssen synchronisiert werden.*

Eine disruptive Innovation beginnt zu entstehen, wenn frühe Anwender unter den Verbrauchern und Pioniere innerhalb des Geschäftsteams eine Möglichkeit haben, zu interagieren und Synergien zu bilden, um eine neue Vision für ein Produkt oder eine Dienstleistung zu entwickeln.

Eine disruptive Innovation erzeugt sowohl für Kunden als auch Firmen einen dramatischen Wandel. Solche dramatischen Veränderungen werden für gewöhnlich von notwendigen Phasen des Chaos und der Ungewissheit begleitet.

Beachten Sie das Kymatik-Experiment, das ich in Kapitel 1 vorgestellt habe. Wird die Schwingung an der Platte gesteigert, wird das Muster im Sand zunehmend komplexer und anspruchsvoller. Wie die Bilder auf der nächsten Seite zeigen, muss jedoch, damit dies geschehen kann, das alte Muster im Sand zerstört werden und eine Phase durchlaufen, in der das Muster unklar ist. Es entspricht nicht mehr länger dem alten Muster, doch auch noch nicht dem neuen. Die dazwischenliegenden Muster (B, D, F und H) haben eine weniger offensichtliche Struktur als A, C, E, G und I.

Dies ist eine gute Analogie zu dem, was mit disruptiver Innovation geschieht. Die Frequenzverschiebung der Schwingung an der Platte ist eine Metapher für das, was ich „Innovationsfeld" nenne. Eine Veränderung in diesem Feld eröffnet die Möglichkeit, dass eine neue Struktur entsteht. Damit dies geschehen kann, müssen jedoch Märkte, Kunden und Firmen eine Phase fehlender Klarheit und Ungewissheit durchlaufen, weil die vorhergehende Struktur zerstört und die neue noch nicht deutlich zu erkennen ist.

Aus diesem Grunde finden es Firmen und Menschen anfänglich schwierig, disruptive Innovationen mit offenen Armen zu empfangen. Disruptionen, also Zerstörungen, werden verständlicherweise von den „EGOs" der Organisationen und Menschen als gefährlich und unsicher eingestuft. Während dieser Phasen des Chaos und der Ungewissheit, ist es wichtig, dass Menschen und Teams daran arbeiten, in ihrem sogenannten COACH State zu bleiben anstatt zusammen-zubrechen – zu CRASHen, d. h. Sie sollten einen generativen Zustand erhalten, indem Sie mit sich selbst, der größeren Vision und dem Ressourcenfeld in ihrer virtuellen Gemeinschaft verbunden bleiben.

*Disruptive Innovationen erzeugen notwendigerweise eine Phase des Chaos und der Ungewissheit, die den existierenden Status Quo gefährden kann. Somit werden sie häufig nicht mit offenen Armen empfangen und manchmal sogar zunächst bekämpft.*

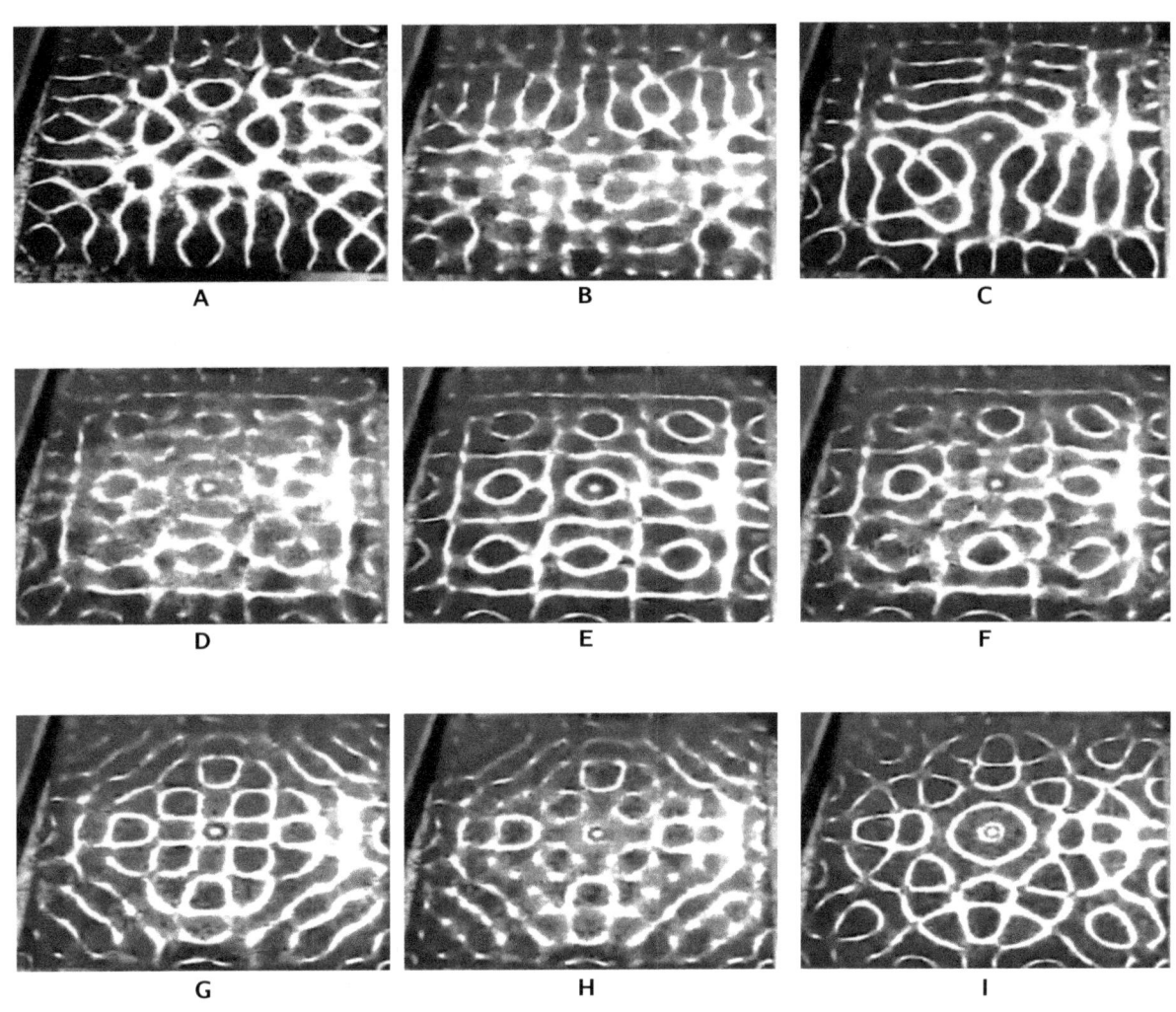

Um von einer Strukturebene zur anderen zu wechseln, muss ein System eine Phase des Chaos und der Ungewissheit durchlaufen.

**Vision –**
*Viele CDs in einem Gerät*

**Values –**
*Freiheit, Spaß, Mobilität*

**Identität –**
*Musik-liebhaber*

**Disruptive Innovation wird erzeugt, wenn Erstanwender und Pioniere die Veränderung auf den Ebenen der Werte, Identität und Vision erleben.**

In diesem Sinne werfen disruptive Innovationen Hindernisse auf, die nur der Abenteurergeist der frühen Anwender und der Pioniere überwinden kann. Disruptive Innovationen können erfolgen, wenn zwei Bedingungen zusammentreffen:

1. Erleben die frühen Anwendern und Pioniere die Veränderung auf den Ebenen der Werte, Identität oder Vision, wird das erforderliche Maß an Begeisterung und Einsatzbereitschaft erzeugt, um sich gegen Ungewissheit und Zweifel durchzusetzen. Wenn die Veränderung auf die Ebenen des Umfeldes, des Verhaltens oder der Fähigkeiten begrenzt bleibt, wird keine ausreichende Tatkraft und Einsatzbereitschaft freigesetzt, um eine disruptive Innovation zu unterstützen.

2. Frühe Anwender und Pioniere müssen eine überwältigende Leidenschaft teilen, die auf der gemeinsamen Ausrichtung der Werte, der Identität und der Vision beruht. Ihre Werte, ihre Identität und ihre Vision brauchen nicht notwendigerweise identisch zu sein, weil ihre Werdegänge und Rahmenbedingungen unterschiedlich sein können. Doch müssen sich diese Schlüsselfaktoren bei der Bildung einer virtuellen Gemeinschaft in Resonanz befinden, um ein herausforderndes Projekt abzuschließen.

## Disruptive Innovation und Offene Innovation

Disruptive Innovation erfordert allgemein ein gewisses Maß an „offener Innovation"; d. h . Firmen sollten für externe Partnerschaften außerhalb der Firma offen sein, wenn diese gemeinsame Werte, Visionen usw. haben. Somit schließt die offene Innovation die generative Kollaboration zwischen „Vordenkern" innerhalb der Firma und „Wegbereitern" als Partner ein.

Die Definition von offener Innovation ist im Wesentlichen: „Mit Partnern durch Teilen von Risiken und Belohnungen Innovation betreiben". Laut Henry Chesbrough ist „offene Innovationen ein Paradigma, das davon ausgeht, dass Firmen sowohl externe als auch interne Ideen nutzen können und sollten, und dass es interne wie externe Wege zum Markt gibt, wenn die Firma zusieht, ihre Technologie zu verbessern". Die zentrale Idee hinter offener Innovation ist, dass in einer Welt von weit verteiltem Wissen, Firmen nicht erfolgreich sein können, wenn sie sich gänzlich auf ihre eigene Forschung verlassen. Das Wissen und die für Innovation notwendigen Mittel liegen bei den Angestellten, Lieferanten, Kunden, Wettbewerbern und Universitäten. Um also Innovation zu beschleunigen und Ressourcen wirksam einzusetzen, müssen Firmen Win-Win-Partnerschaften und Allianzen mit anderen Organisationen und Einheiten eingehen.

## Offene Innovation am Beispiel des iPods

Wie ich im SFM Band 1 (S. 270 – 271) zeigte, wird das Konzept von offener Innovation gut an Apples Entwicklung des iPods veranschaulicht. Der iPod war eine sehr erfolgreiche disruptive Innovation. Er verwandelte den Markt für tragbare Abspielgeräte und veränderte den Online-Markt für Musikverkäufe. Als der iPod gestaltet wurde, wusste das Apple Management, dass ihm notwendige Eigenschaften fehlten, um ein attraktives Musik-Gerät zu sein. Anstatt „Vordenker" innerhalb der Firma übernahmen sie Software von Firmen, die „Wegbereiter" waren, um iTunes aufzubauen, und sie stellten Software-Experten für Musik sowie Hardware Ingenieure von außerhalb der Firma ein, die sie mit einem Team von Apple Veteranen integrierten. Diese neuen Menschen halfen, die Verbindung zwischen Apple und der virtuellen Gemeinschaft von Musikliebhabern herzustellen.

In 2000 leitete Steve Jobs' bonbonfarbener iMac Apples Comeback ein. Um weitere Verkäufe anzukurbeln, fragten die Vordenker innerhalb der Firma: „Was können wir tun, um mehr Menschen dazu zu motivieren, den iMac zu kaufen?" Die virtuelle Gemeinschaft der Schlafsäle, eine wichtige Quelle von iMac-Verkäufen, wurde von Musikliebhabern gebildet, die wie verrückt auf der Online-Site Napster Musikstücke tauschten. Sie brachten Lautsprecher an ihren Computern an und stahlen Musik von CDs. Doch der iMac hatte, ungleich den Windows Computern, keine Musik Software.

Um mit der Musik-Revolution mitzuhalten, lizensierte Apple Software von einem Drittanbieter, dem „Wegbereiter" PortalPlayer Inc. , und veröffentlichte iTunes auf dem iMac im Januar 2001.

Anfänglich war der iPod nur ein Zubehör vom iMac. Seine Verkaufsraten waren, wie für ein Zubehör zu erwarten, limitiert. Doch die Pioniere und Vordenker bei Apple bemerkten, dass die wirkliche Marktchance viel größer war. Der iPod konnte als tragbares Gerät für jeden Computer, sogar mit Windows, verkauft werden. iTunes wurde für Windows XP im Oktober 2003 adaptiert. Dieser Zug kurbelte das hohe Umsatzwachstum an, wie wir es heute kennen.

*Disruptive Innovation erfordert häufig „offene Innovation" und generative Kollaboration zwischen „Vordenkern" innerhalb der Firma und „Wegbereitern" als Partner.*

*Apples Entwicklung des iPods Anfang 2000 ist ein gutes Beispiel für ein disruptives Produkt, das durch offene Innovation produziert wurde.*

Zu Beginn des Jahres 2004 schossen die iPod-Verkäufe dramatisch in die Höhe und machten den größten Marktanteil der tragbaren Abspielgeräte aus. Bis 2008 wurde iTunes zur Nummer eins der Musikanbieter in den Vereinigten Staaten.

Apple hat bis heute seine Politik der offenen Innovation fortgesetzt. So wurde die Apple Watch zum Teil deswegen entwickelt, weil es ein „Ökosystem aus Partnern, die Zubehör herstellen, das sich mit dem iPhone verbindet", gibt. Dies schloss Wegbereiter ein, denen es gelang, Glas herzustellen, das sich um den menschlichen Körper biegen kann. Vor seinem Tod malte sich Steve Jobs die Möglichkeit eines Apple Autos aus, das, während ich hier schreibe, eine intensive Phase der offenen Innovation durchläuft.

*Offene Innovation ist eine wichtige Art generativer Kollaboration für Firmen wie Apple, die sich nicht auf inkrementelle Innovation zum Überleben und Gedeihen verlassen können.*

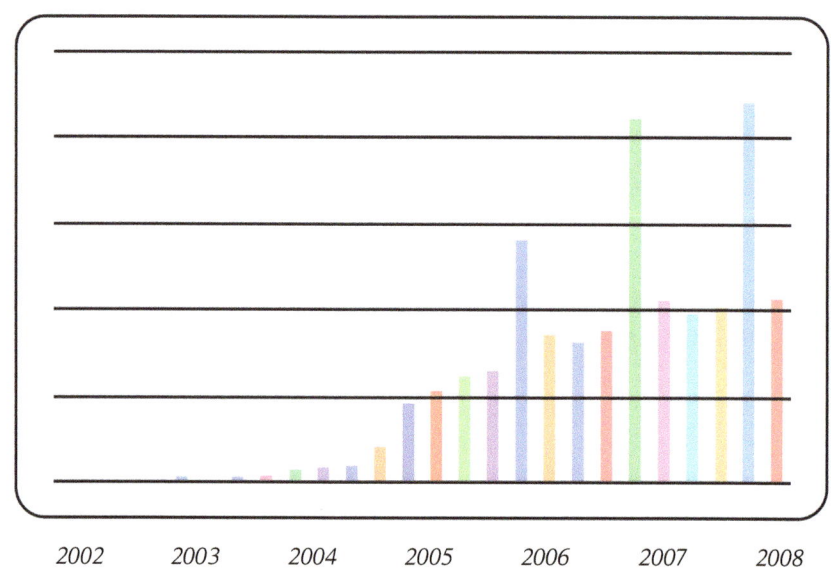

**Geschichte der iPod -Verkäufe pro Quartal von 2002 bis 2008**

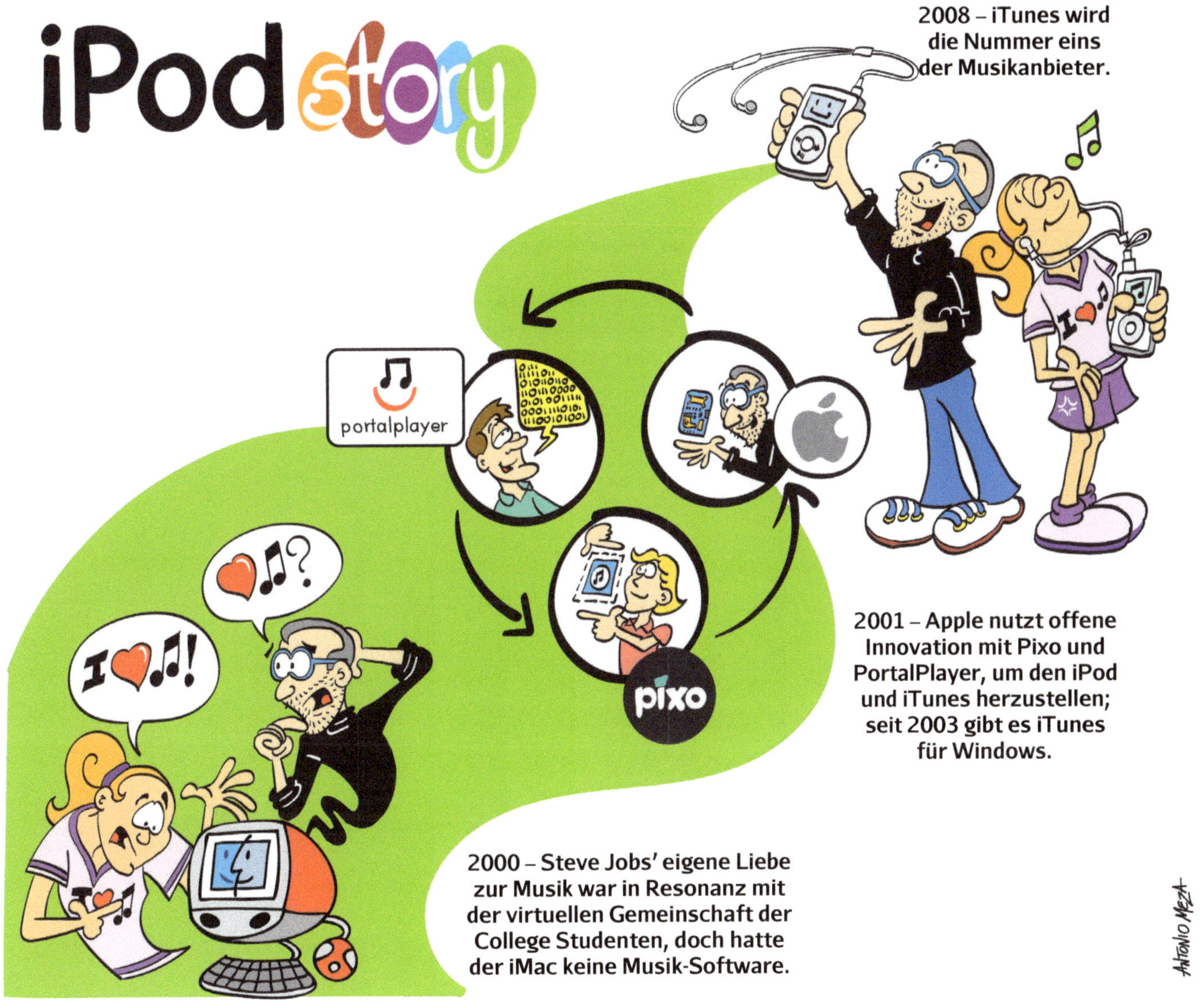
iPod story
2008 – iTunes wird
die Nummer eins
der Musikanbieter.
portalplayer
pixo
2001 – Apple nutzt offene
Innovation mit Pixo und
PortalPlayer, um den iPod
und iTunes herzustellen;
seit 2003 gibt es iTunes
für Windows.
2000 – Steve Jobs' eigene Liebe
zur Musik war in Resonanz mit
der virtuellen Gemeinschaft der
College Studenten, doch hatte
der iMac keine Musik-Software.
ANTONIO MEZA

*Disruptive Innovationen entstehen aus dem kollektiven Wandel auf den Ebenen einer gemeinsamen Vision, Identität und Werten zwischen Kunden, die frühe Anwender sind und Teammitgliedern, die Pioniere sind. Dies schafft einen bedeutenden Beitrag.*

*Disruptive Innovationen erfordern genauso offene Innovation und generative Kollaboration zwischen Vordenkern innerhalb der Firma und Partnern, die Wegbereiter sind. Dies ist notwendig, um Innovation und Resilienz zu erzeugen.*

*Offene Innovation und der Erfolgszirkel*

Zusammenfassend ist zu sagen, dass erfolgreiche disruptive Innovationen aus generativer Kollaboration innerhalb einer „virtuellen Gemeinschaft" entstehen, die sich aus frühen Anwendern unter den Kunden und Pionieren innerhalb der Firma zusammensetzen. Disruptive Innovationen erscheinen für gewöhnlich nicht aus der Theorie. Sie entstehen aus einem kollektiven Wandel auf der Ebene einer geteilten Vision, der Identität und der Werte.

Disruptive Innovationen erfordern natürlich, dass Firmen und Unternehmen nicht zögern, bestehende Teams mit Partnern von außen zu mischen. Dies erzeugt das Phänomen der *Offenen Innovation*, bei der Vordenker innerhalb der Firma generativ mit externen Partner kollaborieren, die als Wegbereiter leidenschaftliche Innovatoren sind und danach streben, über das, was heute möglich ist, hinauszugehen.

# Offene Innovation und der Erfolgszirkel

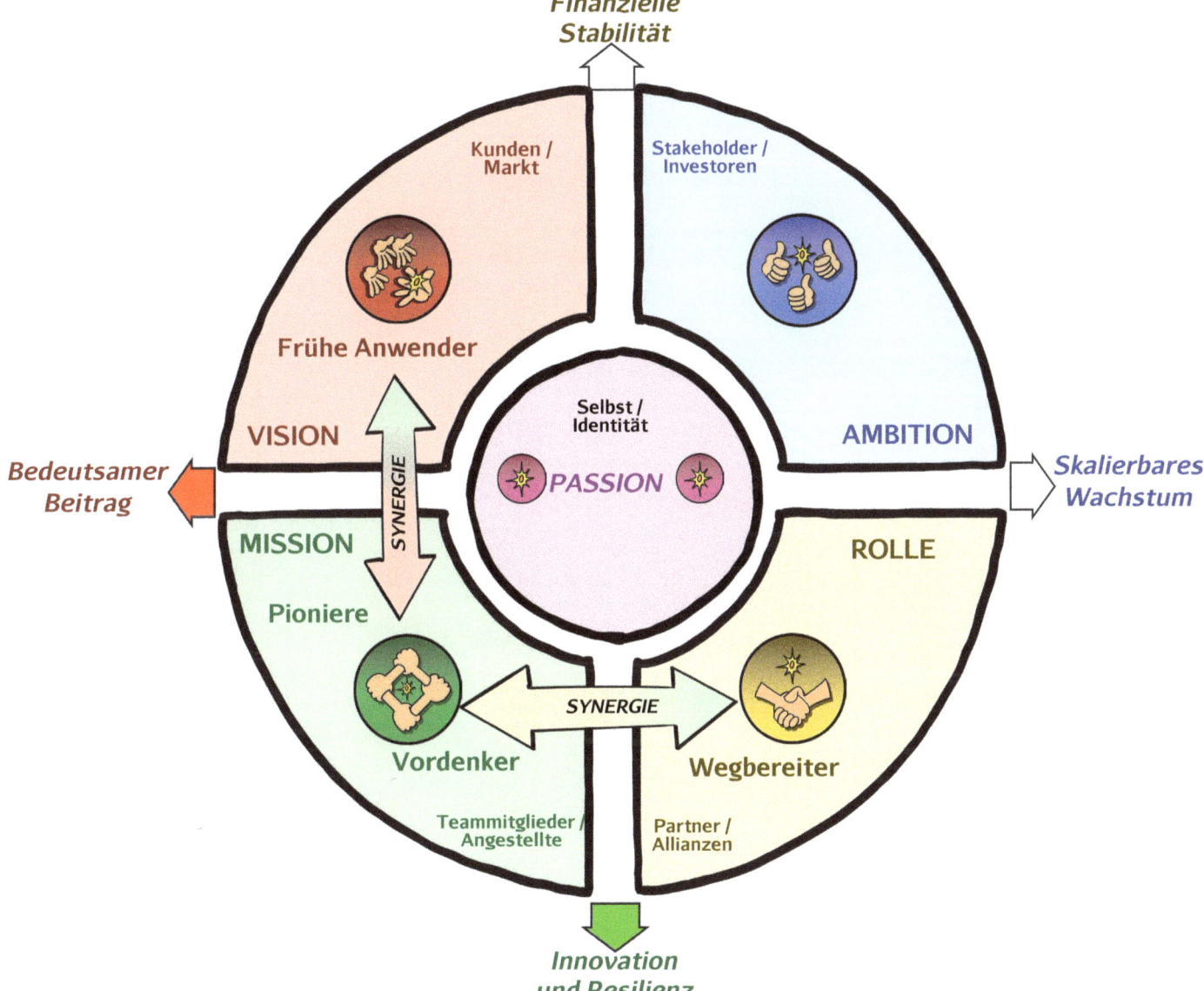

Disruptive Innovationen entstehen aus einer virtuellen Gemeinschaft, die frühe Anwender unter den Kunden mit Pionieren in der Firma sowie Vordenker innerhalb der Firma mit externen Partnern, die Wegbereiter sind, zusammenbringt.

Schwache Signale erkennen: „Frosch oder Fledermaus"

*Das Vermögen, „schwache Signale" zu erkennen, ist ein signifikanter Faktor für disruptive Innovation, da es neue und bislang unerfüllte Bedürfnisse und Interessen innerhalb des Innovationsfeldes ankündigt.*

*Die Analogie von Fröschen gegenüber Fledermäusen veranschaulicht die Tragweite des Vermögens, schwache Signale zu erkennen.*

* *Reaktiv*
* *begrenzte Wahrnehmung*
* *wartet darauf, was als nächstes kommt*

**Frösche sehen nur die ersichtlichsten Trends**

Disruptive Innovationen schaffen neue Märkte, deren Reichweite schwer vorhersehbar ist. In diesen neuen Märkten ist die Marktführerschaft noch zu haben, und Marktführer in bereits bestehenden Märkten haben gegenüber Wettbewerbern keinen Vorsprung.

Um erfolgreich zu sein, müssen die Firmen „der Zeit voraus sein" und, mit den Worten von Steve Jobs' Hockey Metapher: „dahin skaten, wo der Puck sein wird", anstatt dorthin wo er sich gerade befindet. Firmen und Unternehmen müssen neue Trends im Innovationsfeld früh genug erkennen, um die Gelegenheiten zu ergreifen. Wenn sie darin scheitern, geraten sie unter die Vorherrschaft von anderen, die scharfsinniger und agiler sind. Somit ist das Vermögen, „schwache Signale" zu erkennen, ein erheblicher Faktor für disruptive Innovation, da es neue und bislang unerfüllte Bedürfnisse und Interessen ankündigt. Disruptive Innovationen werden weder durch Marketing noch durch Kundenumfragen geschaffen. Sie wenden sich eher an latente Kundenbedürfnisse, als an die schon bekannten. Wie Henry Ford es einmal formulierte: „Wenn ich die Leute gefragt hätte, was sie wollten, hätten sie gesagt: schnellere Pferde."

In meinem Buch *Alpha Leadership* verwenden meine Co-Autoren und ich die Analogie von Fröschen und Fledermäusen, um die Bedeutung der Erkennung schwacher Signale zu veranschaulichen. Frösche und Fledermäuse teilen dieselbe Nahrungsquelle – fliegende Insekten – aber sie haben komplett andere Strategien, ihre Beute zu fangen.

Frösche sitzen auf Seerosenblättern und warten darauf, dass das Futter zu ihnen kommt. (Eine weitere Metapher wäre, dass sie von den „niedrig hängenden Früchten" leben.) Frösche sind bekanntermaßen schlecht darin, schwache Signale zu erkennen. Denken Sie an das etwas verstörende Experiment, bei dem ein Frosch in einen Topf Wasser gesetzt wird, der dann aufs Feuer gesetzt wird. Wenn das Wasser langsam erhitzt wird, erkennt der Frosch die Temperaturänderung nicht und springt niemals heraus. Er wird zusammen mit dem Wasser gekocht.

In ähnlicher Weise können Frösche nur die offensichtlichsten Merkmale bei fliegenden Insekten wahrnehmen. Wenn etwas nicht eine gewisse Größe und Form hat und sich nicht auf gewisse Art und Weise bewegt, wird der Frosch es nicht als Nahrung wiedererkennen. Ein Frosch kann in einer Kiste mit Fliegen verhungern, wenn sie sich nicht bewegen.

Im Gegensatz dazu nutzen Fledermäuse ein ausgefeiltes Ultraschallsystem, das extrem minuziöse Signale erkennt, um hinauszugehen und ihre Beute mit beeindruckender Leichtigkeit aufzuspüren. Eine einzelne braune Fledermaus kann beispielsweise über 1.200 Insekten in Größe einer Mücke innerhalb einer Stunde fangen. (In Bracken Cave, Texas, wird geschätzt, dass die dort lebenden 20 Millionen Fledermäuse jede Nacht rund 200 Tonnen Insekten fressen!)

Frösche können nur die offensichtlichsten Trends erkennen. Fledermäuse hören auf subtile Signale. Mit anderen Worten, sind Frösche eine Metapher für eine eher „EGO"-orientierte Denkweise. Fledermäuse stellen eine eher „SEELEn"-orientierte Denkweise dar.

Vielleicht hängt jedoch der wichtigste Teilaspekt dieses Vergleichs mit den ganz unterschiedlichen Lebensspannen dieser beiden Kreaturen zusammen. Die meisten Frösche leben im Durchschnitt zwei bis fünf Jahre. Andererseits haben Fledermäuse eine durchschnittliche Lebensspanne von fünfundzwanzig bis vierzig Jahren! Somit hat die Fledermaus eindeutig eine viel langfristigere Überlebensstrategie entwickelt. Die Tatsache, dass Fledermäuse ein viertel aller Säugetiere ausmachen (es gibt weltweit mehr als 1.100 Fledermausarten), ist ein weiterer Beweis für die Effektivität ihres Vermögens, schwache Signale zu erkennen.

Oft frage ich in Firmen die Geschäftsführer und Gründer, die ich coache, ob sie lieber wie Frosch oder eine Fledermaus sein wollen.

Die entscheidende Lektion hierbei ist: Um mit disruptiver Innovation erfolgreich zu sein, muss ein Unternehmen ein so großes Netzwerk wie möglich aus frühen Anwendern, Pionieren, Vordenkern und Wegbereitern aufbauen; d. h. ein Netzwerk von „Fledermäusen", die in der Lage sind, schwache Signale bezüglich neuer Gelegenheiten zu erkennen. Es ist unbedingt erforderlich, Menschen zu haben, die bereit sind, die Firma auf potenziell innovative Ideen aufmerksam zu machen und deren Verwirklichung zu unterstützen. Weil sie nach Gelegenheiten Ausschau halten, finden innovative Teams und Unternehmen oft Chancen, die andere übersehen. Weil Kunden, Teammitglieder und potenzielle Partner zu einer vielfältigen Gesellschaft gehören, repräsentieren sie eine große Anzahl virtueller Gemeinschaften. Deshalb ist jeder in Kontakt mit einem Netzwerk, das möglicherweise den Samen für eine disruptive Innovation sät.

Neue Wege eröffnen sich, wenn Sie in Aktion bleiben und ihr „Glücksfaktor" steigt. Chancen ergeben sich, wenn Sie in Kommunikation mit anderen Menschen bleiben. Je mehr Kontakte Sie haben, desto mehr Verbindungen haben Sie zum „Feld" der Möglichkeiten und den „schwachen Signalen", die Bereiche für mögliche disruptive Innovationen anzeigen.

* **Proaktiv**
* **äußerst scharfsinnig**
* **sucht danach, was als Nächstes kommt**

**Fledermäuse hören auf subtile Signale.**

*Die durchschnittliche Lebensspanne einer Fledermaus ist 10mal länger als die eines Frosches. Das Vermögen einer Fledermaus, schwache Signale zu erkennen, ist eindeutig eine lang-fristige Überlebensstrategie.*

*Um erfolgreich zu sein, müssen Unter-nehmen „Fledermäuse" anziehen und fördern, die in der Lage sind, schwache Signale für neue Gelegenheiten zu ermitteln.*

## Erfolgsfaktor-Fallbeispiel:

## Stefan Crisan: EDHEC Master in Management (Cycle Supérieur en Management)

*„Die Magie des Zusammenlebens entdecken"*

**Stefan Crisan**

*Stefan Crisans Entwicklung des „Master in Management"-Studien-programms für die französische EDHEC Business School ist ein Beispiel für disruptive Innovation.*

*Die Idee hinter dem Programm ist, Managern einen Zugang zu einer neuen Art von Führungskraft zu geben, indem sie an ihrer persönlichen Entwicklung und ihrem Selbstbewusstsein arbeiten.*

Stefan Crisans Entwicklung des Studiengangs „Master in Management" für die französische EDHEC Business School ist ein Beispiel für eine disruptive Innovation. Stefan startete das Programm 2003 als Teil des fortlaufenden EDHEC Ausbildungscurriculums. Ungleich eines traditionellen Präsenzstudiengangs hatte Stefans „Master in Management"-Programm den Zweck, etwas Revolutionäreres anzubieten. Es bietet Teilnehmern „Erfahrungen, Kenntnisse und Unterstützung, um kompetenter zu werden, um in einer Welt erfolgreich zu sein, die schwierig ist – angefüllt mit Komplexität, Elend und paradoxen Situationen."

Die Teilnehmer des Programms (im Alter von 35 – 50 Jahren) waren keine College-Studenten, sondern Führungskräfte aus dem Mittelmanagement, die sich selbst verbessern wollten. „Sie sind sehr erfahrene, autodidaktische Manager", erklärt Stefan, „denen das Management-Wissen fehlt, weil sie ihre Karriere von Grund auf selbst aufgebaut haben, aber sie haben alle ein hohes Potenzial und den Wunsch beruflich und persönlich zu wachsen. Meistens sind sie an dem Punkt angekommen, wo sie verstehen: „Um erfolgreich zu sein, muss ich mehr tun." Ungleich den jungen Menschen, die gerade erst ihre Karriere beginnen, müssen die Teilnehmer des „Master in Management"-Programms „ein persönliches und berufliches Leben bewältigen, das überladen ist und einem Paradigmenwechsel unterliegt".

### Die Notwendigkeit einer Vision

Der Aufbau eines innovativen, neuen Programms an einer etablierten, internationalen Business School kann sehr herausfordernd sein und erfordert eine starke Vision. Stefan weist darauf hin: „Der Focus des Programms liegt auf der Entwicklung der Leadership-Identität bei jedem Teilnehmer und lädt sie zu einer transformierenden Erfahrung über einen Zyklus von einem Jahr ein. Die Idee hinter dem Programm ist, ihnen Zugang zu einer neuen Art der Führung zu geben, indem sie an ihrer persönlichen Entwicklung und ihrem Selbst-Bewusstsein arbeiten."

Stefan erklärt weiter:

*Die Vision ist: Sich zu verwandeln, um erfolgreich zu sein – Menschen zu sehen, die Meister der Transformation werden. Das Versprechen ist nicht, die Welt zu verwandeln, sondern eher Menschen zu ermöglichen, besser zu verstehen, wie sie ihre Fähigkeit steigern, um in der Welt mit Ehrlichkeit und Klarheit anstatt mit Angst und Manipulation zurechtzukommen.*

Um dies zu erfüllen, musste Stefan eine komplett neue Ausbildungsstruktur entwickeln. Das Entscheidende an dieser Struktur war die Schaffung kollektiver Veranstaltungen, bei denen „die Teilnehmer sich treffen können und Leadership-Momente erfahren und persönliche Einsichten gewinnen". „Wir setzen die Menschen speziellen Kontexten aus, um etwas Intensives zusammen zu erleben", sagt Stefan, „um danach zusammen eine entsprechende Kurswechsel-Erfahrung zu bewältigen und diese auf ihre berufliche Situation zu adaptieren."

**Stefan Crisans Vision für den Master of Management an der EDHEC hieß: "Sich zu verwandeln, um erfolgreich zu sein".**

Einige Beispiele sind:

- Sie verbringen drei Tage an der Schule der Luftwaffe, um zu erfahren, wie Selbstkontrolle, Reaktionsfähigkeit und Leadership im Angesicht schwieriger Situationen entwickelt wird. Die Teilnehmer tragen andere Kleidung, nehmen an militärischen Übungen teil, bewältigen Spannung usw.
- Sie gehen in die Notaufnahme im Krankenhaus und beobachten, wie Ärzte und Pflegepersonal Patienten und sich selbst managen, und wie sie mit der angespannten Situation umgehen.
- Sie beobachten ein Philharmonie-Orchester, das für eine Aufführung probt.

„In neuen Kontexten wie diesen können die Teilnehmer sich selbst auf einfache Art beobachten", sagt Stefan. Die anderen Programmteile setzen sich aus einer innovativen Kombination von E-Learning und individuellem Coaching zusammen.

Der Schwerpunkt von Stefans Programm liegt ganz eindeutig darauf, ein integriertes Holon zu sein – sowohl ein kreativ denkendes und handelndes Individuum als auch ein beitragender Teil eines größeren Systems – und die für eine generative Kollaboration erforderlichen Kompetenzen zu entwickeln. Stefan weist darauf hin: „Die kollektive Intelligenz ist für die Teilnehmer wesentlich. Die speziellen Kursveranstaltungen sind besonders geeignet, das Teilen untereinander zu fördern." Laut Stefan helfen die Veranstaltungen den Teilnehmern, „Situationen, wo innere Ressourcen sehr nützlich sein können, zu erleben und zu üben. Um das Vermögen zu entwickeln, innere Ressourcen mit schwierigen äußeren Kontexten zu verbinden".

*Zur Erfüllung seiner Vision musste Stefan eine komplett neue Curriculum-Struktur ausarbeiten, in der kollektive Veranstaltungen, E-Learning und individuelles Coaching vorkamen.*

**Stefan Crisan setzt sich leidenschaftlich für Innovation und Problemlösung ein, besonders in Situationen, wo er "die Magie des Zusammenlebens" genießen kann.**

**Stefans Projekt musste sich an den Ambitionen der Business School EDHEC ausrichten, um ihre Marke international scheinen zu lassen.**

### Die Basis seiner Leidenschaft

Eine solch tiefgreifende Neuerfindung einer Business School-Ausbildung ist der Höhepunkt einer lebenslangen Leidenschaft gewesen, die Stefan für Innovation und Teamwork hat. Mit seinen Worten:

*Innovation ist die Geschichte meines Lebens. Ich bin auf viele Hindernisse und Schwierigkeiten gestoßen und habe sie überwunden. Ich setze mich genauso leidenschaftlich für Menschen ein. Seit meiner Geburt habe ich die Magie des Lebens mit Menschen entdeckt. Ich habe mit Menschen magische Momente in Kontexten erlebt, in denen wir etwas erlangt haben. Herausfordernde Situationen, wo eine Gruppe etwas erreichen muss, motivieren mich.*

„Aus meinem schulischen und beruflichen Leben kenne ich viele dynamische Teamsituationen", fährt Stefan fort. „Ich hatte eine dynamische, großzügige und clevere Ausbildung. Ich hatte fünf Geschwister und eine sehr lebensfrohe Mutter, die Sozialarbeiterin war und sich um verlassene Kinder kümmerte. Ich lernte, dass es gut ist zu versuchen, sich zu helfen und miteinander zu leben. Es schafft das Gefühl, nützlich zu sein und sich an einem dynamischen Teamkontext zu beteiligen und erfolgreich zu sein. Das ist die Geschichte meines Lebens."

Um seine Leidenschaft und seine Vision in eine Wirklichkeit für seine Kunden zu verwandeln, gebrauchte Stefan ganz konkret kollektive Intelligenz und generative Kollaboration, um einen effektiven Erfolgszirkel aufzubauen – und die richtigen Stakeholder, Teammitglieder und Partner zusammenzubringen.

### Ambitionen erfüllen

Der primäre Stakeholder ist bei dem Vorhaben offensichtlich die EDHEC. Die Business School liefert viele wesentliche Ressourcen für das Programm, bietet die Glaubwürdigkeit und teilt sowohl die Risiken als auch die Anerkennung für den Erfolg. Ein besonderer Erfolgsfaktor war für Stefan, die Übereinstimmung mit den Ambitionen der Schule. „Die Ambition der EDHEC ist sehr hoch und international ausgerichtet", sagt Stefan. „Es gibt ebenfalls eine Ambition für Innovation." Der Erfolg einer Business School basiert jedoch auf ihrem Markenimage. Dies stellt eine große Herausforderung und potenziellen Widerstand gegenüber Projekten wie Stefans dar. Stefan weist darauf hin: „In diesem Rahmen ist das Risiko zu Versagen, was ein Merkmal von Innovation ist, nicht gut."

Stefans konnte Synergien herstellen, Schlüsselpartnerschaften finden und generative Kollaborationen fördern. Dies erlaubte ihm, viele dieser Risiken beim Aufbau seines Programms schnell und mit niedrigen Kosten zu überwinden.

Nach dem Start am EDHEC Campus in Nizza dehnte sich das Programm über ganz Frankreich aus und Stefan ist nun dabei, es international auszuweiten. „Als Innovator geht es mir gut", sagt Stefan. „Ich führte schnell ein E-Learning Master Programm bis zum Erfolg. Ich konnte experimentieren und viel ohne viele Mittel erreichen."

Stefans Begabung solch schnellen Erfolg mit dem Programm zu erzielen, war die Folge der Einrichtung einer Rolle, die ihm ermöglichte, die Vision und Mission des Projektes auf eine Art zu unterstützen, die in Übereinstimmung mit der Ambition der EDHEC war, seinem größten Stakeholder.

*So erklärt er es:*

*Der Grund, dass ich dies tun konnte, ist, dass ich kein Lehrer bin, sondern ein Entwickler. Als Entwickler habe ich den Vorteil Neuerungen vorzunehmen. Außerdem befinde ich mich nicht im Herzen des Systems, das die Ausbildung der Jugend betrifft (und tausende von Leuten umfasst). Ich arbeitet an der Peripherie in einem kleinen Teil der kontinuierlichen Lehre mit 40 – 50 Leuten. Innerhalb dieser Satellitenstellung kann ich experimentieren. Mein Programm ist handgemacht, nicht „industrie-gefertigt". Man betrachtet mich als „Kunsthandwerker". Ich biete ein Fenster der Möglichkeiten. Meine Kollegen entscheiden, ob sie einige davon in ihre Lernmethoden integrieren wollen.*

Stefans Rolle als ein "Entwickler" erlaubte ihm die Flexibilität, "über den Tellerrand hinaus" zu denken und interessante Partnerschaften einzugehen.

### Starke Partnerschaften aufbauen

Ein Schlüsselfaktor für Stefans Erfolg ist der Aufbau effektiver Partnerschaften. „Partner geben mir die Mittel, die entscheidenden Aktivitäten durchführen zu können", betont er. „Zum Beispiel findet der Kurs bei der Luftwaffe mit einem Partner statt. Und die Stadthalle von Nizza ist mein Partner für das Erlebnis mit den Philharmonikern."

Der Aufbau starker Partnerschaften bedeutet Vertrauen aufzubauen. Stefan erklärt dazu:

*Unsere Partner sind in erster Linie die HR Direktoren der Kundenfirmen. Klienten werden zu Partnern, weil sie den Einfluss auf ihre Manager erkennen.*

*Wenn man Kurse verkauft, verkauft man „Wind". Deshalb ist das Vertrauen so wichtig. Man muss das Vertrauen mit den Menschen entwickeln. Hinter dem Vertrauen steht der Glaube, dass ich bei dem Entwicklungsprozess der Manager wirksam sein kann.*

*Stefan Crisans Vermögen effektive Partnerschaften einzugehen waren ein Schlüsselfaktor für seinem Erfolg.*

*Zum Beispiel habe ich eine Reihe von Managern derselben Firma in meinen Master-Studiengang. Das Top-Management in den Firmen erkennt den Einfluss auf ihre Manager; d. h. den Unterschied bei Ihnen zwischen dem Anfang und dem Ende. Deshalb vertrauen Sie mir. Ihre Manager entwickeln Vertrauen in sich selbst und ihr geschicktes Verhalten in schwierigen Situationen. Wenn sie das erkennen, sagen sie: „OK. Es funktioniert." Und wir fahren gemeinsam fort.*

Um mit seinen Partnern ein tiefgreifendes Vertrauen zu entwickeln, musste Stefan als Gegenleistung für ihre Kooperation und Beteiligung einen deutlichen „Gewinn" für sie schaffen. Er erkannte, dass er, um dies zu erfüllen, zusätzlich zu seiner Rolle als Entwickler ihnen gegenüber die Rolle des Ratgebers einnehmen musste. „In erster Linie ist es meine Rolle, den Partnern gegenüber ein Berater zu sein", behauptet er. „Wenn ich in dieser Rolle nicht erfolgreich bin, bricht die Partnerschaft ab. Die Rolle des Beraters ist für langfristige Partnerschaften wesentlich. Sie vertrauen mir und ich vertraue ihnen."

*Um anhaltende Win-Win-Partnerschaften aufzubauen, lernte Stefan die Rolle des Beraters ein-zu-nehmen, der genau zuhörte, was seine potenziellen Partner wirklich wollten und brauchten.*

Um als effektiver Berater andauernde Win-Win-Beziehungen aufzubauen, die sich ausweiten und sowohl für ihn (und die EDHEC) als auch für seine Partner Ressourcen wirksam nutzen, musste Stefan lernen, genau zuzuhören, was sie wirklich wollen und brauchen. „Die Ressource, die ich entwickeln muss, ist ganz genau für längere Zeit zuzuhören, um ihre Visionen zu verstehen", behauptet er. „Das ist nicht immer ganz so offensichtlich."

**Zum Aufbau eines erfolgreichen Programms musste Stefan sein Team, einschließlich des Verwaltungspersonals und der Lehrer und Coaches innerhalb und außerhalb der Business School darauf ausrichten.**

### Ein Team mit einer gemeinsamen Ausrichtung aufbauen

Natürlich war der zentrale Punkt für den Erfolg von Stefans Vision und Vorhaben, ein effektives Team anzuziehen, aufeinander auszurichten und zu entwickeln. „Mein Team besteht aus dem Verwaltungspersonal, die bei der Koordination helfen, und den Lehrern und Coaches innerhalb und außerhalb der EDHEC", sagt Stefan. In Übereinstimmung mit der Vision des Projektes ist die Mission des Teams, „Menschen in Organisationen zu unterstützen, Fähigkeiten, Mut und Weitsicht zu entwickeln und Hindernisse zu überwinden." Der Einfluss der Lehrer und Coaches ist besonders wichtig den Erfolg des Programms. Laut Stefan:

*Die Mission der Lehrer und Coaches ist zu begeistern, mit Menschen über eine längere Zeit hinweg zu arbeiten und ihre Transformation zu ermöglichen. Seit sie sich nicht mehr in der traditionellen Machtposition wie im Klassenzimmer befinden, können sie ihren Einfluss auf die Menschen beobachten und erkennen die Unterschiede in ihrem Wissen und Verhalten. Das begeistert besonders die Lehrer.*

Obwohl die neue Art, mit den Studenten zu interagieren, sehr begeisternd sein kann, ist ihre Implementation doch sehr herausfordernd. „Die Schwierigkeit ist, dass ein klassisches, akademisches Masterstudium nicht so wie unser Programm funktioniert und die Leute gewohnt sind, in klassischen Strukturen zu arbeiten", sagt Stefan. „Für Lehrer ist das ein Wechsel der Identität. Sie sind gewohnt vor großen Gruppen zu dozieren. Im Rahmen unseres Programms müssen sie zu einem Coach im Zusammenhang mit dem E-Learning werden. Sie müssen die Identitätsebene der Teilnehmer ansprechen."

Tatsächlich galt Stefans größter Zeitaufwand der Entwicklung und Kompetenzerweiterung seines Teams. „Ich brauche 2 – 3 Jahre, um einen Lehrer zu coachen, damit er sich in seiner neuen Rolle wohlfühlt", erklärt er. „Meine bevorzugte Art ist, voranzugehen und ein Beispiel zu sein. Ich habe gezeigt, dass es möglich ist. Als zweites coache ich die Menschen im Team. Ich übe mit ihnen, was ich mit den Klienten praktiziere. Ich führe auch gemeinsame Sitzungen durch, aber jeder Lehrer wird gecoacht. Dafür brauche ich viel Zeit (das ist das Wasser unter dem Eisberg)."

Stefan unternimmt konkrete Schritte, um kollektive Intelligenz und generative Kollaboration in seinem Team zu fördern. „Ich versuche Situationen zu schaffen, wo wir zusammen kollektiv denken", sagt er. „Jedes Jahr haben wir einmal im Quartal ein Treffen mit den Lehrern, Coaches und dem Personal. Manchmal gibt es sehr viele gute Ideen, wie wir die Qualität der Interaktionen und Kommunikation steigern können.

*Stefans größter Zeitaufwand galt der Kompetenzerweiterung seines Teams, durch sein eigenes Beispiel, sein persönliches Coaching der Teammitglieder und durch gemeinsame Sitzung mit den Teammitgliedern.*

*Die Schritte, die Stefan Crisan zum Aufbau des Master-in-Management-Programms unternahm, sind ein gutes Beispiel, wie man einen effektiven Erfolgszirkel bildet.*

### Zusammenfassung: Der Erfolgszirkel für Disruptive Innovation

Alles in allem wandelte Stefan seine Leidenschaft für Innovation und persönliche Entwicklung in eine Vision für Manager auf mittlerer Managementebene, sich selbst zu verändern, um mittels Selbstbewusstsein und kollektiver Intelligenz erfolgreich zu sein. Die Vision machte die Entwicklung eines einmaligen Programms erforderlich, das Coaching, E-Learning und besonders Erlebnis-orientiertes Lernen kombinierte, um Manager zu unterstützen, eine „Leadership-Identität" zu entwickeln und sich Fertigkeiten anzueignen, die sie kompetenter werden lassen, um sich in einer verändernden und herausfordernden Welt zurechtzufinden.

Stefan war in der Lage, seine Vision auf die Ambition für Innovation und Markenimage seines Hauptstakeholders, der EDHEC, abzustimmen. Durch sein Projekt Masters in Management konnte eine Art Satellit geschaffen werden, der der Business School ein Schaufenster der Möglichkeiten bot. Stefans Vermögen generativ zusammenzuarbeiten und Vertrauen mit den Partnern aufzubauen, erlaubte ihm, schnell ein innovatives Programm einzurichten und mit wenig Kosten das Risiko für seinen Hauptstakeholder erheblich zu reduzieren.

# Stefan Crisans Erfolgszirkel

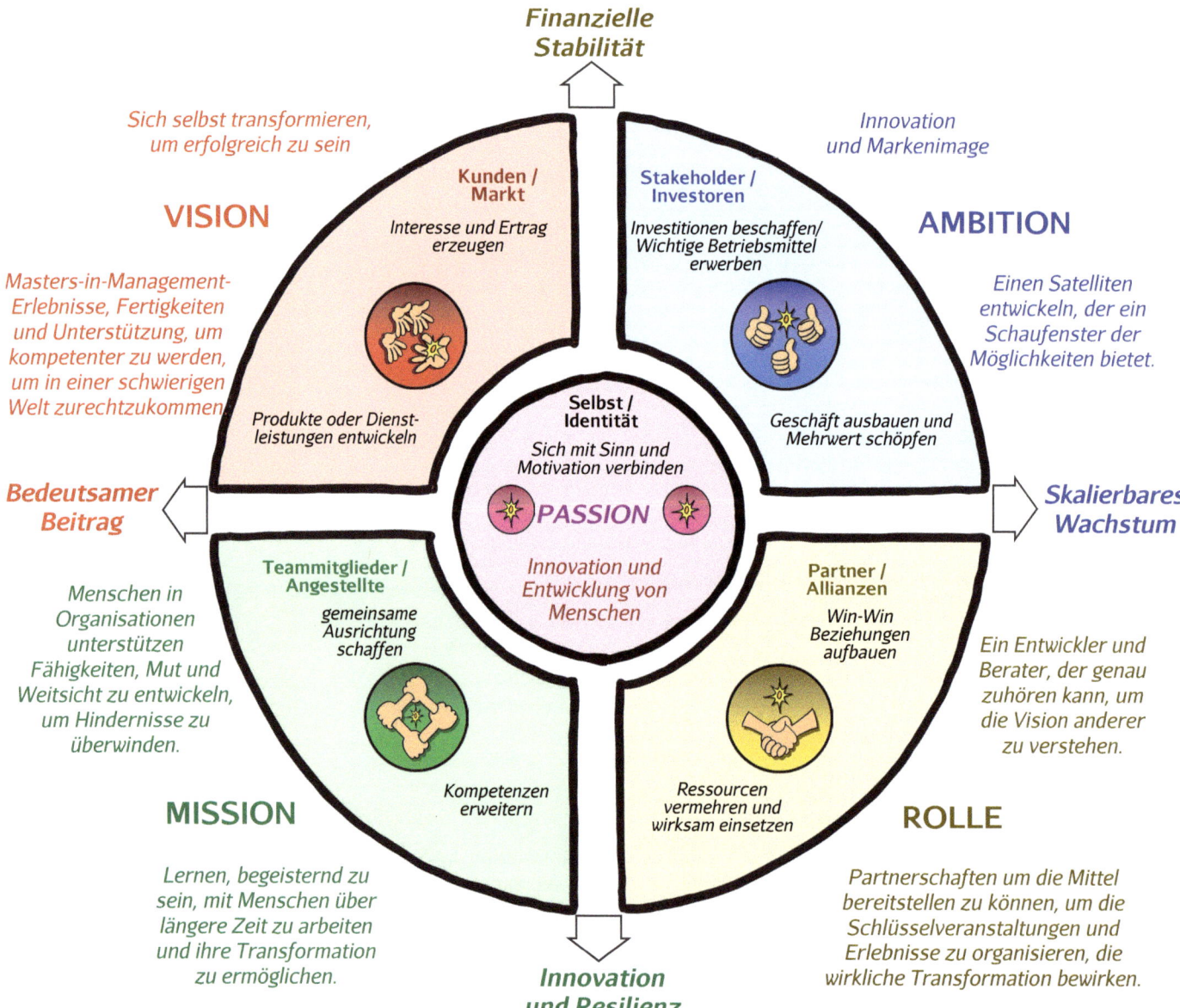

**Finanzielle Stabilität**

*Sich selbst transformieren, um erfolgreich zu sein*

**VISION**

*Masters-in-Management-Erlebnisse, Fertigkeiten und Unterstützung, um kompetenter zu werden, um in einer schwierigen Welt zurechtzukommen.*

**Kunden / Markt**

Interesse und Ertrag erzeugen

Produkte oder Dienstleistungen entwickeln

**Stakeholder / Investoren**

Investitionen beschaffen/ Wichtige Betriebsmittel erwerben

Geschäft ausbauen und Mehrwert schöpfen

*Innovation und Markenimage*

**AMBITION**

*Einen Satelliten entwickeln, der ein Schaufenster der Möglichkeiten bietet.*

**Selbst / Identität**

Sich mit Sinn und Motivation verbinden

*PASSION*

Innovation und Entwicklung von Menschen

**Bedeutsamer Beitrag**

*Menschen in Organisationen unterstützen Fähigkeiten, Mut und Weitsicht zu entwickeln, um Hindernisse zu überwinden.*

**Teammitglieder / Angestellte**

gemeinsame Ausrichtung schaffen

Kompetenzen erweitern

**MISSION**

*Lernen, begeisternd zu sein, mit Menschen über längere Zeit zu arbeiten und ihre Transformation zu ermöglichen.*

**Partner / Allianzen**

Win-Win Beziehungen aufbauen

Ressourcen vermehren und wirksam einsetzen

**ROLLE**

*Partnerschaften um die Mittel bereitstellen zu können, um die Schlüsselveranstaltungen und Erlebnisse zu organisieren, die wirkliche Transformation bewirken.*

**Skalierbares Wachstum**

*Ein Entwickler und Berater, der genau zuhören kann, um die Vision anderer zu verstehen.*

**Innovation und Resilienz**

# STEFAN CRISANS ERFOLGSZIRKEL

**VISION**
**Kunden / Markt**

*SICH SELBST TRANSFORMIEREN, UM ERFOLGREICH ZU SEIN

* MASTERS-IN-MANAGEMENT-ERLEBNISSE, FERTIGKEITEN UND UNTERSTÜTZUNG, UM KOMPETENTER ZU WERDEN, UM IN EINER SCHWIERIGEN WELT ZURECHTZUKOMMEN.

**AMBITION**
**Stakeholder / Investoren**

* INNOVATION UND MARKENIMAGE

* EINEN SATELLITEN ENTWICKELN, DER EIN SCHAUFENSTER DER MÖGLICHKEITEN BIETET.

**MISSION**
**Teammitglieder / Angestellte**

* MENSCHEN IN ORGANISATIONEN UNTERSTÜTZEN FÄHIGKEITEN, MUT UND WEITSICHT ZU ENTWICKELN, UM HINDERNISSE ZU ÜBERWINDEN.

* LERNEN, BEGEISTERND ZU SEIN, MIT MENSCHEN ÜBER LÄNGERE ZEIT ZU ARBEITEN UND IHRE TRANSFORMATION ZU ERMÖGLICHEN.

**ROLLE**
**Partner / Allianzen**

* EIN ENTWICKLER UND BERATER, DER GENAU ZUHÖREN KANN, UM DIE VISION ANDERER ZU VERSTEHEN.

* PARTNERSCHAFTEN UM DIE MITTEL BEREITSTELLEN ZU KÖNNEN, UM DIE SCHLÜSSELVERANSTALTUNGEN UND ERLEBNISSE ZU ORGANISIEREN, DIE WIRKLICHE TRANSFORMATION BEWIRKEN.

**PASSION:**
INNOVATION UND ENTWICKLUNG VON MENSCHEN

*Zum großen Teil beruhte Stefan Crisans Erfolg auf seiner Fähigkeit, Synergien durch Benchmarking, Brainstorming und generative Kollaboration zu schaffen und zu fördern, was ihm, seinem Team und seinen Partnern ermöglichte, neue Ideen zu entwickeln, kreative Lösungen zu finden und weisere Entscheidungen zu treffen.*

**In Stefans Symbol für seine größere Vision "befindet sich jeder in einem Kreis und hält einen elastischen Teppich in der Hand, in dessen Mitte sich die Welt befindet".**

Stefans Erfolg ergab sich zum großen Teil als Folge seiner bahnbrechenden Innovationen durch Kompetenzsteigerung seines Teams und der Ausweitung und des wirksamen Einsatzes seiner Ressourcen durch Partnerschaften und Allianzen.

Indem er die Rolle sowohl des Entwicklers als auch die des Ratgebers annahm, der sehr genau zuhören konnte, um die Vision anderer zu verstehen, konnte Stefan Vertrauen aufbauen und langfristige Beziehungen zu Partnern bilden. Dies gab ihm die Mittel, Schlüsselveranstaltungen und Erlebnisse zu organisieren, die wirkliche Transformation bei den Teilnehmern seines Programms bewirkten. Vertrauen und Motivation wirken auf die Teilnehmer wegen der wahrgenommenen „Aufgabensignifikanz" ihres Beitrages stärkend; d. h. wegen des Potenzials einen positiven Einfluss im Leben anderer zu machen.

Der Haupterfolgsfaktor bei der lebensverändernden Transformation für seine Kunden liegt auf der Ausrichtung seines Teams auf die Mission, Menschen in Organisationen zu unterstützen „Fähigkeiten, den Mut und die Weitsicht zu entwickeln und Hindernisse zu überwinden". Das bedeutete für die Lehrer, von ihrem traditionellen Weg der Interaktion mit Studenten abzuweichen und zu lernen, begeisternd zu sein, mit Menschen über längere Zeit zu arbeiten und ihre Transformation zu ermöglichen.

Wie bei jeder disruptiven Innovation konnte Stefan durch Benchmarking, Brainstorming und generative Kollaboration erfolgreich Synergien schaffen und fördern. Dies erlaubte ihm, seinem Team und seinen Partnern neue Ideen zu entwickeln, kreative Lösungen zu finden und weisere Entscheidungen zu treffen.

Wie bei vielen bahnbrechenden Innovationen führte Stefan Crisans „Master-in-Management"-Programm einen grundlegenden Wechsel auf der Identitätsebene herbei; nicht nur bei seinen Kunden, sondern auch bei seinen Teammitgliedern. Wichtig für die Transformation sind die fortlaufende, praktische Anwendung der kollektiven Intelligenz und der generativen Kollaboration, wobei jedes Individuum als separates Ganzes wächst und gleichzeitig mehr zu seiner Organisation, Gemeinschaft oder Gesellschaft beiträgt. Mit anderen Worten, Stefan war in der Lage, eine virtuelle Gemeinschaft aus „Fledermäusen" anzuziehen, in Form von Frühanwendern, Pionieren, Vordenkern und Wegbereitern, die die gemeinsame Vision und Werte teilen, sich selbst und seine Gemeinschaft zu verändern und „die Magie des Zusammenlebens zu entdecken".

Ein starker Ausdruck dafür ist das symbolische Bild, das Stefan von dem letztendlichen Zweck seiner Bemühungen hat, in denen „sich jeder im Zirkel befindet, seine Hände an einem elastischen Teppich, in dessen Zentrum sich die Welt befindet."

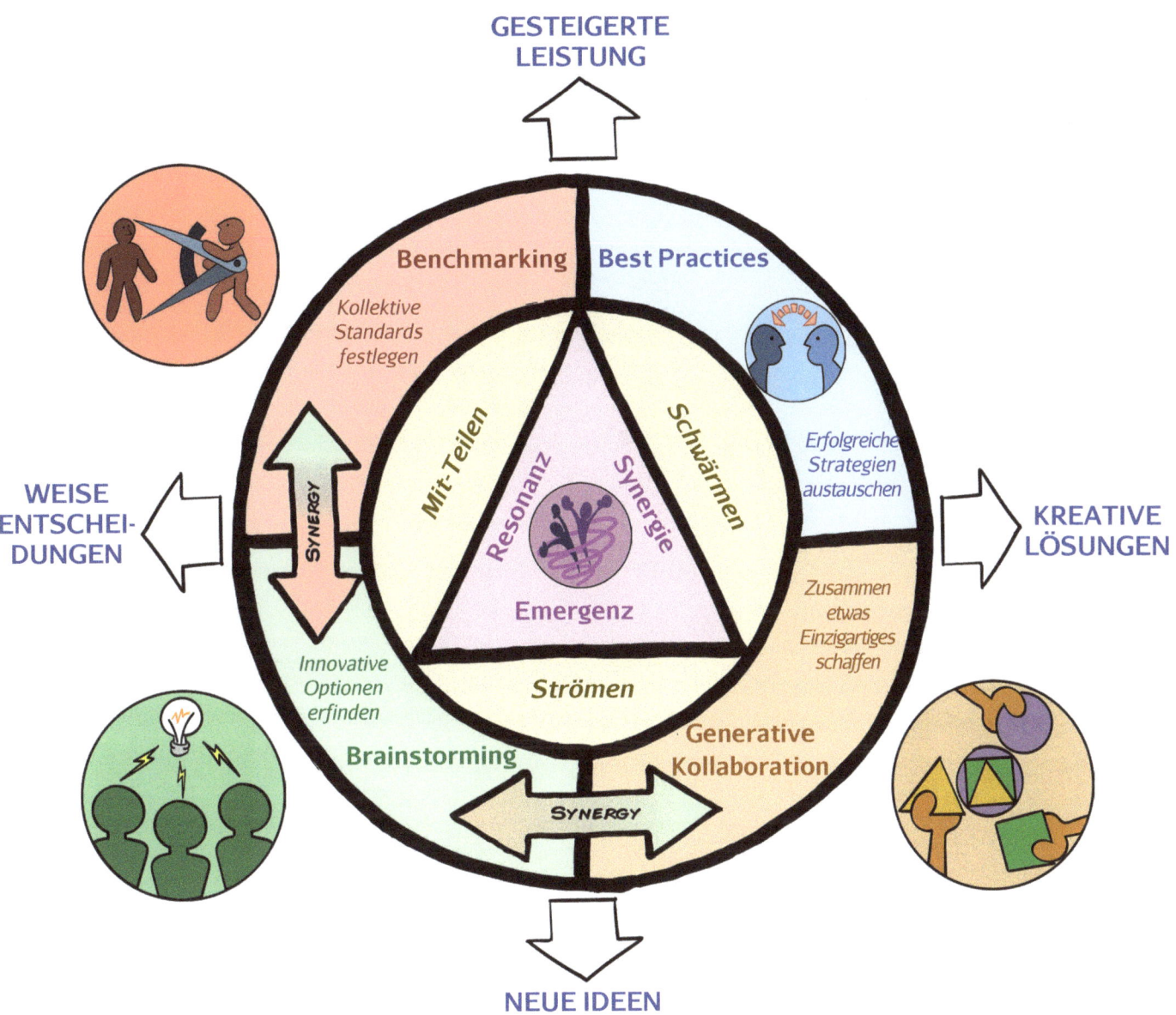

**GESTEIGERTE LEISTUNG**

**WEISE ENTSCHEI-DUNGEN**

**KREATIVE LÖSUNGEN**

**NEUE IDEEN**

Benchmarking

Kollektive Standards festlegen

Best Practices

Erfolgreiche Strategien austauschen

Mit-Teilen

Schwärmen

Resonanz

Synergie

Emergenz

SYNERGY

Innovative Optionen erfinden

Strömen

Zusammen etwas Einzigartiges schaffen

Brainstorming

Generative Kollaboration

SYNERGY

Stefan Crisan konnte Synergien zwischen Benchmarking, Brainstorming und generativer Kollaboration nutzen, um sein bahnbrechendes "Master in Management"-Programm für die EDHEC aufzubauen.

## Die Kraft der multiperspektivischen Wahrnehmung

Im vorigen Kapitel betonte ich die Bedeutung der Wahrnehmung aus der „Zweiten Position" als wesentliche Voraussetzung zur Bildung generativer Kollaborationen. Disruptive Innovation erfordert das Vermögen zwei weitere wichtige Perspektiven einzunehmen und einzubinden.

Die *Zweite Position* ist eine von mehreren sehr wichtigen „Wahrnehmungspositionen", die Next Generation Entrepreneure entscheidend zur Kompetenzentwicklung nutzen. Im Wesentlichen beschreibt eine *Wahrnehmungsposition* eine bestimmte Perspektive oder einen Standpunkt, von dem aus jemand eine Situation oder Beziehung wahrnimmt. Die *Erste Position* bedeutet, etwas mit eigenen Augen zu erleben und mit dem eigenen Standpunkt der „ersten Person" assoziiert zu sein. Die *Zweite Position* bedeutet, etwas so zu erleben, als befänden wir uns in den Schuhen „einer anderen Person". Die *dritte Position* bedeutet, Abstand zu nehmen und die Beziehung zwischen uns selbst und anderen aus der „Beobachter" Perspektive wahrzunehmen. Die Idee der *vierten Position* bezieht sich auf das Gespür für das ganze System oder das „Beziehungsfeld" (Sinn für ein kollektives „Wir"), was sich aus der Synthese der anderen drei Positionen ergibt.

Die Wahrnehmungspositionen sind durch konkrete physische, kognitive und sprachliche Muster gekennzeichnet. Diese Muster werden in der folgenden Beschreibung zusammengefasst:

In der *ersten Position* stehen Sie in Ihrem eigenen physischen Raum, in Ihrer eigenen gewohnten Körperhaltung. Wenn sie vollkommen mit der ersten Position verbunden (assoziiert) sind, werden Sie Worte wie „ich", „mich", „mir" und „mein" gebrauchen, wenn Sie sich auf die eigenen Gefühle, Wahrnehmungen, Auffassungen und Ideen beziehen. In der ersten Position erleben Sie eine Beziehung aus Ihrem eigenen Blickwinkel: sehen, hören und fühlen alles, dass sich um Sie herum und in Ihnen abspielt, aus einer assoziierten Perspektive. Wenn Sie sich wirklich in der ersten Position befinden, werden Sie sich nicht selbst sehen, sondern Sie werden Sie selbst sein und aus sich heraus auf die Welt mit Ihren eigenen Augen, Ohren usw. schauen. Sie werden vollkommen mit Ihrem Körper und Ihrer Landkarte der Welt verbunden sein.

*Zur Förderung der kollektiven Intelligenz und der generativen Kollaboration, sollten die Next Generation Entrepreneure eine Situation aus vier entscheidenden Perspektiven wahrnehmen können.*

*Eine Wahrnehmungsposition ist im Wesentlichen eine bestimmte Perspektive oder Sichtweise, aus der man eine Situation oder Beziehung wahrnimmt, die durch konkrete physische, kognitive und sprachliche Muster gekennzeichnet ist.*

Wie wir schon festgelegt haben, ist man in der *zweiten Position* in der Lage, den Blickwinkel einer anderen Person anzunehmen. In der zweiten Position erleben Sie die Welt mit den Augen, den Gedanken, den Gefühlen, den Überzeugungen usw. der anderen Person. In dieser Position befinden Sie sich außerhalb von sich selbst und sind mit der anderen Person verbunden. Sie werden Ihre „erste Position" mit „Du" ansprechen (im Gegensatz zu „ich" oder „mir"), wobei Sie die Sprache „der zweiten Person" verwenden. Vorübergehend die Position einer anderen Person anzunehmen, ist eine wunderbare Art zu überprüfen, wie effektiv Sie auf Ihrer Seite der Beziehung agieren. (Nachdem Sie sich in die Lage einer anderen Person versetzt haben, ist es wichtig sicherzustellen, dass Sie komplett und sauber wieder bei sich selbst ankommen und die Information haben, die Sie bei den Interaktionen mit dieser Person unterstützt.)

Die *dritte Position* oder die „Beobachter"-Position versetzt Sie vorübergehend außerhalb der Beziehung, um Informationen zu sammeln, als ob Sie ein Zeuge und kein Beteiligter der Interaktion sind. Ihre Haltung wird symmetrisch und entspannt sein. Auf dieser Position, werden Sie sehen, hören und spüren, wie die Beziehung aus Sicht eines interessierten, aber neutralen Beobachters ist. Sie werden die Sprache der „dritten Person" verwenden, wie „er" oder „sie", wenn Sie sich auf die Personen beziehen, die Sie beobachten (einschließlich, des- oder derjenigen, die wie Sie aussieht, sich so anhört und so verhält). Sie werden von der Interaktion losgelöst (dissoziiert) sein und sich in einer Art „Meta-" oder reflektierenden Position befinden. Diese Position gibt Ihnen wertvolle Hinweise, wie ausgewogen die Verhaltensweisen in der Interaktion sind und wie gut sie zueinander passen. Die aus diesem Blickwinkel gesammelte Information können Sie mit zurück in Ihre eigene erste Position nehmen und zusammen mit der Information aus der Zweiten Position verwenden, um die Qualität und Wirksamkeit der Interaktion und der Beziehung verbessern zu können.

Die *vierte Position* umfasst die Synthese aller drei Perspektiven, die ein Gespür für das „Gesamtsystem" vermittelt. Es handelt sich also um eine Identifikation mit dem System oder der Beziehung selbst, wodurch die Erfahrung, Teil eines Kollektivs zu sein, erzeugt wird, was durch die Sprache wie „wir", „uns" (also erste Person plural) gekennzeichnet ist. Die vierte Position ist ausschlaggebend, um einen „Gruppenverstand" oder „Teamgeist" zu entwickeln. Es ist die Essenz dessen, was ich in diesem Kapitel als „virtuelle Gemeinschaft" bezeichnet habe.

*Neben der Klarheit über unsere eigene Perspektive und dem Verständnis für die Sichtweise der anderen, ist es wichtig, die Perspektive eines neutralen Beobachters einzunehmen und ein Gespür für das System als Ganzes zu entwickeln.*

Zusammenfassend lässt sich sagen, dass sich die Wahrnehmungspositionen auf die grundsätzlichen Standpunkte beziehen, die Sie bezüglich einer Beziehung von sich selbst zu einer anderen Person oder einer anderen Gruppe einnehmen können:

- **Erste Position:** Assoziiert mit Ihrem eigenen Standpunkt, Ihren Überzeugungen und Vorannahmen; die äußere Welt mit Ihren eigenen Augen sehend – die *„Ich"*-Position oder *„Selbst"*-Position.

- **Zweite Position:** Assoziiert mit dem Standpunkt einer anderen Person, ihren Überzeugungen und Vorannahmen; die äußere Welt durch deren Augen sehend – die *„Du"*-Position oder *„Andere/r"*-Position.

- **Dritte Position:** Assoziiert mit dem Standpunkt außerhalb Ihrer Beziehung mit der anderen Person als Zeuge der Interaktion – die *„Meta"*-Position oder *„Beobachter"*-Position

- **Vierte Position:** Assoziiert mit der Perspektive der gesamten Beziehung oder des gesamten Systems – die *„Wir"*-Position oder *„Feld"*-Position.

*Die Fähigkeit eines Entrepreneurs, alle vier wichtigen Wahrnehmungs-positionen einnehmen zu können, hilft stärkere generative Kollabo-rationen aufzubauen oder zu verbessern und das Potenzial für bahnbrechende, disruptive Innova-tionen zu steigern.*

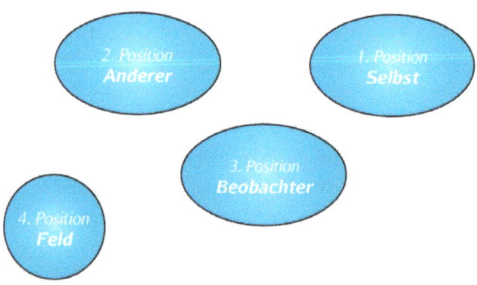

Ihre eigene „Erste Position" wird geklärt und bereichert, wenn Sie Ihre persönliche Leidenschaft (Passion), Vision, Mission, Ambition und Rolle definieren. Die „Zweite Position" mit Ihren Kollaboratoren können Sie mithilfe der *Analyse der Kollaboratoreneigenschaften* durchführen, die am Ende des nächsten Kapitels vorgestellt wird.

Die folgenden Instrumente setze ich im Coaching von Unternehmern zur Anwendung der Perspektiven aus der dritten und vierten Position ein, um stärkere generative Kollaborationen zu bilden und das Potenzial für bahnbrechende disruptive Innovationen zu verbessern.

Es gibt vier grundlegende Wahrnehmungspositionen, aus denen wir jede Interaktion wahrnehmen können.

## SFM Kollaborations-Katalysator:
## Win-Win-Kollaborationen mit Hilfe der Dritten Position bilden

*Es hängt von Ihrem Vermögen ab, geschickt die Dritte Position des Beobachters einzunehmen, um Win-Win-Kollaborationen zu gewährleisten, indem Sie die Möglichkeiten untersuchen, wie die entscheidenden Schlüsselfiguren in Ihrem Erfolgszirkel von den potenziellen Kollaborationen profitieren werden.*

Die Generative Kollaboration bringt eine Ausweitung von Ideen, Ressourcen und Wohlstand hervor, indem starke, zukunftsfähige Win-Win-Rahmenbedingungen geschaffen werden. Je mehr Menschen gewinnen und von der persönlichen oder kollektiven Vision profitieren, desto stärker wird die positiv verstärkende Feedback-Schleife sein, die sie aufrechterhält. Das Gleiche trifft auf starke Partnerschaften zu.

Denken Sie an das Beispiel von Ed Hogan und der Entwicklung der „Urlaubspakete und Pausschalreisen" im Success Factor Modeling Band 1 (S. 94). Ed gestaltete eine Struktur, von der verschiedene Beteiligte seines Erfolgszirkels durch ihre Zusammenarbeit profitieren konnten. Eds kreative Vision führte dazu, den Kuchen für alle Beteiligten größer zu machen.

Die Schlüsselfrage, die sich Unternehmer immer wieder stellen sollten, ist: „Wie kann eine Kollaboration den ‚Kuchen für mein Projekt oder Unternehmen größer machen'?"

Das folgende Arbeitsblatt bietet eine Art „Fahrplan", um Win-Win-Kollaborationen vorzubereiten. Hiermit können Sie definieren, wie die verschiedenen Schlüsselpersonen, die an Ihrem Erfolgszirkel beteiligt sind, von potenziellen Kollaborationen profitieren können. Es unterstützt Sie ebenso darin, die positiven Konsequenzen abzuklären, wie dieser Nutzen für die Anderen Ihnen und Ihrem Projekt oder Unternehmen weiterhilft. Die beste Perspektive, aus der Sie diese Fragen beantworten sollten, ist die aus der dritten Position, als Beobachter der Interaktion von Ihnen und Ihrem zukünftigen Kollaborator.

# Arbeitsblatt für Win-Win-Kollaborationen

Meine Vision/Vorhaben: _____

Potentieller Kollaborator: _____

*Kunden*

Der Gewinn/Nutzen der Kollaboration ist für den *Kunden* _____

Die positive Folge davon wird für mich und mein Unternehmen _____sein.

*Investoren/Stakeholder*

Der Gewinn/Nutzen der Kollaboration ist für *Investoren/Stakeholder* ist _____

Die positive Folge davon wird für mich und mein Unternehmen _____sein.

*Partner/Verbündete*

Der Gewinn/Nutzen der Kollaboration ist für *Partner/Verbündete* ist _____

Die positive Folge davon wird für mich und mein Unternehmen _____sein.

*Teammitglieder/Angestellte*

Der Gewinn/Nutzen der Kollaboration ist für *Teammitglieder/Angestellte* ist _____

Die positive Folge davon wird für mich und mein Unternehmen _____sein.

## SFM Kollaborations-Katalystor: Kollaboratoren-Audit

Der Aufbau einer wirklichen Win-Win-Beziehung ist äußerst wichtig für die effektive generative Kollaboration. Wenn eine Beziehung nicht zu beider-seitigem Nutzen ist, ist es nicht sehr weise, mit der anderen Person zusammenzuarbeiten, auch wenn die andere Seite es unbedingt möchte.

Deshalb ist es genauso wichtig zu wissen, mit wem Sie nicht zusammen-arbeiten sollten. Ungeeignete Beziehungen können Zeitverschwendung oder äußerst mühevoll sein und hohen Energieverlust bewirken.

Es ist wichtig zu beachten, dass Kollaborationen, die kein Win-Win sind, nicht unbedingt zu einem Win-Lose führen. Eine Beziehung könnte ein Win-Neutral-Resultat bewirken oder zu Neutral-Neutral-Ergebnissen führen, in denen die Parteien nicht unbedingt verlieren, doch genauso wenig besonders davon profitieren. Solche Arten der Zusammenarbeit erzeugen im besten Fall nur ein geringes Maß einer grundlegenden Kollaboration und können genauso viel Zeit und Energie kosten wie eine Win-Lose-Zusammenarbeit.

Manchmal beginnt eine Beziehung als Win-Win, doch dann verändert sie sich und ändert sich derart, dass sie nicht länger gleichwertigen oder ausgewogenen Nutzen für beide bietet. Die Zusammenarbeit sollte regelmäßig neu beurteilt und überprüft werden.

Das SFM Kollaboratoren-Audit ist ein einfaches Instrument, das Unternehmern erlaubt, sehr schnell den Stand ihrer Beziehung zu einem bestimmten Kollaborator zu beurteilen.

Im Allgemeinen erkennen Menschen, dass sie Win-Lose, Lose-Lose und Neutral-Lose-Zusammenarbeit fallen lassen oder sorgfältig umstrukturieren müssen.

Es sind die Win-Neutral- und die Neutral-Neutral-Zusammenarbeit, die Menschen häufig entweder übersehen oder womit sie sich abfinden, weil sie sie nicht als offensichtliche Probleme erkannt werden. Jedoch können sie Zeit und Aufmerksamkeit von anderen wichtigen Themen abziehen.

Wenn eine Zusammenarbeit ein Ungleichgewicht aufweist, sollte sie ausge-setzt werden oder die Kollaboratoren wollen vielleicht einige Kollaborations-Katalysatoren verwenden, die bisher in diesem Buch beschrieben wurden, um die Beziehung aufzufrischen oder ins Gleichgewicht zu bringen.

*Das SFM Kollaboratoren-Audit ist ein Instrument, mit dem man Stärken und Schwächen von Kollaborationen mit Anderen beurteilen und ermitteln kann.*

# Arbeitsblatt für das Kollaboratoren-Audit

## Kollaborator A

| | WIN | NEUTRAL | LOSE |
|---|---|---|---|
| **WIN** | | | |
| **NEUTRAL** | | | |
| **LOSE** | | | |

**Kollaborator B**

Das SFM Kollaboratoren-Audit ist ein Instrument für Unternehmer,
um schnell den Status der Kollaboration zu beurteilen.

# SFM Kollaboration-Katalysator: Übergang zur Vierten Position – Bildung eines Beziehungsfeldes oder einer "Virtuellen Gemeinschaft"

Die Bildung einer soliden und anhaltenden Win-Win-Kollaboration erfordert das Vermögen, Begabungen und Ressourcen zusammenzubringen und innerhalb der Rahmenbedingungen an einer gemeinsamen Vision auszurichten. Dies führt zu einer Art verbundener Identität oder „Beziehungsfeld" (d. h. einer „virtuellen Gemeinschaft"), das durch ein „Wir-Gefühl" gekennzeichnet ist.

Wir setzen das folgende Arbeitsblatt ein, um zukünftigen Kollaboratoren zu helfen, Bereiche der Überschneidung und Synergie auf verschiedenen Ebenen zu finden. Es bietet den Kollaboratoren eine aussagekräftige Möglichkeit, ihr Verständnis für das „Gesamtbild" der Kollaboration zu festigen und einen Fahrplan für das Zusammenarbeiten als Team festzulegen.

1. „Welche Themen teilen Sie durch Ihre Visionen?"

   „Was ist ihre gemeinsame Vision als Kollaboratoren?"

**Unsere gemeinsame Vision ist** _____

2. Angesichts dieser gemeinsamen Vision, welchen gemeinsamen Sinn und welche gemeinsame Identität haben Sie als Kollaboratoren?

   „Wer sind Sie zusammen?" „Was ist Ihre gemeinsame Identität?" (Dies lässt sich am ehesten als Metapher ausdrücken.)

**Wir sind** _____


"Welche gemeinsame Mission haben Sie?"

**Unsere gemeinsame Mission ist** _____ _____


3. "Welche gemeinsamen Werte und Motivationen teilen Sie?"

**Unsere gemeinsamen Werte und Motivationen sind** _____


**Wir glauben bzw. setzen voraus, dass** _____

4. „Welche Fähigkeiten haben Sie als Kollaboratoren, die über Ihre individuellen Fähigkeiten hinausgehen?"

**Als Kollaboratoren haben wir die zusätzlichen Fähigkeiten** _____

5. „Was werden Ihre gemeinsamen Aktionen zusammen sein?"

**Wir können diese Fähigkeiten einsetzen, um folgende gemeinsame Aktionen durchzuführen:**
_____

6. „In welchem gemeinsamen Umfeld oder äußeren Rahmen werden Sie arbeiten?"

**Wir werden diese Aktionen im gemeinsamen Rahmen des** _____**durchführen.**

Ein weiterer Weg, um die Bedingungen für die Vierte Position zu schaffen, ist der Kollaborations-Katalysator, den ich _Ermittlung der Resonanz für Aufgaben von Bedeutung (Aufgabensignifikanz)_ nenne.

## SFM Kollaboration-Katalysator:
## Ermittlung der Resonanz für Aufgaben von Bedeutung

*Die Resonanz für Aufgaben-signifikanz hängt davon ab, in welchem Maß die Bedeutung einer Aktivität wahrgenommen wird und ob die Mitglieder einer Gruppe darin übereinstimmen.*

*Das Phänomen der "Kamerad-schaft" (Fellowship) entsteht, wenn es eine hohe Resonanz für die Aufgabensignifikanz gibt.*

*In einer Kameradschaft hilft einer dem anderen, ein zweck-dienliches Ziel zu erreichen, indem man sich vereinigt und einander in vielen, oft unvorhersehbaren Lebenssituationen und Heraus-forderungen unterstützt.*

Wie ich in Kapitel 1 sagte, ist die Resonanz zwischen den Mitgliedern einer Gruppe bezüglich der „Aufgabensignifikanz" ein Haupterfolgsfaktor, um die Leistung zu steigern und kollektive Intelligenz zu entwickeln. Die *Aufgabensignifikanz* hat damit zu tun, welche Bedeutung einer Handlung zugeschrieben wird, und welchen positiven Einfluss sie auf das Leben von Anderen sowohl innerhalb als auch außerhalb der eigenen Gruppe hat. Es gibt eine enge Korrelation zwischen dem Maß der wahrgenommenen Signifikanz der Aufgabe und der Motivation und Leistungsbereitschaft der Menschen.

Um es deutlich zu sagen, je mehr Leute innerhalb Ihres Erfolgszirkels Ihr Projekt oder Ihr Unternehmen so wahrnehmen, als erfülle es in einem hohen Maß eine wichtige, bedeutungsvolle Aufgabe, je mehr werden sie ihm Zeit, Fokus und Mühe widmen. Der daraus folgende Kollaborations-Katalysator bietet die Möglichkeit, das Ausmaß der Aufgabensignifikanz zu ermitteln, nämlich wie stark Menschen Ihr Unternehmen als Aufgabe mit Bedeutung wahrnehmen.

Er enthält ein Instrument, das ich mit meinem Kollegen Ian McDermott für unser *Online-Fellowship-Programm* (http://www.thefellowshipprogramme. com) entwickelt habe. Unsere Idee des „*Fellowship*" ist eine Art Generative Kollaboration, die aus einer gemeinsamen „Seelen"-Bestimmung hervorgeht. In J.R.R. Tolkiens Novelle „*The Fellowship of the Ring*" (die Peter Jackson 2001 unter dem berühmt gewordenen Titel „*Die Gefährten*" verfilmte) unternimmt eine ungleiche Gruppe sehr unterschiedlicher Individuen zusammen eine komplexe und gefährliche Reise, um die „freie Rasse von Mittelerde" zu retten. Obwohl sie in vielerlei Hinsicht natürliche Widersacher sind, vereinigt sie ihre gemeinsame, höhere Bestimmung und inspiriert sie zu bemerkenswerten Handlungen und Leistungen weit über ihre bisherigen Fähigkeiten hinaus. Weil sie als Gefährten zusammenarbeiten, ist es ihnen möglich, Dinge zu vollbringen, die für jeden von ihnen allein unmöglich gewesen wären.

So gesehen geht es bei „Fellowship" (Kameradschaft) darum, einander zu helfen, seine „Seelen"-Bestimmung zu vollenden, indem man sich miteinander verbindet und gegenseitig in zahlreichen (im allgemeinen unvorhersehbaren) Lebenssituationen oder bei Herausforderungen unterstützt. Beim Aufbau eines erfolgreichen Unternehmens sollten wir in vielerlei Hinsicht ein gewisses Maß an Kameradschaft mit den verschiedenen Beteiligten unseres Erfolgszirkels entwickeln.

Bei diesem speziellen Kollaborations-Katalysator ist jedes Gruppenmitglied eingeladen, eine Zusammenfassung oder Übersicht über sein Projekt oder Unternehmen, also seinen oder ihren Elevator Pitch, zu präsentieren. Dies sollte mit so viel Leidenschaft und Authentizität wie möglich erfolgen. Während die Teilnehmer den Projekten oder Vorhaben der Anderen zuhören, achten sie darauf, welches „Resonanz-Niveau" sich bei Ihnen bezüglich der Aufgabensignifikanz einstellt. Dabei lässt sich eine Skala von 1 bis 5 anwenden, in der „1" ein minimales Maß an Resonanz zur Bedeutung der Aufgabe darstellt und „5" das höchste Maß an Resonanz. Der Unterstützungsgrad in Bezug auf die Bedeutung der Aufgabe ist, was Ian und ich als *Resonanz-Index* bezeichnen. Wir können diese Resonanzniveaus mit den folgenden Aussagen verdeutlichen:

1. *„Ich bin froh, dass jemand in der Welt darüber nachdenkt. Ich wünsche Dir alles Gute. Falls ich an etwas denke, was Dir nützlich ist, lasse ich es Dich wissen."*

2. *„Das interessiert mich. Lass mich wissen, wie ich Dir helfen kann."* und *„Ich will tun was ich kann."*

3. *„Das, was Du machst, inspiriert mich. Lass uns in Kontakt bleiben, um zu sehen, wie wir zusammen arbeiten können, um weiter zu kommen."*

4. *„Das ist auch gerade jetzt sehr wichtig für mich. Wir bewegen uns auf parallelen Wegen. Ich will in Kontakt bleiben. Lass uns die Ressourcen und Ideen teilen. Und lass uns einander regelmäßig über unseren Fortschritt auf dem Laufenden halten."*

5. *„Ich will mit Dir zusammenarbeiten. Wir sind auf dem gleichen Weg. Lass uns eine Zeit lang gemeinsam reisen. Ich verpflichte mich, meine Ressourcen, Zeit und Anstrengung in den Dienst dieser Berufung zu stellen."*

*Der Resonanz-Index ist ein Instrument, dass potenziellen Kollaboratoren hilft, andere zu finden, mit denen sie gemeinsame Bestimmungen und Interessen teilen, um Chancen für zukünftige Partnerschaften und Synergien zu ermitteln.*

Wenn Sie sich auf dieses Verfahren einlassen, ist es ganz wichtig, wirklich ehrlich mit Ihrer Einschätzung umzugehen. Keine Bewertung ist eine Zurückweisung. Alle implizieren eine Art Unterstützung und sind einfach authentische Indikatoren, in welchem Ausmaß Sie die Projekte und Unternehmen von Anderen als Aufgaben von Bedeutung wahrnehmen.

Nachdem jeder seine Vision oder Elevator Pitch präsentiert hat, diskutieren die Gruppenmitglieder miteinander, wie sie den Kontakt aufrecht halten und sich gegenseitig unterstützen können. Sie sind eingeladen, ihre Kontaktdaten auszutauschen und, wenn möglich, einen Termin, die Uhrzeit und den Zeitrahmen sowie andere Modalitäten zu vereinbaren (z.B. Telefon, Email, SMS, persönliche Treffen, Skype-Konferenzen, usw.), um in Zukunft im Kontakt zu bleiben. Dies hilft, die sogenannten „Kollektiven Kreativitäts-Katalysatoren" zu etablieren.

# Kollektive Kreativitäts-Katalysatoren

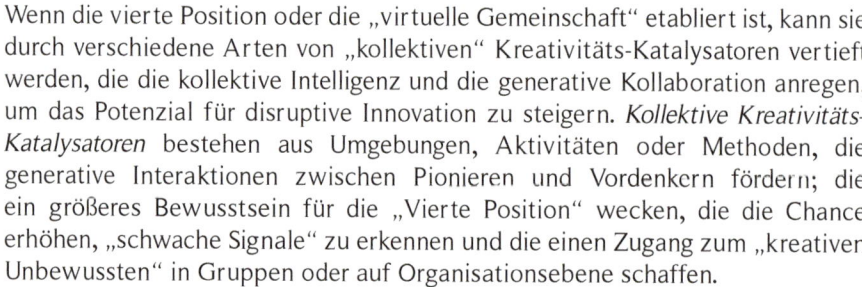

Wenn die vierte Position oder die „virtuelle Gemeinschaft" etabliert ist, kann sie durch verschiedene Arten von „kollektiven" Kreativitäts-Katalysatoren vertieft werden, die die kollektive Intelligenz und die generative Kollaboration anregen, um das Potenzial für disruptive Innovation zu steigern. *Kollektive Kreativitäts-Katalysatoren* bestehen aus Umgebungen, Aktivitäten oder Methoden, die generative Interaktionen zwischen Pionieren und Vordenkern fördern; die ein größeres Bewusstsein für die „Vierte Position" wecken, die die Chance erhöhen, „schwache Signale" zu erkennen und die einen Zugang zum „kreativen Unbewussten" in Gruppen oder auf Organisationsebene schaffen.

Bei Google bekommen die Angestellten beispielsweise 20 % ihrer Zeit (was immer das von ihrer 70-Stunden-Akkordarbeitswoche ist), um an Projekten oder Ideen zu arbeiten, für die sie sich persönlich interessieren oder eine Leidenschaft haben. In der Tat verwandelt das die ganze Firma in ein riesiges Forschungs- und Entwicklungslaboratorium für Googles neue Produkte.

Andere Firmen im Silicon Valley bieten üblicherweise sogenannte „Freie Freitage". Wie der Name sagt, bekommen die Leute am Freitag Nachmittag bezahlte Freizeit, um an etwas zu arbeiten oder zu forschen, wozu sie sich hingezogen fühlen.

Ein weiteres Beispiel für einen kollektiven Kreativitäts-Katalysator ist die Strategie der Wintersportfirma, die ich in *SFM Band 1* (S. 38-39) erwähnte, dass „alle Mitarbeiter das Recht und die Pflicht haben, interessante neue Marktchancen zu finden und diese den entsprechenden Entscheidungsträgern innerhalb der Firma mitzuteilen".

Kollektive Kreativitäts-Katalysatoren können sich auch in der Strukturierung der Umgebung zeigen. Pixar bietet beispielsweise komfortable Kreativ-Räume, damit sich die Angestellten dort versammeln und Ideen in angenehmer und gelassener Atmosphäre teilen.

Apple hat ähnliche Innovationsräume; luftige Räume und andere stimulierende Umgebungen. Es gab Zeiten, da förderte Apple noch andere Aktivitäten, angefangen von Massagen bis zu Trommelworkshops (Drumming Circle), um den Menschen zu helfen über die Grenzen ihres kognitiven, rationalen Verstandes hinauszugehen. Zum Beispiel waren sie es an Freitag Nachmittagen gewohnt, eine „Bierparty" zu veranstalten, die von einem Apple Gebäude zum anderen wanderte, um die abteilungsübergreifende Kontaktaufnahme und Gemeinschaft zu fördern.

**Umgebungen, die komfortable Räume bieten und Gelegenheiten fördern, wo sich Teammitglieder, Partner und Kunden versammeln und Ideen in angenehmer und gelassener Atmosphäre teilen können, stellen eine Art kollektiver Kreativitäts-Katalysator dar.**

George Lucas gestaltete die Gebäude am Standort seiner Skywalker Ranch, damit sie die Farm einer fiktiven Familie aus den Anfängen von Kalifornien repräsentieren. Tatsächlich schrieb er eine ganze Geschichte über die Scheinfamilie, um den Komplex zu entwickeln; dieser enthält einen Stall mit Tieren, Weinberge, einen Garten mit Obst und Gemüse, die im Restaurant vor Ort genutzt werden, ein Außenschwimmbecken und ein Fitness-Center mit Spielfeldern für Schlagballspiele, einen künstlichen „Lake Ewok", ein Observatorium auf dem Berg, ein Theater mit 300 Sitzplätzen, das „The Stag" (Der Hirsch) heißt, und weitere Kinovorführräume, sowie eine Tiefgarage, um die natürliche Landschaft zu erhalten. Wenn man das Grundstück durch den verschlossenen Eingang betritt, fühlt man sich sofort in eine Welt versetzt, wo die normale Wirklichkeit vorübergehend „angehalten" wird.

Natürlich braucht eine Umgebung nicht so aufwändig gestaltet zu sein, um als kollektiver Kreativitäts-Katalysator zu wirken. Walt Disney richtete beispielsweise einen „Träumerraum" bei seinen Firmenbüros ein. Der Träumerraum enthielt an den Wänden Bilder und inspirierende Zeichnungen des aktuellen Projektes, an dem das Team gerade arbeitete. Alles war chaotisch und bunt in diesem Raum, und Kritik war hier nicht erlaubt.

**Disney's Träumerraum ist ein weiteres Beispiel für einen kollektiven Kreativitäts-Katalysator.**

**Walt Disney nahm häufig die "Zweite Position" von den Charakteren seiner Animationsprojekte ein, während er im Träumerraum war.**

Es war für die Teammitglieder nicht ungewöhnlich, und besonders nicht für Disney selbst, die „Zweite Position" einzunehmen und sich mit den Charakteren des Projektes zu identifizieren, wenn sie in diesem Raum waren. Einer von Disneys Mitarbeitern erklärte: „Walt fühlte sich in die Linien und in die Situation so komplett ein, dass er nicht anders konnte, als die Gesten und sogar die körperlichen Besonderheiten auszuleben, wenn er die Dialoge sprach."

Disney führte noch weitere Formen kollektiver Kreativitäts-Katalysatoren ein. Genau wie es bei Steve Jobs um ein „Orchester der Innovation" ging, strebte Disney danach, jeden, der für ihn arbeitete, in den Kreativprozess einzubinden, indem er sagte: „Jeder hat etwas beizutragen, oder man wird zum Arbeiter." Was Disney anging, galt: je mehr Ideen desto besser. Laut den Mitgliedern seines Teams: „Walt sorgte dafür, dass über jede Idee nachgedacht wurde, über jeden Gag und auch über jede Story – der Schlüssel war, wie man das Material nutzte, um die eigene Arbeit auszudrücken. Deshalb war er niemals in Sorge, woher die Ideen kamen."

Tatsächlich war Disney einer der ersten, die ein Anreizsystem einrichteten und verwalteten; allein um Kreativität in seiner gesamten Firma zu kultivieren und zu verstärken. Schon Mitte der 1930er, führte er ein Bonussystem ein, wobei „jeder, der einen Gag vorschlägt, der in einem Bild Verwendung fand, fünf Dollar erhielt und jeder, der eine Idee als Grundlage für einen ganzen Cartoon lieferte, bekam 100 Dollar". Wenn man bedenkt, dass es sich um Dollars während der Depression handelte, stellte das einen beträchtlichen Anreiz dar. Durch Zufall war das Bonussystem nicht auf seine Autoren und Animationszeichner begrenzt. Es erstreckte sich auf jeden in seinem Studio, einschließlich der Gärtner und der Leute für die Instandhaltung.

Es ist bemerkenswert, dass Disneys Bonussystem auf dem kreativen Beitrag und nicht auf den kommerziellen Ergebnissen beruhte. Im Gegensatz dazu war ich in den frühen 1980ern an einem Projekt für Activision beteiligt, die in dieser Zeit eine bekannte und erfolgreiche Firma für Videospiele war. Ich wurde gerufen, um die Kreativität und Innovationskraft unter den Spielentwicklern wieder anzuregen. Ursprünglich war die Firma von fünf Software-Ingenieuren gegründet worden, die, aufgrund ihrer generativen Kollaboration, ein Reihe von innovativen Spielen entwickelt und in den ersten Jahren erstaunliche Umsätze erzielt hatten. Als die Firma jedoch gewachsen war, kamen viele Schichten zwischen das Management, Marketing und die Entwickler, und man blieb immer weiter hinter anderen Videospielfirmen mit den Innovationen zurück (was letztlich zu einem bedeutenden Einkommensrückgang führte).

Als ich das Top-Management interviewete, entdeckte ich, dass sie ein Bonussystem eingesetzt hatten, das die Softwareentwickler auf Basis der Verkäufe ihrer Spiele belohnte. Während dies einerseits vernünftig zu sein schien, war als Konsequenz andererseits eine Situation geschaffen, in der die Entwickler nach den Spielen Ausschau hielten, die sich zu dieser Zeit am besten verkauften, und diese zu kopieren versuchten. Daraus entstand eine Flut an Imitationen der aktuell meistverkauften Spiele. Um Steve Jobs Metapher zu gebrauchen: Jeder war „dorthin geskatet, wo der Puck gerade war", anstatt dorthin, „wo er sein würde".

Um wirkliche Innovation zu katalysieren, schlug ich vor, dass sie ein paralleles Bonussystem hinzufügten, um die Entwickler für ihre Innovationskraft zu belohnen. Die Empfänger dieses Bonus sollten eher von den Entwicklerkollegen bestimmt werden als von der Marketingabteilung. So konnte der Fokus auf das Geschäft von morgen und die Orientierung dorthin gelenkt werden, „wo der Puck sein wird", anstatt ihm einfach nur nachzujagen, wo er kürzlich gewesen ist. Natürlich führte das zu einer erheblichen Steigerung der Innovationskraft im Entwicklerteam.

Überlegen Sie, welche Arten kollektiver Kreativitäts-Katalysatoren Sie bei Ihrem eigenen Projekt und Unternehmen einsetzen können. Welche kollektiven Kreativitäts-Katalysatoren können Sie wann und wo in Ihrem Umfeld einrichten, besonders wenn sie mit anderen zusammenarbeiten?

Häufig frage ich die Geschäftsführer, die ich coache oder berate, ob sie einen „Träumerraum" für sich selbst und andere am Arbeitsplatz haben. Es überrascht nicht, dass die meisten das nicht haben, obwohl es für gewöhnlich viele langweilige, leere „Arbeits"-Räume gibt. Wie könnten Sie einen „Träumerraum" oder „Innovationsraum" einrichten, wo Sie arbeiten und kollaborieren?

Welche Aktivitäten oder Methoden (z. B. Tanzen, Sportliche Aktivitäten, Präsentationen, Feldbesuche, usw.) können Sie mit Ihren Teammitgliedern oder anderen Kollaboratoren veranstalten, um *„über den Tellerrand hinaus zu schauen"*, quer zu denken und zu mehr Verbundenheit mit dem kreativen Unbewussten und der offenen Innovation anzuregen?

**Walt Disney hatte ein Bonussystem eingerichtet, das Ideenbeiträge aller Mitarbeiter, vom Drehbuchautoren bis zum Einstandhaltungspersonal, förderte.**

## Zusammenfassung des Kapitels

Wenn generative Kollaboration richtig in Schwung gebracht wird, kann sie zu disruptiver Innovation führen. *Disruptive Innovationen* sind solche, die neue Märkte schaffen, deren Grenzen nicht in die bestehenden Märkte passen. Disruptive Innovationen entstehen aus Synergien von Visionen und Vorstellungen zwischen unterschiedlichen Teilen des Erfolgszirkels in Übereinstimmung mit Entwicklungen innerhalb dessen, was ich als Innovationsfeld bezeichne. Sie sind bekanntermaßen mit dem bestehenden Wissen allein schwer vorhersagbar und schaffen notwendige Phasen der Ungewissheit und des Chaos.

Disruptive Innovationen beginnen häufig mit einer virtuellen Gemeinschaft, der *frühen Anwender* unter den *Kunden* und *Pionieren* unter den *Teammitgliedern* im Unternehmen. Diese virtuellen Gemeinschaften schließen sich auf den Ebenen der Identität und der Vision zusammen. Ihre Vision transzendiert die aktuelle Identität und die Fähigkeiten jeder Gruppe und richtet sich auf die evolutionären Entwicklungen im größeren „Innovationsfeld" aus. Durch diese größere Vision wird die Begeisterung und Einsatzbereitschaft in der erforderlichen Menge erzeugt, um die unvermeidlichen Phasen der Ungewissheit und des Zweifels zu überwinden. Somit müssen frühe Anwender und Pioniere eine überwältigende Leidenschaft teilen, die auf der Übereinstimmung ihrer Werte, ihrer Identität und ihrer Vision beruht.

Für eine disruptive Innovation ist im Allgemeinen ein gewisses Maß an offener Innovation erforderlich, die sich aus der generativen Kollaboration zwischen „Vordenkern" innerhalb der Firma und externen Partnern als „Wegbereitern" zusammensetzt. Hinter der offenen Innovation steht die zentrale Idee, dass sich das für Innovation notwendige Wissen und die Ressourcen dafür in der kollektiven Intelligenz der Angestellten, Zulieferer, Kunden, Wettbewerber, Universitäten usw. befinden. Somit müssen Unternehmen Win-Win-Partnerschaften und Allianzen mit anderen Organisationen und Einheiten bilden, um Innovationen zu beschleunigen und Ressourcen wirksam einzusetzen.

Es ist schwer, die letztendliche Reichweite für das Marktpotenzial einer disruptiven Innovation eindeutig vorherzusagen. Um erfolgreich zu sein, müssen Einzelpersonen, Teams und Unternehmen neue Trends früh genug im Innovationsfeld erkennen, damit sie die Chancen ergreifen und sich auf die Zeitenwende einstellen können. Deshalb ist ein weiterer signifikanter Erfolgsfaktor für die Förderung und Organisationen disruptiver Innovationen die Fähigkeit, „schwachen Signale" erkennen zu können, die neue oder zuvor unerfüllte Bedürfnisse oder Interessen verkünden. Dazu muss ein Unternehmen ein so großes Netzwerk wie möglich aus *frühen Anwendern, Pionieren, Vordenkern* und *Wegbereitern* bilden; d. h. „Fledermäuse", die in der Lage sein werden, *schwache Signale* in Bezug auf neue Gelegenheiten zu erkennen, gegenüber „Fröschen", die nur warten, bis ein Potenzial offensichtlich wird. Indem sie ständig auf der Ausschau nach Gelegenheiten bleiben, können Teams und Unternehmen Chancen erkennen, die andere nicht sehen können.

Manager und Führungskräfte bestehender Firmen fürchten normalerweise, dass disruptive Innovationen ihr Unternehmen von der aktuellen Strategie abbringen oder in Wettbewerb mit den verkaufsstarken Produkten treten könnten und so bestehende Kunden verunsichern. Deshalb ist es in der Regel am leichtesten, zu Beginn disruptive Innovationen in einer Nische mit frühen Anwendern anzubieten, die kein Interesse am Kauf der bestehenden Angebote aus traditionellen Produktlinien haben.

Stefan Crisans Entwicklung des Studiengangs „Master-in Management" (Cylcle Supérieur en Management) an der EDHEC Business School liefert ein gutes Beispiel für Dynamiken, die bei der Entwicklung erfolgreicher disruptiver Innovation vorkommen. Ausgehend von einer Nische innerhalb der Business School für erfahrene Autodidakten im mittleren Management, die sich selbst verbessern wollten, schuf Stefan ein revolutionäres, unkonventionelles Programm mit der Absicht, die Identität der Teilnehmer zu transformieren. Dazu musste Stefan mit einer virtuellen Gemeinschaft aus frühen Anwendern innerhalb der Zielgruppe, Pionieren innerhalb der Business School und Wegbereitern innerhalb seines Netzwerks potenzieller Partner auf der Grundlage von ähnlichen Visionen und Werten generativ zusammenarbeiten.

Indem er Synergien zwischen diesen drei Gruppen schuf, war Stefan in der Lage ein Programm zusammenzustellen, das ein hohes Maß an Transformation mit konkreten und praktischen Ergebnissen innerhalb kürzester Zeit schuf. Der Erfolg des Studiengangs innerhalb seiner anfänglichen Nische führte zu der Ausdehnung auf ganz Frankreich und dann international.

Der Haupterfolgsfaktor, der Stefan die Pflege der erforderlichen generativen Kollaboration ermöglichte, um seine disruptive Innovation zu unterstützen, war seine Fähigkeit, „sehr genau zuzuhören, um die Weltsicht anderer zu verstehen". Dies bezeichne ich als die Fähigkeit, die „Zweite Position" einnehmen zu können. Die *Zweite Position* ist eine von mehreren *Wahrnehmungspositionen*, die zur Bildung erfolgreicher generativer Kollaborationen erforderlich sind. Die *Dritte Position*, oder Beobachter Position, ist notwendig, um die Kollaboration mit mehr Abstand anzuschauen, um sicher zu gehen, dass wirklich *Win-Win-Kollaborationen* geschaffen werden.

Wenn die Zusammenarbeit zu Win-Lose oder Win-Neutral führt, kann sie einen degenerativen Effekt auf das Vermögen der Unternehmer haben, ihre Vision zu erreichen. Das *SFM Kollaboratoren-Audit* ist ein Instrument, das hilft, Schwächen bei Kollaborationen mit anderen zu finden. Solche Kollaborationen können dann neu überprüft, ausgesetzt oder mithilfe weiterer Kollaborations-Katalysatoren aufgefrischt werden.

Die *Vierte Position* (die *kollektive* oder „*Wir*"-Position) wird gebraucht, um starke Bindungen zwischen Kollaboratoren zu knüpfen und ein generatives Beziehungsfeld zu bilden. Ein Kollaborations-Katalysator, der sehr nützlich sein kann, um die vierte Position oder eine virtuelle Gemeinschaft aufzubauen, ist die Ermittlung der Resonanz für Aufgaben von Bedeutung. Bei dieser Methode präsentieren die Gruppenmitglieder ihre Projekte oder Unternehmen untereinander. Dabei registrieren und verfolgen sie das Resonanzniveau für die Aufgabensignifikanz, die sie erleben. Dies hilft den Gruppenmitgliedern, diejenigen „einzuheimsen", mit denen sie eine gemeinsame Absicht und gemeinsame Interessen teilen. So schaffen sie Gelegenheiten für zukünftige Partnerschaften und Synergien.

*Kollektive Kreativitäts-Katalysatoren* fördern generative Interaktionen zwischen Kollaboratoren, vertiefen die Vierte Position und schaffen einen Zugang zum „kreativen Unbewussten" in einer Gruppe oder auf Organisationsebene. Die Menschen werden ermutigt, Ideen zu finden und mitzuteilen, für die sie eine Leidenschaft haben, und sich darauf zu konzentrieren, „sich dorthin zu bewegen, wo der Puck sein wird" (d. h. auf das Next Generation Business). Kollektive Kreativitätskatalysatoren haben den Zweck, eine Umgebung und System der Verstärkung anzubieten, das Menschen unterstützt, ihre eigene Kreativität durch Gruppeninteraktionen zu bereichern und proaktiv dazu beizutragen, „den Kuchen größer zu machen".

## Referenzen und Literaturhinweise

- Misez sur les ruptures de marché ("Betting on Disruptive Innovations"),  Benoit Sarazin
- *Alpha Leadership: Tools for Leaders Who Want More From Life*,  Deering, A., Dilts, R. and Russell, J., John Wiley & Sons, London, England, 2002.
- *Success Factors of Disruptive Innovations*, Robert Dilts & Benoît Sarazin, 2008.
- *The Fellowship of the Ring*, J. R. R. Tolkien, Ballantine Books, New York, NY, 1965.
- (dt. Ausgabe: Herr der Ringe, Klett-Cotta, 6. Auflage von 2014)
- Herr der Ringe: Die Gefährten, Film von Peter Jackson, New Line Cinema, 2001.
- *Strategies of Genius Volume I*, Dilts, R., Meta Publications, Capitola, CA, 1994.

# 04
# Aus dem Nichts etwas schaffen
## Bildung einer Generativen Unternehmensgemeinschaft

*Die lange Menschheitsgeschichte (und auch die der Tiere) zeigt, dass diejenigen sich durchgesetzt haben, die lernten zu kollaborieren und höchst effektiv zu improvisieren.*

**Charles Darwin**

*Individuelle Einsatzbereitschaft bei Gruppenleistungen – das ist es, was ein Team, eine Firma, eine Gesellschaft oder die Zivilisation funktionieren lässt.*

**Vince Lombardi**

ANTONIO MEZA

# Die Geschichte der "Steinsuppe"

*Die Geschichte der „Steinsuppe"
ist sowohl ein Gleichnis als auch
eine Veranschaulichung, wie wir
durch Kollaboration, „aus dem
Nichts etwas schaffen" können.*

*E*s war einmal ein Dorf in einem Land, das unter einem langjährigen Krieg litt. Die schwierigen Lebensbedingungen ließen die Dorfbewohner immer pessimistischer werden. Sie waren argwöhnisch und verbittert. Darüber hinaus waren die Ernten schon seit einigen Jahren nur mager ausgefallen, und die Menschen horteten eifersüchtig jede Nahrung, die sie finden konnten. Sie versteckten sie sogar vor ihren Freunden und Nachbarn.

Eines Tages kam ein fremder Wanderer in das Dorf und begann Fragen zu stellen, als ob er plante, dort die Nacht zu verbringen. „Es gibt in der ganzen Provinz nichts zu essen", wurde ihm gesagt. „Es ist besser, Sie gehen weiter."

„Das ist kein Problem. Ich habe alles, was ich brauche", sagte er. „Wirklich, da eure müden Felder Euch nichts zu teilen gelassen haben, werde ich stattdessen mit euch etwas teilen: Das Geheimnis, wie man eine Steinsuppe kocht." Die zweifelnden Dorfbewohner schauten einander an, kichernd verspotteten sie diesen Vorschlag. Gelassen nahm der Fremde einen eisernen Kessel von seinem Wagen, füllte ihn mit Wasser und machte darunter Feuer. Dann zog er mit großer Feierlichkeit aus einem Beutel aus Samt einen ganz gewöhnlich aussehenden Stein und ließ ihn ins kochende Wasser fallen.

Mittlerweile hatten die meisten Dorfbewohner von der Anwesenheit des Fremden erfahren und von dem Gerücht, dass es etwas zu essen gab, gehört. So waren sie gekommen oder schauten misstrauisch aus ihren Fenstern. Als der Fremde an der „Brühe" schnupperte und seine Lippen erwartungsvoll leckte, begann ihre Skepsis dem Hunger zu weichen.

„Mmmh", sagte der Fremde ziemlich laut zu sich selbst, „ich esse so gern diese leckere Steinsuppe, und diese ist eine meiner Besten. Ich bin mir sicher, dass ihr sie mögen werdet. Natürlich, Steinsuppe mit ein wenig Kohl – das wäre fantastisch!"

Bald darauf näherte sich ein Dorfbewohner zögernd. Er hielt einen Kohlkopf in der Hand, den er aus seinem Versteck geholt hatte, und gab ihn nun in den Topf hinein. „Großartig", rief der Fremde. „Wisst ihr, ich hatte einmal eine Steinsuppe mit Kohl und ein wenig gesalzenem Rindfleisch, das war, wie für einen König gemacht." Der Dorfmetzger fand ein Stück gesalzenes Fleisch . . . und so ging es weiter mit Kartoffeln, Zwiebeln, Karotten, Pilzen und vielem mehr. Jeder Dorfbewohner trug ein wenig dazu bei, bis es wirklich eine köstliche Mahlzeit für alle war. Die Dorfbewohner aßen, tanzten und sangen zum ersten Mal seit vielen Jahren bis in die Nacht hinein, erquickt durch das Festessen und ihren neugewonnenen Wohltäter.

Als der Fremde am Morgen erwachte, stand das ganze Dorf vor ihm. Zu seinen Füßen lag eine Ledertasche mit dem besten Brot und Käse des Dorfes. „Du hast uns das größte Geschenk gemacht: Das Geheimnis, wie man eine Suppe aus einem Stein macht", sagte der Älteste, „und das werden wir niemals vergessen." Der Fremde wandte sich an die Menge und sagte: „Dies ist nur aus einem einzigen Grund ein Geheimnis; weil wir so leicht vergessen, dass wir nur durch Teilen ein Festmahl kochen können."

Und dann zog er der Straße entlang weiter . . .

Die Geschichte von der Steinsuppe ist ein Gleichnis darüber, wie von Mitgliedern einer Gemeinschaft "aus dem Nichts etwas geschaffen werden kann", wenn alle mit kleinen Mengen entscheidender Ressourcen beitragen.

Ein weiteres Gütezeichen erfolgreichen Unternehmertums ist die Fähigkeit „aus dem Nichts etwas zu schaffen". Ganz offensichtlich ist die Geschichte der Steinsuppe ein Gleichnis dafür, wie das gelingen kann. Angefangen mit nichts anderem als einem Stein und kochendem Wasser wurde es eine leckere Suppe, weil die Mitglieder der Gemeinschaft mit ihren entscheidenden Mitteln dazu beigetragen haben. Daraus lernen wir: Wenn wir zusammenarbeiten und jeder das dazu beiträgt, was er kann, können wir etwas Wunderbares vollbringen, das mit nichts anderem als dem materiellen Wert (einem Stein) und einer Vision, was sein könnte, beginnt.

*Die Fähigkeit, aus nichts etwas zu schaffen, erfordert das Erwachen und Aktivieren einer „generativen Unternehmensgemeinschaft", die auf einem gemeinsamen Gespür für die Möglichkeiten und auf Groß- zügigkeit, Beteiligung, Optimismus, Teilen und Vertrauen beruht.*

Unter dem Aspekt des Success Factor Modeling repräsentiert der Fremde den „Unternehmergeist". Die Idee der „Steinsuppe" entspricht der Vision eines Gründers oder Unternehmers. Zuerst erscheint es den Dorfbewohnern unmöglich, eine Suppe aus einem Stein zu kochen, und tatsächlich hätte der Fremde auf sich allein gestellt keinen Erfolg gehabt. Jedoch kann der Fremde mit beispielhafter Überredungskunst zuerst das Ego der Dorfbewohner ansprechen (das sich durch ihr eifersüchtiges Ansammeln ihres Essens zeigt), indem er ihnen etwas Neues zeigt, anstatt das Wenige, was sie haben zu bedrohen. Seine Zuversicht in seine Vision, in sich selbst und in die Dorfbewohner erlaubt ihm, ausreichend Neugier bei den Dorfbewohnern zu wecken, so dass sie ihr Mangeldenken umgehen und letztendlich transformieren können. Ihre Kollaboration erweckt ihre Seelen und lässt sie Möglichkeiten, Großzügigkeit, Beteiligung, Optimismus, Teilen und Vertrauen erfahren. Auf diese Charakteristiken beziehen wir uns, wenn wir im SFM von einer „generativen Unternehmensgemeinschaft" sprechen.

Im Allgemeinen hat die Vision eines Unternehmers anfangs nicht mehr Substanz als der Stein des Fremden. Ob es sich um eine Steinsuppe, einen PC, eine tolle Internet App oder ein Elektroauto handelt. Tatsache ist, dass die Vision eines Unternehmers nur eine Idee ist, bis sie durch die Mitwirkung und Beiträge einer größeren Gemeinschaft Wirklichkeit wird. Dies drückt sich in Steve Jobs Bild einer „umgekehrten Pyramide" aus, das in *Success Factor Modeling Band 1* (S. 275-276) beschrieben wurde. Hierin beschreibt er wie aus „dem winzigen Samen" seiner Idee für einen PC sich etwas entwickelte, das durch die folgende Beteiligung der Menschen mit ganz unterschiedlichen und sich ergänzenden Kompetenzen im Leben vieler Menschen großen Nutzen brachte.

Neben den bisher in diesem Buch besprochenen Kompetenzen und Modellen, sollte man, um aus dem Nichts etwas schaffen zu können, „eine generative Unternehmensgemeinschaft" erwecken und aktivieren können. Dies ist wahrscheinlich der höchste Ausdruck für Unternehmertum der Zukunft (Next Generation Entrepreneurship) und kollektiver Intelligenz.

# Gemeinschaft

Websters Wörterbuch definiert eine *Gemeinschaft* als „eine interagierende Population unterschiedlicher Individuen (oder Arten)" die „durch ein gemeinsames Interesse miteinander verbunden sind" oder wegen „der Kenntnis von einem irgendwie vereinigenden Merkmal zusammengehören". Somit gehört zu einer Gemeinschaft Vielfalt auf einer Ebene, aber Einheit auf einer anderen.

Die Menschen innerhalb einer bestimmten Gemeinschaft teilen oft einen gemeinsamen geographischen Standort, doch ist das Teilen der Umgebung kein notwendiger Faktor, um eine Gemeinschaft zu bilden. Einzelne in einer Gemeinschaft, wie zum Beispiel eine „medizinische Gemeinschaft" können geographisch weit verstreut sein. Andere Gemeinschaften, wie die „hispanische Gemeinschaft", kann aus einer Subpopulation innerhalb einer bestimmten geographischen Region bestehen. Diese Art Gemeinschaft wurde durch eine „Menschengruppe gebildet, „die durch eine gemeinsame Charakteristik gekennzeichnet sind, aber in einer größeren Gesellschaft lebt, die diese Charakteristik nicht teilt".

*In einer vorsätzlichen Gemeinschaft muss es „bewusstes und zweckdienliches Teilen" geben, „das durch ein Gefühl der Einheit ge-kennzeichnet ist, aber auch durch eine individuelle Beteiligung, die komplett freiwillig ist, also weder erzwungen noch genötigt wurde, und ohne Verlust der Individualität".*

Des weiteren kann zwischen einer „vorsätzlichen" und einer „unabsichtlichen" Gemeinschaft unterschieden werden. In einer vorsätzlichen Gemeinschaft muss es „bewusstes und zweckdienliches Teilen" geben. Laut Websters umfasst eine solche Gemeinschaft „soziale Aktivitäten, die durch ein Gefühl der Einheit gekennzeichnet sind, aber auch durch individuelle Beteiligung, die komplett freiwillig ist und weder erzwungen noch genötigt wurde, ohne Verlust der Individualität. Nach dieser Definition würde die Bildung einer „Gemeinschaft" einen dauerhaften Rahmen ausreichender Sicherheit erfordern, in dem Menschen Wahlmöglichkeiten haben und die Freiheit, ihre Individualität auszudrücken. Menschen in einer Gemeinschaft müssen nicht alle „dasselbe Bild" oder dieselbe Vision haben, sondern alle sollten „in die gleiche Richtung schauen".

Der Wert einer Gemeinschaft besteht darin, dass durch die Vereinigung von Personen mit unterschiedlichen Stärken und Fähigkeiten im Dienst einer gemeinsamen Sache mehr erreicht werden kann, als wenn die Einzelnen allein agieren würden. Eine „lernende Gemeinschaft" könte zum Beispiel aus einer Gruppe diverser Menschen bestehen, aus diversen geographischen Regionen und mit unterschiedlichen beruflichen Werdegängen, aber alle haben das gemeinsame Ziel zu Lernen und einander beim Lernen zu unterstützen.

Eine Gemeinschaft ist ein gutes Beispiel für ein „ sich selbst-organisierendes" System. Mitglieder eines solchen Systems organisieren ihr eigenes Verhalten in ihrem Umfeld um gewisse Schwerpunkte herum, die sogenannten „Attraktoren" (wie der Stein des Fremden in der Geschichte von der Steinsuppe).

Gemeinschaften haben verschiedene Arten von "Attraktoren". In der Geschichte von der Steinsuppe ist der Attraktor der Stein, der die Menschen anregt, ihre Zutaten zu teilen. Auf gewisse Art bilden sich andere Gemeinschaften um Symbole, die ihren "Zweck" oder ihre "Bestimmung" repräsentieren, oder sie haben einen gemeinsamen Grund zusammen zu kollaborieren.

Laut der Selbst-Organisations-Theorie wird die Ordnung um eine „Landschaft" von „Attraktoren" herum gebildet. Sie helfen stabile Muster innerhalb des Systems zu erschaffen und zu halten. In menschlichen Gemeinschaften bildet sich die „Attraktoren-Landschaft" aufgrund vereinigender Merkmale, wie gemeinsame Ziele, gemeinsame Interessen und Vorannahmen oder aufgrund des Einheitsbewusstseins der Mitglieder in der Gemeinschaft.

„Attraktoren" der Gemeinschaft können auf unterschiedlichen Ebenen existieren: Umfeld, Verhalten, Fähigkeiten, Überzeugungen und Werte, Identität und spirituelle Erfahrung. In einigen Gemeinschaften werden Menschen einfach aufgrund des gemeinsamen geographischen Ortes vereint (z. B. „Berggemeinde" oder „Strandgemeinschaft"). Andere Gemeinschaften formieren sich, weil sich Menschen bei ähnlichen Aktionen engagieren oder gleiche Verhaltensweisen zeigen (z. B. „Bergbaugemeinde"). Wieder andere entstehen auf Basis gemeinsamer Fähigkeiten (z. B. „Bildungsgemeinschaft"), Überzeugungen und Werte („Religionsgemeinschaft" oder „utopische Gemeinde") oder der Identität (z. B. „Künstlergemeinde" oder „die Gay Community"). Eine „generative Unternehmensgemeinschaft" formiert sich aus dem „Unternehmergeist" und den Visionen ihrer Mitglieder.

## Merkmale einer Generativen Unternehmensgemeinschaft (GUC)

Eine *generative* Gemeinschaft wächst und gedeiht durch die individuellen Visionen, Leidenschaften und Beiträge ihrer Mitglieder. Sie ist so strukturiert, dass es eine sich verstärkende Feedback-Schleife zwischen dem Wachstum des Einzelnen und dem Wachstum der Gemeinschaft gibt.

Das entscheidende Ziel des SFM Ablaufs ist die Bildung einer Generativen Unternehmensgemeinschaft. Der Zweck einer GUC besteht darin, Unternehmer, Teammitglieder, Stakeholder und Partner zu aktivieren, miteinander verbunden zu bleiben und ihre aktuellen Kollaborationen aufrecht zu erhalten, um den Wert und die Erfolgschancen jedes einzelnen Projektes zu steigern. Für die Unternehmer und die Mitglieder ihres Erfolgszirkels verfolgt die GUC das Ziel, kontinuierlich Ressourcen auszutauschen, wie Empfehlungen, Coaching, professionelle Dienstleistungen, Kontakte zu Investoren usw., um direkt voneinander zu profitieren. Zusätzlich bietet eine GUC die Möglichkeit, einen gewissen Eigenanteil bei den Projekten der anderen zu leisten.

*Gemeinschaften bilden sich um „Attraktoren" – Punkte von gemeinsamen Interesse auf vielen unterschiedlichen Ebenen.*

*Eine „generative Unternehmensgemeinschaft" formiert sich um den „Unternehmergeist" und die Visionen ihrer Mitglieder.*

*Eine generative Unternehmensgemeinschaft soll Unternehmer, Teammitglieder, Stakeholder und Partner in die Lage versetzen, miteinander verbunden zu bleiben und ihre aktuellen Kollaborationen aufrecht zu erhalten, so dass der Wert und die Erfolgschancen für jedes einzelne Projekt gesteigert werden.*

Generative Gemeinschaften werden aus einer Kultur heraus gebildet, die neue Entwicklungen möglich macht, weil sie die Wahrscheinlichkeit von Resonanz, Synergie und Emergenz fördert. Somit wird der kollektive „Glücksfaktor" gesteigert. Neue und erfolgreiche Produkte gehen häufig aus ungeplanten und unerwarteten Treffen und Verbindungen hervor.

Denken Sie zum Beispiel an den Fall, wie die Post-it® Notizblöcke entwickelt wurden. Ein Chemiker namens Spencer Silver arbeitete 1970 in den 3M Versuchslaboratorien, um einen starken Klebstoff zu entwickeln. Silver erfand einen neuen Kleber, jedoch war er noch schwächer als alles, was 3M bisher produzierte. Er blieb an Dingen haften, aber er konnte leicht wieder abgezogen werden. Er war super schwach statt super stark. Es handelte sich also um einen „Fehlversuch" bei der Entwicklung eines stärkeren Klebstoffs.

Niemand wusste, was man mit dem Zeug machen konnte, doch Silver schmiss es nicht weg (vielleicht weil er es für „eine Lösung auf ein anderes Problem hielt, an dem er gerade nicht arbeitete"). An einem Sonntag vier Jahre später sang ein anderer 3M Wissenschaftler namens Arthur Fry in seinem Kirchenchor. In seinem Gesangsbuch benutzte er kleine Papierschnipsel, um die Seiten zu markieren. Doch sie fielen immer wieder aus dem Buch. Da erinnerte sich Fry an Silvers Klebstoff, und beschichtete seine Marker damit. Durch den schwachen Klebstoff blieben die Marker am Platz und ließen sich leicht wieder entfernen, ohne die Seiten zu beschädigen. Dies führte zu der Idee, kleine Notizblöcke mit einem Streifen des schwachen Klebstoffes auf der Rückseite herzustellen. So konnten sie leicht auf anderen Seiten angeheftet und wieder entfernt werden. Die Produktidee der Post-its war eine Synergie oder eine generative Kollaboration, die aus Silvers schwachem Klebstoff und Frys Idee entstanden war, die Papiermarker in seinem Gesangsbuch vorübergehend zu befestigen.

1980 begann 3M mit dem landesweiten Vertrieb der Post-it® Notizblöcke – zehn Jahre nachdem Silver den super-schwachen Klebstoff entwickelt hatte. Heute gehören sie zu den meistgenutzten Büroprodukten. Hätte es keine Interaktion zwischen den beiden Wissenschaftlern gegeben, wäre die „glückliche" Verbindung zwischen dem schwachen Kleber und dem Notizpapier nie geschehen. Der Sinn einer Generativen Unternehmensgemeinschaft ist die Chance zu erhöhen, dass solch unerwartete Synergien auftreten können.

**Die Geschichte, wie die Post-it® Notizen entwickelt wurden, ist ein gutes Beispiel dafür, wie neue und erfolgreiche Produkte häufig aus ungeplanten und ungeahnten Treffen und Verbindungen entstehen.**

# Schwarmintelligenz

Einer generativen Gemeinschaft liegt die sogenannte „Schwarmintelligenz" zugrunde. Wissenschaftlich wird die *Schwarmintelligenz (SI) als „die Eigenschaft eines Systems"* definiert, *„wobei das kollektive Verhalten von (unkomplizierten) Vertretern, die lokal mit ihrer Umgebung interagieren, kohärente, funktionale, allgemeine Muster entstehen lassen. SI bietet die Grundlage, mit der es möglich ist, kollektive (oder verbreitete) Problemlösungen ohne zentralisierte Kontrolle oder Bereitstellung eines allgemeinen Modells zu untersuchen".*

Ein gutes Beispiel für Schwarmintelligenz ist die Tatsache, dass eine Ameisenkolonie die nächste und reichhaltigste Nahrungsquelle ermitteln kann, ohne dass es die einzelnen Mitglieder wissen.

Ameisen hinterlassen beim Verlassen und beim Wiedereintritt ihrer Kolonie eine chemische Pheromonspur. Jede einzelne Ameise geht auf die Suche nach Futter, was sie zum Nest zurückbringt. Sie folgen dabei der stärksten (frischesten) Pheromonspur. Die stärksten Spuren sind diejenigen, die am häufigsten von den meisten Ameisen genutzt werden. Wenn die Futterquelle versiegt, gehen die Ameisen weiter auf Nahrungssuche anstatt zur Kolonie zurückzukehren. Somit wird die Spur zu der erschöpften Futterquelle schwächer und die frischeren Spuren führen zu der neuen Futterquelle.

Als Folge wird die Mehrheit der Ameisen weiterhin zu der nächstgelegenen und reichhaltigsten Futterquelle reisen, auch wenn keine einzelne Ameise in der Kolonie weiß, wo sie sich befindet.

In gewisser Weise entspricht die Pheromonspur der Ameisen den virtuellen „Spuren", die als Resultat des Success Factor Modeling und von Prozessen wie Benchmarking und Teilen von Best Practices hinterlassen werden. Die Spuren, die am leichtesten und schnellsten zum größten Erfolg führen, werden jene sein, denen die meisten Individuen am häufigsten folgen. Weil dies zu Wachstum und Erfolg der Gemeinschaft als Ganzes führt, profitiert die Gemeinschaft, wenn jeder und jede einzelne bei der Erreichung seiner oder ihrer Vision erfolgreich ist.

*Generative Gemeinschaften nutzen häufig die Prinzipien der „Schwarmintelligenz", durch die einzelne Aktionen zu kollektiven Entscheidungen oder Lösungen führen, ohne die Notwendigkeit für eine zentralisierte Kontrolle.*

## Erfolgsfaktor-Fallbeispiel:
### Randy Williams, The Keiretsu Forum
### Eine Generative Unternehmensgemeinschaft

*Eine Kultur der Chancen voller Wissbegieriger*

**Randy Williams**
Gründer – Keiretsu Forum

**Randy Williams Vision ist eine Welt, wo Angel Investoren zusammenkommen können und offenen Gedankenaustausch sowie eine großartige Vordenkerposition genießen; unter Anwendung von "Schwarmintelligenz" unterstützen sie einander und treffen bessere Entscheidungen.**

Randy Williams gründete im September 2000 das Keiretsu Forum, eine „Angel-Investoren"-Gruppe (http://www.keiretsuforum.com, Keiretsu jap. = Firmengruppe). Als erfolgreicher Unternehmer und Investor wollte Williams eine Gemeinschaft aufbauen, um Investitionschancen zu erörtern. Seine Vision war einfach: Mitglieder sprechen mit anderen Mitgliedern, bevor sie etwas investieren. „Ich gründete das Keiretsu Forum, weil mir selbst die Disziplin als Eigenkapitalgeber (Equity Investor) fehlt," scherzt Williams.

Nachdem er Mitte der neunziger Jahre sein Geld mit Immobilien gemacht hatte, wollte Williams seine Investitionen in der Technologie diversifizieren. Aber wie er sagt: „Ich wollte nicht in Unternehmen investieren, von denen ich nicht genug Informationen hatte oder die ich nicht ausreichend kannte, um eine fundierte Meinung zu haben, wie man in solche Chancen investieren sollte." Williams grundlegendes Ziel war es, eine ausreichende Entscheidungsgrundlage zu schaffen, ob man investieren sollte oder nicht. „Ich wollte eine Gemeinschaft bilden, wo keiner Eigeninteressen verfolgte, aber alle eine großartige Vordenkerposition innehatten und offenen Gedankenaustausch genossen – ich nenne es ,Schwarmintelligenz'– so dass wir effektive Entscheidungen treffen konnten."

Das war eine gute Idee. Das Keiretsu Forum wuchs und gedieh während der frühen 2000er, zu einer Zeit als das meiste „Angel"-Investititonskapital versiegt war und viele Investoren bis aufs Hemd in der „Dot.com"-Krise verloren hatten. Zurzeit ist das Keiretsu Forum das größte Angel-Investoren-Netzwerk der Welt mit über 2.500 akkreditierten Investorenmitgliedern in 46 Chaptern auf drei Kontinenten. Die Mitglieder des Keiretsu Forums haben bis heute über 400 Millionen USD in mehr als 485 Firmen der Technologie, Konsumgüter, Life Sciences, Immobilien und andere wachstumsstarke Segmenten investiert.

Williams gründete sein erstes Keiretsu Chapter mit 50 Freunden und stoppte schließlich die Aufnahme bei 150 Mitgliedern. „Ich wollte es vertraulich halten", sagte er und fügte hinzu: „Es herrscht eine hohe Vertrautheit und Verbundenheit innerhalb unserer Gemeinschaft."

Aufgrund seines Erfolges in der San Franscico Bay Area in Nordkalifornien hat Keiretsu expandiert und viele weitere Chapter weltweit eröffnet. Jedes Chapter ist auf 150 Investorenmitglieder begrenzt.

Diese Chapter bilden eine Gemeinschaft mit dem erklärten Zweck:

1. Portfoliofirmen des Keiretsus zu unterstützen und Gründer mit Eigenkapital und Ressourcen aus verschiedenen Kapitalmärkten zu versorgen.

2. Für die Mitglieder in verschiedenen geographischen Regionen weitere hochwertige Investitionen vorzuschlagen (Dealflow).

3. Den Mitgliedern kollaborative Beziehungen geschäftlicher und sozialer Art zwischen den Chaptern zu ermöglichen.

Zur Auswahl der Investitionen hält jedes Keiretsu Chapter einmal im Monat ein Screening-Treffen ab. Diese Besprechungen finden eine Woche vor der monatlichen Tagung des Forums statt, bei der die Investitionsentscheidungen getroffen werden. Zu dem Screening-Treffen werden circa zehn Firmen von etwa 25 bis 30 in Betracht kommende Kandidaten eingeladen. Die Firmen werden durch das Keiretsu Netzwerk vorgeschlagen und von einem Komitee aus Keiretsu Mitgliedern mit geeignetem Branchenwissen und Expertise einer Vorauswahl unterzogen.

Ungefähr 25–30 Keiretsu Mitglieder nehmen an dem Screening teil. „Wir wollen es vertraulich halten", erklärt Williams. Die Gründer haben 15 Minuten vor der Gruppe – 7 Minuten für die Präsentation und 8 Minuten um Fragen von den Keiretsu Mitgliedern zu beantworten. „Nachdem alle Firmen sich präsentiert haben, werden die Vortragenden hinaus gebeten und dann stimmen wir ab", erzählt Williams. Bevor die Abstimmung beginnt, wird jedoch über jede Firma diskutiert; und hier zeigt sich der Wert der kollektiven Expertise innerhalb der Gruppe. Die teilnehmenden Mitglieder werden ermutigt zuerst „positive" Kommentare abzugeben und dann im Hinblick auf jede Firma ihre „Bedenken" anzumelden.

**Randy Williams hatte die Ambition mit dem Keiretsu Forum, das weltweit größte Angel-Investoren-Netzwerk mit über 2.500 akkreditierten Investorenmitgliedern in 46 Chaptern auf drei Kontinenten zu erschaffen.**

### Kollektiven Gedankenaustausch ernten

Durch die Diskussionen zeigt sich ein reichhaltiges Spektrum an Expertise und Erfahrung. Jede Überlegung eines Gruppenmitglieds bietet allen in der Gruppe die Chance kompetentere Investoren zu werden. In der Tat sind Keiretsu-Treffen faszinierende Gelegenheiten auf der Höhe der neusten Innovationen bei Technologien und Geschäftsmodellen zu bleiben und von dem Wissen und der Erfahrung erfolgreicher und großzügiger Menschen zu lernen. „Jeder kann eine Firma kritisieren", erklärt Williams. „Ich wollte das Keiretsu Forum aufsetzen, um wohlwollend über die Firmen zu sprechen."

*Keiretsu-Treffen sind faszinierende Gelegenheiten, um auf dem aktuellen Stand der Technik und der Geschäftsmodelle zu bleiben sowie von dem Wissen und der Erfahrung erfolgreicher, großzügiger Menschen zu lernen.*

*Einer von Randy Williams einzig-artigen Beiträgen zum Keiretsu Forum ist das „Hervorbringen des kollektiven Gedankenaustauschs in der Gruppe".*

Nach der Diskussion stimmen die Keiretsu Mitglieder darüber ab, welche Firmen eingeladen werden, an der Tagung des Forums teilzunehmen. „Jedes Mitglied hat eine Stimme: ja, nein oder ‚Bubble' (Blase)", erklärt Williams. „‚Bubble' bedeutet: wir verstehen nicht wirklich ihren Vorschlag oder kennen die Technologie nicht gut genug, und wir müssen Leute hinschicken, um uns zu helfen, ihr Geschäft oder ihr Angebot zu verstehen."

Obwohl Williams am Ende des Treffens die Diskussion über die Firmen leitet, insistiert er, dass er nicht nur ein Moderator sei. „Ich bin über das Feedback begeistert", sagt er. „Also moderiere ich nicht, sondern ich bringe den kollektiven Gedankenaustausch in der Gruppe hervor."

Wenn eine Firma ein „Nein" bekommt, wird ein Team gesandt, um ihnen die Entscheidung zu erklären und was sie tun müssen, wenn sie den nächsten Schritt machen wollen. Williams weist darauf hin, dass Risikokapitalgeber den schlechten Ruf haben, Leuten keine Erklärung zu geben. „Wie soll man wachsen, wenn man keine Ahnung hat und nicht aufgeklärt wurde?", fragt er. „Es ist sehr wichtig, dass wir wohlwollend sind, weil uns die unternehmerische Gemeinschaft sehr am Herzen liegt!", stellt er heraus. „Wir haben Firmen, zu denen wir ‚nein' oder ‚Bubble' gesagt haben. Sie sind unseren Empfehlungen gefolgt, dann zurückgekommen und erhalten nun die Finanzierung. Und das ist aufregend."

Als Beispiel führt Williams an: „eine Firma kam zu uns, die versucht, den Korken in Weinflaschen zu ersetzen. Das gelingt zwar, doch sind die Akzeptanz und die Annahme noch nicht im Markt angekommen. Wir haben ein Team geschickt, um ihnen mit dem Marketingplan zu helfen. Nun kommen sie zum Forum.

### Weise Entscheidungen treffen

Die monatliche Tagung des Forums wird von 100 bis 175 Menschen besucht. Vier bis fünf Firmen werden von denen ausgewählt, die sich in der Woche beim Screening zuvor präsentiert haben. Bei der Forum-Tagung haben die Firmen 10 Minuten und weitere 10 Minuten für Fragen und Antworten vor den teilnehmenden Mitgliedern. Ähnlich wie im Screening-Treffen, werden die Vortragenden am Ende der Sitzung hinaus gebeten, und es findet eine Diskussion über das Positive und die Bedenken bezüglich jeder Firma statt.

Am Ende jeder Firmenpräsentation wird ein „goldenes" Blatt herumgereicht. Wenn ein Keiretsu-Mitglied daran interessiert ist, eine mögliche Investition in diese Firma zu diskutieren, trägt er oder sie ihren Namen und Kontaktdaten auf dem Blatt ein. Niemand muss investieren oder seinen Namen auf dem Blatt eintragen. Es handelt sich lediglich um eine Absichtserklärung, mit der Firma ein Folgegespräch über die Investitionsbedingungen zu führen und sich an der sorgfältigen Prüfung (Due-Diligence-Verfahren) zu beteiligen.

Nachdem die Diskussion stattgefunden hat, werden die potenziellen Investoren aufgefordert, zum Abschluss der Tagung ihre Namen zu löschen oder zu ergänzen. Williams fordert jedoch die Keiretsu-Mitglieder auf entschlussfreudig zu sein, damit sie keine Zeit der Gründer vergeuden. „Wenn Sie zu einem ‚Nein' gekommen sind, dann sagen Sie jetzt ‚Nein'", erklärt er. „Falls Sie zu einem ‚Vielleicht' gekommen sind, nehmen Sie sich 30 Tage Zeit und teilen Sie dann Ihren Entschluss mit."

Der Ablauf im Keiretsu Forum fördert die Diskretion und die Unabhängigkeit sowohl der Gründer als auch der Investoren. Williams will sicherstellen, dass jeder Deal für beide Parteien ein Gewinn ist. „Die Mitglieder im Keiretsu Forum geben den Gründern mehr als Geld", erklärt Williams. „Sie bieten ihnen den Vorteil ihrer Erfahrung als Mentoren und den ihres Netzwerks."

Zum Teil liegt der Erfolg des Keiretsu Forums als Investorengruppe an seiner Selektivität. „Wir finanzieren nur circa 15 von den 48 Firmen, die wir sehen", erklärt Williams, „aber das ist im Moment besser als jedes andere Angel-Forum weltweit."

Auch wenn das Forum als Gruppe eine Firma übergeht, sind die einzelnen Mitglieder frei, im Alleingang in diese Firma zu investieren, wenn sie es wollen. Keiretsu erhält keinen Anteil von den getätigten Investitionen. Es gibt nur eine Mitgliedsgebühr für jene, die geeignet und als Mitglied akzeptiert sind sowie eine Gebühr für die zur Präsentation ausgewählten Firmen.

Eine charakteristische Erfolgsstory ist die von T. S. Pharma, eine Firma, die ein effektives Medikament zur Behandlung von Diarrhoe bei AIDS Patienten entwickelt hat. Siebzehn Keiretsu Mitglieder nahmen an einer sechswöchigen Runde teil. „Es ist großartig, in Dinge zu investieren, die wirklich unterstützen und der Menschheit helfen", macht Williams geltend. „Der Kontakt dazu kam von drei Mitgliedern. Wegen des Respekts, den die anderen vor ihnen hatten, und aufgrund der Tatsache, dass es keinerlei Eigeninteressen gab, konnten die drei siebzehn Mitglieder bewegen, diese Firma zu unterstützen." Dank der Investition und der Unterstützung durch die siebzehn Mitglieder war T. S. Pharma in der Lage, schnell für eine Firmenübernahme attraktiv zu werden. Dadurch konnte ihr Produkt schneller zu den Patienten gelangen, die davon profitierten und wodurch Gewinn für die Investoren erwirtschaftet wurde.

**Die Rolle der Mitglieder im Keiretsu Forum geht über die eines "Investors" hinaus. Sie agieren ebenso als Partner und geben den Gründern "mehr als Geld", weil sie ihnen "den Vorteil ihrer Erfahrung als Mentoren und die ihres Netzwerks" bieten.**

*Auch wenn das Forum als Gruppe eine Firma übergeht, sind die einzelnen Mitglieder frei, im Alleingang in diese Firma zu investieren, wenn sie es wollen.*

Als weiteres Beispiel führt Williams einen Fall an, als eine Reporterin eines bekannten französischen Business Magazins ihn anrief und ihn um einen Kommentar zur Datenspeicherung bat. Williams antwortete: „Ich kenne mich mit Datenspeicherung nicht aus, aber ich werde meine Keiretsu Gemeinschaft befragen." Er sandte eine E-Mail an die Nordkalifornischen Keiretsu Mitglieder. Innerhalb von 30 Minuten bekam er 27 Antworten von Leuten, die eine Expertise in Datenspeicherung hatten, einschließlich 2 oder 3 Personen, die eine Firma auf diesem Gebiet gegründet hatten. Die Reporterin war so beeindruckt, dass sie sich entschied, den Fokus ihres Artikels auf das Keiretsu Forum zu verlagern.

Die erklärte Mission des Keiretsu Forum ist, eine "großartige Vereinigung mit hochwertigem Dealflow" zu sein. Dies wird durch die Anwendung von Schwarmintelligenz umgesetzt, um gute Entscheidungen zu treffen und Gründer zu unterstützen. "Es geht darum, dass gute Leute zusammen sind und Impulse liefern", sagt Williams.

*„Schwarmintelligenz" nutzen*

Ganz offensichtlich ist ein Hauptschlüssel zum Erfolg des Keiretsu Forums eine Art „Schwarmintelligenz". Diese Art der Intelligenz entsteht, wenn Menschen mit einer Vielzahl an Expertisen und Erfahrungen aus verschiedenen Bereichen, ihre Aufmerksamkeit auf ein gemeinsames Ziel fokussieren und ihr kollektives Wissen zusammenbringen. „Meine ganze Investitionsphilosophie handelt davon, Leute auszuwählen, die gescheiter sind als ich und die vollkommen auf die anstehende Aufgabe fokussiert sind", erklärt Williams. Die Gruppenmitglieder bilden eine „Datenbasis für hervorragenden Gedankenaustausch", sagt er weiter. „Es gibt immer genug Expertise, egal was vorgebracht wird."

Laut Williams reduziert eine solche Schwarmintelligenz das Risiko für Investoren und schafft Mehrwert, weil sich die Mitglieder mit „intellektuellem Kapital" und anderen Ressourcen zusätzlich zum Geld beteiligen können. „Die Ressourcen haben mehr Einfluss als das finanzielle Kapital", behauptet Williams.

Williams betont ebenfalls mit Nachdruck, dass es beim Keiretsu Forum einen weiteren Schlüssel zum Erfolg gibt. Seine Mitglieder „teilen die gemeinsame Einstellung, Spaß haben zu wollen und dabei gute Investitionen zu machen". In der Tat ist die erklärte Mission des Kereitsu Forum, eine großartige Vereinigung mit hochwertigem Dealflow zu sein. Es geht darum, dass gute Leute zusammen sind und Impulse liefern", sagt Williams. „Wenn man nicht die richtige Mitgliedschaft hat, funktioniert es nicht."

---

\* *Deal Flow* beinhaltet die Anzahl und Vielzahl von Investitionsgelegenheiten, in Form von neuen Start-ups, die ein Investor zu sehen bekommt. Die Qualität des „Dealflow" beeinflusst zum großen Teil, welchen Erfolg die Investoren erzielen.

*Leitlinien zur Bildung einer Gemeinschaft*

Williams hat die Keiretsu Gemeinschaft auf Basis von vier Schlüsselwerten oder „Leitlinien" gebildet:

## 1. Uneingeschränkte Zusammenarbeit

„Wir lieben absolut die Kollaboration und Arbeit mit anderen Angel-Foren oder Investitionsgruppen, wo immer sie sein mögen", sagt Williams. Der Name Keiretsu ist wirklich symbolträchtig für Kollaboration. Keiretsu ist der japanische Begriff für „eine Gruppe angeschlossener Unternehmen mit umfangreicher Macht und Reichweite."

Williams erklärt weiter: „Angel-Investoren sind üblicherweise Einzelpersonen, die in etwas investieren, das sie kennen und dem sie mit ihrem Netzwerk helfen können zu wachsen." Deshalb ist die Kollaboration ein wesentliches Element, um ihren Erfolg abzusichern. Laut Williams ist das Wesentliche für eine erfolgreiche Kollaboration, zusammenzukommen und zu fragen: „Was können wir gemeinsam tun, das *dir* nutzt?""

*Die Kollaboration ist wichtig für den Erfolg der Mitglieder im Keiretsu Forum und der von ihnen unterstützten Gründer.*

## 2. Intelligente Investitionen

Die Mitglieder im Keiretsu Forum bieten Risikokapital für die Frühphase eines Unternehmens in Höhe von 250 Tausend bis 2 Millionen USD, wobei jedes einzelne Mitglied 25 – 30 Tausend USD einsetzt. Das Keiretsu Forum ist kein Fond und investiert nicht als einzelne Einheit. Die Mitglieder kollaborieren bei der „Due Diligence*"-Prüfung, treffen jedoch individuelle Investitionsentscheidungen. Das Keiretsu Forum erwägt eine Vielzahl von Chancen in den Bereichen Software, Health Care (medizinische Versorgung), Telekommunikation, Medien und Unterhaltung, Geräteherstellung und Immobilien bis hin zu Firmen, deren Geschäfte und Handel in Ladengeschäften vonstattengeht. Die Investitionen sind kleiner und bieten die Chance auf baldige Monetarisierung. „Als Angel-Investoren mögen wir es, wenn unsere Investition zur Profitabilität führt oder ein gewisse Rendite nach 3-5 Jahren erreicht", sagt Williams. „Wir betrachten keine Renditen in 8-10-Jahren. Achtundzwanzig Prozent unserer Investitionen flossen in Immobilien und andere Nicht-Technologiegeschäfte."

*Die Keiretsu Mitglieder kollaborieren bei der Überprüfung und Verifizierung der notwendigen Schlüsselinformationen, damit sie Risiken genau einschätzen können, aber die Investitionsentscheidungen treffen sie individuell.*

---

\* *Due Diligence* ist die sorgfältige Untersuchung, durch die Investoren, im Detail einer potenziellen Investition zur akkuraten Risikobewertung, wie beispielsweise eine Betriebs- und Managementprüfung sowie der Nachweis von materiellen Fakten.

## 3. Die Gebende Natur der Mitglieder

Williams behauptet, ein Kernziel für Keiretsu sei, „anderen Menschen das Geben zu lehren und dazu zu ermutigen". Zum Beispiel veranstaltet Keiretsu jedes Jahr die „Warme-Jacken-Fahrt". „Letztes Jahr ging ich in eine Schule und sprach mit einem Mädchen darüber", erinnert sich Williams. „Sie mobilisierte ihre ganze Schule und sammelte 900 Jacken, die Kereitsu weitergab."

*Die Keiretsu Mitglieder selbst sind sehr erfolgreiche Menschen, die das Verlangen haben, „etwas zurückzugeben". Wenn man zu den Keiretsu Treffen kommt, „geben" die Teilnehmer „ihr Ego an der Garderobe ab".*

Die Keiretsu Mitglieder sind selbst erfolgreiche Menschen, die den Wunsch verspüren, „etwas zurückzugeben". Dies wird deutlich, wenn Williams „das gütige und beherzte Teilen" beschreibt, dass zwischen den Keiretsu Mitgliedern und den Menschen, die sie unterstützen, stattfindet. Wenn die Teilnehmer zum Keiretsu Treffen kommen, „geben sie ihr Ego an der Garderobe ab", betont Williams.

Ein grundlegendes Keiretsu Prinzip ist das Konzept, „kein Eigeninteresse zu verfolgen". Zum Beispiel ist es wichtig, wenn die Firmen diskutiert werden, dass die Absicht der beteiligten Personen deutlich und transparent bleiben. „Immer, wenn es beim Keiretsu eine Diskussion gibt", erklärt Williams „wissen die Leute, dass sie, bevor sie irgendetwas sagen, angeben müssen, ob sie ein Berater, Beiratsmitglied oder Investor sind oder einen Interessenskonflikt haben. So wissen wir wie wir ihre Bemerkungen einschätzen können."

*Die Gäste des Keiretsu Forums werden angewiesen, keine Visitenkarten zu verteilen, es sei denn, dass sie jemandem etwas anbieten ohne etwas dafür zu erwarten.*

Als Gemeinschaft hält das Keiretsu Forum das Werbeverbot aufrecht. Ein Beispiel dafür ist, dass Gäste im Keiretsu Forum angehalten sind, keine Visitenkarten an jemanden zu verteilen, es sei denn, sie bieten etwas an, ohne dafür etwas zurückzuverlangen. „Wir kümmern uns", behauptet Williams, „wir wollen gütig sein."

Keiretsu hat ebenfalls pro Chapter eine starke gemeinnützige Stiftung mit dem Titel die Keiretsu Forum Charitable Foundation eingerichtet. Williams berichtet mit Stolz: Vor kurzem „waren wir" innerhalb eines Jahres „in der glücklichen Lage 250.000 USD spenden zu können". Dies schloss eine 50.000 USD-Spende für eine Gruppe misshandelter Frauen ein.

Williams betont: „Unser Mantra ist, ‚je schlauer das Geben, desto größer ist das Geschenk'."

## 4. Spaß Haben

Williams Meinung nach kann man keine Gemeinschaft aus einer Horde abgebrühter Leute aufbauen, die nur auf das Geld aus sind. „Wir kommen zusammen und spielen miteinander", erklärt Williams. „Kameradschaft ist eine unmittelbare Folge von Vertrauen." Bei Keiretsu wird das Vertrauen durch Veranstaltungen zum Beziehungsaufbau gepflegt. Hierbei geht darum, zusammen Spaß zu haben. „Wir haben 3 bis 5 große Veranstaltungen jeden Monat", sagt Williams, „von Ski-Ausflügen und Golfturnieren bis hin zum Fliegerclub und der Dinner-Gruppe, die sich zum Abendessen trifft."

Laut Williams: „Die Beteiligung ist essenziell für die Bildung einer Gemeinschaft." Keiretsu hat Gremien, die den Menschen viele Möglichkeiten bieten, sich zu beteiligen. „Womit Sie auch in Resonanz gehen – ob bei Immobilien, Telekommunikation, Wohlfahrt, Software, Geräteherstellung, Biotechnologie – was immer Ihnen guttut, engagieren Sie sich dafür", sagt Williams nachdrücklich. Keiretsu hat sogar ein Beteiligungsgremium eingerichtet, das den Menschen Wege zeigt, wo sie sich in der Art beteiligen können, die am besten mit ihren Interessen und ihrer Leidenschaft übereinstimmt. Williams weist darauf hin: „Jedes Chapter hat ein Beteiligungsgremium, um jedem Mitglied etwas vorzuweisen oder anzubieten, wo er oder sie eventuell mitmachen will."

Diese Leitlinien zeigen eindrucksvoll die Dynamiken und Interaktionen, die während der Keiretsu Treffen stattfinden. Wie ein neues Mitglied sagt: „Ich war bei so vielen Netzwerkveranstaltungen, aber dies war eine ganze andere Erfahrung, die Seele hatte."

„Das Keiretsu Forum besteht aus einer Kultur der Chancen voller Wissbegieriger", stellt Williams fest, „und es gibt viele friedfertige Menschen bei Keiretsu."

> *Keiretsu hat ein Beteiligungsgremium eingerichtet, das den Menschen hilft, Wege zu finden, wie sie sich am besten in Übereinstimmung mit ihren Interessen und ihrer Leidenschaft beteiligen können.*

# Randy Williams und der Keiretsu Forum Erfolgszirkel

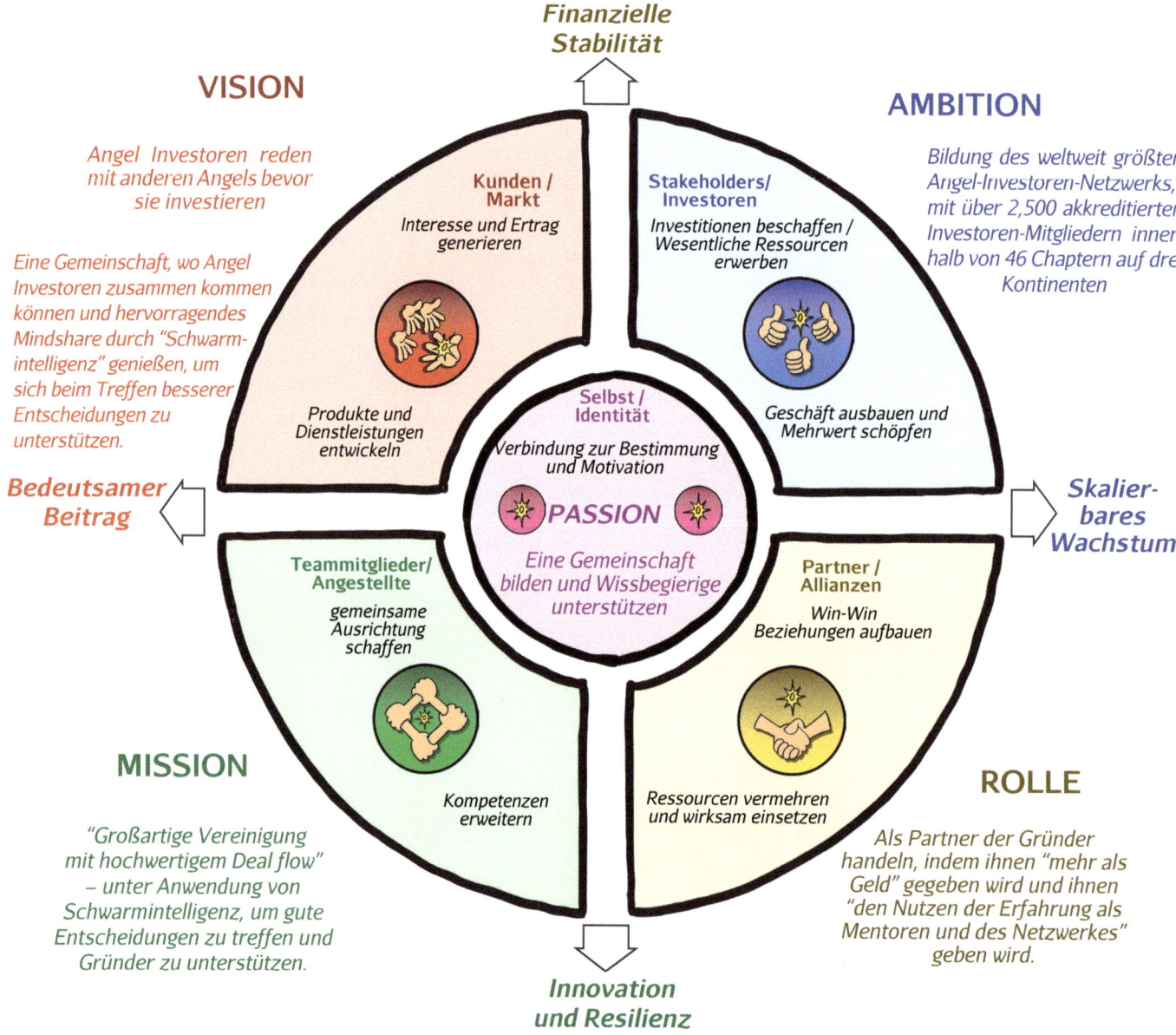

**VISION**

*Finanzielle Stabilität*

*Angel Investoren reden mit anderen Angels bevor sie investieren*

*Eine Gemeinschaft, wo Angel Investoren zusammen kommen können und hervorragendes Mindshare durch "Schwarm-intelligenz" genießen, um sich beim Treffen besserer Entscheidungen zu unterstützen.*

*Bedeutsamer Beitrag*

**Kunden / Markt**

Interesse und Ertrag generieren

Produkte und Dienstleistungen entwickeln

**Stakeholders/ Investoren**

Investitionen beschaffen / Wesentliche Ressourcen erwerben

Geschäft ausbauen und Mehrwert schöpfen

**Selbst / Identität**

Verbindung zur Bestimmung und Motivation

PASSION

Eine Gemeinschaft bilden und Wissbegierige unterstützen

**AMBITION**

*Bildung des weltweit größten Angel-Investoren-Netzwerks, mit über 2,500 akkreditierten Investoren-Mitgliedern inner-halb von 46 Chaptern auf drei Kontinenten*

*Skalier-bares Wachstum*

**Teammitglieder/ Angestellte**

gemeinsame Ausrichtung schaffen

Kompetenzen erweitern

**Partner / Allianzen**

Win-Win Beziehungen aufbauen

Ressourcen vermehren und wirksam einsetzen

**MISSION**

*"Großartige Vereinigung mit hochwertigem Deal flow" – unter Anwendung von Schwarmintelligenz, um gute Entscheidungen zu treffen und Gründer zu unterstützen.*

**ROLLE**

*Als Partner der Gründer handeln, indem ihnen "mehr als Geld" gegeben wird und ihnen "den Nutzen der Erfahrung als Mentoren und des Netzwerkes" geben wird.*

*Innovation und Resilienz*

# RANDY WILLIAMS UND DER KEIRETSU FORUM ERFOLGSZIRKEL

**VISION**

* ANGEL INVESTOREN REDEN MIT ANDEREN ANGELS BEVOR SIE INVESTIEREN

* EINE GEMEINSCHAFT, WO ANGEL INVESTOREN ZUSAMMEN KOMMEN KÖNNEN UND HERVORRAGENDES MINDSHARE DURCH "SCHWARMINTELLIGENZ" GENIESSEN, UM SICH BEIM TREFFEN BESSERER ENTSCHEIDUNGEN ZU UNTERSTÜTZEN.

**AMBITION**

* BILDUNG DES WELTWEIT GRÖSSTEN ANGEL-INVESTOREN-NETZWERKS, MIT UEBER 2,500 AKKREDITIERTEN INVESTOREN-MITGLIEDERN INNERHALB VON 46 CHAPTERN AUF DREI KONTINENTEN

**MISSION**

* "GROSSARTIGE VEREINIGUNG MIT HERVORRAGENDEM DEAL FLOW" – UNTER ANWENDUNG VON SCHWARMINTELLIGENZ, UM GUTE ENTSCHEIDUNGEN ZU TREFFEN UND GRÜNDER ZU UNTERSTÜTZEN.

**ROLLE**

* ALS PARTNER DER GRÜNDER HANDELN, INDEM IHNEN "MEHR ALS GELD" GEGEBEN WIRD UND IHNEN "DEN NUTZEN DER ERFAHRUNG ALS MENTOREN UND DES NETZWERKES" GEBEN WIRD.

**PASSION**

EINE GEMEINSCHAFT BILDEN UND WISSBEGIERIGE UNTERSTÜTZEN

*Randy Williams schuf das Keiretsu Forum aufgrund seiner Leidenschaft, Gemeinschaften aufzubauen und Wissbegierige zu unterstützen.*

*Ein hauptsächlicher Erfolgsfaktor des Keiretsu Forum ist, dass es kollektive Intelligenz durch Prozesse des Teilens und Schwärmens einsetzt, um sowohl den Angel Investoren als auch den Gründern zu helfen, ihre Leistungen zu verbessern, weisere Entscheidungen zu treffen und kreative Lösungen zu finden.*

*Fazit: Leidenschaft für den Aufbau von Gemeinschaften und die Unterstützung Wissbegieriger*

Also, was braucht man, um so eine Gemeinschaft wie Keiretsu aufzubauen? „Leidenschaft", sagt Williams. „Man braucht die Leidenschaft zur Bildung von Gemeinschaften. Und man muss Respekt vor den Menschen haben, die man an einen Tisch bringt. Es ist notwendig, wissbegierig zu sein. Ich lerne jeden Tag etwas Neues sowohl von den Keiretsu Mitgliedern als auch von den Gründern."

Ein hauptsächlicher Erfolgsfaktor des Keiretsu Forum ist, dass es kollektive Intelligenz durch Prozesse des Teilens und Schwärmens einsetzt, um sowohl den Angel-Investoren als auch den Gründern zu helfen, (1) einen Benchmark für kollektive Standards für erfolgreiche Investitionen einzuführen und (2) Best Practices auszutauschen, um erfolgreiche Strategien zu implementieren. Diese Synergie führt zu verbesserter Leistung und weiseren Entscheidungen sowohl für Investoren als auch für Gründer. Williams stellt heraus, dass dieses „intellektuelle Kapital" weitaus mehr Einfluss bei der Bildung eines erfolgreichen Start-ups hat als das finanzielle Kapital allein.

Randy Williams Keiretsu Forum ist ein eindrucksvolles Beispiel für die Bildung einer generativen Unternehmensgemeinschaft. Williams Vision von der Schaffung eines Win-Win-Rahmens sowohl für Investoren als auch für Gründer hat offensichtlich erfolgreiche Menschen aus der Anlagewelt wie auch aus der Welt der Gründer und Entrepreneure angezogen. Sie schuf für beide Seiten eine Gelegenheit, einander und damit auch die Visionen, Missionen und Ambitionen jedes Einzelnen zu unterstützen. Die Keiretsu Gemeinschaft besteht aus Menschen, die gemeinsame Überzeugungen und Werte teilen, die die Bedürfnisse und Wünsche sowohl des Egos als auch der Seele ausbalancieren. Das bezeichne ich als „Gewinnerkultur".

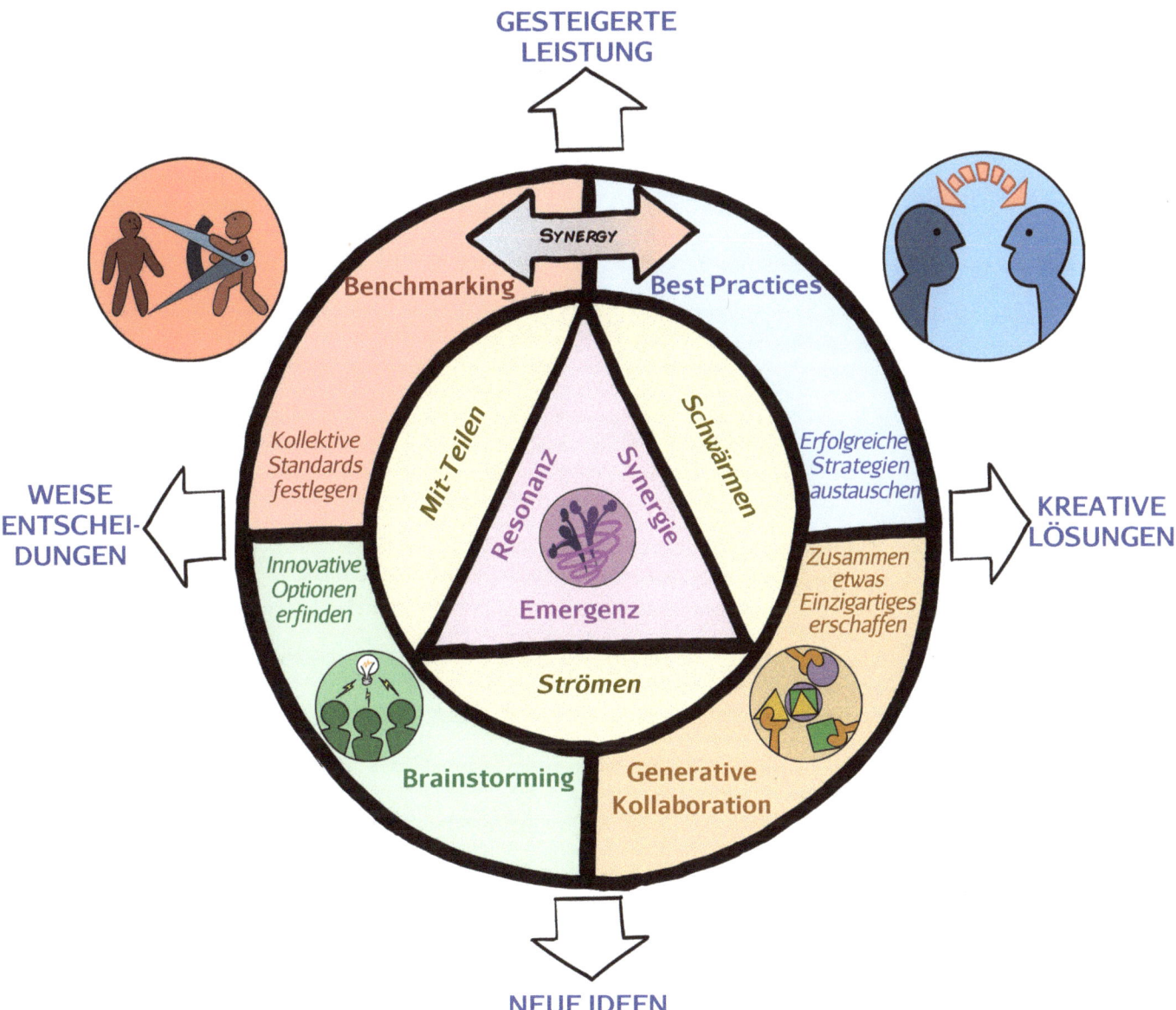

GESTEIGERTE LEISTUNG

SYNERGY

Benchmarking

Best Practices

Kollektive Standards festlegen

Mit-Teilen

Schwärmen

Erfolgreiche Strategien austauschen

Resonanz

Synergie

Emergenz

WEISE ENTSCHEI-DUNGEN

KREATIVE LÖSUNGEN

Innovative Optionen erfinden

Zusammen etwas Einzigartiges erschaffen

Strömen

Brainstorming

Generative Kollaboration

NEUE IDEEN

Randy Williams Keiretsu Forum bildet Synergien zwischen den Aktionen des Benchmarking und der Best Practices, damit beide Seiten Investoren und Gründer ihre Leistung steigern und weisere Entscheidungen treffen.

# Eigenschaften einer „Gewinnerkultur"

Die allgemeinste Bedeutung von „Gewinnen" ist „erfolgreich bei der Erreichung eines Ortes oder Zustandes zu sein". Das Wort „win" (engl. für Gewinn) leitet sich von dem altenglischen Begriff winnan ab, der „ to struggle = kämpfen" bedeutet. Somit ist die originale Folgerung aus diesem Begriff: „Besitz durch Kraftaufwand zu erreichen oder zu erlangen" oder „durch Arbeit zu erhalten". Der Begriff des „Kämpfens" impliziert auch „den Sieg in einem Wettbewerb zu gewinnen". Jedoch ist es genauso wichtig anzumerken, dass winnan sich auch auf das Hauptwort wynn bezog, welches „joy = Freude, aber auch Vergnügen und Genuss" bedeutet.

Somit ist eine „Gewinnerkultur" in der Lage, einen gewünschten Zustand zu erreichen, die geeignete Motivation für die erforderlichen Anstrengungen und die Arbeit zur Erreichung des Zustandes zu mobilisieren, erfolgreich mit anderen zu konkurrieren, die versuchen dasselbe Ziel zu erreichen, und auch Vergnügen und Genuss bei der Erfüllung zu verspüren. In dieser Hinsicht sind Gewinnerkulturen „fit für die Zukunft". Damit kann die Gewinnerkultur folgendes unterstützen:

- Die Erwartung einer positiven Zukunft
- Das Gefühl der Leistungsfähigkeit und Verantwortung
- Den Sinn für den Selbstwert und der Zugehörigkeit

Die Gewinnerkultur ist von Optimismus gekennzeichnet; von einem Fokus auf die gewünschten Ergebnisse und die Einrichtung von klaren, konsistenten Werten, die die „Seele" ebenso stark wie das „Ego" unterstützen. Gewinnerkulturen sind in der Lage, die Balance zwischen Begeisterung, Innovation und Kreativität mit Geschicklichkeit und Pragmatismus zu halten. Ebenso können sie Vielfalt annehmen und wirksam einsetzen, so dass die besten Eigenschaften jedes Einzelnen maximal eingebunden werden; unter der Annahme, dass jedes Mitglied des Teams oder Unternehmens etwas beizutragen hat.

Kultur wird im amerikanischen Herkunftswörterbuch als „die Gesamtheit sozial übermittelter Verhaltensmuster definiert, wie die der Künste, Überzeugungen, Institutionen und aller weiteren Produkte aus menschlicher Arbeit oder Gedanken". Das Merriam-Websters Lexikon definiert Kultur als „die üblichen Überzeugungen, Sozialformen, und die materiellen Merkmale einer religiösen oder sozialen Gruppe oder einer Rasse" sowie „eine Reihe gemeinsamer Haltungen, Werte, Ziele und Praktiken, die einen Betrieb oder ein Unternehmen charakterisieren". Somit kann der Begriff auf eine kleine Gruppe wie eine Familie oder auf eine große wie eine gesamte Nation angewandt werden.

*Selbstwertgefühl und Zugehörigkeitsgefühl*

*Gefühl der Leistungsfähigkeit und Verantwortung*

*Erwartung einer positiven Zukunft*

**Eigenschaften einer „Gewinnerkultur"**

Das Kulturkonzept wurde zuerst explizit im Jahr 1871 von dem britischen Anthropologen Edward B. Tylor definiert. Er gebrauchte den Begriff, um sich auf „das komplexe Ganze" zu beziehen, „was Wissen, Überzeugung, Kunst, Moral, Gesetz, Brauch und jede andere von Menschen als Teil der Gesellschaft erworbene Fähigkeit oder Gewohnheit einschließt". Diese Definitionen von Kultur beinhalten sowohl die weiche Kultur, die innerhalb der Individuen in Form von Denkstilen, Überzeugungen und Weltanschauungen getragen werden, als auch die harte Kultur, die die materiellen Ausdrucksformen von Werten und Verhalten einschließen, wie Werkzeuge, Kunst, Töpferei und andere Artefakte.

Die Gesamtheit oder die „Essenz" einer Kultur ist die Synthese ihrer weichen und harten Elemente. Eine Kultur ist die Integration ihrer Umgebung, der von der Kultur unterstützten Verhaltensmuster, der durch die Kultur widergespiegelten Denkstile, der kulturellen Überzeugungen und Werte, der Rituale, Künste und anderen Ausprägungen der Kultur. Zusammen ergeben sie ein einheitliches Ganzes oder – wie wir es nennen – ein „Feld".

*Eine Kultur ist die Integration ihrer Umgebung, der von der Kultur unter-stützten Verhaltensmuster, der durch die Kultur widergespiegelten Denk-stile, der kulturellen Überzeugungen und Werte, der Rituale, der Künste und anderer Ausprägungen der Kultur.*

Wenn das Feld stark ist, hat es einen sich selbst-organisierenden Einfluss auf die darin agierenden Menschen. Es wird zu dem Wasser, in dem sie schwimmen. Die Kultur der Spitzenleistung, die Steve Jobs bei Pixar und Apple etablierte, ist ein gutes Beispiel für die Macht eines solchen Feldes. Wie Jobs sagte: „Wenn die Menschen in einer Umgebung arbeiten, wo Exzellenz erwartet wird, werden sie exzellente Arbeit allein aus Selbst-Motivation liefern. Ich spreche von einer Umgebung, in der Exzellenz bemerkt und respektiert wird und zur Kultur gehört. Wenn man das hat, braucht man den Leuten nicht mehr zu sagen, dass sie exzellente Arbeit tun sollen. Sie verstehen es aufgrund ihrer Umgebung."

*Kulturen üben einen starken, sich selbst-organisierenden Einfluss auf die darin agierenden Menschen aus.*

In der Tat ist die Quelle des Begriffs Kultur das lateinische cultura, das wörtlich „das, was gehütet, beschützt und kultiviert werden wird."

Aus dieser Sicht ist der positive Zweck einer Kultur:

- Zusammenhalt zu schaffen – ein Zugehörigkeitsgefühl zu pflegen und einen Bedeutungsrahmen für die Handlungen der Menschen zu bieten.
- Das, was gut/effektiv ist, zu erhalten – Wissen für die nachfolgenden Generationen zu sammeln und zu übermitteln.
- Die Identität/Wurzeln zu erhalten – Stabilität zu bieten.
- Erfolgreiche Handlungen zu unterstützen und zu belohnen.
- Sicherheit zu bieten.
- Wachstum zu fördern.

# Das Gleichnis vom Affen-Experiment

Wie die Geschichte der Steinsuppe jedoch am Anfang des Kapitels zeigt, sind nicht alle Kulturen Gewinnerkulturen; obwohl das Potential dafür immer gegeben ist. Not und Mangel können die gegensätzlichen Eigenschaften einer Gewinnerkultur hervorbringen, indem die Menschen in Überlebensstrategien gedrängt werden, die sich unbewusst tief in der Kultur verankern.

Ein Experiment enthüllt, wie unbewusste kulturelle Muster gebildet werden. Ein halbes Dutzend Affen werden zusammen in einem großen Käfig gehalten. Eine leckere Bananenstaude hängt über dem obersten Treppenabsatz. Der Käfig ist so manipuliert, dass, sobald ein Affe die Stufen erklimmt, alle Affen im Käfig mit kaltem Wasser unter Hochdruck nass gespritzt werden.

Sehr schnell lernen die Affen, die Stufen zu meiden und ihre Affengefährten daran zu hindern, der Treppe nahe zu kommen. Interessanterweise setzt sich das Vermeidungsverhalten fort, auch wenn die Experimentatoren das Wasser abdrehen. Die Affen erkennen nicht, dass das Wasser aus ist, weil sie sich aus Angst, was passieren könnte, nie der Treppe nähern. Aufgrund ihrer Erfahrung nass zu werden, hat sich diese negative Erwartung gefestigt.

Wenn einer der Affen durch einen neuen ersetzt wird, denkt der Neuankömmling natürlich, dass die Bananen genommen werden können, und beginnt sich der Treppe zu nähern. Aus Angst, was als nächstes geschehen könnte gemäß ihrer vergangenen Erfahrungen, schließt sich der Rest der Gruppe zusammen, um den Neuankömmling von der Treppe fern zu halten. Nach mehreren Versuchen lernt der neue Affe die Regel: „Auf der Treppe ist der Zutritt verboten", obwohl er nicht weiß warum.

Dann wird ein weiterer der ursprünglichen Affen entfernt und durch einen neuen ersetzt. Dieser zweite Neuankömmling sieht schließlich die Bananen und beginnt zu den Stufen zu gehen, um sie zu holen. Wieder bewegt sich die Gruppe, um das zu verhindern, einschließlich des ersten Neuzugangs – der anscheinend sehr begeistert mitmacht, um den zweiten neuen Affen zu stoppen. Er denkt zweifellos: „Wenn ich nicht auf die Stufen darf, darfst Du es auch nicht!"

**Ein halbes Dutzend Affen wird in einem Käfig gehalten. Eine leckere Bananenstaude hängt über dem obersten Treppenabsatz.**

**Wenn ein Affe auf die Treppe tritt, um die Bananen zu holen, werden alle Affen mit kaltem Wasser bespritzt. Schon bald lernen sie, die Treppe zu meiden.**

Nun wird ein dritter Affe durch einen neuen ersetzt. Dieses neue Gruppenmitglied wird ebenfalls gehindert, die Treppe zu betreten. Zwei der fünf Affen, die ihn aufhalten, haben keine Ahnung, warum es nicht erlaubt ist, die Stufen hinaufzusteigen (sie wurden niemals nass und das Wasser ist immer noch abgestellt). Sie haben nur aus ihren Interaktionen mit den anderen gelernt, dass niemand auf die Treppe darf.

Nach einiger Zeit sind alle Affen, die die ursprünglichen negativen Konsequenzen des Treppenaufstiegs erfahren haben, nacheinander aus dem Käfig entfernt worden und durch neue Affen ersetzt. Die Gruppe lehrt jedem neuen Affen: „Auf der Treppe ist der Zutritt verboten." Und das Tabu, diese hinaufzusteigen, um die Bananen zu holen, wird bewahrt, sogar wenn keiner der neuen Affen im Käfig zugegen war, als der Wasserstrahl gegen die ursprüngliche Affengruppe eingesetzt wurde.

Als Folge gilt das Tabu, auf die Treppe zu steigen, noch lange, nachdem der Wasserstrahl abgeschaltet wurde und alle ursprünglichen nassgespritzten Affen ersetzt waren, ohne es zu hinterfragen. Es gilt für die neue Affengruppe die Regel: „Es war hier schon immer so."

Obwohl das Experiment sehr wahrscheinlich apokryph ist, illustriert es jedoch deutlich, wie etwas entsteht, dass ich als „Gedankenvirus" bezeichne. Ein Gedankenvirus ist eine limitierende Überzeugung oder eine „Glaubensbarriere", die von den Erfahrungen und Erwartungen getrennt (dissoziiert) wurde, die für die Bildung verantwortlich sind. Gedankenviren sind besonders schwierig zu verändern, weil sie nicht mehr mit den Erfahrungen verbunden sind, auf denen sie beruhen.

Im Falle der Affen ist der einzige Weg, dieses Muster zu durchbrechen, einen „Schurken"-Affen in den Käfig einzuführen, der die Konventionen missachtet, den Versuchen, ihn zu stoppen, ausweicht, die Stufen erklimmt und dem es gelingt, die Bananen zu essen. Nachdem die Gruppe eine Weile mit Schrecken zugeschaut hat, beginnen die Mitglieder ebenfalls die Treppe auszuprobieren. Bald nutzen alle die Treppe, um an die Bananen zu gelangen und profitieren so von der Aktion des Schurkenaffen.

Wird ein Affe der ersten Gruppe durch einen neuen ersetzt, halten die verbleibenden Mitglieder, aus Angst nass zu werden, den neuen Affen ab, auf die Treppe zu steigen und die Bananen zu holen. Bald lernt der Neue die Regel:"Auf der Treppe ist der Zutritt verboten."

Wird wieder ein Affe durch einen neuen ersetzt, macht der erste Ersatzaffe beim Rest mit, um ihn vom Treppenaufstieg abzuhalten, weil "das hier so üblich ist". Schließlich wurden alle ursprünglichen Affen ersetzt. Die Affen im Käfig haben niemals die Erfahrung gemacht, nass zu werden. Sie meiden weiterhin die Treppe ohne jemals zu wissen warum.

# Unternehmerische Attribute fördern

*Next Generation Entrepreneure haben unverwechselbare Eigenschaften. Sie haben entdeckt, dass sie den Unterschied machen können: Dinge zum Besseren ändern, Widrigkeiten abprallen lassen und sogar das tun können, was andere für „unmöglich" halten. Sie haben kreative Möglichkeiten, auf Probleme zu schauen und sind in der Lage, verschiedene Wege zu finden, wie sie Hindernisse überwinden oder transformieren können.*

Next Generation Entrepreneure sind ein wenig wie der „Schurken"-Affe im vorherigen Gleichnis. Sie sind gewillt, die Gedankenbarrieren und die Kritiker zu umgehen, um ihre Ziele und Ambitionen zu erreichen; während sie das tun, verwandeln sie häufig die kulturelle Auffassung über das, was möglich und erlaubt ist.

Der Fremde in der Geschichte von der Steinsuppe am Anfang des Kapitels ist ebenfalls ein Beispiel dafür, wie Entrepreneure oder eine unternehmerische Haltung andere erwecken können und eine Kultur verwandeln, die durch Mangeldenken „infiziert" wurde.

Die Ermutigung zu einer unternehmerischen Haltung und den damit verbundenen Attributen spielte in allen bisher gezeigten Erfolgsfaktoren-Fallbeispielen eine Schlüsselrolle. Steve Fiehl und seine Partner bei CrossKnowledge machten „Unternehmertum" zu einem ihrer zentralen Unternehmenswerte. Stefan Crisans Masters in Management Programm für die EDHEC war das Produkt seines eigenen Unternehmergeistes. Das ganze Programm ist von dieser Haltung durchdrungen. Die Teilnehmer werden unterstützt und ermutigt, viele unternehmerische Kompetenzen und Eigenschaften zu entwickeln. Randy Williams Erfolg mit dem Keiretsu Forum beweist offensichtlich, wie eine Gemeinschaft basierend auf der Pflege unternehmerischer Attribute geschaffen werden kann.

Wie wir gesehen haben, haben Next Generation Entrepreneure unverwechselbare Eigenschaften. Sie haben den Wunsch, ihre Träume zu leben, und können es vermeiden, sich durch das „Dogma" und den „Krach" anderer Meinungen einfangen zu lassen, wie Steve Jobs es ausdrückte. Sie haben entdeckt, dass sie den Unterschied machen können: Dinge zum Besseren ändern, Widrigkeiten abprallen lassen und sogar das tun können, was andere für „unmöglich" halten. Sie haben kreative Möglichkeiten, auf Probleme zu schauen und sind in der Lage, verschiedene Wege zu finden, wie sie Hindernisse überwinden oder transformieren können.

In *SFM Band I* (S. 192) zeigte ich, wie Joseph Campbell Bezug auf den Archetyp des „Dorfes" nahm. Das Dorf steht für das „Ego" und das Leben, das für uns von der traditionellen Gesellschaft und Kultur vorgesehen war. Es gründet sich auf die Ego-Attribute Sicherheit, Kontrolle, Eigennutzen und Anpassung. In einem Dorf sind wir erfolgreich, wenn wir die Regeln einhalten und – wie Steve Jobs sagte – „nicht zu viel Porzellan zerschlagen, eine nettes Familienleben führen, Spaß haben und etwas Geld sparen" usw. Obwohl uns das Leben in einem Dorf Sicherheit und Gewissheit gibt, kann es genauso ein „limitierendes Leben" sein. Wie in den Geschichten von der Steinsuppe und den Affen gezeigt, kann es durch unbewusste „Gedankenviren" oder Glaubensbarrieren Zwänge auferlegen.

Andererseits tendieren Entrepreneure zum Archetypen der „Reise". Auf der Reise folgen wir unseren Herzen, der Vision und der Berufung, unseren eigenen Weg zu finden, und entdecken etwas Neues. Dies ist der Pfad aller großen Anführer, Entrepreneuren und Pionieren. Durch die Herausforderungen und Entdeckungen auf diesem Pfad, erwerben wir Mut, Einsicht, Weisheit, Resilienz und größeres Bewusstsein über uns selbst und die Welt. Wenn wir dann in das Dorf zurückkehren, sind wir in der Lage, unseren einzigartigen Beitrag für andere zu leisten, und es wird erkannt und anerkannt, wer wir wirklich sind. Als Folge unseres Wachstums bringen wir neue Ideen und neues Leben in das Dorf, wir machen es möglich, dass dort mehr gedeiht.

Obwohl das „Ego" und das „Dorf" notwendig sind, besteht die Gefahr, dass sie Starrheit und unnötige Einschränkungen erzeugen, wenn sie nicht durch die komplementären Attribute ausgeglichen werden, die durch die „Seele" und die „Reise" und den Entrepreneur repräsentiert werden.

Ein Leben als Dörfler bietet Sicherheit und Gewissheit, kann aber auch ein „limitiertes Leben" sein.

| Attribute | Entrepreneure | Dorfleute |
|---|---|---|
| allgemeine Ausrichtung | *hin zu Zielen* | *weg von Problemen* |
| Zuständigkeit | *proaktiv, sich selbst achtend* | *reaktiv, auf andere achtend* |
| Arbeitseinstellung | *Alternativen und Wahlmöglichkeiten* | *Prozessen folgend* |
| Zeitrahmen | *Gegenwart bis Zukunft* | *Vergangenheit* |
| Vergleichsmodus | *Unterschiede* | *Gleichheit* |
| Größe der Einteilung | *Überblick – Vision* | *Details* |

**Vergleich der Schlüsselattribute von Entrepreneuren und "Dorfleuten"**

Ein Leben auf der Reise bedeutet, seinem Herzen zu folgen sowie seiner Vision und Berufung, seinen eigenen Weg zu finden und etwas Neues zu entdecken.

Auf der Reise eines Entrepreneurs gilt es zu lernen, mit einem „offenen Kanal" zu leben, um die Worte der Pionierin in Modern Dance Martha Graham zu gebrauchen. Es geht darum, seine Vision und Mission zu entdecken, seinen Traum zu leben und eine bessere Welt zu schaffen. Die vorstehende Tabelle stellt einige Schlüsselattribute von Entrepreneuren und „Dorfleuten" gegenüber.

Eine „Gewinnerkultur" fördert unternehmerische Attribute, indem sie Menschen ermutigt und belohnt, wenn sie:

- daran denken, was sie erreichen wollen (anstatt, was sie vermeiden wollen).
- proaktiv sind und ihre eigenen Entscheidungen treffen.
- alternativen suchen und viele Wahlmöglichkeiten bedenken.
- sich darauf konzentrieren, die Zukunft zur Gegenwart zu machen (anstatt einfach nur die Vergangenheit nachzubilden).
- nach Unterschieden suchen und versuchen, Wege zu finden, um einen Unterschied zu machen (um etwas zu bewegen).
- den Überblick haben und an ihre Vision denken (anstatt sich im Detail zu verlieren).

Es ist nicht nur in kleinen Start-ups wichtig, diese Art von Attributen zu fördern, sondern auch in großen Organisationen, die so leicht mit der „Dörfler"-Haltung ins Stocken gebracht werden kann. Der Unternehmergeist ist essenziell für Innovation und Fortschritt. Diese kulturelle Haltung wird in Steve Jobs Kommentar deutlich, dass „[unsere Kultur] belohnt auf jeden Fall unabhängiges Denken, und wir haben oft konstruktive Meinungsverschiedenheiten – auf allen Ebenen ... Unsere Haltung ist, dass wir das Beste wollen. Halte dich damit nicht auf, wer die Idee hatte. Nimm die Beste und leg los".

*Es ist nicht nur in kleinen Start-ups wichtig, diese Art von Attributen zu fördern, sondern auch in großen Organisationen, die so leicht mit der „Dörfler"-Haltung ins Stocken gebracht werden kann.*

# Eine Gewinnerkultur erschaffen

Die Förderung unternehmerischer Attribute bildet die Wurzeln unserer sogenannten „Gewinnerkultur". Sie ist ein Eckpfeiler bei der Bildung einer generativen Unternehmensgemeinschaft. Wie Randy Williams Erfolg mit dem Keiretsu Forum zeigt, ist es für die Bildung erfolgreicher und generativer Unternehmen und Gemeinschaften wichtig, dass Unternehmer und Führungskräfte eine Kultur etablieren und pflegen, die effektiv die Erfüllung der Unternehmensvision unterstützen kann, für die Stakeholder Werte schöpft, die Beteiligung und Entwicklung der Menschen fördert, die in das Unternehmen eingebunden sind, und hochwertige Produkte und Dienstleistungen für Kunden und Klienten liefert.

*Ausgerichtet auf gemeinsame Vision und Werte*

*Resektvoll gegenüber Diversität*

*Innovativ*

*Agil*

*Flexibel*

*Effizient*

**Attribute einer Gewinnerkultur**

Diese Kultur führt zu einer Gemeinschaft, in der die Mitglieder:

- Auf eine gemeinsame Vision und Werte ausgerichtet sind und
- Respektvoll gegenüber Diversität
- Innovativ
- Agil – schnell darin, zu reagieren und sich umzustellen
- Flexibel – intern und extern ansprechbar
- Effizient – Sie reduzieren Abfall und optimieren Ressourcen, wo es geht.

Die SFM Definition von Erfolg beruht darauf, Win-Win-Ergebnisse zu erreichen. Es ist offensichtlich, dass eine Gewinnerkultur zudem „Win-Win-Interaktionen" voraussetzt anstatt „Nullsummenspiele". Wie ich im *SFM Band 1* (S. 130) definierte, handelt es sich um ein Nullsummenspiel, wenn eine Person oder Partei in der Interaktion gewinnt und die andere verliert – wie bei einem Spiel, Wettbewerb oder Konflikt. Der Begriff impliziert, dass Gewinnen (+1) und Verlieren (-1) sich gegenseitig aufheben und Null (0) ergeben.

Wie das Verhalten der Dorfbewohner zu Beginn der Geschichte von der Steinsuppe und das der Affen in dem allegorischen Experiment zeigen, treten Nullsummenspiele typischerweise in Situationen auf, in denen es einen empfundenen oder angenommenen Mangel in Bezug auf wichtige Ressourcen gibt; als gäbe es nur genug für eine Partei, um erfolgreich zu sein oder zu überleben. Nullsummen-spiele führen zu Dominanz oder Macht für eine der Parteien in der Interaktion. Andererseits setzen Win-Win-Interaktionen voraus, dass es potenziell genügend erforderliche Ressourcen gibt oder dass jeder irgendwie profitieren kann. Dies schafft bezeichnenderweise eine bejahende, sich selbst verstärkende Feedback-schleife, die zu Evolution und Wachstum führt.

Genauso kann es „Negativsummenspiele" oder „lose-lose"-Interaktionen geben, in denen keine Partei von der Interaktion profitiert. Diese treten auf, wenn aus Boshaftigkeit oder Ignoranz eine Partei der anderen schadet. Obwohl Negativsummenspiele nicht rational sind, treten sie öfter auf, als man denkt. Häufig kommen sie vor, weil etwas als kurzfristiger Gewinn erscheint, was sich dann als langfristiger Verlust erweist (d. h. die Schlacht gewinnen, aber den Krieg verlieren).

Im Gegensatz zu Nullsummen- oder Negativsummenspielen versuchen Win-Win-Interaktionen einen allseitigen Nutzen für alle an der Situation beteiligten Parteien herzustellen. In einer Gewinnerkultur zielen die Handlungen der Menschen zum Beispiel darauf ab, positive Effekte für so viel Elemente des Systems wie möglich herzustellen. Mit Abraham Lincolns Worten sollte das Ziel unserer Handlungen „das größte Wohlergehen für die meisten Menschen" verfolgen.

*Eine Gewinnerkultur ist sowohl unterstützend als auch effektiv – sie unterstützt Menschen und erzielt hochwertige Ergebnisse.*

Kurzum, eine Gewinnerkultur ist die Grundlage für eine generative Unternehmensgemeinschaft. Eine Gewinnerkultur ist sowohl unterstützend als auch effektiv – sie unterstützt Menschen und erzielt hochwertige Ergebnisse. In einer Gewinnerkultur verändern sich die Menschen, sie wachsen und werden kompetenter. Es gibt kontinuierliche Verbesserungen bei den Prozessen, mit denen die Aufgaben erfüllt werden. Sie ist effektiv, weil sie unterstützend ist, und sie ist unterstützend, um effektiv zu sein. Offensichtlich wird eine Gewinnerkultur durch Randy Williams Keiretsu Forum veranschaulicht. In einer Gewinnerkultur:

1. Arbeiten die Menschen reibungslos und zügig zusammen – mit „positiver Energie".
2. Sind alle Mitglieder eingebunden und profitieren davon.
3. Leisten alle Mitglieder ihren Beitrag und werden geschätzt.
4. Erzeugen die Interaktionen der Menschen innovative Ergebnisse.

Die *Kollaborations-Katalysatoren* und die *kollektiven Kreativitäts-Katalysatoren* aus den vorherigen Kapiteln, der *COACH Container* aus Kapitel 1 sowie die Übungen zur *Entwicklung des Dynamischen Teaming* im nächsten Kapitel sind hervorragend geeignete Praktiken, die helfen eine Gewinnerkultur zu erschaffen.

## SFM Kollaborations-Katalysator:
## Gruppen-Affirmationsübung

In der Gewinnerkultur einer generativen Unternehmensgemeinschaft vertrauen die Menschen aufeinander und bestätigen sich gegenseitig ihre Fähigkeiten, die Ziele und Träume erreichen zu können. Den folgenden Kollaborations-Katalysator führen wir oft in unseren Success Factor Modeling Programmen und Teamcoachings durch, um ein „Unterstützungsfeld" unter den Teammitgliedern oder Kollaboratoren aufzubauen. Es ist ein Beispiel, wie das sogenannte „Strömen" angewandt wird.

Bei diesem Ablauf finden die Übungen *Finden Sie Unterstützung*, *Sponsoring* und *Versammeln Sie Ihre Verbündeten* Anwendung, die in *Success Factor Modeling Band 1* (S. 144-147) beschrieben werden. Er eignet sich ebenfalls gut als Nachbereitung (Follow-up) und Ergänzung zu der Methode *Pflege eines Co-Sponsoring-„Feldes"* aus Kapitel 1 in diesem Buch. *Sponsoring* bedeutet, einen Raum zu schaffen, in dem andere agieren, wachsen und sich entfalten können. Die Sponsoren bieten einen Rahmen, Kontakte und Ressourcen (einschließlich finanziellen Mitteln, aber keinesfalls darauf limitiert), die der gesponserten Person oder Gruppe ermöglichen, sich vollkommen auf ihre eigenen Fähigkeiten und Kompetenzen zu fokussieren, diese zu entwickeln und einzusetzen. Sponsoring bedeutet die Verpflichtung, etwas zu fördern, das schon in einer Person oder Gruppe vorhanden, aber noch nicht in seiner vollen Kapazität verwirklicht ist. Es bedeutet, Potenziale in einer anderen Person zu suchen, zu unterstützen und zu sichern, so dass sie vollkommen zum Ausdruck kommen können.

*Sponsoring ist die Verpflichtung etwas zu fördern, das schon in einer Person oder Gruppe vorhanden, aber noch nicht vollständig verwirklicht ist. Es bedeutet, Potenziale in einer anderen Person zu suchen, zu unterstützen und zu sichern, so dass sie vollkommen zum Ausdruck kommen können.*

Oft wird dies durch die authentische, kongruente Kommunikation der einfachen und doch sehr mächtigen Affirmationen erreicht:

*Es ist wünschenswert und wichtig für Dich, erfolgreich zu sein.*

*Es ist möglich für Dich, erfolgreich zu sein.*

*Du bist fähig, erfolgreich zu sein.*

*Du verdienst es, erfolgreich zu sein.*

Die *Gruppen-Affirmations-Übung* ist eine Möglichkeit, ein „Feld" des Co-Sponsoring in Gruppen oder Teams zu vertiefen oder zu bereichern, indem diese Botschaften laut ausgesprochen werden. Normalerweise wird dieses Format in Fünfergruppen durchgeführt. Ein Gruppenmitglied steht als Unternehmer bzw. Vortragende im Zentrum. Die anderen befinden sich als „Sponsoren" jeweils vor ihm, hinter ihm, rechts oder links neben ihm. Jeder übernimmt die Rolle, eine der oben aufgeführten Affirmationen auszusprechen.

*Die kongruente und unterstützende Überzeugung der anderen stärkt unsere Zuversicht und motiviert uns, die notwendigen Schritte zu gehen, um unsere Projekte oder Unternehmen zu verwirklichen.*

1. Die Gruppe begibt sich in den COACH State und entwickelt einen COACH Container. Die vortragende Person trägt ihren „Elevator Pitch" für ihr Projekt oder Unternehmen vor. Die Gruppenmitglieder hören sehr aufmerksam zu und bringen in Erfahrung, an welchen Stellen sie Resonanz mit dem Projekt oder dem Unternehmen der Vortragenden spüren.

2. Nacheinander sollte jedes Gruppenmitglied authentisch und kongruent die Affirmation laut aussprechen, die es sich zum Sponsoring für die Vortragende ausgesucht hat. Dabei ist es wichtig, dass sich jeder „Sponsor" ganz sicher ist, die gewählte Affirmation aufrichtig aussprechen zu können.

Sobald jeder Sponsor seine Affirmation ein Mal ausgesprochen hat, können die Sponsoren im Uhrzeigersinn um die Vortragende herum rotieren und die gleiche Affirmation von einer anderen Position aus wiederholen. Dies kann so oft geschehen bis sich die Sponsoren wieder an ihrem Ausgangspunkt befinden.

Als eine weitere Alternative kann jeder Sponsor beginnen, die Affirmation gleichzeitig wie alle anderen, in beliebiger Reihenfolge, zu jeder Zeit, die sich richtig anfühlt, drei- oder viermal zu wiederholen. Nachdem sie die Affirmationen mehrfach wiederholt haben, werden die Sponsoren und die Vortragende still. Die Gruppe hält solange inne, bis der Vortragende mit dem Kopf nickt und damit mitteilt, dass die Botschaften angekommen sind und verinnerlicht wurden.

3. Die Vortragende teilt mit der Gruppe ihre Erfahrungen und beschreibt, was sich in Bezug auf ihre Zuversicht und Einsatzbereitschaft für das Projekt oder Unternehmen verändert oder verstärkt hat.

4. Dann meldet sich das nächste Gruppenmitglied freiwillig als Vortragende und der Prozess wird wiederholt, bis alle Gruppenmitglieder alle Positionen durchlaufen haben.

Ein einfaches, berührendes Beispiel, wie mächtig diese Art der Gruppenaffirmation ist, wird in einem kurzen Video* gezeigt, in dem ein kleiner Junge beim Turnen versucht, über einen hohen Kasten zu springen. Nach mehreren Fehlversuchen, in denen er nicht annähernd hoch genug springt, um über die Barriere zu kommen – die größer ist als er selbst – wird der Junge ganz mutlos. Er wischt sich schon die Tränen aus dem Gesicht und versucht es erneut. Plötzlich steht sein ganzes Team von ihren Plätzen auf und versammelt sich im Kreis um ihn herum; gleichzeitig ermutigen ihn alle und feuern ihn an. Getragen von der Zuversicht und Energie seiner Teamkameraden überwindet der Junge zur Überraschung und Anerkennung der ganzen Menge das Hindernis beim nächsten Versuch.

---

*Schauen Sie das Video auf YouTube unter dem Titel: „Flocking" example

In Gewinnerkulturen glauben Kollaboratoren aneinander und schaffen so ein Unterstützungsfeld für Erfolg.

## Aufbau generativer Beziehungen, die zu Generativen Kollaborationen führen
## Wie man vom „Niemand" zum „Jemand" wird

*Generative Beziehungen haben die Fähigkeit, eine massive Expansion der eigenen Persönlichkeit zu leisten.*

Die Fähigkeit aus dem Nichts etwas zu schaffen, ist tief im Beziehungsaufbau verwurzelt. Unterstützende und produktive Beziehungen etablieren zu können, ist der Grundstein einer generativen Unternehmensgemeinschaft; besonders das Bilden „generativer Beziehungen", die zu generativen Kollaborationen führen. Generative Beziehungen sind solche, die ein Resultat schaffen, das größer ist als die Summe seiner Teile. Sie sind ein Ausdruck für das Prinzip: 1+1=3. Mehr als jede andere Form der Synergie oder Kollaboration, die wir bisher erkundet haben, haben generative Beziehungen die Kapazität, eine massive Ausweitung der eigenen Persönlichkeit voranzutreiben.

Häufig finden wir in unseren SFM Programmen und Coaching-Sitzungen heraus, dass Menschen sich selbst und die Verfolgung ihrer Träume und Visionen limitieren, indem sie sich selbst „klein" machen. Die Menschen sagen: „Ich habe diese große Vision, doch wer bin ich? Ich bin ein Niemand. Ich bin nur ‚das kleine, alte ich'. Welchen Unterschied kann ich schon machen? Wenn ich ‚Steve Jobs' wäre, dann wäre ich fähig, etwas zu tun."

*Erfolgreiche Menschen bleiben im Kontakt mit einem weiten Netzwerk von Freunden und Kollegen, die helfen, ein Netzwerk des Glücks aufzubauen – Menschen, die sie unterstützen können und sie über neue Gelegenheiten informieren.*

Tatsache ist, dass die meisten erfolgreichen Unternehmer und Führungskräfte als „Niemand" gestartet sind. Steve Jobs war zum Beispiel das uneheliche Kind einer College-Studentin, das in einer Arbeiterfamilie großgezogen wurde und in seinem ersten Semester vom College geflogen war. Wie konnte er am Ende das schaffen und CEO der weltweit größten Technologie-Firma werden?

Natürlich sind wir schon auf die Bedeutung des „Glücksfaktors" eingegangen. Es ist leicht zu sagen, dass erfolgreiche Unternehmer wie Steve Jobs einfach nur „Glück hatten". Jedoch ist der Aufbau von Beziehungen ein mächtiger Weg, „seine Chancen auf Glück zu maximieren". Wie schon gesagt, bleiben erfolgreiche und „glückliche" Menschen im Kontakt mit einem breiten Netzwerk von Freunden und Kollegen, die behilflich sind, ein Netzwerk des Glücks zu schaffen – Menschen, die sie unterstützen können und sie über neue Gelegenheiten informieren.

Steve Jobs Erfolg zum Beispiel beruhte zum großen Teil auf seiner Fähigkeit, einen kritischen Pfad von Schlüsselbeziehungen aufzubauen, die den Einflussbereich seiner Vision und Ideen in eine immer größer werdende Gemeinschaft von Kunden, Teammitgliedern, Stakeholdern und Partnern ausweiteten. Es war der Aufbau dieser Beziehungen, die zu generativen Kollaborationen führten, welche das bildeten, was er als „inverse Pyramide" beschrieb. Diese ermöglichte ihm, den „winzigen Samen" seiner Idee für einen PC in ein globales Business wachsen zu lassen. Generative Beziehungen und generative Kollaborationen öffnen Türen, die es möglich machen, aus dem Nichts etwas zu schaffen.

Jobs Kommentar (siehe *SFM Band 1*, S. 274), dass er nie jemanden gefunden habe, der ihm nicht hätte helfen wollen, wenn er darum gebeten habe, ist eine eindrucksvolle Aussage darüber, wie er seinen Glücksfaktor steigerte, indem er ein „Glücksnetzwerk" bildete. Jobs weiterer Kommentar, dass „wenn Menschen mich bitten, versuche ich genauso zu reagieren, um diese Schuld aus Dankbarkeit zurückzuzahlen", veranschaulicht diese Haltung, die die Grundlage einer Gewinnerkultur und einer generativen Unternehmensgemeinschaft ist. Jedoch erfordert der Aufbau von Beziehungen Proaktivität. Jobs weist darauf hin: „Die meisten Menschen bitten nie. Und das ist es, was Menschen, die Dinge umsetzen, von Menschen trennt, die nur davon träumen."

Wie in unserer Metapher von Wasserstoff und Sauerstoff, die sich zu Wasser verbinden, verwandeln uns generative Beziehungen und generative Kollaborationen in etwas Größeres als nur ein Individuum. Durch seine Kollaboration mit Steve Wozniak, die zur Entwicklung des ersten Apple Computers führte, war Steve Jobs zum Beispiel nicht länger nur ein College-Abbrecher; er wurde zu einem „Computer-Entwickler". Nachdem er zu anderen Menschen, die wussten, wie man Computer herstellte, Beziehungen aufgebaut hatte, wurde er zu einem „Computer-Hersteller". Danach wurde er zum „CEO einer kleinen Firma", indem er mit Leuten Beziehungen einging, die Rechts- und Finanz-Know-how hatten, usw. Während sich die Beziehungsspirale ausdehnte, wuchs seine eigene Persönlichkeit parallel zu seinen Unternehmen und Projekten.

**Steve Jobs Erfolg beruhte zum großen Teil auf seiner Fähigkeit, Schlüssel-beziehungen aufzubauen.**

# Die SFM Kollaborationsspirale™

*Die Effekte generativer Beziehungen können als aufsteigende Spirale dar-gestellt werden, ähnlich wie Steve Jobs „inverse Pyramide", wobei Schlüssel-Kollaborationen zur Bildung der nächsten Plattformen führen, die Ihren Einflussbereich erweitern und Sie auf Kurs Ihrer Mission hin zu Ihrer größeren Vision bringen.*

Die Auswirkungen generativer Beziehungen können als eine aufsteigende Spirale dargestellt werden, wobei die Schlüssel-Kollaborationen zur Bildung der nächsten Plattformen in Form von Projekten oder Unternehmen führen, welche den Einflussbereich eines Entrepreneurs ausweiten und ihn auf Kurs seiner Mission hin zur größeren Vision bringen.

Wir haben herausgefunden, dass die Fähigkeit zu erkennen, wie wichtig die Bildung generativer Beziehungen ist, und die Bereitschaft, diese aktiv zu verfolgen, zu den wichtigsten Erfolgsfaktoren für Unternehmer oder Führungskräfte beim Aufbau erfolgreicher Projekte oder Unternehmen gehören.

Meistens beginnen wir unsere Reisen als Entrepreneure allein. Etwas erweckt in uns eine Vision, wie die Welt anders oder besser sein könnte, und wir fühlen ein Sendungsbewusstsein, wir wollen unseren Beitrag zu dieser Vision leisten. Wenn sich dies mit unserer Ambition verbindet, unsere Fußstapfen zu hinterlassen, und unseren Wunsch nach Wachstum und Überlegenheit erfüllt, entsteht der „Samen" eines Projektes oder es entsteht der „Stein" für die Steinsuppe. Am Anfang sind wir „Niemand" mit nichts weiter als einer Idee, wie der Fremde und sein Stein für die Suppe. Wenn wir jedoch unsere Vision und Mission anderen mit Kongruenz und Leidenschaft mitteilen, finden wir wahrscheinlich jemanden, der damit ‚in Resonanz geht'. Wenn wir „Glück haben", stellt uns diese Person anderen vor, die genauso in Resonanz gehen und Schlüssel-Ressourcen oder Unterstützung bieten können.

Diese Beziehungen bieten die Grundlage, auf der wir eine Plattform aufbauen, die unsere Reichweite erweitert und unseren Fortschritt unterstützt, die Vision zu verwirklichen. Diese Plattform entsteht aus den generativen Kollaborationen, die durch solche Beziehungen möglich werden; ähnlich wie Wasser aus der Reaktion von Wasserstoff mit Sauerstoff hervorgeht. Aufgrund unserer Beteiligung an gen-erativen Kollaborationen, insbesondere bei denen wir unsere Mission im Dienst einer größeren Vision erfüllen, expandiert unsere Persönlichkeit zu etwas Größerem als das, was wir als Individuum sind. Wie ich in SFM Band 1 zeigte, macht die Interaktion mit anderen in Verbindung mit einer Mission – wie bei der Rattenmutter, die ihre Babys rettet, oder beim Flugzeugkapitän beim *Wunder auf dem Hudson* – es dem Handelnden möglich, seine Persönlichkeit auf etwas Größeres als eine einzelne Ratte oder einen Mann auszudehnen. Andere sehen und reagieren auf uns nicht länger, als seien wir eine einzelne Person. Sie sehen und reagieren auf uns als einen Ausdruck dieser größeren Rolle und Mission. Wir nehmen Dinge nicht mehr als ein separates „Ego"-Wesen wahr, das nur reagiert, sondern von der größeren Identität oder Persönlichkeit als „Holon".

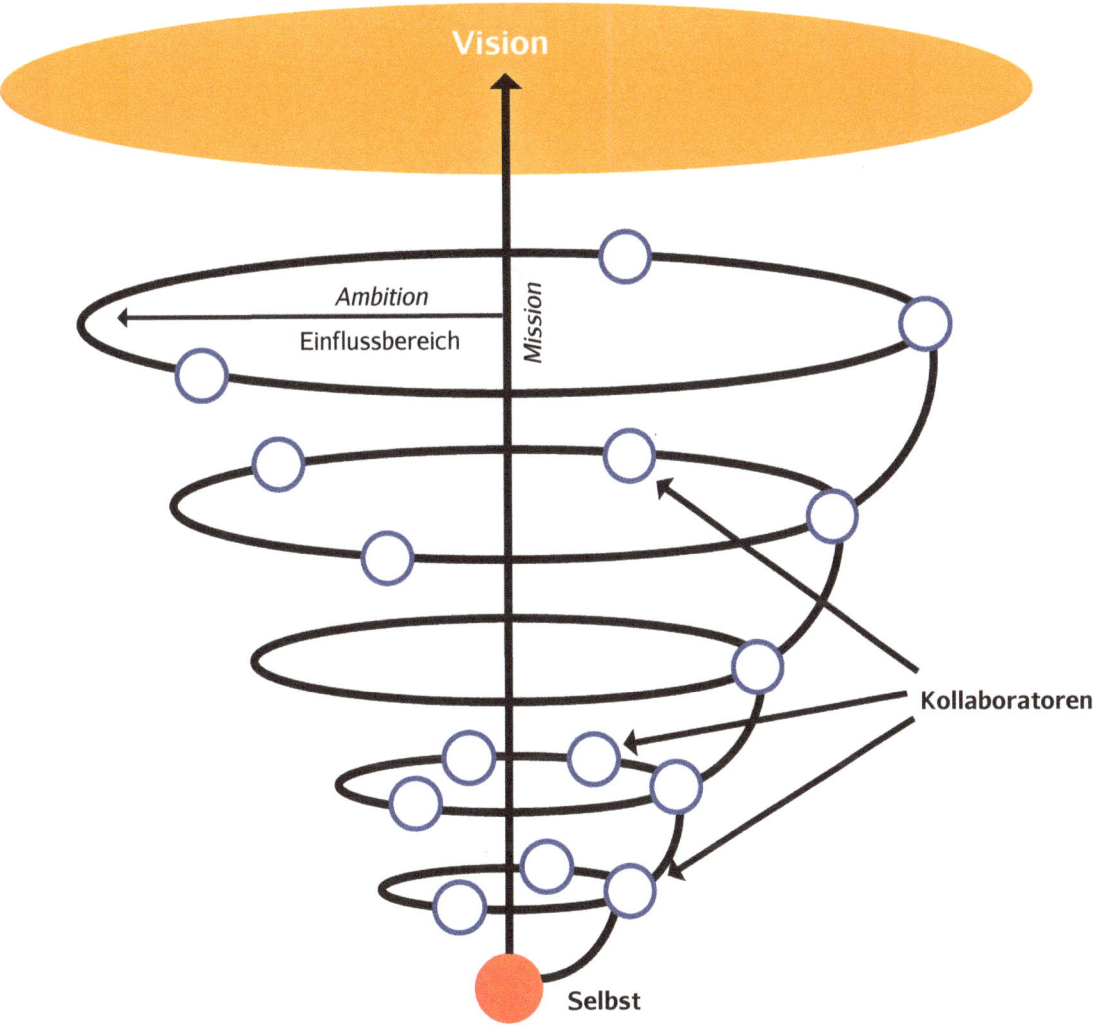

**Vision**

*Ambition*

Einflussbereich

*Mission*

Kollaboratoren

**Selbst**

**Kollaborationen ermöglichen uns, unseren Einflussbereich zu vergrößern,
um unsere Mission zu erfüllen und unsere Vision zu erreichen.**

Nehmen wir als einfaches Beispiel die Beteiligung an der Entstehung eines Buches. Dabei werden individuelle Kollaboratoren zu größeren Persönlichkeiten wie „Autor", „Lektor", „Verleger", „Marketing Manager" usw. verwandelt. Ein weiteres Beispiel ist Mark Fizpatrick (porträtiert in SFM Band 1, S. 156-161), der wie andere als „Verkäufer" bei einem großen Unternehmen begann. Jedoch verwandelte ihn seine Kollaboration mit einem Software-Ingenieur bei dieser Firma vom „Verkäufer" zum „Software-Entwickler" und letztlich bewegte er sich in der Spirale aufwärts zum „CEO" eines Multi-Millionen Dollar-Unternehmens.

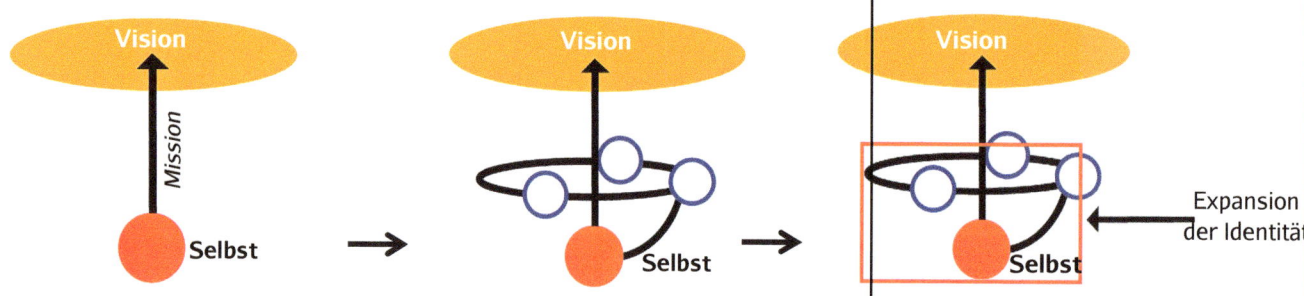

**Generative Beziehungen öffnen Türen zum Netzwerk der Kollaboration und Unterstützung, das zur Expansion unserer Persönlichkeit führt.**

Sobald wir eine Plattform komplettiert haben, die uns Fortschritte hin zu unserer Vision ermöglicht und die Mission und Ambition erfüllt, entsteht nicht selten eine neue oder erweiterte Version unserer Vision, die außerhalb der gerade gebildeten Plattform liegt. Um diese Ausprägung der Vision zu erreichen, muss der Wachstumszyklus von neuem beginnen. Wir streben wieder nach Meisterschaft und bilden neue Beziehungen. Doch diesmal fangen wir nicht ganz von vorn an, indem wir auf unsere individuelle Persönlichkeit als separates „Ego" zurückfallen. Wir beginnen vielmehr damit, eine neue Plattform vom Ausgangspunkt unserer zuvor entwickelten Persönlichkeit zu bilden. Mit anderen Worten, wenn ich schon ein „Autor" bin, kann ich meine nächste Plattform von dieser Identität aus aufbauen.

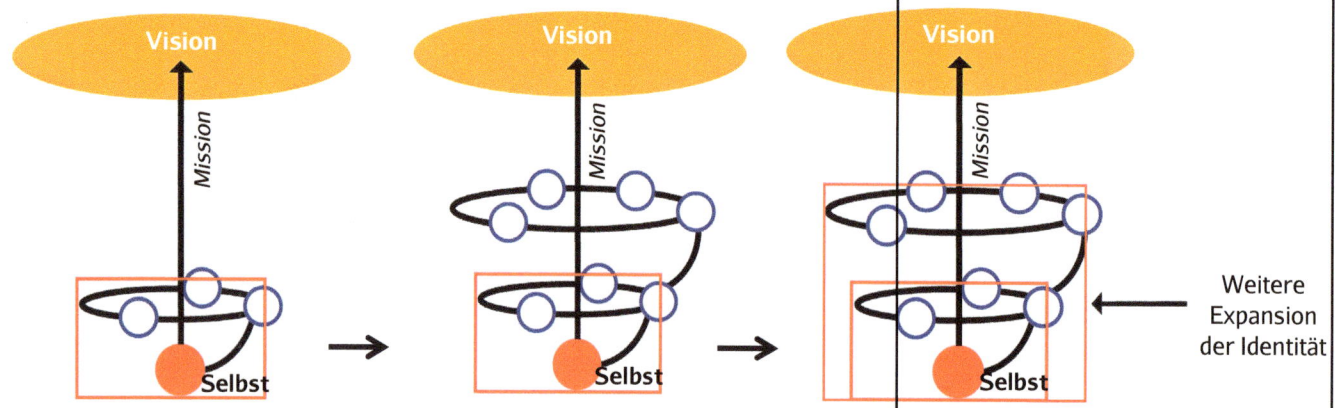

**Neue Ausprägungen unserer Vision entstehen, wenn wir durch Generative Kollaboration eine Plattform aufgebaut haben. Sie führen uns zur nächsten Plattform, auf der sich unsere Reichweite ausdehnt und unsere Persönlichkeit entwickelt.**

Hat man eine große Vision, muss man auf dem Weg eine Reihe aufeinanderfolgender Plattformen aufbauen, die eine Art expandierende Spirale bilden. Im Herzen der Spirale befinden sich das Selbstwertgefühl des Unternehmers und seine Identität. Diese entwickeln sich kontinuierlich weiter, weil beim ständigen Streben nach der ultimativen Vision neue Plattformen gebildet werden.

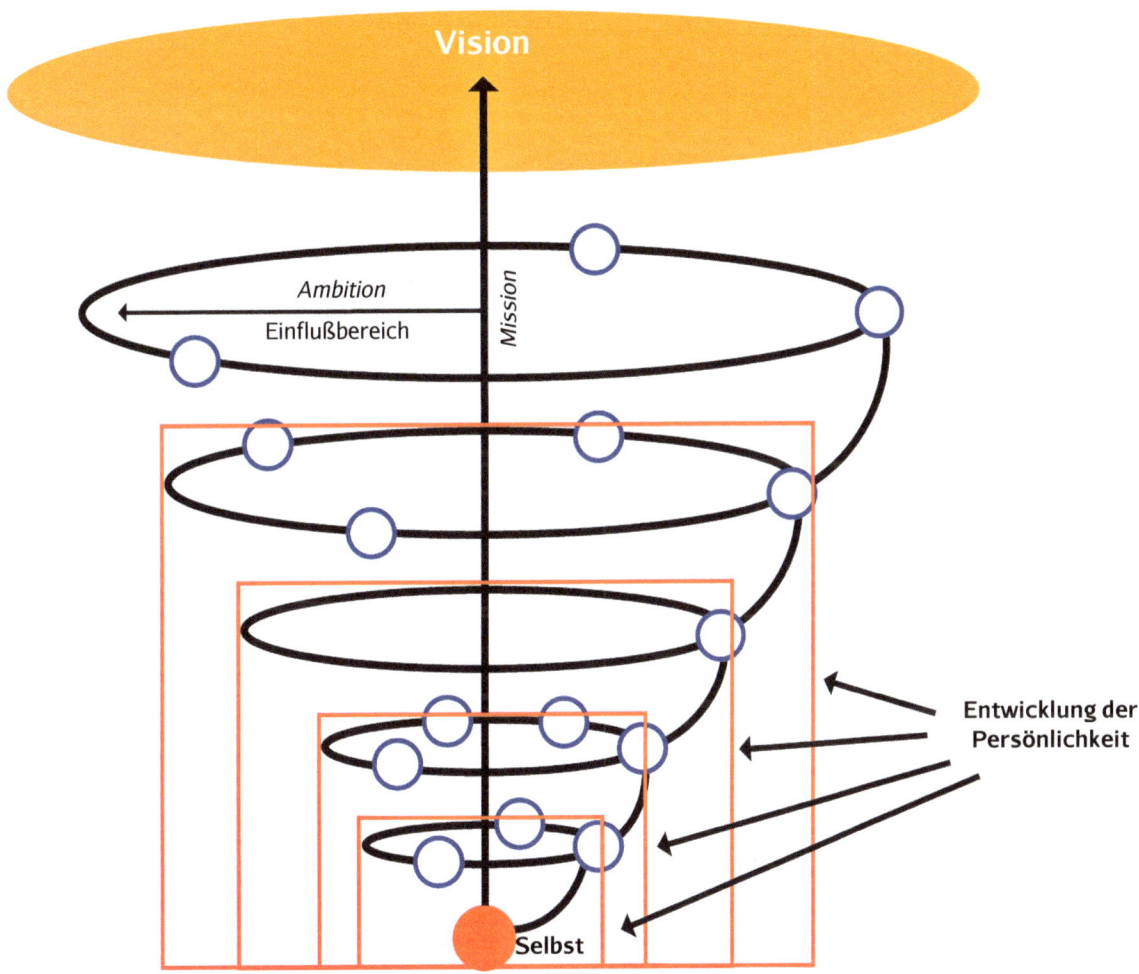

**Mit jeder neuen Ebene der Kollaboration und des Einflusses geht eine entsprechende Entwicklung der Persönlichkeit einher.**

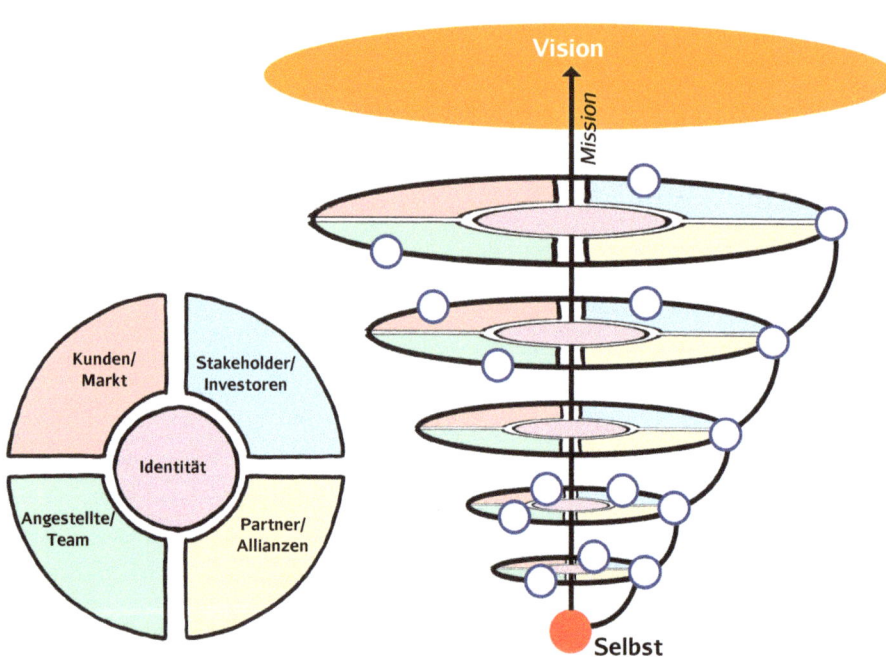

**Aufeinanderfolgende Plattformen in der Kollaborationsspirale werden gebildet, indem Beziehungen aufgebaut werden, die zu einem neuen oder expandierten Erfolgszirkel gehören.**

Auf jeder Plattform wächst das Individuum über die Grenzen einer empfundenen „Zelle" seiner aktuellen Persönlichkeit hinaus. Haftet der Unternehmer dieser „Zelle" an oder identifiziert er sich damit, kann ihn das oft zurückhalten. Sobald die Grenzen einer Plattform erreicht oder überschritten sind, muss der Unternehmer weiter nach oben schauen, um neue potenzielle Kollaborationen einzugehen und breitere Plattformen zu betreten, um seine Vision, Mission und Ambition zu erfüllen.

Häufig gibt es Spannungen im Zusammenspiel zwischen den expandie-renden Ebenen der eingegangenen kollaborativen Partnerschaften einer Person und ihrem empfundenen Identitätsgefühl. Zum Beispiel könnte eine Person kollaborative Beziehungen etabliert haben, die ihr ermöglichen würden auf die nächste Einflussebene zu springen, doch wird sie von dem Gefühl zurückgehalten, dass sie keine Erlaubnis hat, zu der Persönlichkeit zu werden, die mit der nächsten Einflussebene verbunden ist.*

In anderen Fällen möchte eine Person vielleicht zu einer Persönlichkeitsebene auf einer Plattform springen, bei der aber die notwendigen kollaborativen Partner fehlen, die diesen Einflussbereich bieten.

---

* Hier können einige Methoden, die in *SFM Band 1* beschrieben sind, helfen, wie Versammlung der Verbündeten (S. 147) und die Identitätsmatrix (s. 180-186); oder die Traumwächter-Übung (am Ende dieses Kapitels S. 247-248 )

## Aufbau neuer Plattformen

Tatsächlich muss ein Unternehmer, der eine solide Plattform bilden will, Schlüssel-Beziehungen aus allen Bereichen des Erfolgszirkels aufbauen. Jede neue Ebene der Spirale wird im Allgemeinen in Form eines Projektes oder eines Unternehmens verkörpert und erfordert die Bildung eines eigenen Erfolgszirkels, für den der Unternehmer ausreichend Beziehungen mit neuen Kunden, Teammitgliedern, Stakeholdern und Partnern eingehen muss.

Sind die zu einem Erfolgszirkel zugehörigen Beziehungen auf einer bestimmten Plattform nicht stark genug, ist diese eventuell nicht ausreichend solide, um die Bildung der nächsten Ebene der Spirale zu unterstützen, und kann zu bröckeln beginnen oder zusammenbrechen.

Die Stärke jeder Plattform wird größtenteils durch die Fähigkeit bestimmt, wie der Unternehmer kollektive Intelligenz mit und zwischen den verschiedenen Mitgliedern seines Erfolgszirkels einsetzt und fördert. Dies erfordert den ständigen Einsatz von Benchmarking, Brainstorming, Best Practices und generativer Kollaboration mit Kunden, Teammitgliedern, Partnern und Stakeholdern.

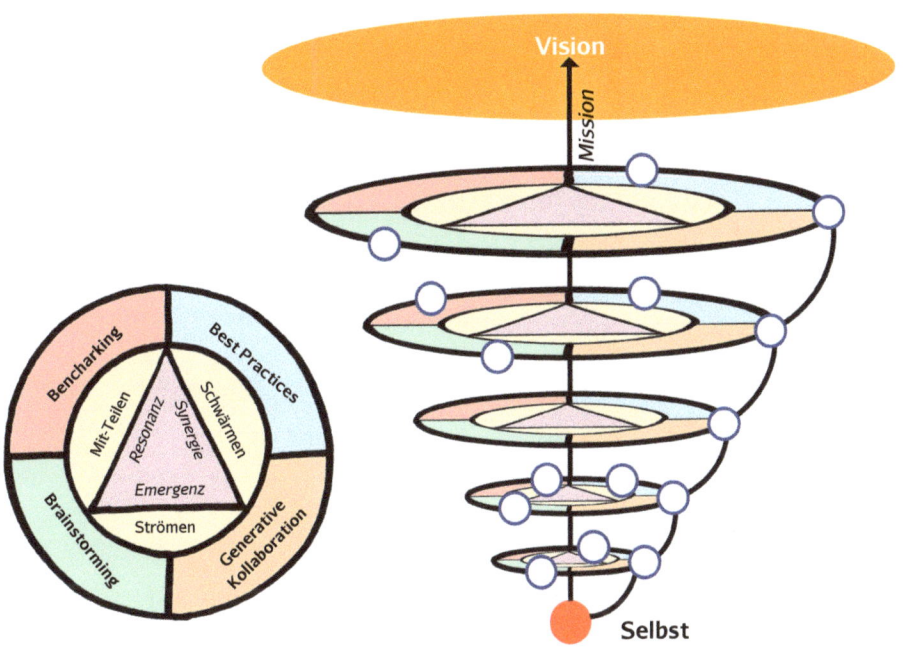

**Die Stärke und Stabilität einer bestimmten Plattform hängt von der Fähigkeit ab, sich an kollektiver Intelligenz und generativen Kollaborationen zu beteiligen und diese zu fördern.**

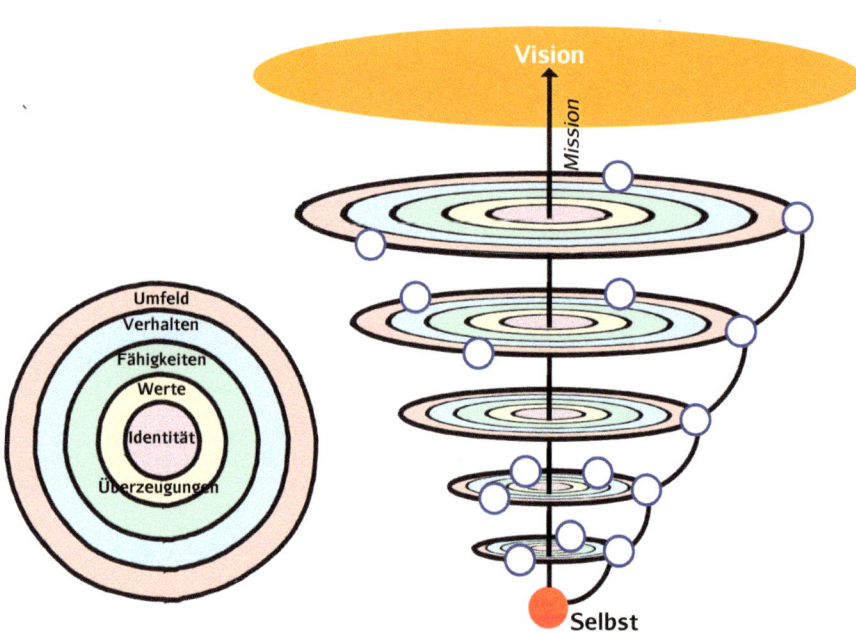

**Jede neue Plattform erfordert die Beherrschung und die Abstimmung aller Erfolgsfaktorebenen aufeinander, um innerhalb des Umfeldes und des Einflussbereiches erfolgreich zu sein.**

Ein weiterer Faktor, der über die Solidität einer speziellen Plattform bestimmt, ist die Abstimmung der damit verbundenen, unterschiedlichen Erfolgsfaktorebenen (Identität, Überzeugungen und Werte, Fähigkeiten, Verhalten und Umfeld) und wie der Unternehmer sie meistert. Aus dieser Perspektive basiert jede Ebene einer Kollaborationsspirale auf dem Entwicklungsniveau des Unternehmers und wie er hinsichtlich seines „inneren Spiels" vorbereitet ist.

Jede neue Plattform wird den Unter-nehmer in ein neues oder ausgedehnteres Umfeld führen, wo er sein Verhaltens-repertoire vergrößern oder variieren muss. Das verlangt wiederum die Ent-wicklung neuer Fähigkeiten und eine entsprechende Vertiefung und Stärkung seiner Werte und Überzeugungen von dem, was er und sein Team machen. Die Bereicherung und Abstimmung dieser Erfolgsfaktoren sind notwendig, um das expandierte Identitätsgefühl auf der neuen Plattform zu unterstützen.

Wenn unsere Ambition oder die Umstände uns dazu drängen, auf die nächste Identitäts- und Einfluss-Stufe springen zu wollen, bevor wir bereit und gefestigt sind in den dafür erforderlichen Überzeugungen, Werten, Fähigkeiten und Verhaltensweisen, können die Konsequenzen schwierig und sogar katastrophal sein.

Denken Sie an die Beispiele zahlreicher Kinderstars, die zum Ruhm und Reichtum katapultiert wurden, bevor sie reif genug oder bereit sind damit umzugehen. Häufig sind sie nicht in der Lage, mit den Anforderungen und der Stresssituation fertig zu werden. Dies kann zu einem erheblichen Zusammenbruch oder Rückfall in ihrer Karriere oder in ihrem Leben führen.

Diese Dynamik zeigte sich beispielsweise in der Karriere von Steve Jobs. Nach einem gewaltigen Aufstieg zum Erfolg in kurzer Zeit, wurde er gezwungen, Apple zu verlassen, weil er das Vertrauen seiner Stakeholder (des Vorstandes und der Aktionäre) verloren hatte. Er wurde aus der von ihm gegründeten Firma verdrängt. Erst als er mit der Gründung von NeXT und Pixar gewachsen war, hatte er den Reifegrad und die Meisterschaft auf allen erforderlichen Ebenen, um Apple zu führen und es auf die nächste Plattform seiner Spirale zu heben. Indem er alle Erfolgsfaktorebenen vollkommener entwickelt und seine Persönlichkeit gefestigt hatte, konnte er zu Apple zurückkehren und es zu neuen Erfolgsniveaus führen.

Dieselbe leidvolle Dynamik aus einer vorschnellen Expansion, ohne ausreichende Solidität und Halt auf allen Erfolgsfaktorebenen einer Plattform darunter, kann einem ganzen Unternehmen oder Organisation wie auch einer Person passieren.

*Es ist wichtig, eine solide Erdung in den erforderlichen Überzeugungen, Werten, Fähigkeiten und Verhalten einer Identitäts- und Einflussstufe zu haben, bevor man versucht, auf die nächste Stufe zu gelangen.*

Kurz gesagt, bilden die Entwicklung, das Meistern und die Abstimmung der verschiedenen Erfolgsfaktorebenen die Basis für das Zentrum unseres Erfolgszirkels. Durch die Vision, Mission, Ambition und Rolle des Unternehmers sind sie mit den verschiedenen Bereichen des Erfolgszirkels verbunden. Tatsächlich können wir sagen, dass jede Plattform in der Kollaborationsspirale aus drei Schichten gebildet wird: 1. Die innere Meisterschaft des Unternehmers und die Abstimmung seiner unterschiedlichen Erfolgsfaktorebenen (Identität, Überzeugungen und Werte, Fähigkeiten, Verhalten und Umfeld) auf jeder Plattform und ihrem Einflussbereich; dies drückt sich durch 2. das Vermögen des Unternehmers aus, kollektive Intelligenz und generative Kollaboration einzusetzen und zu fördern; was schließlich durch Kollaborationen realisiert wird, die 3. jeden Bereich des Erfolgszirkels unterstützen.

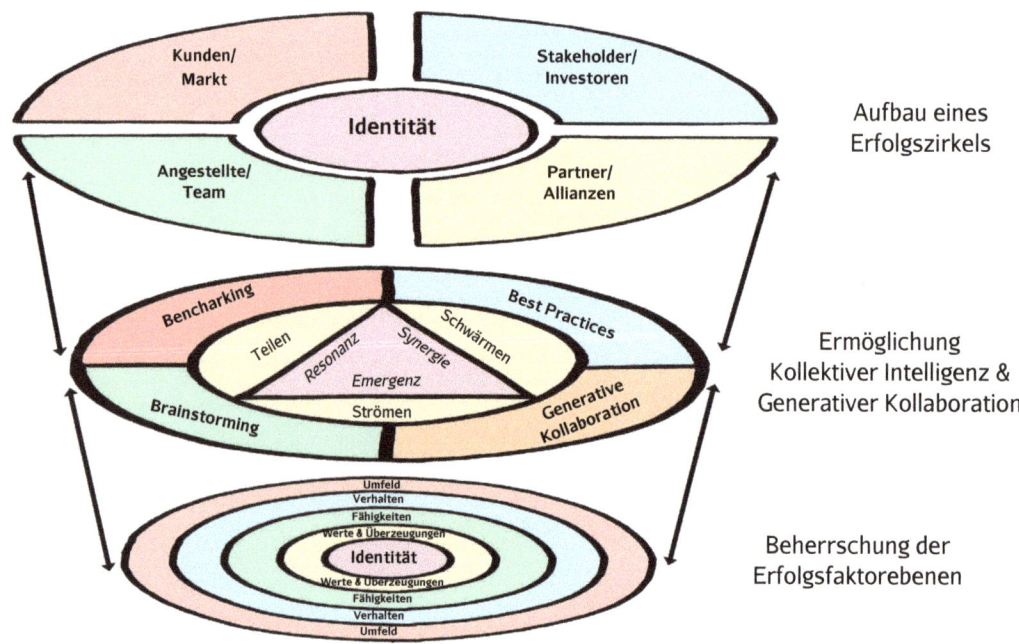

**Wie solide jede Plattform in der Kollaborations-Spirale ist, hängt davon ab**
1. **wie der Unternehmer relevante Erfolgsfaktoren beherrscht,**
2. **wie er kollektive Intelligenz und generative Kollaboration einsetzt und ermöglicht,**
3. **wie er für einen stabilen Erfolgszirkel erforderliche, kollaborative Beziehungen aufbaut.**

## „Beschützer" und „Gatekeeper"

Generative Beziehungen unterstützen alle drei der zur Bildung einer soliden Plattform erforderlichen Schichten. Zusätzlich zur praktischen Unterstützung in Bezug auf Kunden, Teammitglieder, Stakeholder und Partner werden uns jene, mit denen wir eine generative Beziehung eingehen, auch Beratung, Coaching, Training, Mentoring und Sponsoring anbieten. Jede neue Plattform markiert den nächsten Meilenstein oder eine „Schwelle" auf unserer Reise zu unserer Vision. Es ist ein neues, bisher unbekanntes „Territorium" außerhalb unserer aktuellen Komfortzone; ein Territorium, das uns zwingt zu wachsen und weiterzuentwickeln. Es fordert von uns, Unterstützung und Beratung zu finden. Die Beschützer sind unsere Sponsoren und Mentoren. Es sind die Menschen, mit denen wir Schlüssel-Beziehungen eingehen, die uns unterstützen, Kompetenzen und den Glauben in uns selbst aufzubauen und auf unsere Ziele fokussiert zu bleiben. Da das Territorium hinter der Schwelle neu für uns ist, können wir nicht unbedingt im Voraus wissen, welche Art Schutz wir brauchen oder wer die Beschützer sein werden. Manchmal kommen Beschützer von überraschenden Orten. Somit müssen wir offen und zugänglich bleiben, um Beratung und Unterstützung auf jedem Schritt unserer Reise zu erhalten.

Einer der wichtigsten Arten generativer Kollaboration in Bezug auf die Kollaborationsspirale ist der sogenannte „Gatekeeper". Gatekeeper sind jene, die uns die Tür zu einem ganz neuen Beziehungs-Netzwerk eröffnen. Sie befinden sich auf einer Einflussebene, die wir suchen oder brauchen, um mit unserer Mission oder Vision voranzukommen. Sie haben die Position am Verbindungsglied mit der nächsten Schleife der Spirale, die wir betreten wollen. Häufig sind sie Sponsoren, die unser Potenzial erkennen und uns bei anderen Leuten einführen, um uns Glaubwürdigkeit in deren Augen zu verleihen. Dadurch können wir neue Beziehungen eingehen, um unsere nächste Plattform zu bilden oder zu stärken.

Allerdings ist es wichtig, darauf hinzuweisen, dass es in einigen Fällen dazu kommt, dass wir je nach Ausmaß unserer Vision, Mission und Ambition, zwar bereit sind auf die nächste Ebene unserer eigenen Spirale zu springen, dass aber der Gatekeeper auf unserer gegenwärtigen Ebene nicht bereit, fähig, oder willens ist, uns bei diesem Übergang zu unterstützen. Ein wenig ist das wie bei einem Elternteil, das nicht will, dass das Kind das Elternhaus verlässt. Der Gatekeeper könnte uns sogar davon abhalten, auf die nächste Ebene zu kommen.

*Als Beschützer bezeichnen wir unsere Sponsoren und Mentoren, mit denen wir Schlüssel-Beziehungen eingehen und die uns unterstützen, neue Kompetenzen und den Glauben an uns selbst aufzubauen und auf unsere Ziele fokussiert zu bleiben.*

*Gatekeeper sind jene, die uns die Tür zu einem ganz neuen Beziehungs-Netzwerk eröffnen. Sie befinden sich auf einer Einflussebene, die wir suchen oder brauchen, um mit unserer Mission oder Vision voranzukommen.*

*In manchen Fällen können Gatekeeper einer Stufe versuchen, uns davon abzuhalten, auf die nächste Stufe zu gelangen, wenn sie nicht mitkommen oder uns weiter unterstützen können.*

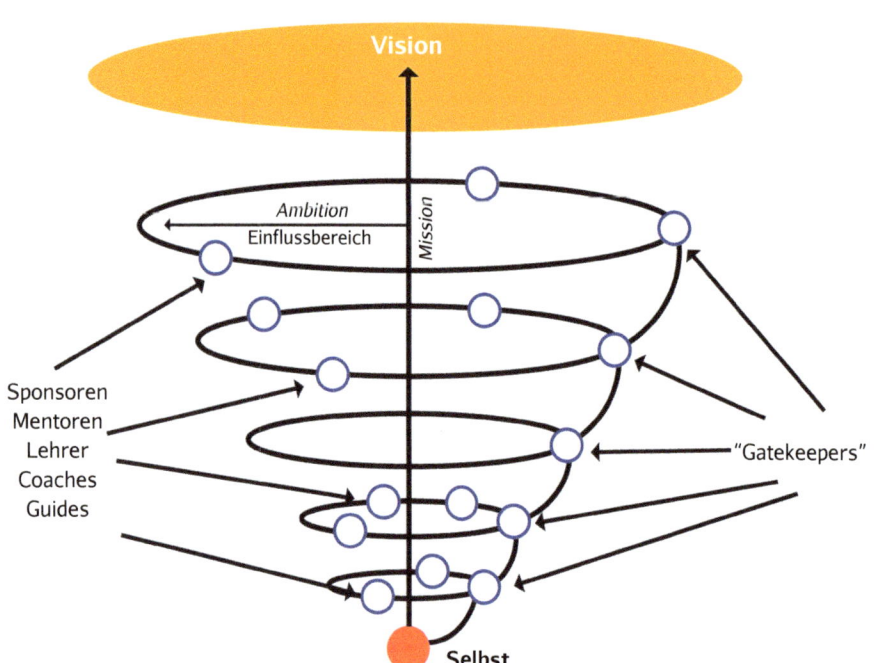

Vision

*Ambition*
Einflussbereich

Mission

Sponsoren
Mentoren
Lehrer
Coaches
Guides

"Gatekeepers"

Selbst

**Beziehungen mit "Gatekeepern" bilden das Verbindungsglied
mit der nächsten Einfluss- und Erfüllungsstufe**

Genau wie bei jeder anderen Barriere dürfen Unternehmer limitierenden Beziehungen nicht erlauben, sie zurückzuhalten. Wenn ein kollaborativer Partner aufhört, unterstützend zu sein, muss er zugunsten neuer positiver Beziehungen, die den Fortschritt des Unternehmers zur Vision unterstützen, umgangen oder zurückgelassen werden. Dies kann eine der schwierigsten und schmerzhaftesten Episoden sein, die wir auf unserer Reise als Entrepreneur erfahren.

Steve Jobs bittere und herzzerreißende Beziehung mit John Scully ist dafür ein berühmtes Beispiel. Jobs brachte Scully zu Apple, weil er dachte, dies würde eine generative Beziehung sein. Stattdessen wandte sich Scully gegen ihn, weil es Differenzen in ihren Visionen, Ambitionen und Rollen gab.

Solche Dilemmata und Übergänge können genauso in unseren privaten als auch beruflichen Beziehungen passieren.

Es ist wichtig, daran zu denken, dass solche Entscheidungen, eine Beziehung zu beenden um voranzukommen, aus einer Haltung von tiefer Verbundenheit und im Dienste unserer Vision und Mission getroffen werden müssen. In meiner Coaching-Arbeit und Erfahrung als Entrepreneur habe ich mehrfach erlebt, dass eine solche Entscheidung fast immer bereut wird, wenn sie allein auf Basis der Ambition gelöst werden soll.

Wie ich schon zuvor sagte, gibt es Gefahren, wenn man zu schnell vorwärts springt. Es ist entscheidend, genügend Beziehungen aufzubauen, um die Plattform am Laufen zu halten, falls etwas mit den anderen Schlüssel-Beziehungen auf dieser Plattform passiert. Die dritte Schleife oder Plattform in der oben gezeigten Spirale enthält beispielsweise nur den Gatekeeper als einzige signifikante Beziehung. Dies legt zu viel Beweislast auf diese eine Position, um die ganze Plattform zusammenzuhalten. Wenn etwas mit dieser Beziehung schief geht, kann die ganze Plattform kollabieren.

Die oberste Schleife im Diagramm zeigt, dass zwei Schlüssel-Beziehungen aufgebaut wurden, dass es jedoch keinen Gatekeeper gibt, um Synergie herzustellen, damit die Plattform ausreichend solide für die Expansion (bzw. Entwicklung) der Persönlichkeit wird. In einer solchen Situation sollte der Entrepreneur oder Unternehmer sorgfältig nach einem Gatekeeper auf diesem Niveau suchen.

Im nächsten Abschnitt werden wir einige Wege untersuchen, wie Sie sich darauf vorbereiten können, generative Beziehungen und erfolgreiche Kollaborationen zu erkennen oder zu bilden.

*Es ist entscheidend, ausreichend viele Beziehungen aufzubauen, um eine Plattform aufrecht zu erhalten, falls etwas mit den anderen Schlüssel-Beziehungen auf dieser Plattform geschieht.*

# SFM Kollaborations-Katalysator:
## Erfolgreiche Kollaborationen modellieren

In vielerlei Hinsicht sind das Auffinden von generativen Beziehungen und der Aufbau einer erfolgreichen Kollaborationsspirale zum großen Teil Glückssache. Jedoch ist „Glück", wie schon beschrieben wurde, das Zusammentreffen von Vorbereitung und Gelegenheit. Wir können uns auf zwei Arten auf die Bildung erfolgreicher generative Beziehungen vorbereiten. Zuerst müssen wir unsere „Hausaufgaben" erledigen. Das heißt, wir müssen das Zentrum unseres Erfolgszirkels entwickeln, indem wir uns selbst erkennen und unseren Wachstumspfad kontinuierlich weitergehen. Als erfolgreicher Unternehmer wies Mark Fizpatrick darauf hin, dass es wichtig ist, „Schritte zu unternehmen, sich selbst zu verbessern". Es gibt ein altes Sprichwort, in dem es heißt: „Wenn der Schüler bereit ist, erscheint der Lehrer."

Der zweite Bereich der Vorbereitung ist, sich darüber im Klaren zu sein, welche Art Kollaboration Sie suchen und was eine erfolgreiche „generative Beziehung" ausmacht. Ein guter Start ist dafür, Ihr eigenes Erfolgsfaktoren-Modeling zu betreiben.

Im Folgenden finden Sie einige Fragen und Leitlinien, um Ihnen zu helfen, über eine erfolgreiche Kollaboration nachzudenken, in die Sie eingebunden waren. Nutzen Sie diese Leitlinien, um die Eigenschaften einer erfolgreichen generativen Beziehung festzulegen.

*Mit wem arbeiteten Sie zusammen? Welchen Werdegang hatte(n) Ihr(e) Kollaborationspartner?*

*In welchem Kontext fand Ihre Kollaboration statt? Welche Eigenschaften zeichneten das Umfeld und die Situation aus, in der Sie zusammenarbeiteten?*

*Welchen einzigartigen Herausforderungen standen Sie gegenüber, die die Kollaboration wichtig oder notwendig machten?*

*Welche Werte oder Überzeugungen lenkten Ihre Kollaboration?*

*Welche Schritte haben Sie unternommen, um eine Win-Win-Interaktion sicher zu stellen?*

*Welche entscheidenden Synergien gab es zwischen Ihnen und Ihrem/n Kollaborationspartner(n)? Was waren die sich ergänzenden Fähigkeiten, Ressourcen oder Know-how, das Sie durch Ihre Kollaboration vereinigten?*

*Warum war dies eine erfolgreiche Kollaboration? Was haben Sie zusammen bewerkstelligt, das keiner von Ihnen als Einzelner hätte vollenden können?*

*Welchen Beweis gibt es für Ihren Erfolg? Was waren die Folgen der Kollaboration?*

# SFM Kollaborations-Katalysator: Vorbereitung für eine Generative Beziehung

Wenden Sie das vorherige Modeling einer erfolgreichen Kollaboration an, in dem Sie die folgenden Fragen beantworten, um zu klären welche Art Kollaboration Sie suchen sollten, um den nächsten Schritt in Ihrer eigenen Kollaborationsspirale zu gehen. Sie können diese Fragen nutzen, um die Eigenschaften einer potenziellen Kollaboration oder eines Kollaborators festzulegen, die jetzt noch nicht existieren, oder um über eine mögliche Kollaboration nachzudenken, die Sie eventuell eingehen wollen.

*Fragen zur Kollaborationsspirale an Sie selbst*

1. Auf welcher Plattform befinde ich mich zur Zeit und wer bin ich aktuell?

   Plattform: _____

   Identität: _____

2. Welche Schlüssel-Beziehungen (zu Gatekeepern und "Beschützern") habe ich gerade, die mich in dieser Identiät unterstützen?

   _____         _____

   _____         _____

   _____         _____

3. Was sind meine Schlüssel-Ressourcen im Hinblick auf diese Plattform und die Identität?

   _____         _____

   _____         _____

   _____         _____

4. Was sind meine Schlüssel-Attribute (Verhaltensweisen, Fähigkeiten, Überzeugungen, Werte, Ambition, Mission, Vision)?

_____     _____

_____     _____

_____     _____

5. Welche Plattform muss ich als nächstes bilden, um den nächsten Ausdruck meiner Vision zu entwickeln? Zu welcher Identität wird sich meine Persönlichkeit entwickeln?

Plattform: _____

Identität: _____

6. Was sind meine Hauptbedürfnisse, um diese Plattform zu bilden?

_____     _____

_____     _____

_____     _____

7. Welche persönlichen Attribute werde ich entwickeln, stärken oder ausweiten müssen, um diese Plattform aufzubauen (Verhaltensweisen, Fähigkeiten, Überzeugungen, Werte, Ambition, Mission)?

_____    _____

_____    _____

_____    _____

8. Welche Schlüssel-Beziehungen (zu Gatekeepern und „Beschützern") werde ich brauchen, die mich unterstützen, meine neue Plattform und Identität auszubilden?

_____    _____

_____    _____

_____    _____

Eine weitere Frage gilt der Untersuchung, ob es hinsichtlich Ihrer Kollaborationsspirale eine Beziehung gibt, die Sie derzeit davon abhält oder zurückhält, Ihre nächste Plattform oder Identität auszubauen? Falls es etwas gibt, wie können Sie dies transformieren oder überwinden?

*Fragen zur Kollaborationsspirale in Bezug auf Ihre potenziellen Kollaboratoren*

1. Wer ist derzeit mein potenzieller Kollaborator? _____

2. Welche Schlüssel-Beziehungen unterstützen meinen potenziellen Kollaborator in seiner Identität?

_____   _____

_____   _____

_____   _____

Kann mir eine dieser Beziehungen helfen, meine nächste Plattform und Identität zu bilden?

3. Welche Ressourcen hat mein potenzieller Kollaborator? Welche von diesen Ressourcen brauche ich?

_____   _____

_____   _____

_____   _____

4. Welche Bedürfnisse hat mein potenzieller Kollaborator? Welche meiner Ressourcen können helfen, diesen Bedarf zu decken?

_____   _____

_____   _____

_____   _____

5. Was sind die Attribute meines potenziellen Kollaborators (Verhaltensweisen, Fähigkeiten, Überzeugungen, Werte, Ambition, Mission, Vision)?

_____    _____

_____    _____

_____    _____

6. Wer könnten wir zusammen werden, wenn wir Partner werden oder kollaborieren?

_____

7. Was können wir zusammen bewerkstelligen, das keiner von uns allein vollbringen könnte?

_____

## Erfolgsfaktor-Fallbeispiel
## John Dilts, Gründer – Maverick Angels

*Let your future pull you forward. – Lass Deine Zukunft Dich vorwärts ziehen.*

Es passt gut, dass unser nächstes Erfolgsfaktor-Fallbeispiel von John Dilts handelt.

John war Mitentwickler der Success Factor Modeling Methode und Mitgründer der Dilts Strategy Group. John's Leistungen waren jedoch noch viel umfangreicher.

1999 war John im Alter von 35 Jahren ein relativer „Nobody"; nur einer von vielen Angestellten einer Anwaltskanzlei im Silicon Valley. Weniger als vier Jahre später beriet er als Sonderberater die Chinesische Regierung, wie Unternehmertum in ihren Provinzen zu entwickeln sei, und hatte damit eine Schlüsselrolle in der Welle inne, die China in ihre aktuelle Position als wirtschaftliche Weltmacht katapultierte. Johns schneller Fortschritt und seine Verwandlung sind Zeugnis für die Macht der Kollaborationsspirale.

John hatte Erfahrungen im Rechts- und Finanzwesen. Wie Mark Fizpatrick (siehe *SFM Band 1* S. 156-162) war auch John ursprünglich den Fußstapfen seines Vaters gefolgt (unser Vater war Patentanwalt, der in den späten 1950er Jahren als Elektronikexperte in die Region des Silicon Valleys gezogen war.) Nach dem Abschluss seines Jurastudium an der Universität zu San Francisco probierte sich John in verschiedenen Anwaltskanzleien in der San Francisco Bay Area aus. Jedoch konnte John nie wirklich der Anwaltspraxis etwas abgewinnen. Er war von der Win-Lose-Mentalität der meisten Rechtsverfahren enttäuscht. Im Jurastudium hatte er sich mit seinem Verhandlungsgeschick hervorgetan. Häufig diskutierten er mit mir die Bedeutung der Kollaboration und wie man bei seinen Klienten als auch bei ihren Gegnern und deren Vertretern die zweite Position einnehmen konnte. John zeigte die Leidenschaft und das Talent, Win-Win-Lösungen für beide Parteien auszuhandeln.

Schließlich fand er das Wirtschaftsrecht am attraktivsten, weil es eher darum ging etwas aufzubauen anstatt nur einen Gegner zu schlagen. Die Silicon Valley Rechtskanzlei, für die er arbeitete, vertrat mit Wagniskapital finanzierte Start-ups genauso wie sie Firmenzusammenschlüsse, Übernahmen und Börsengänge behandelte. Deshalb sammelte John viele Erfahrungen auf beiden Seiten bei Verhandlungen zwischen Unternehmern und potenziellen Investoren, Teammitgliedern oder Partnern. Er stellte fest, dass nach einem erfolglosen Treffen mit einem Entrepreneur ein potenzieller Investor etwa folgendes sagte: „Wenn sie nur X angesprochen hätten oder Y demonstriert hätten, dann wäre ich interessiert gewesen." John wurde stutzig: „Ja, aber warum haben Sie ihnen das nicht gesagt, dann hätten sie die Gelegenheit gehabt, darauf zu antworten und die Chance bekommen, Änderungen vorzunehmen?"

**John Dilts**
Founder – Maverick Angels

*John Dilts stieg von einem normalen Mitarbeiter einer Anwaltskanzlei im Silicon Valley zu einem besonderen Berater der chinesischen Regierung auf, der zeigte, wie Unternehmertum in den Provinzen in weniger als vier Jahren entwickelt werden konnte.*

Während dieser Besprechungen wurde John in zunehmendem Maße bewusst, welche Bedeutung die Fähigkeit eines Unternehmers hatte, seine Leidenschaft und Vision auf eine Weise zu kommunizieren, die andere inspirierte, anstatt nur ihre Produkte oder das Finanzierungskonzept vorzustellen. Er bemerkte, dass Investoren selten in eine Idee, ein Produkt oder ein Konzept allein investierten. Sie investierten in den Unternehmer und seine Vision, Mission, Ambition, Passion und seine Einsatzbereitschaft, die Dinge ins Rollen zu bringen. Die Investoren wollten nicht in ein Produkt oder einen bestimmten Plan investieren, sie wollten in ein Geschäft investieren, das in einem sich schnell ändernden Umfeld viel mehr erfordert als einen Plan oder ein Produkt. Der Plan und das Produkt waren wichtig, doch letztendlich investieren Investoren in die Menschen.

Dank seiner natürlichen Begabung und Leidenschaft für Win-Win-Verhandlungen, wurde John Zeuge, wie die Zusammenstellung der richtigen Partnerschaft oder Allianz sofort den wahrgenommenen Wert eines strauchelnden Start-ups steigern konnte; im Wesentlichen also „aus dem Nichts etwas schaffte".

*Aufgrund seiner Beteiligung an Verhandlungen zwischen Unternehmern und Investoren, erkannte John, dass Investoren selten in eine Idee, ein Produkt oder einen Plan allein investierten. Sie investierten in den Unternehmer und seine Vision, Mission, Ambition, Passion und Einsatzbereitschaft, die Dinge ins Rollen zu bringen.*

### Vom juristischen Angestellten zum Fondsmanager zum Unternehmenscoach

Aufgrund dieser Erfahrungen hatte John die Idee für eine besondere Form eines „Venture Catalyst" Ein *Venture Catalyst* ist eine Person oder eine Vereinigung von Personen (wie ein *Fond*), die sowohl Geld als auch andere Ressourcen in ein Start-up geben, um das Wachstum zu beschleunigen und die Erfolgschancen zu erhöhen. John hatte nicht nur die Idee, Geld in kleinen Start-ups mit hohem Potenzial anzulegen und sie in juristischen und finanziellen Angelegenheiten zu beraten, sondern die Unternehmer auch in den notwendigen Verhaltens- und Managementkompetenzen zu coachen, um ihr Geschäft auszubauen. Diese Idee sollte schließlich in die Vision einer generativen Unternehmensgemeinschaft übergehen.

Als ersten Schritt auf dem Weg zu dieser Vision träumte John von der Gründung eines eigenen Risikofonds, der sich auf Investitionen in Technologieunternehmen in der Frühphase konzentriert. Er mochte es zu sagen, dass dieser Traum in Form einer „Schachtel unter dem Schreibtisch" Gestalt annahm. Die Schachtel enthielt Unterlagen von seinen Ideen, Kontakten und Plänen. Die Schachtel wurde lebendig, als er bei seinem Kollegen in der Rechtsanwaltskanzlei, der die Investitionen der Firma betreute, auf Resonanz stieß. Mit zunehmender Leidenschaft für das Projekt wuchs auch Johns Ambition und der Glaube daran, und die Schachtel unter dem Schreibtisch rückte in den Fokus seiner Aufmerksamkeit. Irgendwann wurde John klar, dass es nicht länger ein Nebenprojekt sein konnte, sondern sein Hauptaugenmerk verlangte. Dies bedeutete, das Risiko einzugehen, die Kanzlei zu verlassen.

**Alles begann mit einer Schachtel unter dem Schreibtisch.**

*John gab seine Arbeit bei der Rechtsanwaltskanzlei im Silicon Valley auf, um seinen eigenen Wagniskapitalfond (Early Stage Venture Fund) zu gründen.*

**From Legal Assistant to Venture Coach**

*Zusätzlich zum Fondmanagement und Coaching der Firmen innerhalb des Portfolios, baute John Dilts Unter-nehmen auf und begann, auch andere Unternehmer und Führungskräfte von Start-ups zu coachen.*

*John und ich begannen die Kolla-boration und gründeten die Dilts Strategy Group, wobei wir unsere beiden Netzwerke vereinten und dadurch Johns Einflussbereich signi-fikant erweiterten, wobei seine Rolle zu einem internationalen Trainer und Berater expandierte.*

Das tat er und gründete mit seinen Partnern den IPF Fund, LLC, einen mit Eigenkapital finanzierten Risikokapitalfond (Private Equity Venture Capital Fund), den er als Geschäftsführer leitete. John und seine Partner sammelten und investierten 1 Million USD in 14 Start-up-Firmen in den Bereichen Internet-Infrastruktur und Apps, Unternehmenssoftware und Telekommunikation. Obwohl dieser Betrag gemessen an Silicon Valley Standards unbedeutend war, führte diese Kollaboration zu einer Veränderung seiner Persönlichkeit von einem „Angestellten" hin zu einem „Unternehmensfondmanager (Venture Fund Manager)". Dies ermöglichte ihm, eine neue Plattform aufzubauen, die ihn näher zu seiner Vision brachte. In seiner Rolle als Fondmanager kam er mit viel mehr Menschen in Kontakt, die er durch seine Rechtskanzlei nie kennengelernt hätte. Zusätzlich zum Fondmanagement und Coaching der Firmen innerhalb des Portfolios, baute John Dilts Ventures auf und begann, auch andere Unternehmer und Führungskräfte von Start-ups zu coachen. Dies erweiterte seine Persönlichkeit weiter zu einem „Unternehmenscoach (Venture Coach)". Gleichzeitig dehnte sich dadurch sein Beziehungsnetzwerk aus, so dass er bald mit Vorständen vieler Silicon Valley Technologiefirmen aus ganz unterschiedlichen Branchen arbeitete.

### Entwicklung zum internationalen Trainer und Berater

Dank meines Werdegangs in NLP und Modeling sowie meiner Arbeit mit größeren Unternehmen und Organisationen im Bereich Leadership (Führung) und Innovation, diskutierten John und ich häufig darüber, welche Art Coaching oder Training und welche Instrumente es brauchte, um einen effektiven Venture Catalyst aufzubauen. Außerdem tauschten wir Ideen aus, wie sich ein größeres unternehmerisches Denken in großen Organisationen katalysieren lässt. Dadurch entwickelten wir die Success Factor Modeling Methode. Johns neue Rolle als Fondmanager und Venture Coach eröffneten uns die Möglichkeit bei mehreren Projekten mitzuwirken. John tat sich nicht nur als kreativer Win-Win-Vermittler hervor, sondern auch als öffentlicher Redner. Aufgrund unseres Erfolgs bei den Kollaborationen gründeten wir die Dilts Strategy Group. Die Vereinigung unserer beiden Netzwerke verschaffte uns beiden eine bedeutende Erweiterung unserer Einflussbereiche. Dadurch expandierte Johns Rolle weiter zu einen „internationalen Trainer und Berater".

Eines unserer Projekte war mit der Fiat Gruppe. In den 1990igern war diese Gruppe sehr schnell gewachsen und hatte Ende der Dekade im Zeitraum von zwei Jahren fast 1.000 Firmen aufgekauft. Die Gruppe bestand aus mehr als 600 Vorständen. Die Chefs der Holding meinten, sie müssten eine gemeinsame Kultur und einen gemeinsamen Führungsansatz etablieren, der den Firmen innerhalb der Gruppe ein gemeinsames Identitätsgefühl bieten würde. Ich hatte mit vielen Topleuten bei ISVOR Fiat aus dem Human Ressource und Organisationsentwicklungszweig des Konglomerats sowie der unternehmenseigenen Universität gearbeitet. Sie waren von den Vorgängen im Silicon Valley fasziniert und erkannten, dass sie in ihrer Kultur zu einem größeren Unternehmergeist ermutigen mussten.

*Die Kollaboration zwischen der Dilts Strategy Group und dem italienischen Automobilhersteller Fiat zur Entwicklung der Führungskräfte mit Success Factor Modeling führte zu dem Joint Venture, in dem John CEO einer internationalen Trainingsfirma wurde.*

### Werdegang zum Vorstand einer Internationalen Trainingsfirma

Die Kollaboration zwischen der Dilts Strategy Group und ISVOR Fiat begann, um mit der Methode des Success Factor Modeling die Kompetenzen und Eigenschaften einer erstklassigen Führungskraft innerhalb der Fiat Gruppe zu definieren. Diese Kollaboration führte zur Entwicklung des SFM Leadership Modells (siehe Success Factor Modeling Band III). Im nächsten Schritt wurde das Leadership Modell innerhalb der Fiat Gruppe ausgerollt. Dafür wurde das Gemeinschafts-unternehmen (Joint Venture) ISVOR Dilts Leadership Systems zwischen beiden Firmen gegründet. Aufgrund Johns Laufbahn vom juristischen Angestellten zum Fondmanager, Venture Coach, internationalen Trainer und Berater, und Mitentwickler eines einzigartigen Verhaltensmodeling-Prozesses war er die beste Wahl als Vorstandsvorsitzender (CEO) des neuen Joint Venture.

Zu diesem Zeitpunkt war John innerhalb weniger Jahre, als Folge der Entwicklung seiner Kollaborationsspirale, von einem relativ anonymen Angestellten einer Anwaltskanzlei zum Vorstand eines angesehenen, internationalen Unternehmens zur Führungskräfte-Entwicklung aufgestiegen. Diese neue Plattform half John jedoch nicht, seine größere Vision von einer generativen Unternehmensgemeinschaft vollkommen zu verwirklichen.

Vom Venture Coach zum internationalen Trainer und zum CEO eines globalen Unternehmens.

*John ging eine Partnerschaft mit einer Kollegin aus China ein, um westliche Management-Ansätze nach China zu bringen. Dies führte zu seiner Ernennung als Dekan der School of Entrepreneurism an der Jiatiai Universität und letztlich zur Beratung der chinesischen Regierung in Sachen Unternehmertum.*

**Schließlich expandierte John Dilts Identität vom CEO zum Dekan für Unternehmertum und weiter zum Berater der chinesischen Regierung und Gründer einer generativen Unternehmensgemeinschaft.**

*Übergang zum Internationalen Venture Investment Berater und Dekan für Unternehmertum*

Während John ISVOR Dilts vorstand, ging er eine Partnerschaft mit einer chinesischen Frau ein, die in den Vereinigten Staaten lebte. Sie half, die westlichen Management-Ansätze in China einzuführen. Zusammen gründeten sie das internationale Beratungsunternehmen GlobalAngels, das weltweite Geschäfts- und Risikokapitalinvestitionen zwischen Asien und den Vereinigten Staaten förderte. Dies erweiterte Johns Netzwerk noch weiter zu einer Gemeinschaft, die nach einer Expertise wie seiner dürstete. Während eines seiner Besuche in China, stellte ihn seine chinesische Partnerin dem Vorstand der Jiatai Universität vor, einer renommierten privaten Business School mit Sitz in Hangzhou, China. Sie waren dabei, einen Fachbereich für Entrepreneurship (Unternehmertum) aufzubauen, um jungen Menschen zu helfen, die während des Übergangs vom Kommunismus zum Kapitalismus ins Arbeitsleben eintreten.

Dank seines Werdegangs als Rechtsberater für wagniskapitalfinanzierte Start-ups, als Venture Fondsmanager, Venture Coach und erfahrener Berater und Trainer, sowie als Vorstand einer internationalen Führungskräfte-Trainingsorganisation, sowie als Partner einer chinesischen Frau, die mit Firmen arbeitete, um amerikanische Managementprozesse zu integrieren, wurde John eingeladen, Dekan der School of Entrepreneurism (Schule für Unternehmertum) an der Universität zu werden, was er annahm.

*Ratgeber für die Chinesische Regierung*

Kurz darauf suchte die chinesische Regierung nach Rat, wie man dem Unternehmertum in den Provinzen „Starthilfe" geben könnte. Natürlich dachten sie gleich an den „Dekan für Unternehmertum" an einer ihrer neusten und renommiertesten Business Schools. Johns Reise entlang seiner Kollaborationsspirale machte ihn zum idealen Kandidaten für diese Rolle. Dies führte ihn auf die nächste Plattform, von der aus er eine generative Unternehmensgemeinschaft innerhalb einer wachsenden ökonomischen Macht fördern konnte.

*Gründung einer Generativen Unternehmensgemeinschaft*

Dies war jedoch nicht die ultimative Ausprägung von Johns Vision. Anfang 2004 lernte John Randy William und sein Engagement im Keiretsu Forum kennen. John war von der Struktur sehr beeindruckt und gründete sofort ein Keiretsu Chapter in Los Angeles. Aufgrund seiner Erfahrungen mit Success Factor Modeling, hatte John jedoch das Gefühl, dass man viel mehr tun konnte, um sowohl den Entrepreneuren oder Gründern als auch den Business Angels Instrumente, Coaching und Unterstützung an die Hand zu geben.

**2006 gründete John seine eigene generative Unternehmensgemeinschaft namens Maverick Angels mit Focus auf Finanzierung und Mentoring von Start-ups in der Anfangsphase.**

2006 gründete John seine eigene generative Unternehmensgemeinschaft namens Maverick Angels, die sich auf die Finanzierung und das Mentoring von Start-ups in der Anfangsphase fokussierte. Die Struktur der Maverick Angels Gemeinschaft war von Randy Williams Ideen inspiriert, doch wurde sie durch alle Grundsätze und Instrumente des Success Factor Modeling ergänzt, um den Erfolg seiner Mitglieder zu unterstützen. Ähnlich dem Keiretsu Forum bildete John mit den Maverick Angels ein Angel-Investoren-Netzwerk, das die visionären Gründer und ihre großartigen Ideen mit den Wagniskapitalgebern zusammenbrachte. John schaffte so eine Struktur, in der die sorgfältig ausgewählten und gecoachten Entrepreneure ihre Vision und ihren Business Plan einer Gruppe von geeigneten Investoren präsentierten. Dafür wurden die Gründer mit den Instrumenten, Übungen und Coachings unterstützt, die in diesem dreiteiligen Werk über Success Factor Modeling vorgestellt wird.

Zusätzlich zu der Gründung von Maverick Angels Chaptern in Südkalifornien, Utah und Europa, setzte John seine Beratungs- und Trainingserfahrung bei großen Organisationen wirksam ein und schuf als eigenständige Abteilung die Unternehmensberatung der Maverick Angels. Sie hatte das Ziel wettbewerbsfördernde Innovations-Beschleunigungs-Strategien auf Basis des Success Factor Modeling für größere Firmen zu entwickeln. Bei diesem Vorgehen wurde das Angel-Investitions-Netzwerk für große Organisationen adaptiert, indem Strategien und Katalysatoren von hervorragenden Unternehmern und dem unternehmerischen Umfeld modelliert und übertragen wurden. John wandte diesen Ansatz erfolgreich zur Entwicklung nachhaltiger Innovationsstrategien innerhalb weltweit tätiger Organisationen wie Nestlé, Kraft, Amgen, Warner Bros., Sony und der Intesa Sanpaolo Bank an.

**Heute lebt Johns Vision von einer generativen Unternehmensgemeinschaft in Wild Horse Labs weiter, ein inter-nationaler Investment Accelerator, der Start-ups als Mentor nach den Prinzipien des Success Factor Modeling berät, um Investitionen anzuwerben und ein erfolgreiches Unternehmen aufzubauen.**

Zum Zeitpunkt seines vorzeitigen und unerwarteten Todes im August 2010 arbeitete John an einer Fernsehshow basierend auf Formaten wie American Idol oder Britain's Got Talent, um das Unternehmertum und die Prinzipien einer generativen Unternehmensgemeinschaft zu fördern. Er stellte sich eine Art Reality Show vor, bei der die Gründer ihre Ideen einem Gremium von erfahrenen Investoren und versierten Unternehmern vorstellten, die die Präsentationen kommentieren würden. Die Zuschauer sollten dann entscheiden, welche Unternehmen die Finanzierung erhalten sollte. Solche Programme sind nun in vielen Ländern umgesetzt worden (Anm. d. Ü: Shark Tank in den USA und Höhle der Löwen in Deutschland).

John drückte seine leidenschaftliche Verpflichtung zur Bildung generativer Unternehmensgemeinschaften auch in seinem persönlichen Engagement bei Gruppen wie dem El Nido Family Center in Südkalifornien aus. El Nido ist eine Organisation, die benachteiligte und gefährdete Kinder und Jugendliche sowie Familien unterstützt. John arbeitete dort als Freiwilliger und widmete sich besonders der Hilfe von Teenagern und jungen Erwachsenen. Wie der Fremde in der Steinsuppen-Geschichte wollte Johns sie durch seine Vision inspirieren zu erkennen, was alles möglich wäre und was sie zusammen schaffen könnten, wenn jede Person etwas zur gemeinsamen Sache beitragen würde. Bei Johns Beerdigung erzählte der Direktor von El Nido unter Tränen, wie das enorme zeitliche Engagement, das John den jungen Menschen widmete, ihre Leben transformiert hatte.

Heute lebt Johns Vision einer generativen Unternehmensgemeinschaft in den Wild Horse Labs weiter, die Johns Ehefrau Julie Davis Dilts mitgegründet hat (www.wildhorselabs.com). Wild Horse Labs entwickelte sich aus den Maverick Angels und funktioniert als Internationaler Investment Accelerator, der Start-ups als Mentor nach den Prinzipien des Success Factor Modeling berät, um Investitionen anzuwerben und ein erfolgreiches Unternehmen aufzubauen.

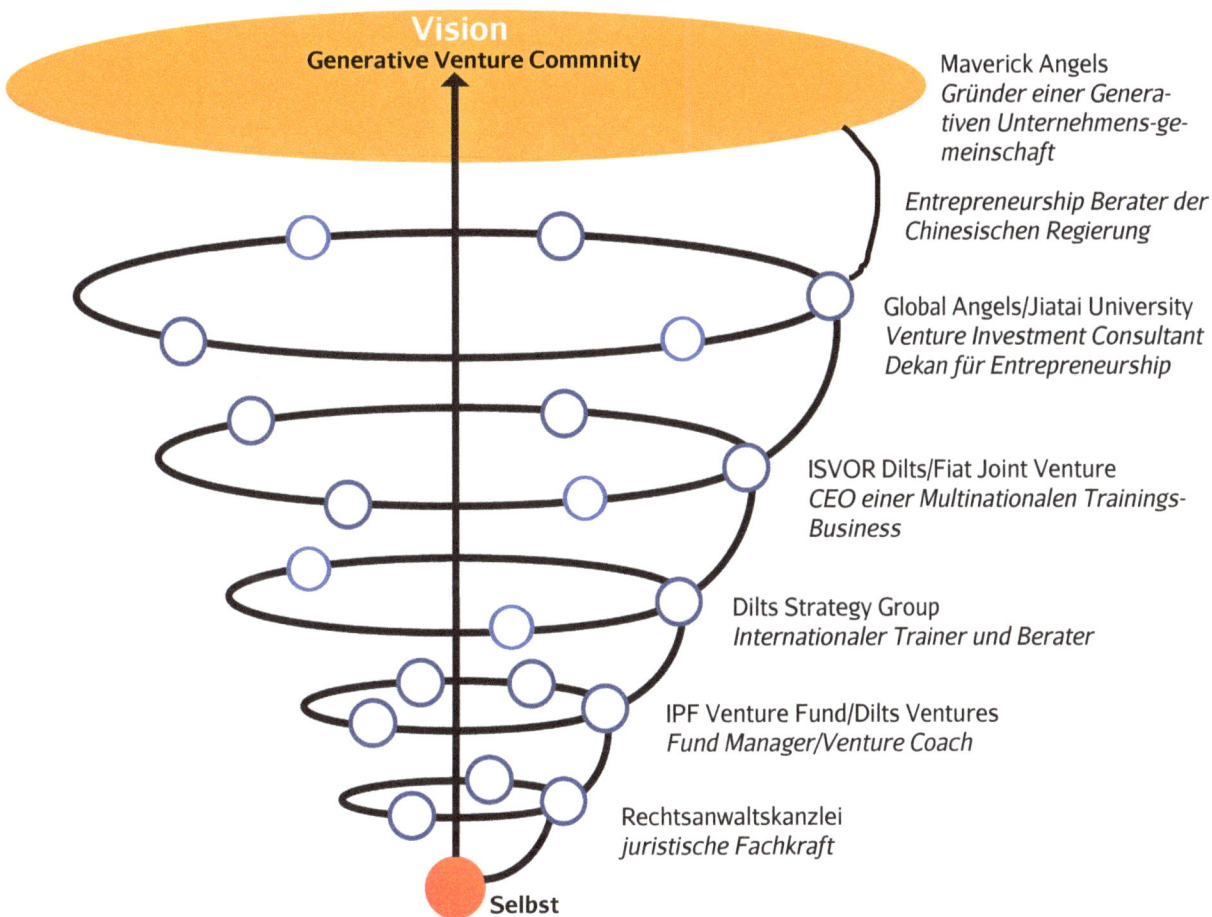

**Vision**
Generative Venture Commnity

Maverick Angels
*Gründer einer Genera-
tiven Unternehmens-ge-
meinschaft*

Entrepreneurship Berater der
*Chinesischen Regierung*

Global Angels/Jiatai University
*Venture Investment Consultant
Dekan für Entrepreneurship*

ISVOR Dilts/Fiat Joint Venture
*CEO einer Multinationalen Trainings-
Business*

Dilts Strategy Group
*Internationaler Trainer und Berater*

IPF Venture Fund/Dilts Ventures
*Fund Manager/Venture Coach*

Rechtsanwaltskanzlei
*juristische Fachkraft*

Selbst

John Dilts Fähigkeit, eine effektive Kollaborationsspirale aufzubauen, ermöglichte ihm in weniger als fünf Jahren, von einem relativ unbekannten juristischen Angestellten einer Rechtskanzlei im Silicon Valley zu einem Berater der chinesischen Regierung bezüglich Unternehmertum und zum Gründer einer internationalen Unternehmensgemeinschaft aufzusteigen.

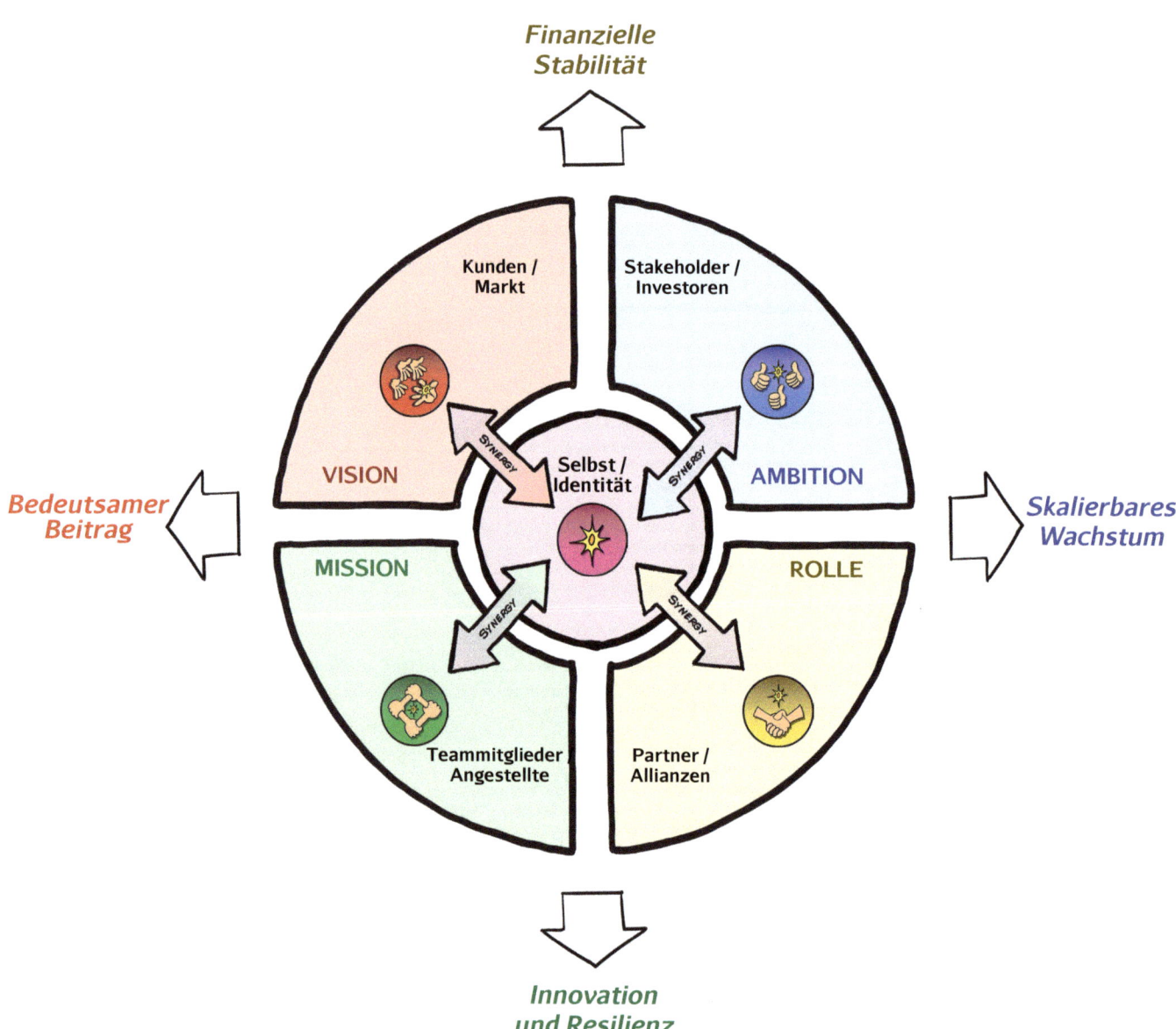

Ähnlich wie Randy Williams glaubte auch John Dilts, dass durch enge Beziehungen zu Stakeholdern, wie Angel Investoren, das Zentrum eines Gründers im Erfolgszirkel gestärkt wird und sich dies bereichernd auf alle anderen Quadranten des Erfolgszirkels auswirkt.

*Fazit: Schlüsselerfolgsfaktoren für Generative Unternehmensgemeinschaften*

Wie Randy Williams legte auch John Dilts großen Wert auf die Stärkung der Synergie zwischen Gründern und ihren Stakeholdern. Mit ihrer Vision einer „generativen Unternehmensgemeinschaft (Venture Community)" dienen Stakeholder als Sponsoren oder als Beschützer sowie als Investoren; die genauso viel Unterstützung und intellektuelles Kapital bieten wie Finanzkapital. Insbesondere glaubte John, dass sich die Stärkung des Erfolgszirkel-Zentrums durch enge Beziehungen zu den Stakeholdern, wie z. B. den Angel Investoren, auch stärkend auf die Synergie zwischen dem Gründer und allen anderen Bereichen des Erfolgszirkels auswirken würde.

Außerdem glaubte John, dass ein starkes Identitätsgefühl und die Leidenschaft auf Seiten der Gründer entscheidend für ihren Erfolg wären. Die Stärke, die Klarheit und die Kreativität des restlichen Erfolgszirkels hingen von der Stärke, der Klarheit und der Kreativität seines Zentrums ab – also vom Unternehmer selbst und seiner Passion und seiner Vision.

*John Dilts verstand, dass die Stärke, die Klarheit und die Kreativität im restlichen Erfolgszirkel von der Stärke, Klarheit und Kreativität in seinem Zentrum abhing – also vom Unternehmer, seiner Passion und seiner Vision.*

Gemäß dem Erfolgszirkel wird das Ziel „Skalierbares Wachstum" überwiegend durch Geschäftserweiterung und Wertschöpfung für Stakeholder und Investoren sowie den Aufbau von Win-Win-Beziehungen mit Partnern und Verbündeten erreicht.

Wie schon gesagt, bestand Johns Genie darin, in Win-Win-Kollaborationen zu denken. Er fand, dass Partnerschaften ein besonders wichtiger Bereich der Zusammenarbeit wäre, der häufig von Gründern und Organisationen übersehen wird. Er sah darin einen besonders wirksamen Hebel, wie man an Steve Jobs Partnerschaft zwischen Apple und Microsoft sehen kann, die in SFM Band I (S. 268) beschrieben wurde. Des öfteren wurde ich Zeuge, wie John die Bewertung eines Start-ups auf über 1 Millionen USD steigerte, indem er eine einfache Partnerschaft mit einem großen oder renommierten Unternehmen als Gemeinschaftsprojekt aushandelte, ohne Kosten für irgendeine Seite zu erzeugen.

Wie seine Arbeit bei den Maverick Angels und El Nido zeigen, fühlte sich John zutiefst verpflichtet, die Vorzüge einer generativen Unternehmensgemeinschaft weltweit zu verbreiten. Er hatte die feste Überzeugung, dass die Schaffung einer neuen Generation von Unternehmern, die ihre Träume leben, zu einer besseren Welt beitragen würde.

*Er hatte die feste Überzeugung, dass die Schaffung einer neuen Generation von Unternehmern, die ihre Träume lebten, zu einer besseren Welt beitrug.*

Im Folgenden ist Johns Philosophie und Formel für Unternehmer beschrieben, um einen Gewinnerkultur und eine generative Unternehmensgemeinschaft zu bilden.

## Reflexionen über die Macht einer Generativen Unternehmensgemeinschaft
### „Lass Deine Zukunft Dich vorwärts ziehen"

- *Beginne, Deine zukünftigen Vorzüge anzuerkennen. Ermittle sie und nähere dich ihnen an, indem du die Instrumente und Modelle, die du kennengelernt hast, nutzt.*
- *Mache dir deine eigene generative Kraft sowie die Macht und Ressourcen einer Gemeinschaft zu Nutze, an der du dich leidenschaftlich beteiligst.*
- *Überwinde einschränkende Überzeugungen, indem du deinen Glauben an deine Vorstellungskraft und den wahren Katalysator, der ihr entgegenfiebert, anerkennst.*
- *Bleibe für die positiven und konstruktiven Ideen anderer in der Gemeinschaft offen und erlaube ihr Sponsoring, um dich in einer Win-Win-Weise zu unterstützen – sie brauchen deine Ideen und verlassen sich darauf.*
- *Beurteile dich nicht zu hart und erlaube keinen außerhalb der Gemeinschaft, denen das Verständnis, die Fähigkeiten und die Leidenschaft fehlt, dich mit ihren einschränkenden Überzeugungen zurückzuhalten.*
- *Wenn du das Gefühl hast, dass dies passiert, dann fokussiere dich auf die Stärke deiner Leidenschaft, um dir selbst treu zu bleiben und besinne dich auf das Sponsoring und die Kollaboration, die du in dieser Gemeinschaft erhalten hast. Sie ist real; vertrau darauf und gib nicht auf.*
- *Dies wird dich in die Lage versetzen, die Möglichkeiten deiner Ideen und Kompetenzen sowie die generative Kraft der Gemeinschaft vollkommen zu begreifen.*
- *Du hast die Pflicht, diese einzigartige Kraft mit der Welt zu teilen – sie ist etwas ganz Besonderes.*
- *Wenn du dich auf die Stärke deiner eigenen Macht und deiner Fähigkeiten verlässt und auf die Leidenschaft, die sie in der Gemeinschaft antreiben, dann wird dich nichts mehr aufhalten.*
- *Das Potenzial für die Zukunft dieser generativen Kraft, die ihr zusammen geschaffen habt, ist absolut grenzenlos.*

*Hoffentlich hast du die Wahrheit über deine einschränkenden Überzeugungen entdeckt – sie sind von Natur aus „beschränkt" und unzutreffend. Andere in diesem Raum sehen viel mehr in dir, in deinen Ideen, in deinen Fähigkeiten und sie verlassen sich tatsächlich darauf. Deshalb werden nun die Bedürfnisse und Auffassungen der Gruppe dir gegenüber zu deiner Realität, und nicht die Lügen, die du über dich selbst in deinem eigenen persönlichen „Käfig" bildest. Diese neue Realität ist der Startpunkt für deine Zukunft und die Zukunft dieser mächtigen neuen Gemeinschaft.*

**Let your future pull you forward.**
Laß Deine Zukunft Dich vorwärts ziehen.

# SFM Kollaborations-Katalysator: Traumwächter-Übung

Eine Schlüsselressource, um „aus Nichts etwas zu schaffen", ist von anderen unterstützt und ermutigt zu werden, die Ihre Vision verstehen und von Ihrer Fähigkeit überzeugt sind, diese zu erreichen. Wie John Dilts Kommentar so eloquent erklärt, ist genau das eine der Gaben und Vorteile einer generativen Unternehmensgemeinschaft. In unserem Success Factor Modeling Programm und in Coaching-Sitzungen mit Teams und neuen Unternehmen laden wir die Teilnehmer ein, eine Schlüssel-Übung, die wir die Traumwächter-Übung nennen, durchzuführen. Traumwächter sind diejenigen, die uns helfen, neue Plattformen auf unserer Kollaborationsspirale zu bilden, in dem sie uns unterstützen, die notwendigen Ressourcen zur Überwindung von Hinternissen und zur Transformation von Barrieren zu erkennen, um unsere Träume zu erreichen. Das heißt, sie helfen uns kreative Wege zu finden, wie wir auf Probleme schauen können und unterschiedliche Wege zu suchen, um Hindernisse zu überwinden oder zu transformieren.

**In der Traumwächter-Übung erkundet das Team potenzielle Hindernisse und die notwendigen Ressourcen auf verschiedenen Ebenen: Umfeld, Verhalten, Fähigkeiten, Überzeugungen und Werte, Identität, Vision und Bestimmung.**

Am besten führen Sie diese Übung zu siebt durch: Es gibt eine/n Vortragende/n und sechs Traumwächter oder Beschützer. Jeder Traumwächter soll eine Erfolgsfaktorebene auswählen auf die er/sie sich konzentriert: d. h. Umfeld, Verhalten, Fähigkeiten, Überzeugungen und Werte, Identität oder Sinn (Vision oder Bestimmung).

1. Wir beginnen mit der gesamten Gruppe im COACH State; der Vortragende präsentiert vor der Gruppe der „Wächter" seinen oder ihren „Unerreichbaren Traum" oder GoHWaZ („Großes haariges wagemutiges Ziel")

2. Der Vortragende und die Gruppe beginnen dann zu erforschen, welche Probleme oder Hindernisse auftauchen können, die mit dem Fortschritt des Vortragenden, seine nächste Plattform zu bilden, interferieren und ihn oder sie somit blockieren, dem Traum näher zu kommen. Das Team sollte potenzielle Hindernisse oder Interferenzen auf allen Ebenen erforschen: Umfeld, Verhalten, Fähigkeiten, Glaubenssätze und Werte, Identität und Vision oder Bestimmung.

3. Jeder Wächter legt seinen Schwerpunkt auf eine Ebene. Nacheinander fragen die Wächter nun nach möglichen Ressourcen auf der zugehörigen Ebene, die das Hindernis angehen oder umgehen könnten, oder sie weisen auf solche Ressourcen hin.

   • Gibt es Ressourcen in Ihrem *Umfeld*, die Sie haben oder benötigen, um dieses Hindernis zu umgehen oder zu vermeiden?

   • Welche *Verhaltensweisen oder Aktivitäten* könnten Sie oder andere übernehmen, die helfen können dieses Hindernis zu überwinden oder zu transformieren?

   • Welche *Fähigkeiten oder Kenntnisse* haben Sie oder Ihr Team oder welche benötigen Sie, damit Sie das Hindernis überwinden oder transformieren können?

   • Welche *Überzeugungen oder Werte* werden Sie und Ihre Kollaboratoren dabei unterstützen diese Hindernisse zu überwinden oder zu transformieren?

   • Auf welche Art und Weise kann Sie oder Ihre Kollaboratoren die Klärung oder Stärkung Ihrer Verbindung zu Ihrer *Identität* (d. h. zu Ihrer Mission oder Rolle) dabei unterstützen, dieses Hindernis zu überwinden oder zu transformieren?

   • Wenn Sie und Ihr Team fähig sind, in tiefer Verbundenheit zu Ihrer *Vision oder Bestimmung* zu bleiben, welche Möglichkeiten entstehen dann, die es Ihnen erlauben, dieses Hindernis zu überwinden oder zu transformieren?

4. Der Ablauf wird so oft wiederholt, bis alle wichtigen Hindernisse auf dem Weg zur Erfüllung des Traumes des Vortragenden ermittelt wurden und Ressourcen oder Lösungsmöglichkeiten auf allen Ebenen erforscht wurden.

## Zusammenfassung des Kapitels

Die *Geschichte von der Steinsuppe* veranschaulicht: Wenn Menschen mit einer Vision, wie es sein könnte, zusammenarbeiten, und jeder dazu beiträgt, was er kann, dann können sie etwas Wundervolles aus etwas machen, das anfangs keinen offensichtlichen, konkreten Wert hatte. Dies ist der Kern einer *generativen Unternehmensgemeinschaft*.

Eine *generative* Gemeinschaft expandiert und gedeiht durch die individuellen Visionen, Leidenschaften und Beiträge ihrer Mitglieder. Sie ist so strukturiert, dass es eine sich verstärkende Feedback-Schleife zwischen dem Wachstum des Einzelnen und dem Wachstum der Gemeinschaft gibt. Generative Gemeinschaften werden aus einer Kultur gebildet, die neue Entwicklungen zulässt, weil sie die Möglichkeit zur Resonanz, Synergie und Emergenz zwischen den einzelnen Mitgliedern fördert; somit steigert sie den kollektiven „Glücksfaktor" und die „Schwarmintelligenz".

Wie das Erfolgsfaktoren-Fallbeispiel von *Randy Williams* und dem *Keiretsu Forum* zeigt, können diese Prinzipien auf die Bildung einer „generativen Unternehmensgemeinschaft" angewandt werden, in der Gründer und potenzielle Investoren sich gegenseitig unterstützen können, um ihre Erfolgschancen zu steigern. Eine solche Gemeinschaft beruht auf einer „Gewinnerkultur", die auf den Win-Win-Werten basiert, die Großzügigkeit, Austausch und Unterstützung fördern.

Kulturen schaffen eine Art „Feld", das wie „Wasser" wird, in dem die Menschen innerhalb der Gemeinschaft „schwimmen". Die ausdrücklichen und unausgesprochenen Werte einer Kultur formen und lenken bewusst oder unbewusst die Gedanken und Handlungen der Menschen innerhalb dieser Gemeinschaft. Eine *Gewinnerkultur* fördert die Erwartung einer positiven Zukunft. Sie stärkt das Kompetenz- und Verantwortungsgefühl innerhalb dieser Gemeinschaft genauso wie das Selbstwert- und Zugehörigkeitsgefühl.

Nicht alle Kulturen sind Gewinnerkulturen. Viele Kulturen werden aufgrund von Überlebensstrategien gebildet, die daraus resultieren, dass in erster Linie Mangel und Bedrohung wahrgenommen werden, wie die Steinsuppengeschichte und das *Gleichnis vom Affenexperiment* veranschaulichten. Verhaltensmuster, die den Menschen das Gefühl geben, dass sie keine Wahlmöglichkeiten oder Erlaubnis haben oder die Freiheit einschränken, können ohne wissentliche Absicht oder Bewusstsein gebildet und an die Mitglieder der Gemeinschaft weitergegeben werden. Wenn diese Gefühle von den Bedingungen getrennt werden, die sie in erster Linie auslösten, funktionieren sie wie ein „Gedankenvirus", der kontinuierlich zu Beschränkungen führt, auch wenn sich die Bedingungen geändert haben.

Die *Förderung unternehmerischer Attribute*, wie Zielorientierung, Proaktivität, Orientierung an zukünftigen Chancen und die kontinuierliche Suche nach neuen Wahlmöglichkeiten, die den Fortschritt hin zu einer gemeinsamen Vision unterstützen, ist die Schlüsselstrategie, um eine Gewinnerkultur zu etablieren und eine Generative Unternehmensgemeinschaft aufzubauen, die aus dem Nichts etwas schaffen kann.

Die *Bildung einer Gewinnerkultur* heißt, die Bedeutung von Win-Win-Interaktionen und Kollaborationen zu betonen und andere mit den besten Absichten zu behandeln. Dies ist nicht nur unterstützend sondern auch effektiv. Die Menschen unterstützen sich gegenseitig dabei, sich zu verändern, zu wachsen und kompetenter zu werden. Dabei ergeben sich kontinuierliche Verbesserungen in den Prozessen, nach denen die Aufgaben erfüllt werden. In einer Gewinnerkultur einer generativen Unternehmensgemeinschaft glauben die Menschen aneinander und bestärken sich gegenseitig, dass sie ihre Träume und Ziele erreichen können. Formate wie die *Gruppenaffirmations-Übung* können dabei helfen, ein kraftvolles „Unterstützerfeld" zwischen Teammitgliedern und Kollaboratoren aufzubauen, die die Erfolgschancen jedes Einzelnen steigern.

Der Aufbau generativer Beziehungen, die zu Generativer Kollaboration führen, ist eine Möglichkeit, um vom „Niemand" zum „Jemand" zu werden. Wie in der Metapher von Wasserstoff und Sauerstoff, die zusammen Wasser ergeben, verwandeln generative Beziehungen und generative Kollaborationen ihre Teilnehmer in etwas Größeres als eine Gruppe unabhängiger Individuen. Das Modell der *SFM Kollaborationsspirale™* zeigt, wie Schlüssel-beziehungen und Kollaborationen eine aufsteigende Spirale mit aufeinanderfolgenden Plattformen in Form von Projekten und Unternehmen bilden können. Sie erweitern unseren Einflussbereich und führen uns im Laufe unserer Mission hin zur höchsten Vision.

Die Plattformen werden durch ein Netzwerk generativer Kollaborationen gebildet, die uns bei der Bildung des Erfolgs-zirkels helfen. Sie bereichern und stärken die verschiedenen Erfolgsfaktorebenen (Umfeld, Verhalten, Fähigkeiten, Über-zeugungen und Werte sowie Identität), die für die Effektivität der Projekte oder Unternehmen auf der jeweiligen Plattform erforderlich sind. Wird eine neue Plattform erfolgreich eingerichtet, erweitern sich unsere Persönlichkeit (Identität) und unser Einflussbereich über das hinaus, was wir schon waren. Zum Aufbau einer effektiven Kollaborationsspirale sind die bedeutendsten Beziehungen die zu den „Beschützern", die uns als Lehrer, Mentor und Sponsor dienen, und zu den „Gatekeepern", die uns Türen zu neuen Beziehungsnetzwerken öffnen. Doch nicht alle Beziehungen und Kollaborationen sind generativ. Einige können sich sogar so verändern, dass sie uns plötzlich zurückhalten anstatt uns zu unterstützen. Diese müssen umgangen oder zurückgelassen werden.

Das *Modeling einer erfolgreichen Kollaboration* bedeutet, mit Hilfe von Schlüsselfragen und Leitlinien über eine erfolgreiche Kollaboration nachzudenken, in die Sie eingebunden waren. So können Sie sich darüber klar werden, welche Art Kollaboration sie suchen und was eine erfolgreiche „generative Beziehung" ausmacht. Sie können ihren „Glücks-faktor" steigern, wenn Sie sich einige Schlüsselfragen beim Aufbau einer effektiven Kollaborationsspirale stellen, um sich und Ihren potenziellen Kollaborator vorzubereiten.

Das *Erfolgsfaktor-Fallbeispiel* über den Mitbegründer des Success Factor Modeling *John Dilts* zeigt, wie er die Kollaborationsspirale angewandt hat, um innerhalb weniger Jahre von einem relativ unbekannten Mitarbeiter einer Rechts-anwaltskanzlei im Silicon Valley zu einem Wagniskapital-Fondmanager und Unternehmenscoach, weiter zu einem internationalen Berater und CEO einer international hoch-karätigen Organisation für Führungskräfteentwicklung und zum Dekan einer angesehenen Universität in China im Bereich Unternehmertum bis zum Berater zur Förderung von Unternehmertum für die chinesische Regierung aufzusteigen. Jede dieser Plattformen repräsentierte aufeinanderfolgende Ausdrucksformen seiner Vision von einer generativen Unternehmensgemeinschaft. Die Gründung seiner Maverick Angels war der endgültige Ausdruck dieser Vision und des tiefen Wunsches seine Einsichten, wie die Macht einer generativen Unternehmensgemeinschaft genutzt werden kann, mehr Menschen zugänglich zu machen und ihnen zu ermöglichen, „durch ihre Zukunft vorwärts gezogen zu werden".

Als Beispiel, wie eine generative Unternehmensgemein-schaft funktioniert, hilft uns die *Traumwächter-Übung* bei der Bildung neuer Plattformen in unserer Kollaborations-spirale und aus dem Nichts etwas zu schaffen. Indem wir uns gegenseitig unterstützen, können wir die Ressourcen erkennen, die uns helfen, Hindernisse zu überwinden und Barrieren zu verwandeln, so dass wir in unseren Projekten und Unternehmen erfolgreich sind und sich unsere Träume erfüllen. Traumwächter oder unsere generative Unternehmensgemeinschaft sind wie das „Sangha" des „Zentrepreneurs" – eine Unterstützergruppe, die uns hilft das Beste aus uns herauszuholen und weiter unserem Weg zu folgen.

# Referenzen und Literaturhinweise

- *Die Steinsuppe* nach dem Original: Stone Soup, Marcia Brown, Simon & Schuster, New York, NY, 1979; übersetzt von Dr. Gudrun Reinschmidt

- Die Geschichte der Post-it® Notes auf: http://www.post-it.com/3M/en_US/post-it/contact-us/about-us/.

- Schwarmintelligenz: http://en.wikipedia.org/wiki/Swarm_intelligence

- Keiretsu Forum: http://www.keiretsuforum.com/about/

- Edward B. Tylor: https://en.wikipedia.org/wiki/Edward_Burnett_Tylor

- Stephenson, G. R. (1967), *Cultural acquisition of a specific learned response among rhesus monkeys.* in: Starek, D., Schneider, R., and Kuhn, H. J. (eds.), *Progress in Primatology*, Stuttgart: Fischer, pp. 279-288

- Originaltitel: *From Coach to Awakener*, Dilts, R., Meta Publications, Capitola, CA, 2003 (dt. *Professionelles Coaching mit NLP*, Junfermann, 2005)

# Dynamisches Teaming

*Teamwork ist das Vermögen, zusammen auf eine gemeinsame Vision hinzuarbeiten; das Vermögen individuelle Leistungen auf Organisationsziele zu lenken. Es ist der Treibstoff, der es einfachen Menschen ermöglicht, ungewöhnliche Ergebnisse zu erreichen.*

**Andrew Carnegie**

*Wenn Du ein Schiff bauen willst, so trommle nicht die Männer zusammen, um Holz zu sammeln und ihnen die Aufgaben und die Arbeit zu verteilen, sondern lehre sie die Sehnsucht nach der endlosen Weite des Meeres.*

**Antoine de Saint-Exupery**

*Wenn alle zusammen vorwärtsstreben, dann stellt sich der Erfolg von selbst ein.*

**Henry Ford**

# Dynamisches Teaming

*In einem effektiven Team/Gruppe teilen sich die Mitglieder die Verantwortung für die Ergebnisse und die Arbeit miteinander, um mehr zu erreichen, als durch die Summe aller einzelnen Bemühungen möglich wäre.*

**Zwei Maultiere können zusammen mindestens 50% mehr Last ziehen, als wenn sie diese allein zögen.**

Die Gründung und der Aufbau eines erfolgreichen Unternehmens erfordert, dass wir die Unterstützung und Energie anderer gewinnen , um die Träume und Visionen, auf denen unser Unternehmen beruht, wahr werden zu lassen. Erfolg erfordert heutzutage, in der Geschäftswelt einen größeren Schwerpunkt auf effektives „Teamwork" zu legen, das auf den Prinzipien der generativen Kollaboration beruht. In diesem Kapitel werden wir einige dieser Grundsätze und Methoden erkunden, die zur Unterstützung von „Dynamischem Teaming" notwendig sind.

Ein Team wird normalerweise als „eine Anzahl von Personen" definiert, „die miteinander für eine Arbeit oder Aktivität verbunden sind". Konkret bedeutet Team „eine kleine Anzahl von Personen mit sich ergänzenden Fähigkeiten, einem gemeinsamen Zweck, gegenseitiger Verantwortlichkeit und kollektiver Verantwortung für die Ergebnisse". Der Begriff leitet sich von dem altenglischen Wort teon ab, das „ziehen" bedeutet. Zunächst wurde das Wort „Team" dazu verwendet, um „zwei oder mehrere Zugtiere" zu beschreiben, „die vor demselben Wagen oder Arbeitsgerät angespannt sind". Somit kann ein Team als Gruppe von Individuen betrachtete werden, die „gemeinsam in die gleiche Richtung ziehen". Dies erzeugt einen generativen Effekt.

Als erfolgreicher Next Generation Entrepreneur ist es wichtig, Teams schnell und effektiv bilden zu können. Dynamisches Teaming bedeutet verschiedene Kompetenzen und persönliche Merkmale so zu integrieren, dass jedem Teammitglied der Zweck, die Rollen, Verantwortlichkeiten und die Funktionsweise des Teams klar ist. In einem effektiven Team teilen sich die Mitglieder die Verantwortung für die Ergebnisse miteinander und arbeiten gemeinsam, um mehr zu erreichen als durch die Summe aller einzelnen Bemühungen möglich wäre. Wie mein früheres Beispiel von dem Team der 20 Menschen zeigt, die eine Gruppe von 1.000 überflügelten, kann „eine kleine Anzahl von Personen mit sich ergänzenden Fähigkeiten, einem gemeinsamen Zweck, gegenseitiger Verantwortlichkeit und kollektiver Verantwortung für die Ergebnisse" bemerkenswerte Ergebnisse erzielen.

Betrachten Sie als konkretes Beispiel für die generativen Effekte von Teaming die Tatsache, dass ein einzelnes Maultier ungefähr das Doppelte seines Gewichtes ziehen kann. Wiegt der Muli beispielsweise 450 kg, kann er circa 900 kg allein ziehen. Wenn also zwei Maultiere an getrennten Wägen angespannt werden, ziehen sie ungefähr 1,8 Tonnen.

Wenn jedoch die gleichen zwei Maultiere als ein Team vor einen einzigen Wagen gespannt werden, können sie gemeinsam mindestens 2,7 Tonnen ziehen! Das bedeutet, wenn die Mulis als Team (Gespann) zusammenarbeiten, ist jedes Maultier plötzlich in der Lage, mindestens das Dreifache seines Eigengewichtes zu ziehen, und nicht mehr nur das Zweifache wie bei der Einzelarbeit. Dies illustriert das Prinzip, das auf der Verhaltensebene „1+1=3" gilt. Was für ein Maultier allein unmöglich ist, wird möglich wenn es mit einem anderen Maultier kollaboriert.

In Zeiten bevor wir Traktoren, Lastwagen oder Züge hatten, konnte ein Gespann (engl.: Team) aus 20 Maultieren 33,2 Tonnen Last ziehen; das ist fast zweimal so viel wie ihre individuelle Kapazität!

Obwohl das Beispiel eines Maultier-Gespanns das Potenzial von Teams zeigt, die Leistungsfähigkeit über die Summe der individuellen Bemühungen hinaus zu steigern, ist es jedoch nicht wirklich ein Beispiel für „dynamisches Teaming". Offensichtlich werden die Maultiere vom Kutscher gelenkt, der sie vor den Wagen gespannt hat, um das Ziel des Kutschers zu verfolgen. Im dynamischen Teaming teilen alle Mitglieder eine gemeinsame Vision und kooperieren in Rahmen einer Meta-Führung, wobei sie „einen gemeinsamen Zweck, gegenseitige Verantwortlichkeit und kollektive Verantwortung für die Ergebnisse" teilen.

**Ein Gespann aus 20 Maultieren kann fast doppelt so viel Gewicht ziehen, als sie einzeln in Summe ziehen könnten.**

## Lektionen von den Gänsen für Dynamisches Teaming

Ein Beispiel aus der Natur und ein Gleichnis für „Dynamisches Teaming" ist der Zug der Gänse. Diese bemerkenswerte jährliche Migration, die einige Vogelarten zwischen ihren Brutstätten und Wintergründen unternehmen, ist eines der Wunder unserer Natur. Die meisten der weltweit circa 29 Gänsearten wandern jährlich und vollziehen dabei routinemäßig wunderbare Meisterleistungen. In Asien ziehen beispielsweise die Streifengänse jedes Jahr über das Himalaya Gebirge, sogar über den Mount Everest auf einer Höhe von 9375m, wo die Luft dünn ist und die Temperatur auf unter -50°C fällt. Schneegänse unternehmen jährlich einen Rundflug von mehr als 8.000 km, von den arktischen Regionen in Nordamerika bis nach Zentralamerika, mit einer Geschwindigkeit von 80 Stundenkilometer oder mehr.

Die Fähigkeit dieser Vögel zu dynamischem Teaming macht diese außergewöhnliche Meisterleistung möglich. Beachten Sie bitte die folgende Demonstration von Dynamischem Teaming, die eine gute Metapher dafür ist und unter dem Titel „Lektionen von den Gänsen" bekannt geworden ist.

**Gänse, die in einer "V"-Formation fliegen, vergrößern ihre Flugreichweite um 71% als wenn sie allein flögen.**

### Tatsache 1

Indem jede Gans mit den Flügeln schlägt, erzeugt sie einen Auftrieb für die folgenden Vögel. Wenn sich eine Gans an der richtigen Stelle hinter einem Gefährten vor ihr in der Schar positionieren kann, ist sie in der Lage mit weniger Anstrengung auf der Energiewelle zu reiten, die der vordere erzeugt hat. In dem Gänse in einer „V-Formation" fliegen, ist die Flugdistanz des ganzen Schwarmes 71% weiter, als wenn jeder Vogel allein flöge.

*Wir lernen daraus:*

Menschen, die eine gemeinsame Richtung und einen Gemeinschaftssinn haben, kommen schneller und leichter dorthin, wo sie hin wollen, weil sie sich gegenseitig inspirieren und Kraft geben.

**Indem jede Gans mit den Flügeln schlägt, erzeugt sie einen Auftrieb für die folgenden Vögel. Wenn sich eine Gans an der richtigen Stelle hinter einem Fluggefährten positionieren kann, ist sie in der Lage auf der Energiewelle zu reiten, die der vordere erzeugt hat.**

### Tatsache 2

Wenn eine Gans aus der Formation herausfällt, spürt sie plötzlich den Widerstand ihres Alleinfluges. Sie bewegt sich schnell zurück in die Formation, um den Auftrieb durch den vor ihr fliegenden Vogel zu nutzen.

*Wir lernen daraus*

Wenn wir soviel Verstand haben wie eine Gans, bleiben wir in einer Formation mit denjenigen, die dorthin unterwegs sind, wo wir hin wollen. Wir sind willens, ihre Hilfe anzunehmen und anderen zu helfen.

## Tatsache 3

Wenn die Leitgans müde wird, fliegt sie zurück in die Formation, und eine andere Gans übernimmt die Führungsposition.

*Wir lernen daraus:*

Es zahlt sich aus, wenn man sich bei schwierigen Aufgaben abwechselt und die Führungsrolle teilt. Wie bei den Gänsen sind auch die Menschen gegenseitig von den Kenntnissen, Fähigkeiten und der einzigartigen Verteilung von Begabungen, Talenten und Fertigkeiten der anderen abhängig.

## Tatsache 4

Die in Formation fliegenden Gänse schreien, um die vor ihnen fliegenden anzuspornen, das Tempo zu halten.

*Wir lernen daraus:*

Wir müssen gewährleisten, dass unser „Schreien" anspornend ist. In Gruppen mit ausreichendem Ansporn ist die Produktion größer. Die Kraft des Ansporns (an seinen Herzens- und Grundwerten festzuhalten und andere zu ermutigen, zu ihren Herzens- und Grundwerten zu stehen) entspricht der Qualität des „Schreiens", die wir versuchen sollten nachzuahmen.

## Tatsache 5

Wenn eine Gans krank ist oder verletzt oder angeschossen wird, verlassen zwei Gänse mit ihr die Formation und folgen ihr nach unten, um ihr zu helfen oder sie zu beschützen. Sie bleiben bei ihr, bis sie stirbt oder wieder fliegen kann. Dann schließen sie sich einer anderen oder ihrer alten Formation wieder an.

*Wir lernen daraus*

Wenn wir unseren Verstand genauso wie die Gänse nutzen, werden wir einander in schwierigen Zeiten beistehen, aber auch dann, wenn wir stark sind.

*Der jährliche Zug der Gänse bietet ein gutes natürlich vorkommendes Beispiel und ist ein Gleichnis für „Dynamisches Teaming".*

**Wenn eine Gans krank ist oder verletzt oder angeschossen wird, lassen sich zwei Gänse aus der Formation zurückfallen und folgen ihr nach unten, um zu helfen und sie zu schützen.**

**Die schwärmenden Vögel erzeugen komplexe Muster, die als Beispiel für eine Art dynamisches Teaming dienen.**

# Strömen und die Macht des Prozesses

Natürlich sind Gänse nicht die einzigen Vögel, die wie die Stare in sehr ausgefeilten Mustern schwärmen, was als „Murmuration" bezeichnet wird (siehe http://www.huffingtonpost.com/2013/02/01/starling-murmuration-bird-ballet-video_n_2593001.html). Ein solches Schwarmverhalten ist ein faszinierendes Beispiel für dynamisches Teaming und kollektive Intelligenz.

Obwohl die Bewegungen von Vogelscharen sehr komplex erscheinen, können sie am Computer eindrucksvoll mit wenigen einfachen Prozessanweisungen reproduziert werden. Beachten Sie folgende Handlungsanleitungen:

- Die Bewegung einzelner Vögel ist im Allgemeinen zufällig.
- Die Vögel können andere Vögel (Schwarmgefährten) erkennen.
- Die Vögel versuchen sich anderen Vögeln anzunähern, aber nicht zu nah.
- Die Vögel folgen der allgemeinen Richtung des Schwarms.

Diese einfachen Prinzipien ermöglichen den einzelnen Vögeln, wie ein integriertes „Holon" zu agieren.

Eine der ersten Schwarm-Simulationen, die „Boids" genannt wurde, erstellte Craig Reynolds als Folge seiner Forschung über koordinierte Tierbewegungen. Jeder „Boid" wurde durch wenige grundlegende Regeln gelenkt:

- Regel 1:  Kohäsion (steuere auf die durchschnittliche Position der nahegelegenen Schwarmgefährten zu)
- Regel 2:  Separation (steure so, dass Anhäufungen von nahegelegenen Schwarmgefährten vermieden werden)
- Regel 3:  Ausrichtung (steure auf den durchschnittlichen Steuerkurs der Schwarmgefährten zu)

Jeder „Boid" ist als autonome Einheit gestaltet, aber jeder wird durch dieses allgemeine Regelwerk geführt, dass ihnen ermöglicht als koordinierte Gruppe zu funktionieren. (siehe http://www.red3d.com/cwr/boids/applet/).

Die GitHub Schwarmsimulation (http://black-square.github.io/BirdFlock/) ist eine etwas ausgefeiltere 3D-Version des Schwarmphänomens. Die Simulation folgt dem von Reynolds präsentierten Modell und erweitert es:

- Jeder Vogel wird einzeln modelliert und behält seinen eigenen Zustand bei.

- Jeder Vogel folgt denselben Prozessanweisungen mit folgenden Prioritäten:

  1. Vermeide die Kollision mit festen Gegenständen, die kein Vogel sind.

  2. Vermeide die Kollision mit anderen Vögeln.

  3. Passe die Geschwindigkeit an nahegelegene Vögel an.

  4. Bewege Dich auf das Zentrum des Schwarms zu.

Wenn der Schwarm auf ein Hindernis trifft, wendet jedes Mitglied einzeln die Regeln auf seinen aktuellen Umstand an. Als Folge navigiert der Schwarm erfolgreich als zusammenhängende Gruppe um Hindernisse herum.

Diese Simulationen liefern uns einige eindrucksvolle Beispiele und Grundlagen, um kollektive Intelligenz und dynamisches Teaming zu pflegen. Interessanterweise lenken die Regeln das Schwarmverhalten der Vögel entlang den drei Schwerpunkten, die ich in Kapitel 2 (S. 118-119) für einen „generativen Leistungszustand" ausgeführt habe:

1. Verbundenheit mit sich selbst als Individuum und seiner einzigartigen Leidenschaft und Motivation

2. Verbundenheit mit einer gemeinsamen Absicht (eine mit seinen Teamgefährten geteilte Richtung)

3. Verbundenheit mit dem „Ressourcen-Feld" (der Zusammenhalt des Teams mit einem größeren Holon)

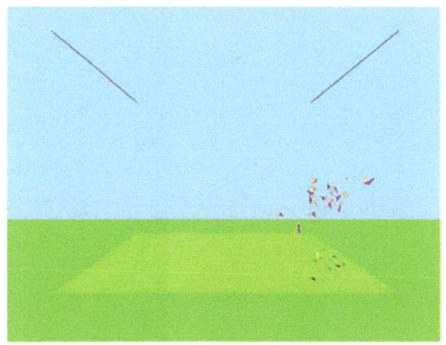

**Indem Craig Reynolds "Boids" wenigen einfachen Regeln folgen, können Aspekte des komplexen Schwarmverhaltens von realen Vögeln simuliert werden.**

**Die Git-Hub Vogelschar-Simulation**

# Lektionen in Dynamischem Teaming –
## Die Schlacht um Midway

Schwarmverhalten betrifft nicht nur Vögel. Wenn Sie wirklich wichtige Ziele erreichen wollen, kann es ebenfalls sehr effektiv sein. Betrachten Sie die Schlacht um Midway, die meine Kollegen und ich in unserem Buch Alpha Leadership (2003) zitiert haben. Diese war ein Wendepunkt im Pazifikkrieg während des zweiten Weltkrieges.

Anfang Juni 1942 sahen amerikanische Aufklärungsflugzeuge der Marine eine riesige japanische Flotte mit 185 Schiffen, einschließlich neun Schlachtschiffen und vier Flugzeugträgern, die auf die Midway Inseln im zentralen Pazifik zusteuerten. Unter dem Kommando von Admiral Isoroku Yamamoto, dem Oberbefehlshaber der japanischen Marine und Hauptverantwortlichen für den Angriff auf Pearl Habour, war die Mission der Armada, die Inseln als Startrampe für die Invasion auf Hawaii zu sichern.

Die japanische Flotte übertraf die amerikanischen Verteidigungskräfte der Midway Inseln mit ihren gerade einmal 10 Schiffen (drei Flugzeugträger und sieben schwere Kreuzer) und den Kriegsflugzeugen auf den Inseln bei weitem. Am Morgen des 4. Juni griff ein Flieger von einem japanischen Flugzeugträger das Flugfeld von Midway. Gleichzeitig griffen die amerikanischen Flieger aus Midway und die drei US Flugzeugträger der Pazifischen Flotte unter dem Kommando von Admiral Chester W. Nimitz die japanische Flotte an. Der japanische Angriff fügte der Midway Flugbasis Schaden zu, aber die amerikanischen Sturzkampfbomber waren viel effektiver. Während einer fünfminütigen Attacke zerstörten sie drei japanische Flugzeugträger. Insgesamt zerstörten die Amerikaner alle vier von Yamamotos Flugzeugträgern, zwei japanische Kreuzer und drei Zerstörer. Die Amerikaner verloren dabei nur zwei Schiffe; den Flugzeugträger Yorktown und einen Zerstörer.

Obwohl die amerikanischen Streitkräfte mit mehr als 18 zu 1 in der Unterzahl waren, gewannen sie die Schlacht aufgrund ihrer Fähigkeit zur dynamischen Teambildung. Es ist bezeichnend, dass die beiden Flotten während der zweitägigen Schlacht nie nahe genug herankamen, um das Geschützfeuer aufeinander zu eröffnen, geschweige denn einander zu sehen. In Anwendung der Metapher, die wir in Kapitel 4 eingeführt haben, können wir sagen, dass die Schlacht von „Fledermäusen" und nicht von „Fröschen" ausgefochten und gewonnen wurde.

*In der Schlacht um Midway, einem Wendepunkt im Pazifikkrieg während des zweiten Weltkrieges, übertraf die Japanische Armada die amerikanischen Streitkräfte im Verhältnis 18:1.*

Ein wichtiger Erfolgsfaktor war, dass Nimitz, ein eifriger Lauscher auf „schwache Signale", die japanischen Funksprüche überwachte und dadurch frühzeitig vor dem bevorstehenden Angriff gewarnt war und sich so auf die Schlacht vorbereiten konnte. Ebenso wichtig war, dass die Amerikaner den Funk viel effektiver während des Kampfes nutzten als die Japaner. Die Abgeschiedenheit der beiden Kommandeure von ihren Luftstreitkräften machte es ihnen sehr schwer, ihre Streitkräfte direkt zu orchestrieren. Die japanische Militärtradition zwang Yamamoto, dies zu versuchen, aber das Tempo, in dem die Luftschlachten ausgetragen werden, führte dazu, dass seine Funkanweisungen seine Piloten einfach verwirrten.

Nimitz und Konteradmiral Raymond A. Spruance, Kommandeur der US-Flugzeugträger-Truppe, verfolgten einen völlig anderen Ansatz. Sie versuchten nicht, den Kampf zu leiten, sondern stellten einfache Regeln für die Kommunikation zwischen ihren Kampfpiloten auf:

1. Haltet alle Funkkanäle zu anderen Flugzeugen offen.

2. Hört zu, aber sagt nichts, außer wenn Ihr:

   a. unter Beschuss von einem feindlichen Kampfjäger geratet oder

   b. oder in Angriffsposition auf ein feindliches Schiff seid.

**Die US Streitkräfte besiegten die japanische Armada in der Schlacht um Midway als Folge von dynamischen Teaming.**

Diese Regeln erzeugten mächtige, sich selbst organisierende Dynamiken unter den amerikanischen Fliegern, die es ihnen ermöglichten, effektiv zu „strömen", indem sie sich schnell in kritischen Bereichen des Luftraums versammelten. Obwohl sie zahlenmäßig stark unterlegen waren, flogen die US-Piloten in überwältigender Stärke dorthin, wo sie am meisten gebraucht wurden – ein eindrucksvolles Beispiel für „dynamisches Teaming".

Ähnlich meinem Beispiel zu Beginn von Kapitel 2 (S. 98) über das Team von 20 Personen, das das Team von 1.000 Personen übertraf, wurde die Schlacht von Midway nicht durch den Einsatz einer überlegenen Streitmacht oder wegen eines brillanten Kommandeurs gewonnen, sondern vielmehr durch dynamisches Teaming, das von kollektiver Intelligenz und Feingefühl für schwache Signale angetrieben wurde. Nimitz erkannte die Grenzen der Befehlsgewalt in einer schnell ablaufenden und sich ständig verändernden Situation und gab seinem Team die Mittel, die Freiheit und das Vertrauen, ihre Eigeninitiative zu nutzen, während sie als koordiniertes Holon wirkten.

*Die Schlacht um Midway wurde nicht durch den Einsatz überlegener Kräfte oder wegen eines brillanten Kommandeurs gewonnen, sondern vielmehr durch dynamisches Teaming, angetrieben von kollektiver Intelligenz und Feingefühl für die schwachen Signale.*

# Dynamische Teamentwicklung

*Dynamische Teamentwicklung bedeutet, Menschen in Aktivitäten einzubinden, die sowohl Beziehungen stärken als auch Aufgaben sowie die notwendigen Kompetenzen und Handlungen klären, um kollaborativ diese Aufgaben zu bewältigen.*

Teams bilden sich entlang der Dimensionen Beziehung („wie Personen miteinander verbunden sind") und Aufgabe (ihre „Arbeit oder Aktivität"). Dynamische Teamentwicklung bedeutet, dass beide Aspekte bei der Teambildung berücksichtigt werden. Das heißt, man bindet Menschen in Aktivitäten ein, die entweder (a) die Förderung oder Stärkung von Beziehungen oder (b) die Definition und Klärung von Aufgaben sowie die zur Erfüllung dieser Aufgaben erforderlichen Kompetenzen und Handlungen betonen.

Die Kollaborations-Katalysatoren, die wir im vorherigen Kapitel untersucht haben, bilden eine wichtige Grundlage für die dynamische Teamentwicklung. Methoden wie die Bildung eines COACH Containers erleichtern zum Beispiel die Verstärkung der Beziehungen unter den Mitgliedern. Andere Kollaborations-Katalysatoren wie das Erkunden und Teilen der Best Practices durch Success Factor Modeling, Entwicklung eines generativen Leistungszustandes, Förderung der Synergie durch Intervision, Analyse aus der „zweiten Position" heraus und Bildung von Win-Win-Kollaborationen durch die dritte Position sind sehr nützlich für das dynamische Teaming.

In diesem Kapitel werden wir auf weitere Schlüsselfaktoren für die dynamische Teamentwicklung eingehen, einschließlich:

- Erkennen gemeinsamer Werte und Ausrichtung der unterschiedlichen Fähigkeiten und Handlungen auf eine gemeinsame Vision und Mission.
- Aufbau einer „Infrastruktur für Kommunikation und Kreativität", indem die für dynamisches Teaming und generative Kollaboration erforderlichen Schlüsselerfolgsfaktoren festgelegt und eine Praxis der kontinuierlichen Reflexion über die Präsenz dieser Erfolgsfaktoren während der Team-interaktionen eingerichtet wird.
- Ermutigen, die Stärken und Herausforderungen der verschiedenen Teammitglieder zu erkennen und ihnen zu helfen, ihre Unterschiede zu würdigen und diese Unterschiede im Dienst für die gemeinsame Mission oder Vision zu nutzen.

In diesem Kapitel werden Sie vor allem Instrumente und Kompetenzen kenenlernen, die Ihnen helfen können, dynamische und generative Teams zu bilden, die fähig sind, effektiv und kreativ zusammenzuarbeiten, um die gemeinsame Mission zu erfüllen.

Wie ich im ersten SFM Band erwähnt habe, sind Unternehmertum und unternehmerischer Erfolg nicht nur auf kleine Firmen oder Silicon Valley Start-ups beschränkt. Viele Erfolgsfaktoren, die von neuen Firmen angewandt werden, können auch zur Förderung des effektiven Unternehmertums in etablierten Organisationen umgesetzt werden. Ein Ziel dieses Buches ist zu zeigen, wie die von erfolgreichen Unternehmern modellierten Prinzipien und Praktiken angewandt werden können, um größeren, traditionellen Firmen zu helfen, innovativ zu bleiben und die Herausforderungen des Wandels zu bewältigen.

Das folgende Erfolgsfaktor-Fallbeispiel zeigt, wie durch die Prinzipien des Success Factor Modeling und die Anwendung einiger Schlüssel-Kollaborations-Katalysatoren unternehmerischer Erfolg innerhalb einer größeren, eher traditionellen Organisation erzeugt wird.

*Der Sinn der dynamischen Teamentwicklung besteht darin, dynamische und generative Teams zu bilden, die fähig sind, effektiv und kreativ zusammenzuarbeiten, um die gemeinsame Mission zu erfüllen.*

# Erfolgsfaktor-Fallbeispiel:
## Comau Pico Spezialanfertigungsteam

Im Jahr 2002 wurden Chuck Dudek, Dave Redys, John Vance und Mike Mercer mit einer gewaltigen Herausforderung konfrontiert. Als Mitglieder des neu gebildeten Spezialanfertigungsteams bei Comau Pico mussten sie im Grunde ihre Firma neu erfinden.

*Die Mitglieder von Comau Picos Spezialanfertigungsteam mussten im Grunde ihre Firma neu erfinden.*

Die 1973 gegründete Comau Pico (jetzt die Comau Gruppe) baute eine starke Nische für sich selbst auf, indem sie automatisierte Schweißarbeiten für die Automobilindustrie anbot. Comau Pico hatte sich zu einem enorm erfolgreichen Unternehmen entwickelt, hauptsächlich durch den Boutique-Schweißservice für die sogenannten „großen drei" amerikanischen Autohersteller: General Motors, Ford und Chrysler. Sie hatten einen gebundenen Markt und qualitativ hochwertige Produkte.

### Übergang von Managern zu „Intrapreneuren"

Anfang 2000 hatte sich die Welt jedoch sehr verändert. Es hatte ein Paradigmenwechsel an der Kundenbasis von Comau Picon stattgefunden. Die „Großen Drei" gab es nicht mehr; Chrysler gehörte nun zu Daimler-Chrysler (und wurde schließlich zu Fiat Chrysler). Da sich der Markt verändert hatte, brach der Umsatz der Firma ein.

Also musste die Firma neue Produkte erschaffen und neue Kunden finden. Dafür wurde Chuck, Dave, John und Mike die Verantwortung übertragen. Im Grunde hatten sie die Aufgabe interne Unternehmer, sogenannte „Intrapreneure" zu werden.

**Das Team begann intuitiv im Zentrum des Erfolgszirkels, als sie "überlegten und neu erkannten, wer sie waren" und zu untersuchen begannen "was sie nun haben, das sie nie zuvor hatten."**

Intuitiv begannen sie im Zentrum des Erfolgszirkels. Chuck beschreibt: „Wir mussten überlegen und ganz neu erkennen, wer wir waren." Intuitiv verstanden sie, dass ihr Erfolg von effektiver, generativer Kollaboration abhängen würde. So kamen sie zusammen und begannen im Grunde ihre eigene Art der Intervision. Sie begannen mit einem „Brain Dump", indem sie Fragen stellten, wie: „Was ist Erfolg?" und „Was haben wir nun, das wir nie zuvor hatten?"

### Über den Tellerrand hinaus denken

Sie wussten, dass sie „über den Tellerrand hinaus" und querdenken mussten. Mit traditionellem Denken konnten sie bei ihren Kunden nicht erfolgreich sein.

Sie würden ihren Erfolgszirkel erweitern müssen. „Weil wir uns auf unbekanntem Terrain bewegten, baten wir die Vertriebsleute, uns zu helfen", kommentiert Dave. Sie fanden heraus, dass sie einen Großteil ihrer Technologie, ihres Know-hows und anderer Ressourcen bei neuen Verwendungszwecken einsetzen konnten. Sie konnten Projektmanagement-Beratung für Unternehmen anbieten, die komplexe Projekte beispielsweise in anderen Branchen als in der Automobilindustrie hatten, aber nicht über die interne Kompetenz verfügten, komplexe und komplizierte Kombinationen von Ausrüstungen und Verfahren zu koordinieren.

Auch ihre Lackier- und Schweißmittel konnten sie kleineren Firmen anbieten, die anspruchsvolle Fabrikationsprobleme bewerkstelligen mussten, denen aber die Werkzeuge fehlten, um dies effektiv und kostengünstig zu erledigen.

An einer Stelle erzählt Chuck, wie er mit seinem Auto durch die Gegend fuhr und „schaute, wo Rauch aufstieg." Dort wollte er hingehen und nachfragen, was sie taten, um auf Ideen zu kommen.

Aufgrund dieser Art des generativen Denkens machten sie eine lange Liste mit Marktzielen, legten ein Dokument an und begannen sofort ein Verfahren, um diese neuen Märkte zu erreichen.

### Aufbau des Team

Sie begannen ein größeres Team zusammenzustellen, dass sie brauchen würden, um alles zusammenzubringen. Anstatt neue Leute einzustellen, unternahmen sie eine Art „internes" Outsourcing. „Warum von vorn anfangen?", dachten sie sich. Sie wollten das Rad nicht neu erfinden, deshalb „gruben sie die Ressourcen" innerhalb der Firma aus. „Bei der Auswahl waren wir im Vorteil", sagt Dave, „wir konnten Leute mit derselben Philosophie aussuchen."

Sie begannen mit ihrer Marketingstrategie und entwickelten einen Business-Plan für jede Abteilung, der konkretisierte, „was" sie zu erreichen versuchten und „warum". Jeder Abteilungsleiter richtete Budgets ein und dann einen Aktionsplan, in dem konkretisiert wurde, wir sie ihre Ziele erreichen wollten.

Das Sonderanfertigungsteam wusste, dass sie für den Erfolg einen Wandel von „der Herstellung von Werkzeugen" zur „Gestaltung von Verträgen" durchlaufen mussten. Bis zu dieser Zeit bestand ihr grundlegender Geschäftsansatz darin, „zuerst die Arbeit zu verrichten und dann die Rechnung zu schreiben" (so ähnlich wie „man die Punkte erst am Ende des Spiels zählt"). Der neue Ansatz erforderte die Transformation vom Projektmanagement zur Vertragsgestaltung. Das bedeutete nicht nur leistungsfähig, sondern auch wettbewerbsfähig zu sein.

Ihre Vision war, ihre Technologie, ihr Know-how und die anderen Ressourcen bei neuen Einsatzgebieten wiederzuverwerten. Sie begannen neue Kunden zu suchen, indem sie Ausschau hielten, "wo irgendwo Rauch aufstieg."

Das Team verstand seine Mission als "internes Outsourcing" und schuf eine dienende Führungskultur. ("Servant Leadership")

**Die Rolle des Teams veränderte sich zu "Ingenieuren, die wie Unternehmer denken," und fokussierte sich mehr auf die "Vertragsgestaltung, als auf die Herstellung von Werkzeugen."**

*Um ihre Vision und Mission zu erfüllen, musste das Team einen offenen Ansatz verfolgen, „bei dem sie die Wände zwischen Entwicklung und Fertigung niederrissen".*

Die Firma musste sich zu den technischen und den kommerziellen Seiten des Geschäfts bekennen. „Die Ingenieure müssen wie Unternehmer denken", kommentierte Mike Mercer. „Jede einzelne Person muss verstehen, welche Verantwortung sie hat, und nach Gelegenheiten suchen, um sie wahrzunehmen."

### Die Einführung von „Kollaborations-Katalysatoren"

Sie hatten ein Kick-off-Meeting, beschrieben die Vision und die Pläne und begannen, Zuspruch zu erhalten. Um das Team aufzubauen und zu unterstützen, mussten sie einen offenen Ansatz verfolgen, „bei dem sie die Wände zwischen Entwicklung und Fertigung niederrissen." Dies half, den Spielraum ihrer Fähigkeit zur generativen Kollaboration zu erweitern.

Außerdem mussten sie dauerhafte „Kollaborations-Katalysatoren" einführen, um die Transformation erfolgreich zu unterstützen. Deshalb setzten sie wöchentliche Treffen an jedem Montag Morgen um halb acht Uhr an, bei denen sie sich mit dem gesamten Team die Vorbestellungen ansahen, um die Vertragsgestaltung zu besprechen. Sie diskutierten die Vertragsbedingungen und besprachen Fragen zum Beziehungsmanagement.

Des Weiteren planten sie monatliche interne Betriebsversammlungen, zu denen sie „Gastredner" einluden – für gewöhnlich war das jemand von den anderen Teams, der Ideen und „Best Practices" präsentierte. Das Hauptziel dieser Versammlungen war, einen Überblick zu geben, wo man mit den Verkäufen stand, über das Quartal zu sprechen sowie die wichtigsten Beziehungen und die Zulieferer zu besprechen.

Und sie hatten eine monatliche Prüfung durch den Vorstand, in der sie mit dem Projektmanager, dem Abteilungsleiter, dem Finanzverwalter usw. die Arbeitsaufgaben im Detail durchgingen. Dies diente dazu, „den Plan abzuarbeiten", indem Fragen wie: „Welche Probleme haben Sie?" „Wohin wollen Sie?" „Was machen Sie gerade?" usw. besprochen wurden.

### Schaffung einer dienenden Führungskultur

Ihr Motto war: „Betrachte dich selbst nicht als Manager, sondern als Wegbereiter." So bauten sie eine Kultur auf den Prinzipien des „Servant Leadership" (Führungsphilosophie nach Robert Greenleaf). Servant Leaders, also dienende Führungskräfte, sind diejenigen, die „die Arbeit der anderen Menschen leichter machen".

John Vance beschreibt es folgendermaßen: „Dies ist eine befähigende Art, Geschäfte zu erledigen und ein offenes Verhältnis einzugehen." Und er fügt hinzu: „Veranlasse Menschen, sich gut zu fühlen, und sie werden wie verrückt arbeiten."

Die Strategie zur generativen Kollaboration des Comau Pico Sonderanfertigungsteams war außerordentlich effektiv darin, „den Kuchen größer zu machen." Ihre Anstrengungen wuchsen so, dass sie die Hälfte des gesamten Comau Pico Geschäfts ausmachten. Ende 2002 hatte Comau Pico mehr Arbeit in ihrer Produktionsstätte als jemals zuvor.

Die Beziehung mit dem berühmten Motorrad-Hersteller Harley-Davidson ist ein gutes Beispiel für ihren Erfolg. Innerhalb von 2 Jahren gelang ihnen durch die Kaltakquise ein Umsatz von 15 Millionen US Dollar.

### Überlegungen zum Fall Comau Pico Sonderanfertigungsteam

Die Erfolgsgeschichte des Comau Pico Sonderanfertigungsteams ist ein weiteres Beispiel für die effektive Bewältigung des SFM Erfolgszirkels. Indem sie darüber nachdachten und das Zentrum des Zirkels neu untersuchten (d. h. neu ermitteln, wer wir waren), konnten sie ihre Rolle gegenüber den Kunden und der restlichen Firma „re-vidieren", die Kompetenzen des Teams verbessern, interne Partnerschaften und Allianzen mit anderen Gruppen oder Abteilungen innerhalb der Firma eingehen und neue Werte für ihre Stakeholder (die Mutterfirma) schaffen. Bezeichnenderweise waren sie in der Lage, ein neues Niveau finanzieller Stabilität zu erreichen, einerseits aufgrund ihrer Akquisemaßnahmen und des wirksamen Einsatzes bestehender Ressourcen ihrer innerbetrieblichen Stakeholder, andererseits weil sie Interesse und Umsatz bei Neukunden generierten.

Ganz offensichtlich ist dies auch ein Beispiel für generative Kollaboration und dynamisches Teaming. Die Mitglieder des Sonderanfertigungsteams mussten zusammenarbeiten, um etwas Neues und Unvorhersehbares zu erschaffen, indem sie über den Tellerrand ihrer einfachen Zusammenarbeit hinausdachten und sich selbst, ihre Werkzeuge und die Art, wie sie zusammenarbeiteten in ganz anderem Licht sahen. Sie konnten nicht einfach so weitermachen wie bisher, als ihre Zusammenarbeit daraus bestand, dass jeder bloß seine Aufgabe erfüllte, für die er eingestellt worden war. Sie mussten einen neuen „Gruppengeist" bilden und innovative Möglichkeiten finden, ihre Kompetenzen und Ressourcen zu kombinieren und einzusetzen.

Das Comau Pico Sonderanfertigungsteam legte die Ambition fest, nicht nur leistungsfähig sondern auch wettbewerbsfähig zu sein. Innerhalb von 2 Jahren hatte die Firma mehr Arbeit in ihrer Produktionsstätte als je zuvor.

*Die Mitglieder des Sonderanfertigungsteams mussten zusammenarbeiten, um etwas Neues und Unvorhersehbares zu schaffen, indem sie über den Tellerrand ihrer simplen Zusammenarbeit hinaus dachten und sich selbst, ihre Werkzeuge und die Art ihrer Zusammenarbeit in ganz anderem Licht sahen.*

# Comau Pico Erfolgszirkel

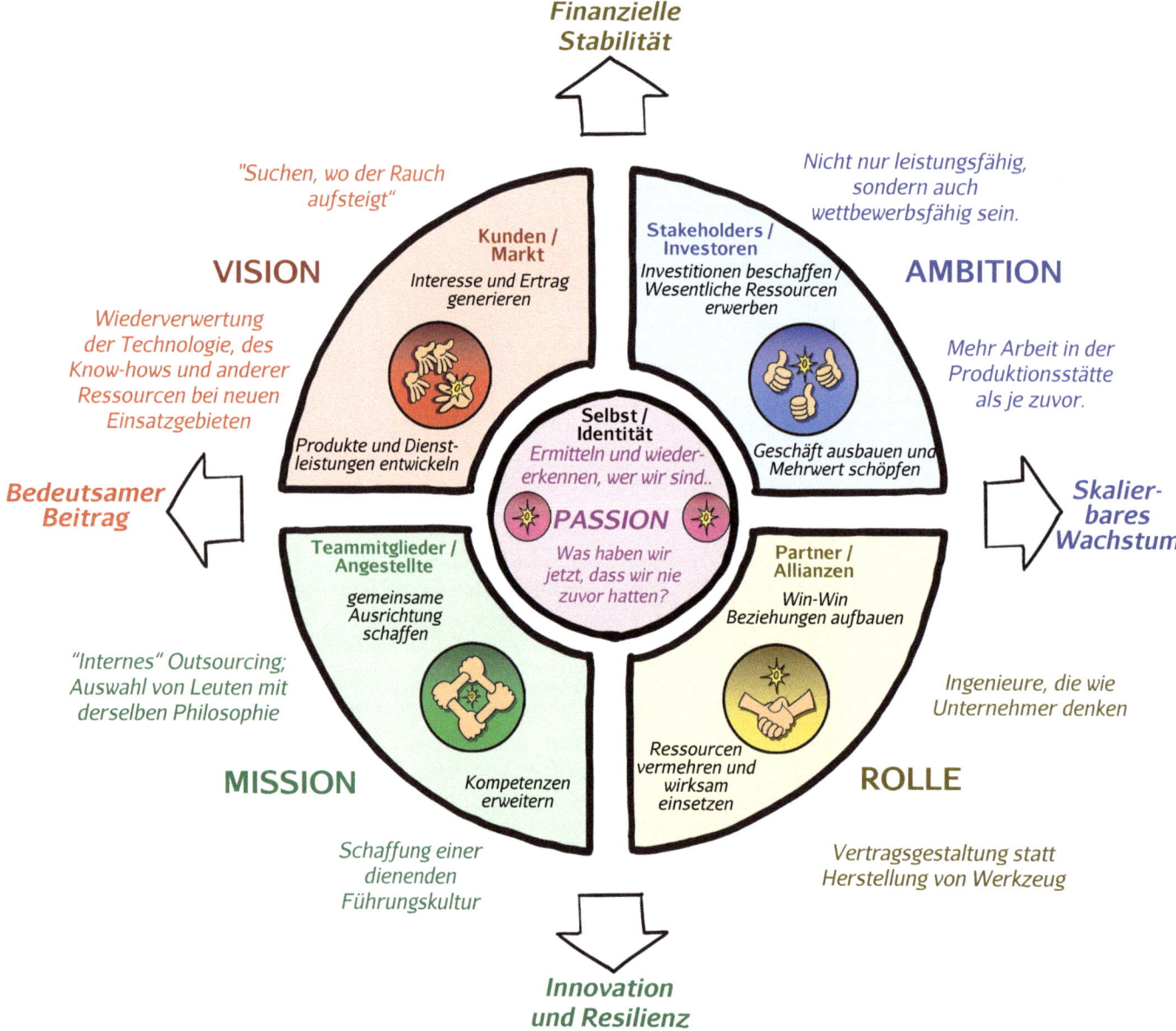

**Finanzielle Stabilität**

"Suchen, wo der Rauch aufsteigt"

Nicht nur leistungsfähig, sondern auch wettbewerbsfähig sein.

**VISION**

**AMBITION**

Wiederverwertung der Technologie, des Know-hows und anderer Ressourcen bei neuen Einsatzgebieten

Mehr Arbeit in der Produktionsstätte als je zuvor.

**Bedeutsamer Beitrag**

**Skalierbares Wachstum**

**Kunden / Markt**
Interesse und Ertrag generieren

**Stakeholders / Investoren**
Investitionen beschaffen / Wesentliche Ressourcen erwerben

Produkte und Dienstleistungen entwickeln

Geschäft ausbauen und Mehrwert schöpfen

**Selbst / Identität**
Ermitteln und wiedererkennen, wer wir sind..

**PASSION**
Was haben wir jetzt, dass wir nie zuvor hatten?

**Teammitglieder / Angestellte**
gemeinsame Ausrichtung schaffen

**Partner / Allianzen**
Win-Win Beziehungen aufbauen

"Internes" Outsourcing; Auswahl von Leuten mit derselben Philosophie

Ingenieure, die wie Unternehmer denken

**MISSION**

Kompetenzen erweitern

Ressourcen vermehren und wirksam einsetzen

**ROLLE**

Schaffung einer dienenden Führungskultur

Vertragsgestaltung statt Herstellung von Werkzeug

**Innovation und Resilienz**

# COMAU PICO ERFOLGSZIRKEL

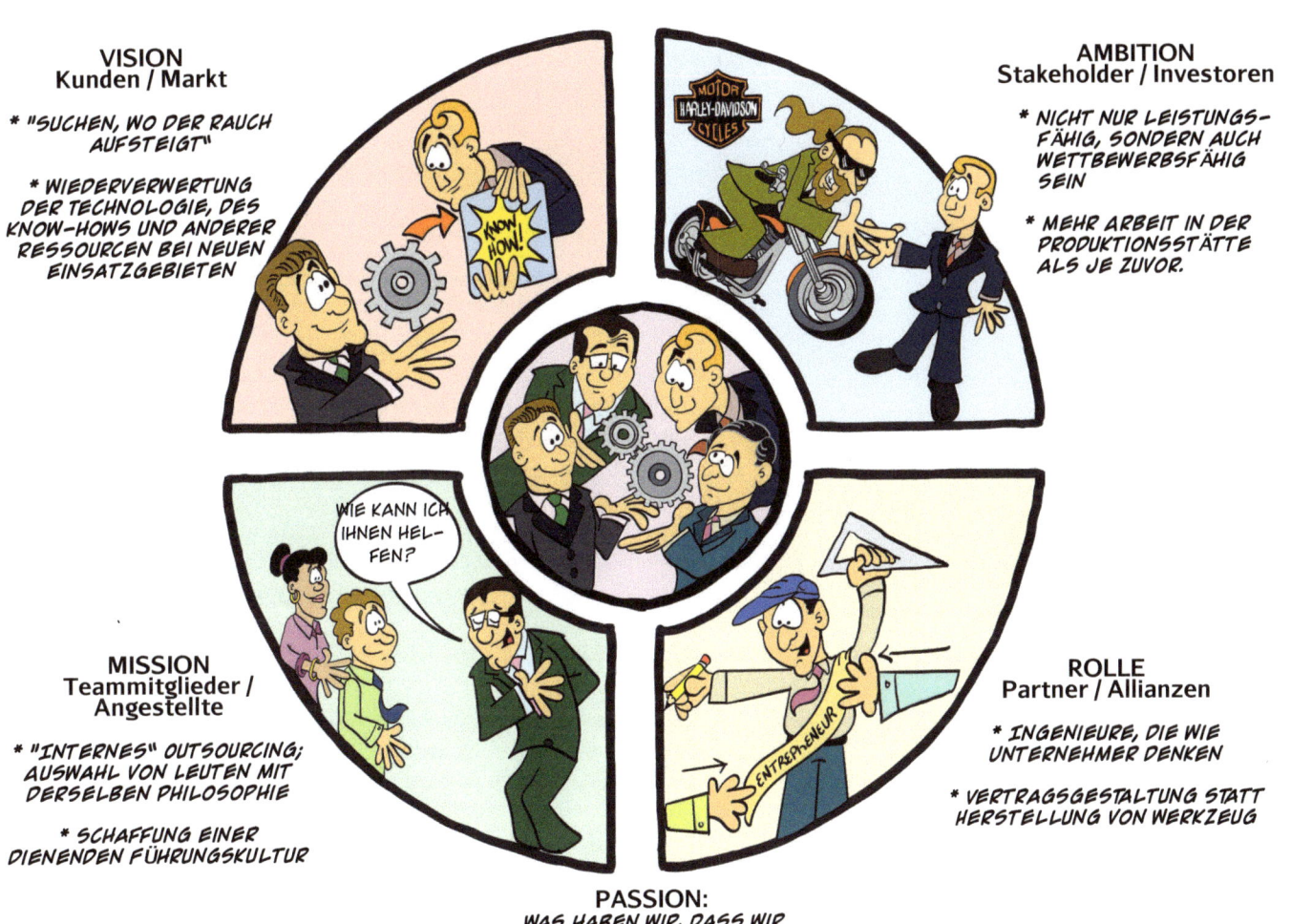

**VISION**
Kunden / Markt

* "SUCHEN, WO DER RAUCH AUFSTEIGT"

* WIEDERVERWERTUNG DER TECHNOLOGIE, DES KNOW-HOWS UND ANDERER RESSOURCEN BEI NEUEN EINSATZGEBIETEN

**AMBITION**
Stakeholder / Investoren

* NICHT NUR LEISTUNGS-FÄHIG, SONDERN AUCH WETTBEWERBSFÄHIG SEIN

* MEHR ARBEIT IN DER PRODUKTIONSSTÄTTE ALS JE ZUVOR.

**MISSION**
Teammitglieder / Angestellte

* "INTERNES" OUTSOURCING; AUSWAHL VON LEUTEN MIT DERSELBEN PHILOSOPHIE

* SCHAFFUNG EINER DIENENDEN FÜHRUNGSKULTUR

**ROLLE**
Partner / Allianzen

* INGENIEURE, DIE WIE UNTERNEHMER DENKEN

* VERTRAGSGESTALTUNG STATT HERSTELLUNG VON WERKZEUG

**PASSION:**
WAS HABEN WIR, DASS WIR NIE ZUVOR HATTEN?

*Der Fall des Comau Pico Sonder-anfertigungsteams bietet viele Bei-spiele für verschiedene Arten von Kollaborations-Katalysatoren.*

**Benchmarking**

**Best Practices**

**Brainstorming**

**Generative Kollaboration**

Der Fall zeigt einige gute Beispiele für „Kollaborations-Katalysatoren". Den „Brain dump" und das Brainstorming mit den „Vertriebsleuten" sind normale Formen der Intervision. Außerdem wandten sie sowohl extern als auch intern das an, was wir als „Ressourcen ausgraben" bezeichnet haben, indem sie nach Überschneidungen zwischen dem Bedarf und den Ressourcen zwischen den Kunden und den Menschen aus verschiedenen Abteilungen innerhalb der Organisation suchten. Dies schaffte die Möglichkeit zum effektiven „Strömen" – miteinander zu arbeiten, um verfügbare Ressourcen dahin zu bringen, wo sie am meisten gebraucht werden. Wir werden später in diesem Kapitel noch die Methode des „Ressourcen-Ausgrabens" vertiefen.

Folgende weitere Kollaborations-Katalysatoren wurden von dem Comau Pico Sonderanfertigungsteam entwickelt oder angewandt:

- *Synergien zwischen Zielen* und *Ressourcen wurden* genutzt, indem „sowohl die technische als auch die kommerzielle Seite des Business bejaht wurden".
- *Die Wände zwischen Ingenieuren und den Leuten aus der Produktion und dem Marketing wurden eingerissen*, indem alle zur Zusammenarbeit veranlasst wurden.
- *Kriterien zur Kollaboration* wurden geteilt, weil sich diejenigen mit der gleichen Philosophie zur Zusammenarbeit fanden.
- Es wurde ein *repetitiver Kommunikationsaufbau* zu den *wichtigsten Bereichen des Erfolgszirkels* betrieben, indem regelmäßige Treffen mit unterschiedlichen Intervallen durchgeführt wurden, um Fragen zum Beziehungsmanagement durchzugehen, Best Practices zwischen den unterschiedlichen Teams zu teilen und die wichtigsten Beziehungen und Lieferanten zu besprechen.
- Es wurde eine *partnerschaftliche Haltung und die dienenden Führung/„ServantLeadership" gefördert*, indem betont wurde, dass jedermanns Aufgabe zum Teil darin besteht, „Anderen die Arbeit leichter zu machen".

Der Fall des Comau Pico Sonderanfertigungsteams veranschaulicht deutlich, wie die verschiedenen Aspekte des SFM Modells zur Kollektiven Intelligenz sich miteinander verbinden, um dynamisches Teaming zu fördern. Die Mitglieder des Sonderanfertigungsteams wandten Brainstorming an, um neue Märkte festzulegen, indem man innovative Optionen erfand. Sie bezogen Benchmarking mit ein, als sie fragten: „Was ist Erfolg?" und „Was müssen wir jetzt tun, was wir noch nie zuvor getan haben?" Sie legten kontinuierlich kollektive Standards in ihren monatlichen Vorstandsprüfungen fest. Die Mitglieder des Sonderanfertigungsteams teilten Best Practices in ihren monatlichen Betriebsversammlungen mit Gastrednern und tauschten sich mit anderen Teams über erfolgreiche Strategien aus. Außerdem ermutigten sie zur *generativen Kollaboration*, indem „Wände zwischen Ingenieuren und Leuten aus der Produktion niedergerissen wurden", um gemeinsam etwas Einzigartiges zu erschaffen.

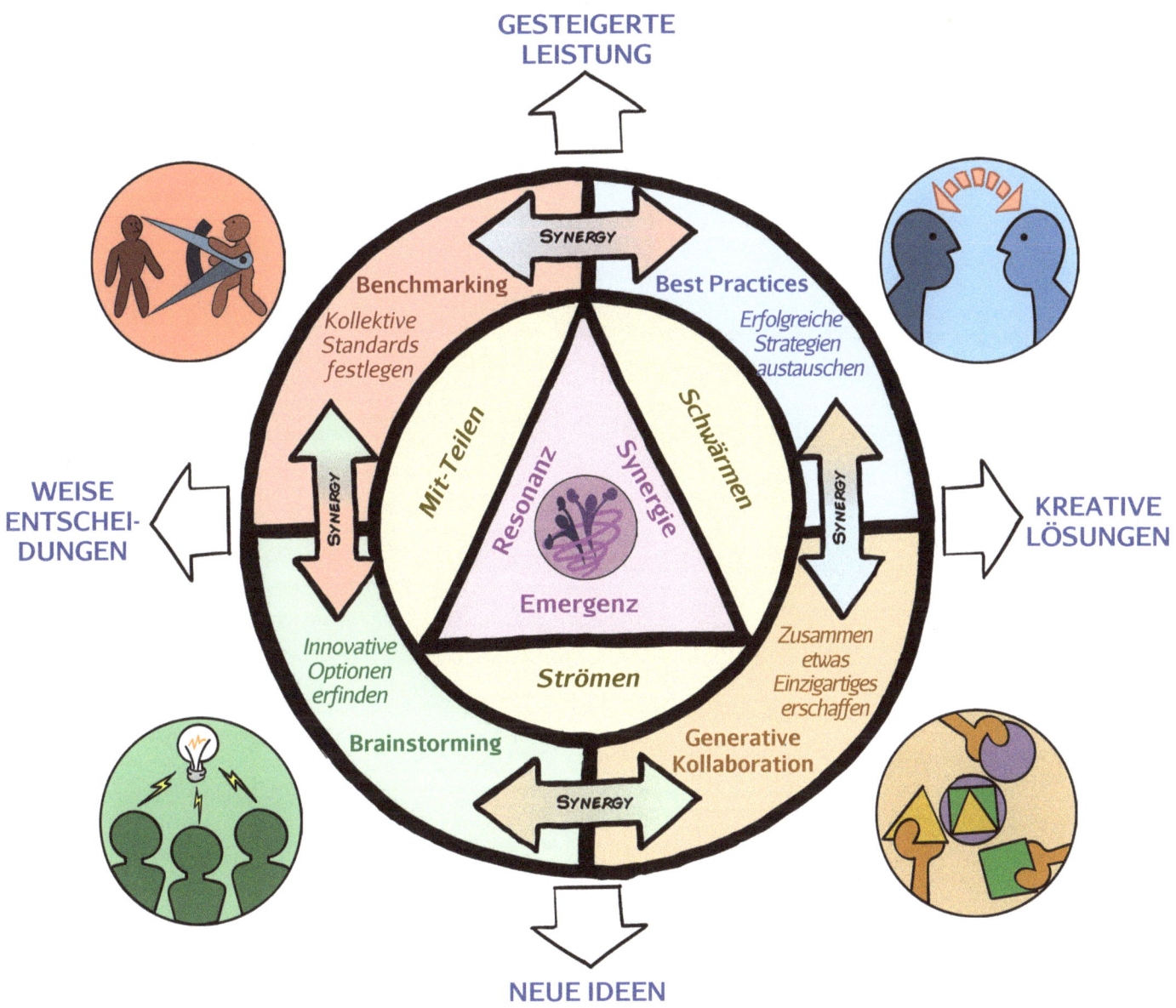

GESTEIGERTE LEISTUNG

Benchmarking
*Kollektive Standards festlegen*

Best Practices
*Erfolgreiche Strategien austauschen*

SYNERGY

Mit-Teilen

Schwärmen

Resonanz

Synergie

Emergenz

Strömen

WEISE ENTSCHEI-DUNGEN

KREATIVE LÖSUNGEN

*Innovative Optionen erfinden*

*Zusammen etwas Einzigartiges erschaffen*

Brainstorming

Generative Kollaboration

SYNERGY

NEUE IDEEN

Das Comau Pico Sonderanfertigungsteam liefert ein gutes Beispiel, wie bei der Anwendung von dynamischen Teaming Synergien zwischen allen Methoden zur kollektiven Intelligenz geschaffen werden.

## SFM Kollaboratios-Katalystor:
## Besprechungsablauf beim Dynamischen Teaming

Besprechungen sind die üblichsten Kollaborations-Katalysatoren. Synergie und Emergenz erfordern vor allem eine Art Konsistenz in der Interaktion und beim Feedback, um möglich und nachhaltig zu sein.

Die Frequenz und die Organisation der Besprechungen kann besonders wichtig sein. Ich war in vielen Projekten und Unternehmungen eingebunden, häufig mit internationalen und virtuellen Teams. Abhängig vom der Dringlichkeit, Komplexität und der Projekt- oder Unternehmensphase kann die Besprechungsfrequenz zwischen alle zwei Monate, monatlich, wöchentlich und sogar täglich (oder mehrmals täglich) rangieren. Natürlich wird das, was abgedeckt wird und wie die Besprechung strukturiert ist, zum großen Teil bestimmen, wie viel Synergie, Emergenz, kollektive Intelligenz und generative Kollaboration auftritt. Besprechungen können chaotisch und ineffizient sein, wenn es keine Struktur gibt.

*Ein effektiver Besprechungsablauf muss die Balance zwischen Struktur und offenen Gelegenheiten für Austausch, Synergie und Emergenz finden, um einen „disziplinierten Fluss" zu erzeugen.*

Zuviel Struktur kann die Wechselbeziehungen einschränken und Gelegenheiten zur Synergie und Emergenz verhindern. Wie wir bei unseren Überlegungen zu den schwärmenden Vögeln gesehen haben, ist es wichtig, die Balance zwischen den beiden zu finden, um eine Art „disziplinierten Fluss" herzustellen. Betrachten Sie die folgende Beschreibung von Steve Jobs, wie er sein Team führte, um „Innovation zu orchestrieren":

> *Was wir jeden Montag taten, war, „das gesamte Business zu überprüfen. Wir schauten uns an, was wir in der vorherigen Woche verkauft hatten. Wir schauten jede einzelne Produktentwicklung an, Produkte mit denen wir Probleme hatten und Produkte, deren Nachfrage größer war, als wie wir sie herstellen konnten. Wir prüften all das Zeug in der Entwicklung. Und wir taten es jede einzelne Woche. Ich veröffentlichte eine Agenda – 80 % war dasselbe wie in der letzten Woche, und wir gingen es jede einzelne Woche durch. Wir haben bei Apple nicht viele Prozesse, aber das ist eines der wenigen Dinge, die wir tun, damit wir alle im selben Bild bleiben.*

Jobs Schilderung seiner wöchentlichen Teambesprechungen zeigt eine „offene Struktur" mit genügend Prozessstruktur, damit jeder „im selben Bilde bleibt", trotzdem ist sie nicht so detailliert, dass sie Spontanität und Flexibilität verhindert. Gabrielle Roth, die Erfinderin, der transformationalen Bewegungspraxis 5 Rhythm® sagte, dass „es Disziplin braucht, um ein Freigeist zu sein".

Ähnlich wie Jobs seine wöchentlichen Besprechungen schilderte, schlagen wir Unternehmern und Führungskräften, die wir coachen, folgenden einfachen Besprechungsablauf vor:

1. *Fertigen Sie eine kurze Beschreibung der Besprechung an, die Sie durchführen wollen, und wer daran teilnimmt (oder teilnehmen muss).*

2. *Was sind die Ziele oder gewünschten Ergebnisse dieser Besprechung? – d. h. Wie lautet die Agenda?*

3. *Was werden Sie tun, um die Ziele zu erreichen (befassen Sie sich mit den Tagesordnungspunkten (TOPs)? Welche konkreten Schritte und Maßnahmen werden Sie nutzen, um ihre Ziele während der Besprechung zu erreichen? (d. h. Diskussionen, Präsentationen, Handzeichen, usw.) Natürlich ist dies ein Bereich für vielfältige Arten von Kollaborations-Katalysatoren. Mehr Möglichkeiten dazu werden wir in diesem und den nächsten Kapiteln zeigen.*

4. *Welche Problembereiche oder Schwierigkeiten müssen während des Treffens besprochen werden? Welche konkreten Aktivitäten oder Schritte könnten Sie im Besprechungsablauf einbauen, um sie am wirksamsten zu behandeln? Dies ist ebenfalls ein Bereich für weitere Kollaborations-Katalysatoren, die wir im weiteren Verlauf des Buches noch vorstellen.*

5. *Was werden Sie als Feedback nutzen, um zu wissen, ob Sie die Ziele erfüllt haben? Welchen Nachweis erwarten Sie, dass die Ziele (TOPs) erfüllt wurden oder ausreichend behandelt wurden?*

Egal ob Sie sich mit Teammitgliedern, Kunden, Stakeholdern oder Partnern treffen, wir haben herausgefunden, dass es eine nützliche Übung ist, sich mit diesen Fragen im Voraus zu beschäftigen. Auch wenn Sie keine so formale Agenda ankündigen oder präsentieren, hilft Ihnen dieser Ablauf, um eine effektive Kollaboration vorzubereiten.

Einige TOPs können leicht durch einfache Zusammenarbeit behandelt werden. Andere werden ein höheres Maß an kollektiver Intelligenz und generativer Kollaboration erfordern. Im nächsten Teil dieses Kapitels werden wir die Prinzipien, die Schritte und die zur Steigerung von Resonanz, Synergie und Emergenz notwendigen Kollaborations-Katalysatoren vertiefen, um ein dynamisches und kraftvolles Niveau an generativer Kollaboration herzustellen.

# SFM Kollaborations-Katalysator: Ausgraben der Ressourcen

In dem Erfolgsfaktoren-Fallbeispiel über das Comau Pico Sonderanfertigungsteam wurde als Erfolgsfaktor die Förderung der offenen Kommunikation demonstriert. So können alle Beteiligten Synergien aus ihren Zielen und Ressourcen bilden und gemeinsame Kriterien für die Kollaboration festlegen. Wie Dave Redys sagte, ist es wichtig, wenn man eine effektive generative Kollaboration etablieren will, die Menschen mit einer gemeinsamen Philosophie auszuwählen.

Ebenso wichtig ist, über den Tellerrand hinaus zu schauen und nach Wegen zu suchen, wie die unterschiedlichen Bedürfnisse und Ressourcen sich ergänzen oder miteinander kombiniert werden können, um die Möglichkeiten zur Kollaboration zu bereichern. Diesen Prozess nennen wir „Ausgraben der Ressourcen".

Der Ablauf des Ressourcen-Ausgrabens soll Gruppen helfen, potenzielle Kollaboratoren mit sich überschneidenden Bereichen oder Synergien hinsichtlich der Bedürfnisse, Ressourcen und Kriterien zur Kollaboration zu finden.

1. Zu Beginn schreiben Sie den Titel ihres Unternehmens oder Projektes auf.


Projekt/Unternehmen: _____


2. Analysieren Sie ihre Bedürfnisse und Ressourcen. Die Fähigkeit einander mit notwendigen Ressourcen zu versorgen ist die Basis jeder effektiven Kollaboration. Wie wir gesagt haben, sind die grundlegenden Kriterien für Erfolg auf der persönlichen Ebene die Gefühle von Dankbarkeit und Großzügigkeit – Dankbarkeit für den Erhalt der Gelegenheiten und Ressourcen von anderen, die zu Ihrer Zielerreichung etwas beitragen wollen, und Großzügigkeit, die eigenen Ressourcen mit anderen zu teilen. Dies gehört ebenfalls zur Basis, um effektive Win-Win-Kollaborationen aufzubauen. Dankbarkeit entsteht, wenn andere uns Ressourcen bieten, die wir brauchen. Großzügigkeit ist unsere Bereitschaft, Ressourcen anzubieten, die die Bedürfnisse anderer befriedigen.

# Arbeitsblatt zur Einschätzung des Projekt- oder Unternehmensbedarfs

Listen Sie in den unten aufgeführten Aussparungen die Ressourcen auf, die Sie „haben müssen", „haben wollen" und die „wünschenswert" wären, um die Vision, die Mission und die Ambition Ihres Projektes oder Unternehmens zu erfüllen.

### Haben Müssen
Essentiell zur Erfüllung Ihrer Vision, Mission und Ambition

### Haben Wollen
Wichtig zur Erfüllung Ihrer Vision, Mission und Ambition

### Wünschenswert
Wenn möglich, würde dies Ihre Vision, Mission und Ambition eher oder leichter erreichbar machen

# Erfolgsfaktoren-Checkliste

Nutzen Sie die folgende Checkliste, um sicher zu stellen, dass Sie alle für Ihr Projekt relevanten Erfolgsfaktorebenen abgedeckt haben. Genauso lässt sie sich dazu nutzen, potenzielle Ressourcen zu ermitteln, die Sie anderen anbieten können.

**Ich brauche . . .**                                                                                     **Ich habe . . .**

| |
|---|
| **Umfeld-bedingte**<br>Z. B. Physische und soziale Unterstützung, Zeit, Platz, Anleitung |
| **Verhaltens-bedingte**<br>Z. B. Maßnahmen, die ich oder Andere ergreifen müssen |
| **Fähigkeiten**<br>Z. B. Know-how, Techniken, Fertigkeiten, Lehrer, usw. |
| **Überzeugungen/Werte**<br>Z. B. Motivation, Selbstbewusstsein, Vertrauen, Mentoring, usw. |
| **Identität**<br>Z. B. Sponsoren, Klarheit über die Rolle, Richtung im Leben, Abgrenzungen, usw. |
| **Spirituelle**<br>Z. B. Menschen, Erfahrungen, Ideen usw., die mich mit etwas Größerem verbinden. |

# Arbeitsblatt zum Ausgraben der Ressourcen

Fassen Sie jetzt die entscheidenden Ressourcen, die sie brauchen, in der linken Spalte zusammen. Listen Sie in der rechten Spalte alle Ressourcen auf, die Sie bei sich selbst identifiziert haben und fähig sind, Anderen anzubieten.

| Bedürfnisse | Ressourcen |
|---|---|
|  |  |

Wenn Sie demnächst mit zukünftigen Kollaboratoren zusammenkommen, sollten Sie Ihre Bedarfs- und Ressourcenliste mitteilen und Ihre potenziellen Kollaboratoren nach deren Bedürfnissen und Ressourcen fragen. Dies wird Ihnen helfen, die Bereiche zu finden, wo Sie einander helfen oder sich ergänzen können, um erfolgreicher zu sein.

Denken Sie daran, dass Sie vielleicht noch weitere Bedürfnisse entdecken werden oder Ressourcen haben, die Sie anbieten können, nachdem Sie diese Aufgabe erledigt haben. Sorgen Sie dafür, diese Ihrer Liste hinzuzufügen.

3. Bevor Sie anfangen, nach Bereichen einer möglichen Kollaboration mit potenziellen Kollaboratoren zu suchen, listen Sie Ihre Kriterien für die Zusammenarbeit auf. Warum wollen Sie zusammenarbeiten? Was soll die Zusammenarbeit leisten oder verkörpern, damit es für Sie interessant ist und Sie gewillt sind, sich darauf einzulassen? (z. B. „Sie vergrößert die Ressourcen", „sie ist erfreulich", „sie ist unterstützend", „sie vereint gemeinsame Werte" usw.

*Kollaborations-Kriterien:*

_____  _____

_____  _____

_____  _____

4. Treffen Sie sich mit ein paar potenziellen Kollaboratoren. Tauschen Sie sich zuerst über Ihre Kriterien für die Kollaboration aus. Versichern Sie sich dabei, dass Sie Ihre Schlüsselkriterien für die Zusammenarbeit benannt und deutlich gemacht haben, insbesondere diejenigen, die Sie beide gemeinsam haben. Dies ist die Quintessenz für Ihre Kollaboration.

    Zu diesem Zeitpunkt wissen Sie zwar noch nicht, welche Ideen zur Kollaboration entstehen, aber Sie wissen, was immer sie auch sein mögen, sie müssen diese bestimmten Kriterien erfüllen. Zum Beispiel könnten Sie und Ihr potenzieller Kollaborator entscheiden, dass Ihre Zusammenarbeit „finanziell profitabel" sein muss oder „Spaß machen" soll. Vielleicht sollen spezielle Ressourcen ausgenutzt werden. Vielleicht muss es [das Ergebnis] innerhalb eines bestimmten Zeitlimits eintreten. Mit anderen Worten [machen Sie sich Gedanken], welche Charakteristiken Ihre Zusammenarbeit befriedigen soll, auch wenn Sie jetzt noch nicht wissen, worin sie bestehen wird.

5. Als nächstes liest jede Person ihre Liste der Bedürfnisse und Ressourcen vor. Wenn Sie fertig sind, schauen Sie nach potenziellen Überschneidungen zwischen den Bedürfnissen des einen Gruppenmitglieds und den Ressourcen der anderen.

Danach sollten Sie in der Lage sein, eine Anzahl von potenziellen Bereichen der Synergie und Kollaboration unter den Gruppenmitgliedern zu benennen.

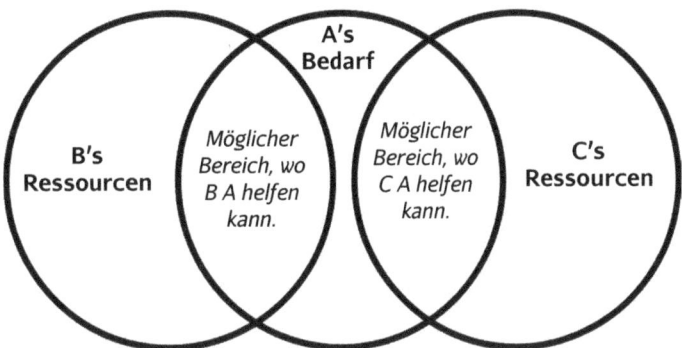

**Synergien zwischen Bedürfnissen und Ressourcen finden.**

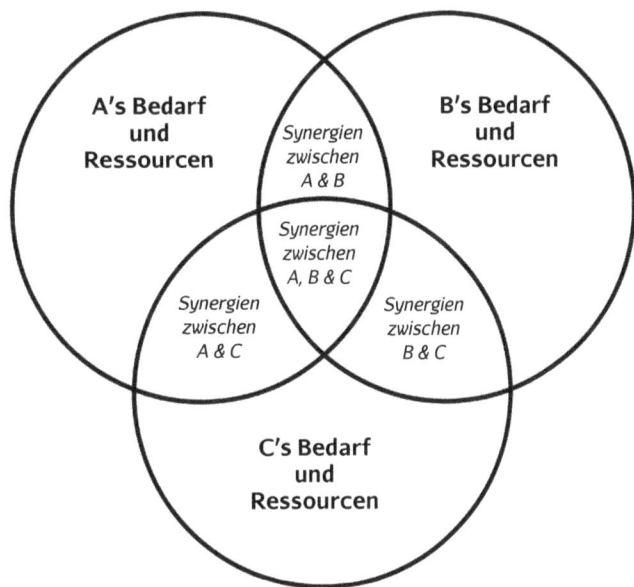

**Ausgraben der Ressourcen bedeutet, nach Synergiebereichen zwischen den Bedürfnissen und Ressourcen potenzieller Kollaboratoren Ausschau zu halten.**

6. Im letzten Schritt stellen Sie sich vor, dass die möglichen Kollaborationsbereiche zu Ihren Kriterien für die Kollaboration passen. Vielleicht müssen Sie die Synergien verfeinern oder mehr aufeinander abstimmen, damit sie zu den Randbedingungen durch die auferlegten Kriterien passen, die Sie zu Beginn des Prozesses zum Ausdruck gebracht und benannt haben.

Besonders als Gruppe müssen Sie jeden Vorschlag überprüfen, den Sie während der Phase des Ressourcen-Ausgrabens hervorgebracht haben. Schauen Sie auf jedes Ihrer Kriterien und finden Sie heraus, ob die mögliche Zusammenarbeit dieses Kriterium erfüllt. Wenn Ja, gehen Sie zum nächsten Kriterium über. Wenn es ein bestimmtes Kriterium nicht befriedigt, schmeißen Sie die Idee nicht gleich über Bord. Sondern versuchen Sie herauszuarbeiten, was Sie hinzufügen oder ändern müssen, damit diese Idee zu diesen Kriterien passt.

Versuchen Sie den ursprünglichen Vorschlag stufenweise zu modifizieren, damit er dem Kriterium entspricht, das noch nicht erfüllt wurde. Fahren Sie so lange fort, jeden der möglichen Synergiebereiche auf Ihre Kriterien hin zu überprüfen, bis Sie alle nachjustiert haben, um Ihre Kriterien der Kollaboration zu erfüllen.

# Von der Vision zur Aktion

Der Aufbau eines erfolgreichen Unternehmens jeglicher Art erfordert die Fähigkeit, eine Vision zu formulieren und dann einen Pfad festzulegen, der diese Vision mit konkreten Verhaltensmaßnahmen und Handlungen verbindet, und ihm zu folgen. Laut dem Success Factor Modeling besteht dieser Pfad aus verschiedenen Erfolgsfaktorebenen, die den Aufbau eines Projektes oder Unternehmens unterstützen:

- Die **Vision**: Die Vorstellung oder der Traum, der den „Geist" oder den höchste Bestimmung für all die damit verbundenen Ressourcen und Aktivitäten liefert – die Antwort auf die Fragen: Für wen und wofür sollen wir unsere Energie, Fähigkeiten und Handlungen einsetzen?

- Die **Mission**: Das „Identitätsgefühl", die Rolle und die Berufung, die Menschen bezüglich ihrer Vision haben – die Antwort auf die Frage, wer wir sind oder sein müssen, um die Vision zu verwirklichen.

- Die **Inspiration**: Die „Werte und Überzeugungen", die durch die Vision und Mission ausgedrückt oder herbeigeführt werden und die Motivation liefern, etwas zu erreichen – die Antwort auf die Frage: Warum haben wir diese bestimmte Vision oder Mission?

- Die **Strategie**: Die „Fähigkeiten" und erforderlichen Kompetenzen, um die Vision zu verwirklichen und die Mission zu erfüllen – die Antwort auf die Frage: Wie werden wir unsere Mission erfüllen?

- Die **Struktur** und der **Plan**: Der operative Plan oder die konkreten „Verhaltensweisen" und das „Umfeld", die das bestimmte Projekt oder den Plan bilden, der die Vision, die Mission und die Werte zum Ausdruck bringt – die Antwort auf die Fragen: Was werden konkret wir unternehmen, um unsere Mission zu erfüllen? Und wann und wo (in welchem Kontext) werden wir unser Projekt oder unseren Plan durchführen?

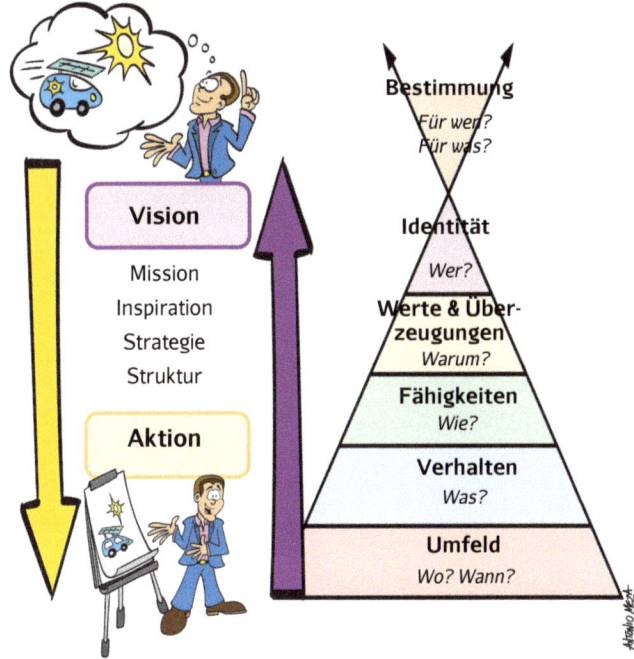

Die verschiedenen Erfolgsfaktorebenen müssen festgelegt und aufeinander abgestimmt werden, um den Pfad von der Vision zur Aktion zu bilden.

## SFM Kollaborations-Katalystor:
## Abstimmung der Rollen innerhalb einer gemeinsamen Vision

Die Ausrichtung des gesamten Teams auf eine gemeinsame Vision ist einer der wichtigsten Erfolgsfaktoren für dynamisches Teaming und die Bildung eines effektiven Erfolgszirkels. Die Handlungen und Ziele von Einzelnen innerhalb ihrer spezifischen Umgebungen müssen kongruent mit der Strategie und den Zielen des Unternehmens sein. Diese Ziele wiederum müssen kongruent mit der Unternehmenskultur und der Mission hinsichtlich seines größeren Umfeldes sein.

*Das Team auf eine gemeinsame Vision hin auszurichten, ist einer der wichtigsten Faktoren des dynamischen Teaming und wichtig für die Bildung eines effektiven Erfolgszirkels.*

In einem neuen Unternehmen haben die Teammitglieder „viele Hüte" auf. Wie die Vögel in unserem Schwarmbeispiel befindet sich jede Person in einer Art Führungsposition, oft organisiert sich ihre Rolle von selbst durch Interaktionen und Abstimmungen mit den anderen Teammitgliedern. Normalerweise gibt es keine einfache „Stellenbeschreibung" als letztendliche Handlungsanleitung. Somit ist ein Haupterfolgsfaktor für dynamisches Teaming, den Menschen zu helfen, ihre Aktivitäten gegenüber den anderen einzuordnen und auszurichten.

Das folgende Arbeitsblatt dient genau dazu. Jedes Mitglied des Teams sollte das Formblatt ausfüllen. Der Ablauf sieht vor, dass jedes Teammitglied sein Verständnis von der Vision und Mission des gesamten Teams ermittelt. Damit das Team sich miteinander abstimmen kann, ist es wichtig, dass diese Antworten kongruent mit dem Verständnis der anderen Mitglieder von der Vision und Mission des Teams einhergehen.

Jeder Einzelne sollte dann sein Verständnis für seine oder ihre Rolle, Werte und Prioritäten, Überzeugungen und Einschätzungen, Fähigkeiten, Aufgaben und den Rahmenbedingungen benennen, in denen er oder sie arbeiten wird, um die Vision und Mission des Teams zu unterstützen. Danach sollte jedes Teammitglied seine Antworten den anderen Teammitgliedern vorlesen, die diese Antworten mit ihrem eigenen Verständnis für die Rolle und die Aktivitäten der Person bezüglich der gemeinsamen Vision und Mission überprüfen.

# Arbeitsblatt zur Ausrichtung des Teams

1. Unsere kollektive Vision ist

_____

2. Unsere kollektive Mission ist:

_____

3. Meine Rolle bezüglich der kollektiven Vision und Mission ist:

_____

4. Mit dieser Mission und in dieser Rolle, sind meine Werte / Prioritäten:

_____

5. Mit dieser Mission und in dieser Rolle, glaube ich / vermute ich:

_____

6. Um mich an der Erfüllung der Mission zu beteiligen, werde ich folgende Fähigkeiten einsetzen:

_____

7. Ich werde diese Fähigkeiten einsetzen, um die folgenden Aufgaben zu erledigen

_____

8. Ich erledige diese Aufgaben unter folgenden Rahmenbedingungen:

_____

Vielleicht möchten die Teammitglieder einander Fragen stellen, um die Antworten weiter zu spezifizieren, die unklar und unpräzise sind. Sie sollten prüfen, ob sichergestellt ist, dass die Aufgaben und Prioritäten der anderen Teammitglieder, von deren Aktionen sie abhängen, klar definiert und ausreichend organisiert sind, um die notwendige Unterstützung von diesem Teammitglied bekommen zu können.

# SFM Kollaborations-Katalysator:
## Modeling der Erfolgsfaktoren von Dynamischem Teaming

Sobald der Pfad von der Vision zur Aktion festgelegt wurde und sich die Teammitglieder miteinander abgestimmt haben, ist es wichtig, die Bedingungen zu schaffen, damit die Teammitglieder diesem Pfad folgen können und die aktuellen Chancen vollständig ausnutzen können. Das bedeutet, die „Infrastruktur für Kommunikation und Kreativität" einzurichten, indem die erforderlichen Schlüsselerfolgsfaktoren für dynamisches Teaming und generativer Kollaboration festgelegt werden. Danach sollte eine Routine eingerichtet werden, um kontinuierlich während der Teaminteraktionen zu kontrollieren, ob und in welcher Ausprägung diese Erfolgsfaktoren anwesend sind.

Wenn Sie dies für Ihr eigenes Unternehmen einrichten wollen, untersuchen Sie zunächst ein dynamisches und „generatives" Team, dem Sie angehörten. Überlegen Sie, welche Merkmale dieses hervorragende Team hatte und wie es geführt wurde. Betrachten Sie Ihre Antworten unter den folgenden Aspekten.

*Was beeindruckt Sie am meisten, wie die Mitglieder dieses Teams interagierten, wie das Team geführt wurde oder wie es funktionierte?*

*Welche Schlüsselaktionen und Eigenschaften verkörperten das Team und seine Führung?*

- *Was unternahmen die Menschen zusammen? Wie behandelten sich die Menschen untereinander?*

- *Wie kommunizierten die Menschen? Gab es eine Kommunikationsinfrastruktur?*

- *Wie wurde Kreativität gewürdigt und gefördert?*

- *Welche Eigenschaften (innere und äußere) besaßen das Team, seine Mitglieder und seine Führung, die die Beziehungsebene und die Leistung der Mitglieder am meisten beeinflussten?*

Stellen Sie sicher, dass Sie alle Erfolgsfaktorebenen, die wir in diesem Buch untersucht haben, betrachten: Umfeld, Verhalten, Fähigkeiten, Überzeugungen und Werte, Identität/Mission und Vision/Zweck/Sinn.

Nun vergleichen Sie dieses Team und die Art, wie es geführt wurde, mit ihrer persönlichen Erfahrung, Teil eines 1. durchschnittlichen Teams und 2. ineffektiven oder „degenerativen" Teams oder Gruppe zu sein. Gehen Sie dieselben Fragen noch einmal in Bezug auf diese anderen Teams durch und wie sie funktionierten. [Sie können diese Übungen auch für ein bestimmtes Team durchführen, an dem Sie beteiligt waren und das im Laufe der Zeit auf unterschiedliche Weise oder zu unterschiedlichem Grad (generative, durchschnittlich, degenerativ) funktionierte.]

Welche Unterschiede machen den Unterschied aus? Nutzen Sie das folgende Arbeitsblatt, um Ihre Antworten festzuhalten.

# Arbeitsblatt zum Modeling von Dynamischem Teaming

| | Generativ | Durchschnittlich | Degenerativ |
|---|---|---|---|
| **Vision/Zweck/ Sinn** | | | |
| **Identität/Mission** | | | |
| **Werte/Überzeugungen** | | | |
| **Fähigkeiten** | | | |
| **Verhalten** | | | |
| **Umfeld** | | | |

Was ist in dem dynamischen oder generativen Team zugegen, dass es nur teilweise im durchschnittlichen Team gibt und im degenerativen Team fehlt oder nur marginal vorhanden ist?

Welche Erfolgsfaktorebenen gibt es mehr oder weniger, die Einfluss auf die Stärke der Beziehungen oder die Durchführung der Aufgabe haben, in den a) degenerativen, b) durchschnittlichen und c) generativen Teams?

Versuchen Sie, Ihre Überlegungen in fünf bis neun wesentliche Erfolgsfaktoren zusammenzufassen.

Wenn Sie schon über ein Team verfügen, ist es sehr kraftvoll, wenn Sie diese Übung gemeinsam als Team durchgehen, als eine Art „kollektiver Intelligenz". Üblicherweise lasse ich die Teammitglieder zuerst einzeln über ihre Antworten nachdenken und ihre drei oder vier stärksten Erfolgsfaktoren auswählen, die dann in einer Art „Benchmarking"-Intervision geteilt werden. Die Teammitglieder sollen auf Resonanz zwischen ihren Antworten achten, indem sie sich nicht so sehr auf die Worte, sondern auf die tiefere Bedeutung konzentrieren und erfahren, worauf die Sprache hinweist.

# SFM Kollaborations-Katalysator:
## Anfertigung einer Scorecard für Dynamisches Teaming

Sobald Sie die wesentlichen Erfolgsfaktoren für dynamisches Teaming und generative Kollaboration ermittelt und festgelegt haben, ist es nützlich, sie mit Hilfe einer „Scorecard" für das Team zu strukturieren.

Beachten Sie das Beispiel für eine Scorecard unten. Die wesentlichen Erfolgsfaktoren für dynamisches Teaming sind darin auf der linken Seite aufgelistet. Das Ausprägungsniveau jedes Erfolgsfaktors wird auf einer Skala von 1 bis 5 zwischen einem „niedrigen Niveau" verbunden mit geringer Leistung (1 + 1 = -1) und einem „hohen Niveau" verbunden mit effektiver, generativer Leistung (1 + 1 = 3) gekennzeichnet.

| Erfolgsfaktor | Niedriges Niveau | 1+1=-1 | 1+1=0 | 1+1=1 | 1+1=2 | 1+1=3 | Hohes Niveau |
|---|---|---|---|---|---|---|---|
| 1. Zweck des Projektes | vage | 1 | 2 | 3 | 4 | 5 | klar |
| 2. Diskussion | geleitet | 1 | 2 | 3 | 4 | 5 | offen |
| 3. Interaktion | vermieden | 1 | 2 | 3 | 4 | 5 | engagiert |
| 4. Unterstützung | selbst | 1 | 2 | 3 | 4 | 5 | jeder für alle |
| 5. Einsatz der Kompetenzen | nur wenig | 1 | 2 | 3 | 4 | 5 | vollkommen |
| 6. Rapport | niedrig | 1 | 2 | 3 | 4 | 5 | hoch |
| 7. Tempo | langsam | 1 | 2 | 3 | 4 | 5 | schnell |

Diese Scorecard kann bei verschiedenen Schlüsselsituationen während des Projektes oder bei einer Teaminteraktion eingesetzt werden, wobei die Teammitglieder innehalten und über die Anwesenheit und über die Ausprägung dieser Erfolgsfaktoren nachdenken sollten, indem sie die folgenden Fragen beantworten:

1. **Zweck des Projektes**
   Wie klar sind Ihnen die Ziele und Prioritäten des Projektes?

2. **Diskussion**
   Wie offen und ehrlich sind Sie bei der Diskussion der Themen, mit den Sie konfrontiert sind, und bei der Evaluation der Stärken und den Bereichen, die bei anderen Teammitgliedern verbessert werden können.

3. **Interaktion**
   Wie oft und vollkommen interagieren und kommunizieren Sie mit anderen?

4. **Unterstützung**
   Unterstützen Sie andere, damit sie bei ihren Aufgaben erfolgreich sind oder neigen Sie dazu, sich meist auf ihre eigenen Aufgaben zu konzentrieren?

5. **Einsatz der Kompetenzen**
   Wie vollständig wenden Sie ihre Kompetenzen an, um die gemeinsamen Ziele zu erreichen?

6. **Rapport**
   Wie beschreiben Sie das Niveau ihres Rapports, den Sie miteinander haben?

7. **Tempo**
   Wie nehmen Sie Ihr Tempo wahr, mit dem Sie die gemeinsamen Ziele und Vorgaben erfüllen?

Die Teammitglieder bewerten diese Fragen und vergleichen ihre Bewertungen hinsichtlich der korrespondierenden Erfolgsfaktoren, wobei Sie über ihre Stärken und die Bereiche nachdenken, in denen sie sich am meisten verbessern können.

# Gestalten Sie Ihre eigene Scorecard für Dynamisches Teaming

Vorausgesetzt, dass Sie generative Teams und Gruppen modelliert haben: Welche unterschiedlichen oder zusätzlichen Erfolgsfaktoren wollen Sie zu der Beispiel-Scorecard oben hinzufügen, um Ihre eigene Scorecard zum Dynamischen Teaming zu gestalten?

Nutzen Sie dazu die folgende Graphik, um die Schlüsselerfolgsfaktoren, die Sie für dynamisches Teaming und generative Kollaboration ermittelt haben, einzutragen und legen Sie die Ausprägungen auf niedrigem und hohen Niveau für jeden Faktor fest.

| Success Factor | Low Level | 1+1=-1 | 1+1=0 | 1+1=1 | 1+1=2 | 1+1=3 | High Level |
|---|---|---|---|---|---|---|---|
| 1. | | 1 | 2 | 3 | 4 | 5 | |
| 2. | | 1 | 2 | 3 | 4 | 5 | |
| 3. | | 1 | 2 | 3 | 4 | 5 | |
| 4. | | 1 | 2 | 3 | 4 | 5 | |
| 5. | | 1 | 2 | 3 | 4 | 5 | |
| 6. | | 1 | 2 | 3 | 4 | 5 | |

Jetzt schreiben Sie für jeden Erfolgsfaktor eine Frage auf, die Ihnen und Ihrem Team helfen wird, das Niveau auf dem Sie kollektiv arbeiten zu bewerten.

1. _____    4. _____

2. _____    5. _____

3. _____    6. _____

Auch dies ist eine kraftvolle Übung in kollektiver Intelligenz, wenn die Teammitglieder gemeinsam als Gruppenaktivität ihre eigene Scorecard entwickeln. Wenn man dies macht, empfehle ich häufig, dass jedes Teammitglied einen Erfolgsfaktor auswählt, mit dem er oder sie sich am meisten in Resonanz befindet, und für diesen Erfolgsfaktor die Patenschaft als „Champion" übernimmt. Zum Beispiel könnte in einem Team von acht Leuten jedes Teammitglied einen Erfolgsfaktor vorschlagen und eine Schlüsselfrage dazu vorstellen. Danach werden die Ausprägungen auf niedrigem und hohem Niveau unter Beteiligung der ganzen Gruppe definiert.

## Beispiel einer Scorecard für Dynamisches Teaming

Als Beispiel wurde die folgende Scorecard zum Dynamischen Teaming von Mitgliedern eines Teams entwickelt, das ich coachte, als sie dabei waren einen großen Investment Fond an den Start zu bringen. Diese Firma brachte ihren Investment Fond 2004 auf den Markt. Sie hatten mit sechs Leuten und circa 50 Millionen Euro angefangen. Innerhalb von vier Jahren wuchsen sie auf 60 Menschen an und investierten über sechs Milliarden Euros!

| Erfolgsfaktor | Niedriges Niveau | 1+1=-1 | 1+1=0 | 1+1=1 | 1+1=2 | 1+1=3 | Hohes Niveau |
|---|---|---|---|---|---|---|---|
| 1. Offenheit für Veränderung / Flexibilität | passiv / reaktiv | 1 | 2 | 3 | 4 | 5 | aktiv |
| 2. Planung | desorganisiert | 1 | 2 | 3 | 4 | 5 | organisiert |
| 3. Kommunikation | vage | 1 | 2 | 3 | 4 | 5 | klar |
| 4. Interaktion | zufällig | 1 | 2 | 3 | 4 | 5 | synergetisch |
| 5. Kompetenzerweiterung | selbstgefällig | 1 | 2 | 3 | 4 | 5 | ehrgeizig |
| 6. Verantwortungsgefühl / Einsatzbereitschaft | unbeteiligt | 1 | 2 | 3 | 4 | 5 | involviert |
| 7. Respekt / Anerkennung | nicht viel | 1 | 2 | 3 | 4 | 5 | hohes Maß |
| 8. Austausch / Großzügigkeit | gelegentlich | 1 | 2 | 3 | 4 | 5 | systematisch |

### 1. Offenheit für Veränderung / Flexibilität
Wie proaktiv verhalten sich die Teammitglieder gegenüber dem Kennenlernen neuer Instrumente und Aktualisierung ihres Wissens und Ansichten von Anderen?

### 2. Planung
Wie organisiert ist das Team, den Fokus auf mittelfristige und langfristige Ziele zu behalten?

### 3. Kommunikation
Wie klar ist die Kommunikation zwischen den Teammitgliedern?

### 4. Interaktion
Wie synergetisch und generativ ist die Interaktion zwischen den Teammitgliedern? Wie gut ist das Team in der Lage, über das Oberflächliche hinaus zu einem kreativen Wissens- und Ideenaustausch zu gehen?

### 5. Kompetenzerweiterung
Wie ehrgeizig sind die Teammitglieder, ihre Kompetenzen zu erweitern und sie einzusetzen?

### 6. Verantwortungsgefühl / Einsatzbereitschaft
Wie stark sind die Teammitglieder involviert, aktiv die Teamvision zu erreichen und als Team zu fungieren? Folgen die Teammitglieder ohne daran erinnert werden zu müssen? Verbringen die Teammitglieder Zeit damit, ein Team zu sein?

### 7. Respekt / Anerkennung
Wie viel Respekt und Anerkennung zeigen die Teammitglieder einander während ihrer Interaktionen?

### 8. Austausch / Großzügigkeit
Wie bereitwillig sind die Teammitglieder einzuspringen und einander zu helfen, auch wenn sie es nicht zu tun brauchen? Wie systematisch investieren die Teammitglieder ihre Zeit, um sicherzustellen, dass sich andere Teammitglieder weiterentwickeln?

# Zusammenfassung des Kapitels

*Dynamisches Teaming* ist eine Art Teamwork, das häufig spontan entsteht, bei dem die Gruppenmitglieder einander in ihren Kompetenzen und persönlichen Eigenschaften ergänzen, die Verantwortung für die Ergebnisse teilen und deshalb zusammen arbeiten, um mehr zu erreichen, als was sie durch die Summe ihrer Einzelleistungen schaffen würden. Dynamisches Teaming ist ein Beipiel, wie eine Kollaboration generativ sein kann (d. h., 1+1=3).

Das Schwarmverhalten der Vögel zeigt gute Beispiel und Metaphern für dynamisches Teaming. So müssen Gänse z. B. jährlich tausende von Meilen als Teil ihrer Wanderschaft zurücklegen. Indem sie zusammen fliegen, profitieren sie von dem Aufwind ihrer voraus fliegenden Gefährten. Damit können Gänsescharen 70% weiter fliegen als wenn sie allein reisen.

Die komplexen „Murmurations-"Muster von Staren sind ein weiteres Beispiel für das sogenannte *Strömen*. Werden die einfachen Regeln des Zusammenhalts, des Abstandes und der Ausrichtung aufeinander eingehalten, sind Ansammlungen von individuellen Vögeln in der Lage, sich gemeinsam zu bewegen und zu reagieren, Hindernisse zu vermeiden und als integriertes Holon zu handeln.

Ein ähnliches Regelwerk wurde bei den US-amerikanischen Kampfpiloten eingesetzt, um einen wichtigen und unwahrscheinlichen Sieg während der Schlacht um Midway zu erlangen; die Kriegswende im Pazifik während des Zweiten Weltkriegs. Indem einfache Kommunikations- und Handlungsanleitungen beachtet wurden, konnten die amerikanischen Flieger effektiv „strömen" und sich schnell an entscheidenden Bereichen des Luftraums sammeln. Obwohl sie stark in der Unterzahl waren, flogen die US-Piloten mit einer überwältigenden Durchschlagskraft dorthin, wo sie am meisten Wirkung erzielen konnten.

*Dynamische Teamentwicklung* bedeutet, Bedingungen zu schaffen, wo Teams bei unternehmerischen Aktivitäten gemeinsam „strömen" können, um die größte Wirkung im Dienst der Mission und Vision zu erzielen.

Im Erfolgsfaktor-Fallbeispiel über das Comau Pico Sonder-anfertigungsteam werden eine Reihe von Kollaborations-Katalysatoren gezeigt, die jede Gruppe bei unternehmerischen Aktivitäten nutzen kann, um dynamisches Teaming zu fördern. Diese beinhalten: Synergien zwischen Zielen herzustellen, Wände und Silos einzureißen, die Menschen in unterschiedlichen Rollen trennen, Kriterien für die Kollaboration mitzuteilen, sich wiederholende Kommunikation in den Schlüsselbereichen des Erfolgszirkels einzurichten und die Haltung von Partnerschaft und „dienender Führung" zu fördern.

Der *Ablauf zur Dynamischen Teambesprechung* skizziert eine einfache Methode, die für die Organisation fortlaufender Besprechungen mit Teammitgliedern, Kunden, Stakeholdern oder Partnern genutzt werden kann. Er bietet ausreichend Strukur, um ein Treffen zu planen und durchzuführen, und erlaubt gleichzeitig genügend Flexibilität und Spontanität, damit Resonanz, Synergie und Emergenz auftreten können.

Ein leistungsstarker Kollaborations-Katalysator für dynamisches Teaming ist das *Ausgraben der Ressourcen*, wodurch zukünftige Kollaboratoren ihre Bedürfnisse, Ressourcen und Kollaborationskriterien ermitteln und offen mitteilen können. Dies hilft den Menschen, die komplementären Gebiete zu finden, die für feste, nutzbringende kollaborative Beziehungen erforderlich sind.

Die Methoden *Abstimmung der Rollen innerhalb einer gemeinsamen Vision* und das *Arbeitsblatt zur Ausrichtung des Teams* helfen Teammitgliedern gemeinsame Werte zu ermitteln sowie ihre Fähigkeiten und Handlungen in Bezug auf die gemeinsame Vision und Mission abzustimmen.

Durch *Modeling der Erfolgsfaktoren für Dynamisches Teaming* wird eine effektive „Infrastruktur für Kommunikation und Kreativität" eingerichtet. Die für dynamisches Teaming und generative Kollaboration erforderlichen Schlüsselerfolgsfaktoren werden durch die Anfertigung einer *Scorecard für Dynamisches Teaming* festgelegt. Diese wird regelmäßig während der Teaminteraktion genutzt, um in entscheidenden Projektphasen zu prüfen, wie die Erfolgsfaktoren eingehalten werden.

# Referenzen und Literaturhinweise

- http://en.wikipedia.org/wiki/Team
- *Lessen from the Geese,* Robert McNeish, 1972;
- http://www.team-building-bonanza.com/inspirational-short-story.html
- http://www.suewidemark.com/lessonsgeese.htm
- http://en.wikipedia.org/wiki/Flock_%28birds%29 http://en.wikipedia.org/wiki/Flocking_(behavior)
- http://www.huffingtonpost.com/2013/02/01/starling-murmuration-bird-ballet- video_n_2593001.html
- **Murmuration**: https://vimeo.com/31158841
- **"Boids"**, Craig Reynolds, 1987; http://www.red3d.com/cwr/boids/applet/
- **GitHub flocking simulation** (http://black-square.github.io/BirdFlock/)
- *Alpha Leadership: Tools for Leaders Who Want More From Life*, Deering, A., Dilts, R. and Russell, J., John Wiley & Sons, London, England, 2002.
- *Steve at Work*, Romain Moisescot; allaboutstevejobs.com, 2012.
- *Visionary Leadership Skills*, Dilts, R., Meta Publications, Capitola, CA, 1996. (dt. *Von der Vision zur Aktion*, Junfermann, 1998, vergriffen)

# 06
# Die Weisheit der Vielen aktivieren

*Wer ist weise? Der, der von jedem lernt.*
*Wer ist mächtig? Der, der seine Leidenschaft zügelt.*
*Wer ist reich? Der, der zufrieden ist.*
*Wer ist das? Niemand.*
**Benjamin Franklin**

*Einige der größten Fortschritte geschehen, wenn Menschen mutig genug sind,*
*um ihre Wahrheit auszusprechen und anderen zuhören, die von ihrer sprechen.*
**Kenneth H. Blanchard**

*[Weisheit ergibt sich aus] zusammensitzen und ehrlich unsere Unterschiede*
*besprechen – ohne die Absicht sie zu verändern.*
**Gregory Bateson**

# Die Weisheit der Vielen aktivieren

**Halte Eigennutz und Gemeinwohl in der Waage.**

**Nimm die Welt in Graustufen wahr, nicht nur in schwarz oder weiß.**

**Denke gründlich über die Lektionen nach, die aus Erfahrungen gewonnen wurden.**

**Schritte zur Entwicklung von Weisheit**

Neben Leidenschaft, Vision, Mission und Ambition ist ein gewisses Maß an Weisheit ein signifikanter Faktor in Bezug auf die Denkweise, die zur Bildung erfolgreicher und nachhaltiger Geschäftsvorhaben gebraucht wird. Weisheit wird im Wörterbuch als das „Vermögen, unter Anwendung von Wissen, Erfahrung, Verstehen, gesundem Menschenverstand und Einsicht zu denken und zu handeln", definiert. Diese Aspekte des „Mindsets" werden angewandt, um zu „einem optimalen Urteil zu gelangen, welche Maßnahmen getroffen werden sollten". Deshalb handelt Weisheit von einer breiten und ausgewogenen Sichtweise, die es Personen oder Gruppen ermöglicht, bessere und ökologischere Entscheidungen zu treffen.

## Weisheit entwickeln

Die Entwicklung von Weisheit bedeutet, Menschen, Ziele und Situationen und deren Wechselwirkungen zu verstehen, um eine optimale Vorgehensweise festzulegen. Außerdem erfordert es die ständige Suche nach Erkenntnis, um sie auf gegebene Umstände anzuwenden.

In seinem im November 2013 veröffentlichten Artikel bei LinkedIn *How to Think like a Wise Person (Wie eine weise Person denkt)* beschreibt der Autor und Wharton Professor Adam Grant (der schon mehrfach in diesem Band zitiert wurde) folgende Schritte, um größere Weisheit zu entwickeln:

1. Denke gründlich über die Lektionen nach, die du aus Erfahrungen gewonnen hast.
2. Anstatt die Welt schwarz oder weiß zu sehen, nimm die Graustufen wahr.
3. Halte Eigennutz und Gemeinwohl in der Waage.
4. Stelle den Status Quo in Frage.
5. Versuche eher zu verstehen, als zu urteilen.
6. Konzentriere Dich eher auf den Sinn als auf das Vergnügen.

Benjamin Franklins Kommentar – „Wer ist weise? Der, der von jedem lernt." – zeigt, dass Weisheit auch das Einnehmen und Integrieren vielfältiger Perspektiven beinhaltet. Dies wiederholt sich in der Behauptung des Systemtheoretikers Gregory Bateson, wenn er sagt, dass sich Weisheit aus dem „Zusammensitzen und ehrlich unsere Unterschiede besprechen – ohne die Absicht, diese zu verändern", ergibt.

Vereinigt man die Überlegungen von Grant, Franklin und Bateson, können wir mehrere Prinzipien und Leitlinien aufstellen, um Weisheit zu entwickeln:

- Weisheit entsteht nicht allein aus der Erfahrung, sondern eher aus dem aufmerksamen Nachdenken über die aus der Erfahrung gelernten Lektionen unter Einnahme verschiedener Standpunkte.

- Weisheit folgt aus der Anerkennung von Feinheiten und vielfältiger Perspektiven. Grant weist darauf hin, dass das Ziel der Weisheit ist, „eher zu verstehen als zu urteilen".

- Weise Menschen und Gruppen sind bereit, die Regeln in Frage zu stellen. Anstatt die Dinge zu akzeptieren, wie sie schon immer waren, bedeutet Weisheit danach zu fragen, ob es einen besseren Weg gibt.

- Weisheit ist abhängig von der Balance zwischen dem, was ich „Ego" und „Seele" genannt habe; d. h. „Eigennutz mit dem Gemeinwohl" in Einklang zu bringen. Sie ergibt sich, wenn Menschen ermutigt und unterstützt werden, Wege zu finden, wie sie anderen nutzen können, die gleichzeitig die eigenen Ziele und Ambitionen voranbringen.

- Weisheit folgt, wenn man kontinuierlich den Fokus auf das größere Bild und den höheren Zweck richtet. Sie erfordert eine Verbindung zu dem, was Gregory Bateson als „Höheren Verstand" oder Feldintelligenz bezeichnete.

Um es deutlich zu sagen, Weisheit wird durch kollektive Intelligenz erheblich verbessert. Tatsächlich wurde herausgefunden, dass weisere Entscheidungen getroffen werden, wenn kollektive Intelligenz gepflegt und angewandt wird.

*Stelle den Status Quo in Frage.*

*Versuche eher zu verstehen, als zu urteilen.*

*Konzentriere Dich auf den Sinn als auf das Vergnügen.*

**Schritte zur Entwicklung von Weisheit**

## Die Weisheit der Vielen

In seinem Buch *Die Weisheit der Vielen* (2005) stellt James Surowiecki die kühne Behauptung auf:

> Unter den richtigen Umständen sind Gruppen bemerkenswert intelligent und oft schlauer als die schlausten Leute unter ihnen. Gruppen brauchen nicht von außergewöhnlich intelligenten Menschen dominiert zu werden, um schlau zu sein. Selbst wenn die meisten Leute innerhalb einer Gruppe nicht besonders gut informiert oder vernünftig sind, kann sie immer noch zu einer kollektiven, weisen Entscheidung kommen.

*Kollektive Entscheidungen sind höchstwahrscheinlich dann richtig, wenn sie von Menschen mit verschiedenen Meinungen getroffen werden, die zu unabhängigen Schlussfolgerungen kommen und vorrangig auf ihre eigene Information vertrauen.*

Tatsächlich behauptet Surowiecki, dass Gruppen, die aus „schlauen" und „nicht so schlauen" Vertretern bestehen, immer besser abschneiden als Gruppen, die nur aus „schlauen" Vertretern bestehen. Laut Surowiecki sind kollektive Entscheidungen höchstwahrscheinlich dann die richtigen, wenn sie von Menschen mit verschiedenen Meinungen getroffen werden, die zu unabhängigen Schlussfolgerungen kommen und vorrangig auf ihre eigene Information vertrauen.

Surowiecki weist auf natürliche Beispiele für „die Weisheit der Massen" hin, wie das intelligente Verhalten von Vogelschwärmen (s. Kapitel 5, S 256-259) und das Vermögen von Ameisenkolonien, den kürzesten Weg zur Futterquelle zu finden (s. Kapitel 4, S. 191). Er bezieht sich ebenso auf die selbstregulierende Natur der Märkte oder die Entwicklung der Open Source Computer-Codes (wie Linux) als Verwirklichungen der Weisheit der Vielen. Ein weiteres Beispiel, das er anführt, ist die Entdeckung der Lösung bei der SARS Epidemie 2003. Die Lösung erfolgte aus der Forschung und Datensammlung von vielen verschiedenen Krankenhäusern und Universitäten auf der ganzen Welt, die ohne eine einzelne zentrale koordinierende Organisation arbeiteten. Sie entstand aus einer größeren kollektiven Intelligenz.

*Ein einfacher, greifbarer Beweis für die „Weisheit der Vielen" ist das Abschätzen von Mengen. Das durchschnittliche Gruppenergebnis kommt der tatsächlichen Menge fast immer am nächsten.*

Als weiterer greifbarer Beweis für die Weisheit der Vielen präsentiert Surowiecki das Abschätzen von Mengen. Surowiecki zitiert als berühmtes Beispiel hierfür die Anekdote des Wissenschaftlers Francis Galton, einem Vorreiter in der Psychologie. Galton war auf einem Viehmarkt, wo ein Gewinn an die Person vergeben wurde, die das Gewicht eines großen Ochsen am besten erraten konnte. Mehr als 900 Menschen gaben ihre Einschätzung ab. Aus Neugier addierte Galton alle Schätzungen und bildete den Durchschnitt. Zu seiner Überraschung entdeckte er, dass, obwohl die einzelnen Annahmen stark voneinander abwichen, der Gruppendurchschnitt dem tatsächlichen Gewicht des Ochsen näher kam als fast jede andere Einschätzung aus dem Publikum und sogar näher lag als jede separate Einschätzung von Viehexperten.

Surowiecki behauptet, dass dasselbe Phänomen bei jeder Art von Mengenabschätzung passiert. Zum Beispiel, wenn man ein volles Bonbonglas nimmt und Menschen bittet, ihre Einschätzung unabhängig voneinander aufzuschreiben. Werden die Schätzungen gesammelt und addiert, ist der Durchschnitt fast ausnahmslos am nächsten an der tatsächlichen Anzahl der Bonbon.

Ich führe dieses Experiment regelmäßig bei meinen Trainingsprogrammen zur kollektiven Intelligenz durch und es ergeben sich durchweg eindrucksvolle Resultate. Die durchschnittliche Einschätzung der Gruppe kommt der tatsächlichen Menge immer am nächsten.

Die Tabelle unten zeigt ein Beispiel von meinen Seminar-gruppen. Wie Sie sehen, variieren die individuellen Schätzungen ganz erstaunlich. Bei den über 40 Vermutungen beträgt die niedrigste Schätzung 150 und die höchste 5.000! Diese große Diskrepanz ist ein wirkungsvoller Beweis, wie unterschiedlich unsere individuellen Wahrnehmungen und Urteile sein können. Doch das Mittel aller Vermutungen (884) kommt der tatsächlichen Zahl der Bonbons (836) sehr nahe. Nur zwei andere Einschätzungen waren etwas näher dran.

Dieses Beispiel zeigt ebenfalls, wie wichtig es ist, den Beitrag jedes Gruppenmitgliedes zu beachten. Wenn Sie beispielsweise die höchste und die niedrigste Vermutung verwerfen, würde der Durchschnitt von der tatsächlichen Zahl im Glas weiter abweichen. Der Beitrag eines jeden ist erforderlich, um die volle Weisheit der Vielen zu aktivieren.

## INDIVIDUELLE EINSCHÄTZUNGEN

| | | | |
|---|---|---|---|
| 1000 | 1384 | 737 | 300 |
| 1515 | 522 | 623 | 1250 |
| 480 | 1253 | 150 | 603 |
| 2708 | 252 | 623 | 1205 |
| 600 | 500 | 800 | 480 |
| 1062 | 321 | 288 | 816 |
| 190 | 3257 | 540 | 325 |
| 850 | 400 | 1263 | 5000 |
| 280 | 1124 | 417 | 500 |
| 222 | 350 | 780 | 424 |

### DURCHSCHNITT: 884.85
### AKTUELLE ANZAHL AN BONBONS: 836

**Ein Beispiel für die Weisheit der Vielen ist die Abschätzung von Mengen.**
**Die durchschnittliche Einschätzung der Gruppe kommt immer der aktuellen Anzahl am nächsten.**

Offensichtlich sind nicht alle Gruppen oder Massen weise. Tatsächlich kann genau dieselbe Gruppe in Abhängigkeit der Bedingungen für ihr Zusammenwirken weise oder nicht handeln. Einer der größten Störeinflüsse für die Weisheit in Gruppen ist beispielsweise die Konformität oder das „Gruppendenken". Anstatt die Weisheit in Gruppen zu steigern, beschränken Konformität und Konsens die Erforschung möglicher Alternativen oder Ideen. Um „hineinzupassen" oder um Zustimmung zu erhalten oder Bestätigung ihrer eigenen Meinungen, geraten Menschen oft ins Wanken durch das, was andere sagen oder denken.

Zum Beispiel ist es bei dem Schätzexperiment mit den Bonbons wichtig, dass die Menschen ihre eigene unabhängige Vermutung abgeben bevor sie wissen, was die anderen geschätzt haben. Wenn man dasselbe Experiment durchführt und die Menschen nacheinander ihre Vermutung laut aussprechen, so dass andere es hören können, können die vorausgegangenen Vermutungen die nachfolgenden beeinflussen. Die Schwankung bei den Schätzungen wäre wohl viel kleiner, doch der Durchschnitt kann viel weiter von der tatsächlichen Anzahl entfernt sein. Die Vermutungen einflussreicher Mitglieder einer Gruppe können unbewusst die Schätzungen anderer ins Wanken bringen.

Im Gruppenkontext hören die Menschen oft auf, auf ihr eigenes Wissen und ihre Ideen zu achten. Sie treffen Entscheidungen auf der Basis, was andere Leute in der Gruppe wissen, denken oder für gut befinden könnten. Gruppenmitglieder drücken vielleicht nicht mehr aus, was sie wirklich denken, besonders dann nicht wenn es wahrscheinlich Dinge durcheinanderbringt oder für Unruhe sorgt. Genau genommen ist es der Druck sich anzupassen, zu denken und zu handeln wie der Rest der Gruppe, der die Grundlage für Modewellen, Mobs und Faschismus bildet.

Surowiecki weist darauf hin, dass homogene Gruppen großartig darin sind, etwas zu tun, das sie gut machen, aber sie werden immer unfähiger, nach neuen Alternativen zu forschen. „Sie verbringen zu viel Zeit mit Ausbeuten und zu wenig Zeit mit Auskundschaften." Diversität leistet ihren Beitrag, nicht nur wegen der unterschiedlichen Perspektiven, sondern auch, weil es für die Einzelnen leichter wird zu sagen, was sie wirklich denken.

*Einer der größten Störeinflüsse für die Weisheit in Gruppen ist die Konformität oder das „Gruppendenken".*

*Im Gruppenkontext hören die Menschen oft auf, auf ihr eigenes Wissen und ihre Ideen zu achten. Sie treffen Entscheidungen auf der Basis, was andere Leute in der Gruppe wissen, denken oder für gut befinden könnten.*

*James Surowiecki definiert vier Bedingungen, um die Weisheit der Masse zu erzeugen: Diversität der Meinungen, Unabhängigkeit, Dezentralisierung und eine unvoreingenommene Weise individueller Rückschlüsse in einer kollektiven Entscheidung zusammenzufassen.*

Surowiecki fasst die vier Bedingungen zusammen, die Weisheit in Massen erzeugt:

1. *Meinungsvielfalt (Die Menschen vertreten ein breites Meinungsspektrum)*

2. *Unabhängigkeit (Die Meinungen der Menschen werden nicht von den Meinungen um sie herum bestimmt.)*

3. *Dezentralisierung (Die Menschen können sich spezialisieren und auf lokale Informationen zurückgreifen.)*

4. *Zusammenführung (Es existiert irgendein unvoreingenommener Mechanismus, um die individuellen Schlussfolgerungen in eine kollektive Entscheidung zu verwandeln.)*

Wenn diese Bedingungen eingehalten werden, kann die Weisheit einer Gruppe als Holon entstehen.

Surowieckis Ansicht, wie die Weisheit de Massen funktioniert, erinnert an die Vorstellung des politischen Ökonomen Adam Smith von der „unsichtbaren Hand", die das Verhalten der Menschen innerhalb eines freien Marktes lenkt. Laut Smith werden die Menschen, die rational aus Eigennutz handeln, „von einer unsichtbaren Hand zu einem Ende geführt, das kein Teil ihrer Absicht war" – d. h. ohne es zu wollen, ohne es zu wissen, treiben sie die Belange der Gesellschaft voran. Smith behauptete, dass die Menschen durch die Verfolgung der eigenen Interessen die Gesellschaft oft wirkungsvoller fördern, als wenn sie es absichtlich tun würden.

Smith Konzept der „unsichtbaren Hand" dient als Beispiel für einen „größeren Verstand" oder die Feldintelligenz, die durch die gleichen Muster wie von klugen Einzelpersonen gefördert werden; wenn man gründlich über die Lektionen nachdenkt, die aus der Erfahrung gewonnen wurden; Feinheiten erfasst und vielfältige Perspektiven einnimmt, eher um zu verstehen als zu urteilen; Alternativen zu erkunden und danach zu fragen, ob es einen besseren Weg gibt; sich auf die „Bestimmung" zu konzentrieren und die Waage zwischen Eigennutz und Gemeinwohl zu finden.

Aus diesem Grund würde ich die Bedeutung, dass Menschen eine gemeinsame Vision oder Bestimmung haben, als wichtigen Bestandteil zu Surowieckis Liste, wie weise Gruppen zustande kommen, hinzufügen. Dies gibt Gruppenmitgliedern die Möglichkeit, Eigennutz und Gemeinwohl (d. h. „Ego" und „Seele") auszugleichen und Wege zu finden, gleichzeitig der Gruppe zugute zu kommen und ihre eigenen Ziele und Ambitionen voranzutreiben.

*Eine gemeinsame Vision oder Be-stimmung zu haben, ist ein wichtiger Bestandteil von weisen Gruppen, weil sie den Mitgliedern die Möglichkeit bietet, Eigennutz und Gemeinwohl in der Waage zu halten und Wege zu finden, gleichzeitig der Gruppe zu nutzen und die eigenen Ziele und Ambitionen voranzutreiben.*

## Google's Suche nach dem Perfekten Team

*Für eine Art Success Factor Modeling wandte Google fünf Jahre Zeit und mehrere Millionen von Dollar auf, um Daten über Merkmale und Verhaltensmuster von Menschen in Teams mit verschiedenen Leistungsniveaus zu sammeln. Sie wollten bestimmen, wie sie den „kollektiven IQ" in ihren Teams verbessern können.*

Mehrere Schlüsselpunkte, die Surowiecki präsentiert, werden in den Ergebnissen der fünfjährigen Forschungsstudie wiederholt, die Google durchführte um herauszufinden, wie sie das perfekte Team bilden können. Wie viele der derzeitigen erfolgreichsten Firmen erkannte Google, dass es nicht ausreichte, einzelne Mitarbeiter zu analysieren und zu verbessern – was als Personalentwicklung bekannt ist. Da die Aktivitäten der Organisationen zunehmend globaler und komplexer werden, beruht die Mehrheit der Maßnahmen, um erfolgreiche Unternehmen zu schaffen mehr und mehr auf den Teams. Tatsächlich wurde in einer kürzlich im Harvard Business Review veröffentlichten Studie herausgefunden, dass sich innerhalb der letzten zwei Jahrzehnte „die Zeit, die Manager und Angestellte mit kollaborativen Aktivitäten zubringen, auf mehr als 50% aufgebläht hat" und dass bei vielen Firmen mehr als dreiviertel des Arbeitstages mit der Kommunikation mit Kollegen verbracht werden.

Als Folge fokussierte sich Google auf den Versuch, das perfekte Team zu bilden. Sie gaben Millionen von Dollar aus, um Daten über Merkmale und Verhaltensmuster von Menschen in Teams mit unterschiedlichen Leistungsniveaus zu sammeln. Wie Surowiecki wahrscheinlich vorausgesagt hätte, war es nahezu unmöglich, einen Beweis zu finden, dass die Zusammensetzung des Teams einen signifikanten Unterschied machen würde. „Wir schauten uns 180 Teams aus der ganzen Firma an", sagte Abeer Dubey, ein Manager in Googles Abteilung für Personalanalyse. „Wir hatten sehr viele Daten, aber es gab keinen Beleg, dass eine Mischung von spezifischen Persönlichkeitstypen, Fertigkeiten oder Werdegängen irgendeinen Unterschied machte. Der „WER"-Anteil der Gleichung schien keine Rolle zu spielen." Beispielsweise hatten zwei Teams beinah identische Mitglieder, doch zeigten sie radikal unterschiedliche Effektivitätsniveaus.

All das brachte die Forscher dazu, den Begriff eines „kollektiven IQs" zu formulieren, der innerhalb eines Teams entsteht und sich deutlich von der Intelligenz oder Persönlichkeit eines einzelnen Mitglieds unterscheidet; wir haben dies als „Gruppenverstand" bezeichnet. Wir könnten sagen, dass dieser kollektive IQ ein Maß für den Grad der „Weisheit" der Gruppe sein kann. Die große Frage war natürlich: „Wie fördert eine Gruppe die Entwicklung eines kollektiven IQs?"

Als die Google-Forscher verschiedenen Gruppen folgten, bemerkten sie zwei Charakteristiken, die alle guten Teams zu teilen schienen. Das erste war ein Phänomen, das die Forscher als „Gleichmäßige Verteilung der Redeanteile" bezeichneten. Bei den guten Teams sprachen die Mitglieder ungefähr im gleichen Verhältnis. Damit hat jede Person die gleiche Gelegenheit, etwas beizutragen.

**Gleichmäßige Verteilung der Redeanteile ist ein wichtiger Erfolgsfaktor, um den "kollektiven IQ" zu erhöhen.**

„So lange jeder die Chance hatte zu reden, ging es dem Team gut", fasste Anita Woolley, die Hauptautorin der Studie, zusammen. „Aber wenn nur eine Person oder eine kleine Gruppe die ganze Zeit spricht, verschlechtert sich die kollektive Intelligenz."

Als zweites hatten alle Mitglieder guter Teams einen hohen Grad an „sozialem Feingefühl", mit anderen Worten sie waren geschult wahrzunehmen, wie sich andere fühlten, aufgrund ihres Tonfalls, ihres Gesichtsausdrucks und anderer nonverbaler Hinweise. Diese Fähigkeit ist ein Ausdruck von Empathie und „emotionaler Intelligenz". Es bezieht sich ebenfalls auf das, was wir als „Zweite Position" beschrieben haben; das Vermögen, den Standpunkt eines Anderen einzunehmen.

Die Kombination der Merkmale wie „Redeanteile" und „soziales Feingefühl" ergeben die sogenannte „Psychologische Sicherheit". Psychologische Sicherheit ist „das Gefühl der Zuversicht, dass das Team einen nicht in Verlegenheit bringt, zurückweist oder für seinen Redebeitrag bestraft… Es beschreibt ein Teamklima, geprägt von zwischenmenschlichem Vertrauen und gegenseitigem Respekt, in dem Menschen sie selbst sein können". Laut Googles Daten entscheidet die psychologische Sicherheit mehr als alles andere, ob ein Team funktioniert.

Psychologische Sicherheit wird auch durch die authentische Selbst-Auskunft gefördert, wo Menschen mitteilen können, was sie wirklich denken und fühlen und private Informationen über sich selbst offenlegen können. In meiner Mastermind-Gruppe eröffnen wir oft eine Präsenzveranstaltung, indem wir in der Gruppe herumgehen und jedes Mitglied den Satz vervollständigt: „Eins der Dinge, die die meisten Menschen nicht von mir wissen ist…" Wenn Menschen etwas Privates und Bedeutsames von sich mitteilen, gibt es anderen die Erlaubnis, das gleiche zu tun.

Es überrascht nicht, dass noch ein weiterer Faktor aus der Google-Studie hervorging, nämlich die Bedeutung der wahrgenommenen Aufgabensignifikanz. Bei effektiven Teams wussten die Gruppenmitglieder genau, wie ihre Arbeit zu Googles größerer Mission passt.

In Anbetracht der Grundsätze, die wir bisher in diesem Buch behandelt haben, scheint es offensichtlich zu sein, dass die Kombination von psychologischer Sicherheit und Aufgabensignifikanz die Teammitglieder ermutigt und ihnen erlaubt, sowohl als individuelle, separate Ganze als auch als Teil eines größeren Holon zu handeln.

*Laut Googles Daten entscheidet die psychologische Sicherheit mehr als alles andere, ob ein Team funktioniert.*

**Soziales Feingefühl und die Fähigkeit zur Empathie und emotionaler Intelligenz sind weitere wichtige Erfolgsfaktoren für die Verbesserung des kollektiven I.Q.**

*Für die Gruppenmitglieder war es wichtig zu wissen, wie ihre Arbeit zu Googles größerer Mission passt.*

## Sechs Schritte zur Aktivierung der Weisheit der Vielen

In meinen Workshops zu Kollektiver Intelligenz und in der Arbeit über Generativen Wandel mit meinem Kollegen Dr. Stephen Gilligan stellen wir eine Reihe von Schritten vor, die effektive, weise und generative Kollaboration herstellen. Diese Schritte schließen sowohl Surowieckis Kriterien zur Aktivierung der Weisheit in Massen und Googles Fazit aus ihrer Suche nach dem perfekten Team ein. Die wesentlichen Schritte sind:

*Auf Grundlage des Success Factor Modeling haben Dr. Stephen Gilligan und ich sechs Schritte definiert, um effektive, weise und generative Kollaboration herzustellen.*

1. Gründen Sie einen COACH Container.

2. Ermitteln Sie die gemeinsame Intention bzw. Zweck oder Sinn.

3. Entwickeln Sie einen generativen Leistungszustand.

4. Fokussieren Sie sich auf ein Ziel oder Problem aus vielfältigen Perspektiven.

5. Halten Sie alle Perspektiven aus einem Zustand von Respekt und Neugier.

6. Erlauben Sie neuen Ideen und Möglichkeiten zu entstehen.

Die ersten vier Schritte werden durch die Kollaborations-Katalysatoren unterstützt, die wir in diesem Buch schon besprochen haben. Einen COACH Container schaffen (S. 73-75) und eine kollektive Intention ermitteln (S. 78-79) wurden in Kapitel 1 behandelt. Einen generativen Leistungszustand (S. 118-119) und Fokussierung auf ein Ziel oder Problem aus vielfältigen Perspektiven (S. 120-127) wurden in Kapitel 2 angegangen.

Alle Perspektiven aus einem Zustand von Respekt und Neugier erfordert die Bildung von psychologischer Sicherheit, wie die Google Forscher es nannten. Weisheit entsteht oft aus dem, was anfangs ein Paradox oder Widerspruch zu sein scheint. Die folgenden Kollaborations-Katalysatoren können angewandt werden, um Gruppen zu unterstützen, alle Perspektiven aus einem Zustand von Respekt und Neugier zu halten und neuen Ideen und Möglichkeiten zu erlauben zu entstehen.

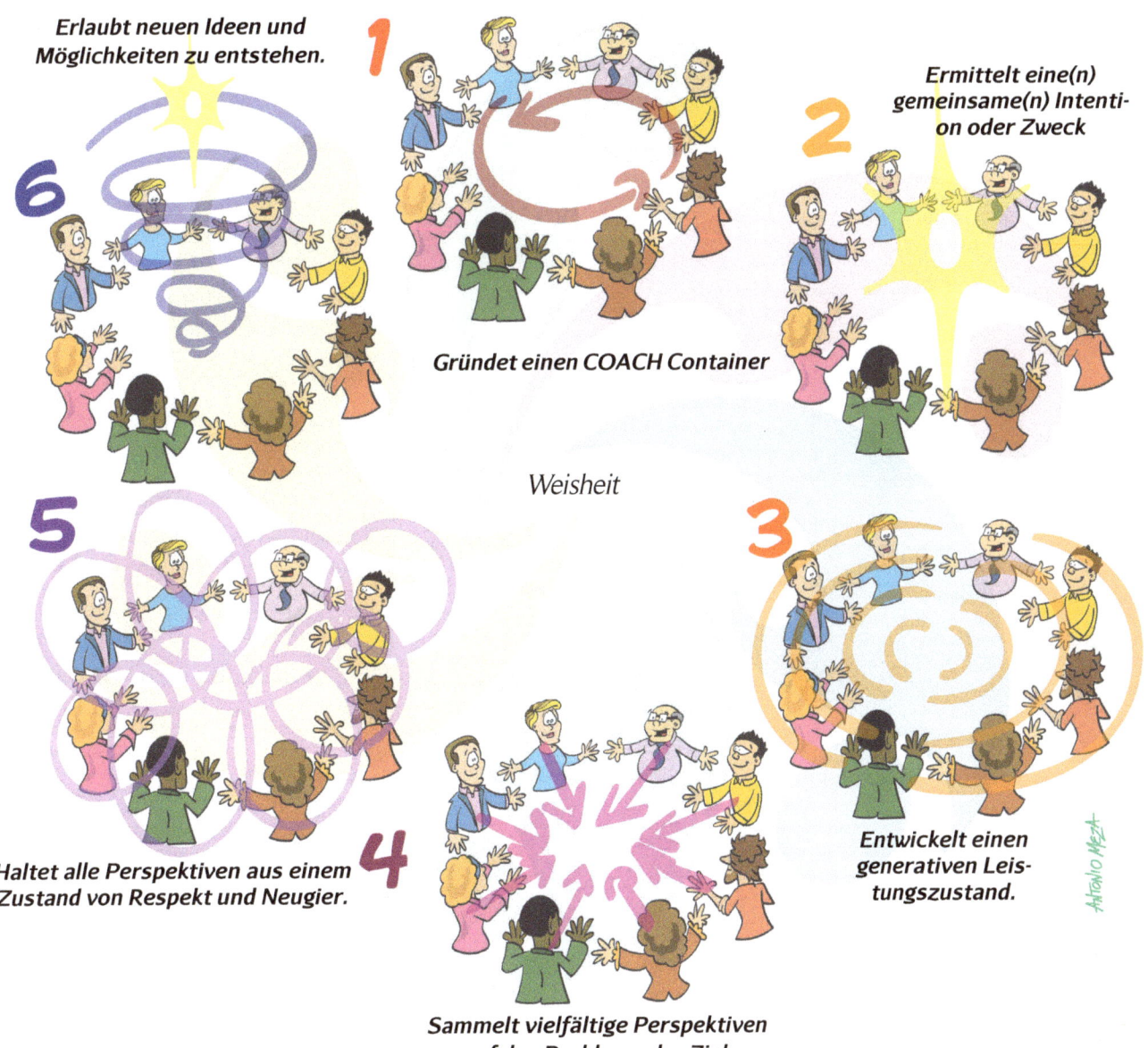

**Erlaubt neuen Ideen und Möglichkeiten zu entstehen.**

**1** Gründet einen COACH Container

**2** Ermittelt eine(n) gemeinsame(n) Intention oder Zweck

*Weisheit*

**Haltet alle Perspektiven aus einem Zustand von Respekt und Neugier.**

**Sammelt vielfältige Perspektiven auf das Problem oder Ziel.**

**Entwickelt einen generativen Leistungszustand.**

**Sechs Schritte zur Aktivierung der Weisheit der Vielen**

## SFM Kollaborations-Katalysator:
## Der Wechsel vom CRASH-Zustand zum COACH State

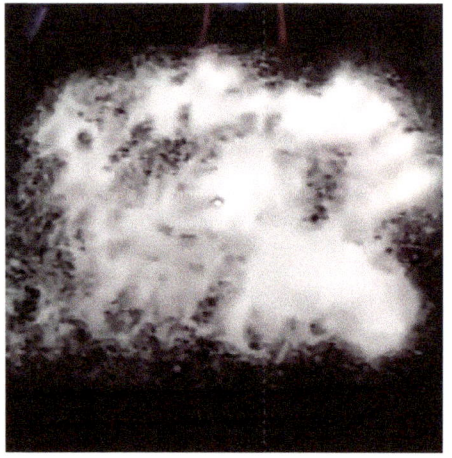

**CRASH Zustand**

versus

**COACH State**

Mit Vokabular aus diesem Buch können wir sagen, dass die psychologische Sicherheit ein Produkt des COACH Containers ist. Wenn Menschen zentriert, offen, aufmerksam, verbunden mit sich selbst und anderen sind und im ressourcenvollen Zustand mit Interesse all das, was kommt, halten können, fühlen sie sich sicher, authentisch zu sein und zu sagen, was sie wirklich denken. Das Gegenteil passiert, wenn Menschen sich im CRASH-Zustand befinden. Sie ziehen sich zurück, reagieren nur noch, analysieren zu viel, fühlen sich separiert und verletzt. Damit wird kollektive Intelligenz zerstört und keine Weisheit in Massen aktiviert.

Um in der Analogie der vibrierenden Metallplatte mit dem Sand aus Kapitel 1 (S. 50-51) zu bleiben, können wir sagen, dass der psychische und emotionale Zustand einer Gruppe eine Art Schwingungsfeld schafft. Wie das Kymatik-Experiment zeigt, bestimmt das Schwingungsfeld, welche Sandmuster entstehen. Auf den Kontext einer Gruppe oder eines Teams bezogen, können wir sagen, dass der Sand dem Inhalt ihrer Diskussion oder ihrer Aufgabe gleicht. Die Platte bildet dann den Rahmen ihrer Interaktion. Der Schwingungsgrad entspricht der Qualität ihres generativen Leistungszustandes. Wenn eine Gruppe in den CRASH-Zustand gerät, kann weder etwas Kreatives noch Innovatives entstehen. Befindet sich jedoch genau die gleiche Personengruppe in einem generativen COACH State und diskutiert und arbeitet an exakt demselben Inhalt, wird es viel wahrscheinlicher, dass neue Ideen und Möglichkeiten entstehen.

Die Signale einer Gruppe in einem festgefahrenen (CRASH) Zustand spiegeln sich in der nonverbalen „Musik" ihrer Interaktionen wider – die Unterhaltung wird schneller, die Atmung stoppt, es gibt keinen gleichmäßigen Rhythmus, die Menschen ruhen nicht mehr länger in sich, und es gibt keinen „Raum" mehr zwischen den Menschen oder den Worten.

Mit der folgenden Übung können Gruppenmitglieder ihr „soziales Feingefühl" trainieren und sich durch einfache nonverbale „Dirigenten-Signale" gegenseitig helfen, zurück in den COACH State zu kommen.

1. Die Gruppe einigt sich auf einen Bereich, wo sie gern eine kreativere Zusammenarbeit hätte (z. B. bei Budgetverhandlungen).

2. Die Gruppenmitglieder wählen nonverbale Signale aus für 1.) langsamer, 2.) Pause, 3.) atmen und 4.) zentrieren. Mit diesen Signalen kann die Gruppe zur Qualität ihres COACH Containers und einem generativen Leistungszustand zurückkehren oder diese stärken.

3. Die Gruppe bildet den COACH Container, legt in Bezug auf das ausgewählte Thema die gemeinsame Absicht zur kreativen Zusammenarbeit fest und beginnt die Interaktion.

4. Sobald sich ein Gruppenmitglied bewusst wird, dass er oder sie oder jemand anders anfängt, irgendein CRASH-Verhalten zu zeigen (Kontraktion, Reaktivität, übermäßige Analyse, usw.), kann das Gruppenmitglied jederzeit ein nonverbales Signal geben, das am geeignetsten erscheint.

5. Die Gruppenmitglieder reagieren erst auf die Signale, bevor sie die inhaltliche Interaktion fortsetzen.

6. Alle 10 – 20 Minuten sollte die Gruppe pausieren und über die Qualität ihres „Feldes" sowie ihrer Interaktion nachdenken. So kann auch sichergestellt werden, dass alle Mitglieder die Chance haben, ihren Beitrag einzubringen

Diese Art einer „ritualisierten" Praxis ist eine wirkungsvolle Methode, um die Dynamiken wie „soziales Feingefühl" und „gleichmäßige Verteilung der Redeanteile durch Sprecherwechsel" in das ständige Bewusstsein der Gruppenmitglieder zu bringen. Der eigentliche Zweck solcher Kollaborations-Katalysatoren ist, dass genau diese Dynamiken in die natürlichen und spontanen Interaktionen der Gruppe einfließen. Wir haben herausgefunden, dass nach wenigen Runden dieser bewussten Praxis die Gruppen für den aktuellen Grad ihrer psychologischen Sicherheit viel sensibler werden.

*Entspannen*

*Atmen*

*Pause*

*Langsamer*

**Beispiele für nonverbale Signale, um einen COACH Container aufrecht zu erhalten.**

## Verwandlung potenzieller Konflikte durch das Tetralemma

Zu Beginn des Kapitels zitierte ich Gregory Batesons Behauptung, dass sich Weisheit aus „zusammensitzen und ehrlich unsere Unterschiede besprechen – ohne die Absicht sie zu verändern" ergibt. Das Einnehmen vielfältiger, gegensätzlicher Perspektiven führt häufig zu den größten Durchbrüchen und generativsten, gebrauchsfertigen Lösungen .

*Das Einnehmen vielfältiger, gegensätzlicher Perspektiven führt häufig zu den größten Durchbrüchen und den generativsten Sofortlösungen.*

Jedoch geraten Gruppen oft in den CRASH Zustand, wenn sie unterschiedlichen oder scheinbar gegensätzlichen Sichtweisen begegnen. Anstatt genau darüber nachzudenken und die Welt nicht nur in schwarz-weiß sondern auch in Graustufen zu betrachten und eher zu versuchen zu verstehen als zu verurteilen, beginnen die Gruppenmitglieder darüber zu streiten, wer Recht hat. Sie versuchen, eine Vereinbarung zu forcieren und suchen nach Konsens. Einzelne fangen vielleicht an, ihre eigenen Ansichten zu verteidigen, die Meinungen der anderen zu attackieren oder zu kritisieren. Natürlich beeinträchtigt dies stark die Weisheit der Gruppe und die Kreativität in der Zusammenarbeit. Das Tetralemma ist ein Kollaborations-Katalysator, der Gruppen unterstützen soll, sich daran zu gewöhnen, solche Situationen in Chancen zu verwandeln, in denen etwas Neues entsteht.

*Der Tetralemma-Gruppenprozess ist ein Kollaborations-Katalysator, mit dem Gruppen potenzielle Konfliktsituationen in Chancen verwandeln können, um etwas Neues entstehen zu lassen.*

Dilemmas in Gruppen spiegeln Konflikte zwischen unterschiedlichen „Wahrheiten" oder Sichtweisen wieder. Das Tetralemma ist ein Ansatz, um ein Gefühl für den „positiven Wert" jeder Konfliktposition zu bekommen, wodurch eine integrative „Meta-Wahrheit" entstehen kann. „Tetra" ist das griechische Wort für die Zahl Vier. „Di" heißt zwei. „Lemma" ist die griechische Bezeichnung für einen bestimmten Punkt oder eine eingenommene Position. Wörtlich heißt Dilemma also „zwei Positionen". Tetralemma bedeutet „vier Positionen". Diese vier Positionen des Tetralemma sind:

1. X ist wahr.
2. Das Gegenteil von X ist wahr.
3. Sowohl X als auch das Gegenteil von X sind wahr.
4. Weder X noch das Gegenteil von X sind wahr.

Offensichtlich ergibt sich ein typisches Dilemma immer dann, wenn eine bestimmte Position oder ein Standpunkt seinem Gegensatz begegnet. Wenn einer der Gruppe behauptet: „Wir brauchen mehr (Unterstützung, Zeit, Mittel usw.)" und ein anderer dabeibleibt: „Nein, wir haben genug (Unterstützung, Zeit, Mittel usw.)" steht die Gruppe vor einem klassischen Dilemma. Dilemmas bestehen nicht immer aus solchen direkten gegenteiligen Aussagen.

Ein Gruppenmitglied könnte sagen: „Es ist wichtig, Maßnahmen einzuleiten und zu wachsen", während ein anderes sagt: „Wir müssen daran arbeiten, das zu stabilisieren, was wir schon längst tun."In jedem Fall würde die Tetralemma-Methode jeder Position einen Platz geben, d. h.

1. „Wir brauchen mehr X", 2. „Wir haben genug X"; oder 1. „Es ist wichtig zu wachsen", 2. „Wir brauchen mehr Stabilität, wo wir stehen". Die Wahrheit und der Wert jeder Perspektive würde bedacht und respektiert werden. Von jedem Standpunkt wird angenommen, dass er wertvoll ist und eine positive Absicht hat.

*Die ersten beiden Positionen des Tetralemma führen typischerweise zu einer Art Dilemma.*

Die dritte Position des Tetralemma wäre die, wo zu einem gewissen Grad beide Positionen gleichzeitig wahr sind. „Wir brauchen mehr X UND wir haben genug X." Oder: „Es ist wichtig zu wachsen UND wir müssen dort stabiler werden, wo wir stehen." Dies ist üblicherweise als „Meta-Position" im NLP bekannt. Die Meta-Position oder dritte Position ist häufig als „Position der Weisheit" bekannt, weil sie Raum für vielfältige Perspektiven schafft. Die dritte Position ist für praktisch jede Art der Verhandlung oder Konfliktlösung wichtig.

*Die dritte Position des Tetralemma erkennt die Gültigkeit der beiden ersten Positionen an.*

Die vierte Position des Tetralemma ist die faszinierendste und ungewöhnlichste. Die vierte Position beinhaltet eine Denkweise, dass keine Position letztlich „wahr" ist. „Weder ist es wahr, dass wir mehr X brauchen, noch ist es wahr, dass wir genug X haben." „Weder ist es wahr, dass es wichtig ist zu wachsen, noch ist es wahr, dass wir mehr Stabilität brauchen, wo wir stehen." Diese vierte Position eröffnet einen Raum oder ein Feld der Möglichkeiten, die sonst nicht berücksichtigt oder überhaupt bedacht worden wären. Diese Position hat das Potenzial für die Emergenz von etwas wirklich Neuem.

In vielerlei Hinsicht spiegelt das Tetralemma die vier Wahrnehmungspositionen wider, die wir in Kapitel 2 und 3 erkundet haben. Es gibt zwei Perspektiven, die gleich sind und neutral von einer dritten bezeugt werden. Die vierte Position ist eine „Feld"-Position. Im Tetralemma ist diese vierte Position das Feld der Möglichkeiten.

*Die vierte Position des Tetralemma, dass weder der erste noch der zweite Standpunkt wahr ist, eröffnet einen Raum oder ein Feld der Möglichkeiten, die sonst nicht berücksichtigt oder bedacht worden wären.*

Wenn Stephen Gilligan und ich diesen Prozess mit Gruppen durchführen, veranlassen wir die Gruppenmitglieder, die Standpunkte physisch an vier verschiedenen Orten zu positionieren und durch jede zu rotieren, so dass alle Gruppenmitglieder jede Denkweise eingenommen haben. Wir fügen auch einen fünften Ort im Zentrum der anderen hinzu, um den COACH State zu integrieren; die Position, die alle vier Standpunkte gleichzeitig beibehält. Das ist im Wesentlichen die Position der Wahlmöglichkeit. Jede oder alle anderen Perspektiven können hier berücksichtigt werden, ohne ihnen anzuhaften.

*Mit dem wiederholten Einüben des Tetralemma wird der Ablauf zu einer dauerhaften Ressource, um unterschiedliche Perspektiven auf generative Weise anzugehen.*

## SFM Kollaborations-Katalysator: Der Tetralemma Gruppenprozess

1. Benennen Sie ein Dilemma, das durch einen Konflikt oder gegensätzliche Sichtweisen oder Meinungen innerhalb der Gruppe ausgelöst wurde und zu einer Art Konflikt oder CRASH Zustand führt.

2. Legen Sie die Positionen des Tetralemmas in Form eines Diamanten aus (siehe Abbildung), indem die beiden Positionen des Dilemmas einander gegenüber stehen, während die dritte und vierte Position zwischen sie und darüber hinaus positioniert werden. Lassen Sie Platz für einen integrierenden COACH State in der Mitte der vier Positionen.

3. Die Gruppenmitglieder treten in jeden der fünf Orte ein, so dass alle Positionen besetzt sind. Jedes Mitglied nimmt dann die mit ihrer Position verbundenen Denkweise ein.

4. Die Gruppenmitglieder rotieren durch die Positionen, bis jede Person an jedem Ort gewesen ist und die mit der jeweiligen Position verbundene Denkweise erfahren hat.

Beachten Sie: Falls einer der Mitglieder bemerkt, dass er oder sie oder ein anderer der Gruppe beginnt zu „crashen", sollte er oder sie die zuvor etablierten Signale aus der vorigen Übung einsetzen.

5. Anschließend diskutiert die Gruppe über neue Einsichten und Möglichkeiten, die aus dem Prozess entstanden sind.

Ähnlich zu der vorherigen Übung kann der so strukturierte Gang durch das Tetralemma als Gruppe dabei helfen, als dauerhafte Ressource zur Verfügung zu stehen, um unterschiedliche Perspektiven in generativer Weise anzugehen.

Natürlich ist es genauso möglich und nützlich, das Tetralemma als Einzelne(r) zu praktizieren. Ähnlich wie bei dem Gruppenprozess, können Sie die vier Positionen mit einem Ort im Zentrum für den COACH State auslegen. Nehmen Sie dann selbst nacheinander jede Position mit der damit verbundenen Denkweise ein, um eine reichhaltigere und weisere Sicht auf die vielfältigen Perspektiven innerhalb des Teams oder der Gruppe, in die Sie eingebunden sind, zu erlangen.

Das folgende Erfolgsfaktor-Fallbeispiel zeigt anschaulich die Bedeutung, wenn so weise vielfältige Positionen und Perspektiven beibehalten und integriert werden können.

Im Tetralemma-Gruppenprozess werden potenziell konfliktträchtige Perspektiven integriert.

**Drew Dilts**

*Drew Dilts definiert seine Vorstellung von generativer Befähigung (Empowerment) als „Menschen werden mit Kompetenzen und Selbstvertrauen befähigt, um Anführer für gesellschaftliche Verbesserungen zu werden, die dann andere um sie herum in gleicher generativer Weise stärken und befähigen".*

## Erfolgsfaktor-Fallbeispiel
### Drew Dilts: Friedenskorps der Vereinigten Staaten Benin Moringa Farm und Bienenzucht-Projekt

*Generatives Empowerment – Generative Befähigung*

*Die Leidenschaft für Empowerment*

Erfolgreiche Unternehmer streben nach neuen Produkten oder Dienstleistungen, weil sie ein Problem erkennen, dass sie lösen wollen, oder sie stellen sich vor, wie etwas besser umgesetzt werden kann. Sie haben die „Berufung" oder die Leidenschaft, etwas Neues oder Anderes zu erschaffen. Das Gefühl der Berufung und die persönliche Leidenschaft treiben Unternehmer an, Risiken einzugehen und auch im Angesicht der vielen Herausforderungen, mit denen sie konfrontiert sind, fokussiert zu bleiben.

Schon in jungen Jahren wusste Drew Dilts, dass er die Welt verbessern wollte. Mit der Zeit verspürte er das persönliche Verlangen nach einer Art Unsterblichkeit. Er wollte die Gewissheit, dass ein Teil von ihm weiterleben und auch ohne seine physische Präsenz seine Mission verfolgen würde. Dies sollte ihm ermöglichen, weiterreichenden Einfluss auszuüben, ohne limitiert auf das zu sein, was er persönlich in einem Leben vollbringen konnte.

Die Integration beider Antriebe – die Welt zu verbessern und seine Mission über seine physische Präsenz hinaus zu erhalten – erweckten bei Drew die Leidenschaft für Generatives Empowerment, wie er es nannte. Drew erklärt dazu: „Durch das Empowerment von Menschen mit Kompetenzen und Selbstvertrauen, damit sie zu Anführern für gesellschaftliche Verbesserungen werden, die dann im Gegenzug die anderen um sie herum in der gleichen generativen Weise stärken, kann ich eine Kraft des „Generativen Empowerment" aufbauen, die weiter reicht als alles, was ich allein schaffen würde. Diese Kraft ist ansteckend, nachhaltig und entscheidend für den weltweiten Fortschritt. Indem ich sie freisetze, kann ich jeden Tag darüber mit der Befriedigung nachdenken, dass meine Mission weitergeht, auch wenn ich nicht mehr da bin." Laut Drew „stirbt eine nicht-generative Lösung, wenn man selbst stirbt" oder sie kommt zum Erliegen, wenn man selbst aufhört.

Drews Leidenschaft für generatives Empowerment veranlasste ihn nach seinem Bachelor in „Business- und Internationale Beziehungen" an der Universität zu San Diego, sich als Freiwilligen für das Friedenskorps der Vereinigten Staaten 2012 zu melden. Er wurde nach Benin in West Afrika geschickt. Dies ist eines der ärmsten Länder in Afrika, wo er die ökonomische Entwicklung fördern sollte. Hier nahm seine Leidenschaft für generatives Empowerment die Gestalt einer Vision an, die lautete:

„Gemeinschaften bewältigen erfolgreich ihre eigenen, schwerwiegenden gesellschaftlichen Probleme auf kollaborative, kreative und befähigende Weise.

## Kunden eine neue Vision vermitteln

*Kunden* sind die Empfänger und hauptsächlich Nutznießer der Berufung oder der Vision eines Unternehmers. Aufgrund ihrer Beziehung mit ihren Kunden, entwickeln Unternehmer ihre Produkte, Dienstleistungen und letztendlich ihr Unternehmen. Nachhaltigen Erfolg erreichen Unternehmer, wenn sie genügend Interesse und Umsatz generieren, um Ihren Betrieb zu unterstützen – indem sie ausreichenden Bekanntheitsgrad und Marktanteil aufbauen.

Ausgehend von der Stadt Glazoue in Zentral-Benin waren Drews erste „Kunden" die Stadtbewohner und die Beninesischen Dorfbewohner in kleinen ländlichen Gemeinden außerhalb der Stadtgrenzen. Viele der kleinen Dörfer sind immer noch sehr isoliert, und die Dorfbewohner haben bisher sehr wenig „weiße Menschen" gesehen – normalerweise als Entwicklungshelfer. Die Dorfbewohner leben immer noch fast so wie die Menschen vor hunderten von Jahren. Sie bewohnen Lehmhütten ohne Elektrizität und haben nur eine einzige Pumpe für ihre Wasserversorgung. Die Dorffamilien leben oft von weniger als dem Äquivalent zu 4 US Dollar am Tag. Drew beobachtete ebenfalls, dass viele Kinder in den Dörfern einen aufgeblähten Bauch wegen der Mangelernährung hatten. Auch wenn die Kinder allgemein genug zu essen hatten, fehlte der Nahrung ausreichend Protein und andere Nährstoffe.

Die Verbindung von relativer Armut und Mangelernährung veranlasste Drew die Vision von einem „kollaborativen, befähigenden, nachhaltigen, einkommen-generierenden Projekt" zu formulieren, „um die Mangelernährung mit natürlichen Ressourcen der lokalen Region zu bekämpfen."

Da er sich auf diese Region konzentrierte, kannte Drew den dort natürlich wachsenden Moringa Baum. Manchmal wird er auch als „Wunderbaum" bezeichnet, weil die Moringa-Blätter voll bepackt mit Vitaminen und Mineralien sind und alle neun essenziellen Aminosäuren enthalten. Damit gehören sie zu den sehr seltenen Pflanzen, die eine komplette Proteinquelle liefern. Gramm für Gramm enthält das Pulver, das aus getrockneten Moringa-Blättern hergestellt wird, viermal so viel Vitamin A als Karotten, viermal das Calcium der Milch, siebenmal das Vitamin C von Orangen, dreimal das Kalium von Bananen und mehr Eisen als Spinat.

**Drews Leidenschaft für generatives Empowerment führte ihn als Freiwilligen des US Friedenskorps nach Benin, West Afrika.**

*Die Verbindung von relativer Armut und Mangelernährung in dieser Region veranlassten Drew, seine Vision von einem „kollaborativen, befähigenden, nachhaltigen, einkommen-generie-renden Projekt zu formulieren, das den Moringa Baum und die Bienenhaltung einbezog, um die Mangelernährung mit natürlichen Ressourcen der lokalen Region zu bekämpfen".*

**Drew hatte die Vision von einer Gemeinschaft, die ihre sozialen Probleme, wie Armut und Mangelernährung in kollaborativer Weise angehen kann.**

*Drew musste jedoch mit einer Reihe von Hindernissen umgehen, um sein Unternehmen zu starten, einschließlich dem Unverständnis der Einheimischen, was "Ernährung" bedeutet" und ihrer gelernten Ab-hängigkeit von ausländischer Hilfe.*

Als Drew seine Vision mit seinem Wissen über die lokale Region zusammen-brachte, kam er auf die Unternehmensidee in Form einer Moringa-Plantage mit Bienenzucht. Das Unternehmen sollte die Kultivierung des Moringa Baumes, der von der Kreuzbestäubung profitieren würde, und die Bienenhaltung integrieren. Dabei würde ein doppelt gehaltvoller Honig entstehen, weil die Bienen in der Nähe des fast-immer-blühenden Moringa-Baumes gehalten würden. Dieser Honig bot eine bessere Quelle für Süßstoff als der teure Zucker mit niedriger Qualität, den die Einheimischen sonst gebrauchten.

Über die ernährungsbedingten Vorteile für die Dorffamilien hinaus konnte der Überschuss des Moringa-Pulvers und des Honigs an nahegelegene Städte verkauft werden und sogar an die Nachbarstaaten, was den Dorfbewohnern zusätzliches Einkommen bescherte.

Jedoch war eine von Drews Herausforderungen beim Start des Vorhabens, dass seine „Kunden" das Konzept von „Ernährung" nicht verstanden. Es kommt weder in ihrer kulturellen Vergangenheit noch in der traditionellen Erziehung vor, die Substanzen in ihrer Nahrung zu analysieren. Falls Drew versuchte zu erklären, dass „Vitamin C dem Immunsystem hilft", würden sie es nicht verstehen. Sie würden fragen: „Was sind Vitamine?" „Was ist ein Immunsystem?"

Vielmehr dachten die Dorfbewohner, dass es normal und sogar wünschenswert sei, dass ihre Kinder aufgeblähte Bäuche hatten, weil das bedeutete, dass sie „gut gefüttert" seien. Um sie zu überzeugen, musste Drew den Dorfbewohnern Fotos von afrikanischen Babys mit normalen Bäuchen zeigen und irgendwie eine Möglichkeit finden, ihnen das Konzept Ernährung leicht verständlich zu erklären. Er nutzte als Metapher ein Haus (indem er eins aus Stöcken baute) und erklärte: „Der Körper ist das Haus und Lebensmittel bilden das Haus." Das „Fundament" des Hauses nannte Drew „Erbauer" – d. h. Fleisch, Protein usw. Die „Wände" wurden aus den „Energiespendern" wie Mais, Reis, Süßkartoffeln usw. gebildet. Das „Dach" bestand aus „Beschützern" – d. h. Früchte und Gemüse. Nachdem er die Metapher präsentiert hatte, wies Drew darauf hin, dass jedes Essen ein „Haus" sein sollte und fragte: „Würdest Du wollen, dass Deine Familie in einem Haus ohne Dach lebt? Ohne Wände oder Fundament?"

Drew begegnete einer weiteren großen Herausforderung für das Unternehmen, nämlich der Überzeugung der Einheimischen, dass „sich die Antworten im Herzen und im Verstand der weißen Menschen befanden". Deshalb suchten sie stets im Außen nach Führung und Lösungen. Drew hatte beobachtet, dass in der Wechselbeziehung zwischen ausländischen Entwicklungshelfern und Einheimischen, die Entwicklungshelfer den Einheimischen oft nicht halfen, sich zu entwickeln. Viele Einheimische sahen in ihnen allwissende Befreier, die über die einzigen Lösungen von gewissen Problemen verfügten, die die Einheimischen allein nicht lösen konnten.

Tatsächlich wurde Drew bald klar, dass sehr viel der Beninesischen Ökonomie von der Hilfe als ihre Haupteinkommensquelle abhing. Er bemerkte, dass die besten und gescheitesten einheimischen Menschen eher zu einer Hilfsorganisation gingen, wo das Geld vom Staat oder von Hilfsgruppen kommt, als ein neues Geschäft anzufangen – dies war keine nachhaltige Situation.

Um diese Haltung wettzumachen, bat Drew eine Beninesiche Frau, die beim Friedenskorps angestellt war, um Unterstützung. Marthe kam aus einem Dorf und sprach die einheimische Sprache. Sie diente den Dorfbewohnern als Vorbild und Mentor, weil sie glaubwürdig und nicht weiß war. Deshalb war sie in der Lage, den Dorfbewohnern in ihrer eigenen Sprache überzeugend zu sagen: „Das könnte ihr besser." „Ich weiß, dass ihr es könnt." „Ich bin eine von Euch."

### Teammitglieder aufeinander abstimmen und motivieren

*Teammitglieder* sind eine Gruppe von Menschen, die am engsten mit dem Unternehmer zusammenarbeiten. Um erfolgreich zu sein, müssen Unternehmer ein Team aus kompetenten Einzelpersonen aufbauen, die kooperativ an der Erfüllung der Unternehmensmission arbeiten.

Drew musste sein Team aus den einheimischen Dorfbewohnern aufstellen, um die Moringa Farm und die Bienenzucht aufzubauen und auszuführen. Sie mussten das Land dafür roden, Zäune errichten, die Moringa-Samen aussäen und die Bienenstöcke ansetzen. Am Ende bestand das Moringa-Farm-Team aus einem Mann und 16 Frauen. Die 10 Bienenzüchter waren alle Männer. Diese Arbeitseinteilung spiegelt die substanzielle Geschlechterungleichheit in der Beninesischen Kultur wider, mit der Drew kämpfen musste.

Außerdem entdeckte Drew, dass, trotz der starken Dorf-, Stammes- und Familienbande unter den Einheimischen, die Menschen als Gruppe nicht so gut zusammenarbeiteten. Wegen ihrer kulturellen Beziehungen zurzeit und zur Dynamik sowie unerwarteter, familiärer Verpflichtungen kamen die Teammitglieder weder zur gleichen Zeit noch arbeiteten sie diegleiche Stundenzahl an bestimmten Tagen. Dies hatte zur Folge, dass der Arbeitsplan einzelner Teammitglieder sehr chaotisch sein konnte.

Da die Einkünfte aus dem Unternehmens gleichmäßig verteilt wurden, beobachtete Drew, dass besonders die Frauen aufeinander losgingen und „mit dem Finger zeigten", um die Teammitglieder zu kritisieren, von denen sie glaubten, dass sie nicht halb so viel gearbeitet hatten. Bei einigen Teammitgliedern führte es dazu, die Einstellung anzunehmen: „Warum sollte ich härter arbeiten, wenn jeder das gleiche bekommt, egal was ich tue"

*Drew musste sein Team aus den einheimischen Dorfbewohnern zusammenstellen, um die Moringa Farm und die Bienenzucht aufzu-bauen und durchzuführen.*

*Drew entdeckte, dass die Menschen als Gruppe nicht gut zusammen-arbeiteten, trotz der starken Dorf, Stammes- und Familienbande unter den Einheimischen.*

**Drew mit einem weiteren Freiwilligen aus dem Friedenskorps und zwei Dorfbewohnern.**

*Drew wies jedem Teammitglied eine eigene Parzelle zu. Jede Person erhielt so eine gewisse Autonomie innerhalb des Kollektivs, was ihr ermöglichte, direkt die Ergebnisse ihrer Bemühungen zu sehen.*

**Die Unternehmensmission bestand darin, jedes Teammitglied auf die Gesundheit der Gemeinschaft auszurichten, Best Practices auszutauschen und ein kollektives Benchmarking unter den Eigentümern der Parzellen zu pflegen.**

Drews Lösung war, jedem Teammitglied seine eigene Parzelle zuzuweisen. Dies gab jeder Person eine gewisse Autonomie innerhalb des Kollektivs und ermöglichte ihr, die direkten Ergebnisse ihrer Anstrengungen zu sehen. Dies machte Teammitglieder zu partiellen Stakeholdern. Sie waren stolz und fühlten sich für ihre eigene Parzelle verantwortlich, und sie hatten keine Entschuldigungen gegenüber den Bemühungen der anderen. Dieser Zug diente wirklich dazu, sie mehr zu einem wahren „Holon" zu machen – sowohl separates Individuum als auch Teil von etwas Größerem als sie selbst zu sein.

Interessanterweise brachte es die Leute eher dazu, kollektive Intelligenz zu entwickeln, als wenn jeder seine eigene Parzelle hatte. Es ermöglichte, Vergleiche anzustellen und bot natürlichen Austausch der „Best Practices". Es half auch, die Menschen anzuspornen und sie einander modellieren zu lassen. Als sie ihre eigenen Parzellen hatten, konnten die Teammitglieder sehen, wer zur Arbeit kam, wessen Parzelle gut vorankam und „welche Unterschiede einen Unterschied machten". Wenn eine Parzelle mehr Ertrag als die anderen Parzellen brachte, bemerkten die anderen: „Ich kann wohl etwas anders machen, wobei ich vielleicht nicht ganz so hart arbeiten muss."

Da die Gewinne aufgeteilt wurden, begannen die Teammitglieder zu bemerken: „Wenn wir alle härter und kleverer arbeiten, verdienen wir alle mehr Geld." Jede kleine Steigerung des Einzelnen erzeugte einen exponentiellen positiven Unterschied für jeden. Stellen Sie sich zum Beispiel vor, wie eine Person eine innovative und effektive Methode entwickelte, alle Bäume zu bewässern. Wenn es keine Parzellen gegeben hätte und jeder gleichzeitig auf der Farm gearbeitet hätte, hätten nur die Bäume von der innovativen Bewässerungsmethode profitiert, die der Erfinder bewässerte. Mit dem Parzellensystem konnte jedoch jeder die positive Auswirkung der Technik erkennen und diese Best Practice bei seiner eigenen Parzelle anwenden, wobei sich der Nutzen der Best Practice von dem Wert der Bäume auf einer Parzelle auf den Wert der Bäume auf 17 Parzellen vergrößerte.

Im Fall der Bienenzüchter, die sich zwangsläufig um ihre eigenen Stöcke kümmerten, wurde dieselbe Autonomie innerhalb der kollektiven Bemühung integriert.

**Best Practices**

**Benchmarking**

## Stakeholder auswählen und überzeugen

*Stakeholder* sind alle Einzelpersonen oder Gruppen, die in Bezug auf ein Projekt oder Unternehmen: von Entscheidungen oder deren Konsequenzen oder den beabsichtigten Ergebnissen – positiv oder negativ – betroffen sind; das Erreichen der erwarteten Ergebnisse behindern oder erleichtern; Ressourcen oder Kompetenzen haben, die die Qualität der Ergebnisse signifikant beeinflussen. Typischerweise sind Stakeholder solche Personen oder Gruppen, die den Schlüssel zu wesentlichen Ressourcen (wie finanzielle Investitionen) besitzen, die das Unternehmen braucht, um erfolgreich zu sein.

Zusätzlich zu der Beteiligung der Teammitglieder an ihrem eigenen Erfolg war für Drew die Entscheidung sehr wichtig, welche externen Stakeholder am Unternehmen beteiligt werden sollten. Aufgrund seiner Vision von einer generativ befähigten selbstbestimmten Gemeinschaft wollte Drew die Notwendigkeit für Anbieter von Schlüsselressourcen von außen möglichst klein halten. Drew wollte ein Unternehmen aufbauen, das „keinen Milliardär brauchte, um Tausende von Dollar zu spenden", das „kein medizinisches Team brauchte", und wo er selbst keine Anteile aus seinem eigenen Bankkonto nehmen und „es persönlich finanzieren" musste.

Letztlich wurden die Mittel zu 60% von der Gemeinschaft und zu 40% vom Friedenskorps und aus den USAID Food Security Funds (US-Hilfe für Ernährungssicherheit) gestellt. Die Hilfsorganisationen boten durch ihre finanzielle Unterstützung die Hilfe, um das Material für die Abzäunung und die Ausstattung für die Bienenzucht sicherzustellen. Die Mittel der Gemeinschaft, die die Kosten für das Land, die Arbeit, das Saatgut und den Materialtransport deckten, wurden mit der Unterstützung der einheimischen „Patrone" erworben. In der Benineischen Gesellschaft sind Patrone ausnahmslos Männer, die zu Status und Macht gekommen sind, weil sie sich ein gewisses Maß an Reichtum und Bildung verschafft haben. Patrone erlangen Loyalität und Respekt von den einheimischen Gemeindemitgliedern, indem sie ihnen in Form von Maßnahmen oder Geschenken „etwas zurückgeben", das zum Wohlergehen der Gemeinschaft beiträgt.

Drew konnte mit Hilfe des einheimischen Patrons Lucien 3 Hektar Land für sein Unternehmen sicherstellen, weil dessen Status ausreichte, um auf die Landvergabe Einfluss zu nehmen. In den ländlichen Gebieten Benins gibt es weder ein offizielles Grundbuchamt von der Regierung noch Immobilienmakler, sondern einen einheimischen Offiziellen, oder Delegierten, der entscheidet, wer die Rechte an welchem Land hat. Lucien war in der Lage, den Delegierten von dem Wert von Drews Projekt zu überzeugen und erwarb nah zum Dorf gelegenes Land für die Farm. Im Gegenzug wurden Lucien und der delegierte Bienenzüchter und bekamen Bienenstöcke und die erforderliche Ausrüstung.

**Drew hatte die Ambition, wesentliche Betriebsmittel hauptsächlich aus der Gemeinschaft heraus zu gewährleisten und die Moringa-Farm zu einem langfristig nachhaltigen Projekt zu machen. Die entscheidenden Stakeholder an dem Unternehmen waren die einheimischen "Patrone" und und externe Hilfsorganisationen.**

**Drews Schlüsselrolle in Bezug auf das Moringa Farm Projekt war, ein "Vorkämpfer für das befähigte Sein" zu werden und Partner mit Institutionen, wie der regionalen Bienenzüchter-Vereinigung, dem Gesundheitszentrum und der Saatgutbank, um die Schlüsselressourcen zu erhalten.**

*Laut Drew Dilts ist die Vision die Grundlage jeder unternehmerischen Aktivität. „Unternehmertum heißt etwas Neues zu schaffen. Noch existiert nichts. Alles, was du hast, ist die Vision."*

### Schlüsselpartner und Allianzen

*Partnerschaften und Allianzen* sind Win-Win-Beziehungen, die einem Unternehmer erlauben, Ressourcen auszuweiten oder wirksam einzusetzen oder die Sichtbarkeit zu erhöhen. Die erfolgreichsten Partnerschaften sind die, in denen sich die Rollen der potenziellen Partner ergänzen, wobei eine effektive Synergie zwischen ihren Ressourcen geschaffen wird.

Der Aufbau einiger Schlüsselpartnerschaften trug entscheidend zum Unternehmenserfolg von Drews Moringa Farm und Bienenzucht bei. Durch die Kollaboration mit der ansässigen Bienenzüchter-Vereinigung konnte Drews Team die erforderliche Ausrüstung zum halben Preis bekommen. Allianzen mit dem Gesundheitszentrum und der freiwilligen Saatgutbank vor Ort halfen, das für die Farm erforderliche Saatgut zu erwerben; ohne diese Allianzen wäre es viel zu teuer gewesen, die erforderlichen Mengen an Moringa Samen zu kaufen. Die Partnerschaft mit der Saatgutbank ermöglichten Drew und seinem Team einen Tauschhandel zu vereinbaren. Die Bank lieferte zunächst die Samen zur Gründung der Farm. Und der „geborgte" Samen wurden dann wieder ersetzt, sobald die eigenen Ernten Samen produzierten. Dies ermöglichte der Bank, sich selbst zu erhalten.

### Die Macht der Vision

Die *Vision* betrifft die Auffassung, die Menschen von dem größeren System haben, von dem sie ein Teil sind. Wie wir besprochen haben, ist die Vision „ein mentales Bild, wie die Zukunft sein wird oder sein könnte". Sie bietet eine übergeordnete Richtung für das Team und legt den Sinn ihrer Interaktionen fest; d. h. für wen oder für was ein bestimmtes Unternehmen oder Weg geschaffen wurde.

Für Drew Dilts ist die Vision die Grundlage jeder unternehmerischen Aktivität. „Sie ist entscheidend", sagt er. „Sie ist alles." Drew erklärt weiter: „Unternehmertum heißt, etwas Neues zu schaffen. Noch existiert nichts. Alles, was du hast, ist die Vision."

Drew erklärt, dass die mächtigsten Visionen die sind, in denen man „einen zukünftigen Zustand visualisiert, der ein Paradigmenwechsel ist." Die Herausforderung ist dann, so führt Drew aus, „den Leuten mit für sie komplett neuen Konzepten zu helfen, an Bord zu kommen." Im Fall des Moringa Baum und Bienenzucht Unternehmens war Drews Vision „nicht nur die Pflanzen auf einer großen Farm zu züchten; sondern eher ein integriertes System von Moringa Bäumen und Bienen zu schaffen, in dem jeder seine eigene Parzelle hat. Jedoch verkauft nicht jeder einzelne, sondern alle zusammen."

Die Kombination von Autonomie und Kollektivität war kritisch. Aus den zuvor beschriebenen Gründen war es wichtig, dass jede am Unternehmen beteiligte Frau ihre eigene Parzelle hatte. Drew bemerkt jedoch, dass er nicht in der Lage gewesen wäre, das Land für die Einzelnen zu bekommen. Es musste für die ganze Gemeinschaft sein. „Eine Frau allein hätte es nicht tun können", schließt er.

Ferner ermöglichte der Verkauf der Moringafrüchte und des Honigs als Ganzes den Dorfbewohnern größere und reichere Käufer anzuziehen, die mehr bezahlen konnten. Das Marketing als Gruppe erlaubte ihnen zweimal soviel für ihre überschüssige Ernte zu erzielen, als wenn sie sie einzeln verkauft hätten, weil sie bessere Preise erzielten. Dies unterstreicht die Macht, ein Holon zu sein.

Natürlich war es wichtig, den Verkauf an große, reiche Käufer gegen die Verbesserung der Ernährung in ihrem eigenen Dorf abzuwägen, indem die Verkäufe an die Einheimischen erschwinglich blieben.

Der Ansatz, den Drew vorschlug, war jedoch für die Dorfbewohner sehr neu und fremdartig. Und Drew brauchte viele kreative Anstrengungen, um sie zu überzeugen, sich zu beteiligen. Um als Unternehmer erfolgreich zu sein, „brauchst du ein tiefgehendes Verständnis von deiner Vision und eine Verbindung zu den Leuten, die du versuchst einzubinden", bestätigt Drew. „Du musst die Leute kennen, mit denen du arbeitest, und die Punkte hervorheben, die Ihnen gefallen werden."

Materieller Reichtum war zum Beispiel keine große Motivation für die Dorfbewohner. Sie lebten ein einfaches Leben (viele in kleinen Lehmhütten) ohne Elektrizität oder Wasseranschluss. Drew fand heraus, dass sein größter Motivator der Stolz auf das kommunale Wohlergehen war. „Wollt ihr, dass eure Gemeinde als starke, gesunde Gemeinde bekannt ist?", fragte er. „Wer will hier das Kind seines Nachbarn sterben sehen?" (Leider war das kein seltenes Ereignis.) „Wer kennt ein Kind, das gestorben ist, weil es zu schwach war? Was wäre, wenn ihr etwas tun könntet, um ihm zu helfen, und gleichzeitig Geld verdienen würdet?" Dann wies er darauf hin: „Ohne zu große Anstrengung, könnt ihr diesen Baum nutzen, um eure Gemeinde stärker und gesünder zu machen und Geld zu verdienen. Ist das nicht fantastisch?"

Drew erklärt: „Ich musste einen Weg finden, ihnen einen Schimmer meiner größeren Vision zu zeigen, dann flexibel und strategisch genug sein, ohne die Vision zu beeinträchtigen (d. h. Geld verdienen, während man Gutes für die Gemeinde tut)."

*Drew brauchte viele kreative Anstrengungen, um die Dorfbe-wohner zu überzeugen, sich am Unternehmen zu beteiligen. „Du brauchst ein tiefgehendes Ver-ständnis von deiner Vision und eine Verbindung zu den Leuten, die du versuchst einzubinden", stellt er fest. „Du musst die Leu-te kennen, mit denen du arbeitest, und die Punkte hervorheben, die Ihnen gefallen werden."*

**Drew fand heraus, dass sein größter Motivator der Stolz auf das kommunale Wohlergehen war. Er konnte Resonanz mit der Vision einer "starken, gesunden Gemeinde" erzeugen.**

*Laut Drew Dilts „formt die Vision die Identität der Menschen neu".*

**In Drews Vision verwandelten die Dorfbewohner ihre Identität in "Stärkende einer problemlösenden Gemeinschaft".**

## Die Transformation auf der Identitätsebene

Die *Identität* betrifft das Empfinden der Menschen für ihre Rolle oder Mission. Diese Faktoren hängen davon ab, was eine Person oder Gruppe selbst wahrnimmt, wer sie ist oder als wer sie von anderen wahrgenommen wird. Die Identität eines Unternehmens bezieht sich auf das Alleinstellungsmerkmal seines Produktes, seiner Dienstleistung oder Geschäftsmodells und entspricht dem, was ein Produkt oder eine Firma von ihren Wettbewerbern unterscheidet, d. h. es ist sein Markenkennzeichen (Branding).

Wie Drew sagt, „formt die Vision die Identität der Menschen neu". Im Fall seines Moringa/Bienenzucht-Unternehmens war die Konsequenz die Umgestaltung des Dorfes in eine „generativ befähigte Gemeinschaft". Als Analogie für diesen Identitätswechsel führt Drew das alte Sprichwort an: „Wenn du einem Menschen einen Fisch gibst, nährst du ihn für einen Tag; wenn du den Menschen lehrst zu fischen, ernährst du ihn sein Leben lang." Er geht noch einen Schritt weiter, wenn er sagt: „Wenn du eine Person lehrst, wie sie anderen das Fischen beibringt, ernährst du die ganze Gemeinschaft für immer." In Drews Vision verwandeln sich die Dorfbewohner von „Fischern" zu „Stärkenden einer problemlösenden Gemeinschaft".

Während seine Vision und sein Unternehmen Gestalt annahmen, traten jedoch eine Reihe von Identitätsproblemen auf. Drew wollte, dass sein Team die Farm wie „Geschäftsleute" verwaltete, „die ihre Geschichte anderen Dörfern mitteilten und versuchten weitere Probleme zu lösen". Denn auf diese Weise würden sie zu „Vorkämpfern eines befähigten Seins" und könnten authentisch sagen: „Wir lieben es, Probleme zu lösen" anstatt nach Handzetteln und schnelle Antworten zu suchen.

Eine seiner ersten Herausforderungen war, die Frauen dazu zu bringen, sich selbst als Geschäftsfrauen anzusehen. Beninesische Dorffrauen „sehen sich nicht als gleichberechtigt an", stellt Drew fest. Die Dorffrauen neigen eher dazu zu folgen. Frauen besitzen kein Land und schon gar kein Motorrad (das häufigste Transportmittel im Land). Im Allgemeinen können sie „nur soweit gehen, wie sie laufen können". Sie werden sagen: „Der Patron ist wichtig, weil er Geld und Bildung hat. Wir sind nur arme Frauen. Wir sind nichts." Da sie keinerlei eigenen Stolz haben, musste Drew bei ihrem Stammes- / Gemeinschaftsstolz ansetzen. Als er der Frage nachging: „Als wen siehst Du Dich selbst?", bemerkte er, dass die Dorffrauen ihre Mission in „der Gesundheit und dem Wohlergehen ihrer Kinder und der Gemeinschaft" sahen. Das heißt, sie sahen sich selbst am ehesten als Beitragende zu einem größeren „Holon". Wie vorher erwähnt, setzte Drew dies wirksam als Grundlage ein, um ein „Geschäftsmodell" zu entwickeln.

Die Männer im Dorf hatten andere Identitätsprobleme. Drew bemerkte, dass die Männer mehr „Ego" und ein Geltungsbedürfnis hatten. Die Männer waren sich mehr darüber bewusst, wie andere das Projekt und ihre Gemeinde ansehen würden. Es war zum Beispiel wichtig für die Männer, dass die Dinge „ordentlich" aussahen. Drew machte ihnen bewusst, dass eines ihrer rivalisierenden Dörfer mit der Bienenzucht begonnen hatte und eine Reputation als hervorragende Bienenzüchter erlangten. Aufgrund ihrer Rivalität begannen die Männer zu fordern: „Unser Dorf sollte die besten Bienenzüchter haben."

### Grundwerte und Überzeugungen lernen und leben

*Überzeugungen und Werte* bieten die Verstärkung, die besondere Fähigkeiten und Handlungen unterstützen oder verhindern. Sie beziehen sich auf das WARUM ein bestimmter Weg verfolgt wird und die tieferen Motivationen, welche Menschen zum Handeln oder Durchhalten antreiben. Werte und die damit verbundenen Überzeugungen bestimmen, wie Ereignisse und Kommunikation interpretiert werden und welche Bedeutung sie bekommen. Deshalb sind sie der Schlüssel zu einer Kultur.

Drew bestätigt: „Werte und Überzeugungen sind offensichtlich entscheidend, besonders für die Zukunft." Er beteuert: „Werte und Überzeugungen leiten Menschen an, individuelle Entscheidungen in Übereinstimmung mit der Vision zu treffen." Er wusste zum Beispiel, dass die Teammitglieder „es verstanden hatten", als die erklärten, warum sie entschieden hatten, die anderen Anbaukulturen entlang der Moringa Bäume anzupflanzen. „Die brauchen dann keine Pestizide", erklärten sie. „Wir erinnerten uns, dass du sagtest, Pestizide enthielten schlimme Chemikalien, und der Grund für die Moringazucht ist die Gesundheit zu verbessern." Drew bemerkt, dass „gemeinsame Werte und Überzeugungen der Mehrheit helfen, jeden anderen ‚bei der Stange' zu halten. Wenn zwölf oder sechzehn Stimmen sagen, ‚keine Pestizide' ist es leichter für die verbleibenden vier dem zu folgen."

Neben der Verbesserung der Gesundheit der Dorfgemeinschaft waren die Grundwerte des Moringa-Farm-Unternehmens Selbstversorgung (Autarkie) und Selbstbehauptungswillen (Self-Empowerment). Drew wollte, dass die Dorfbewohner wirklich die Überzeugung annahmen: „Wir können und sollten es selbst tun", und sich ständig fragten: „Wie können wir kreativ etwas tun (z. B. Bäume in geraden Reihen pflanzen) anstatt um Hilfe zu bitten?" Ein Beispiel dafür war, dass die Dorfbewohner, anstatt Holz für die Zäune und Pflöcke einkaufen zu gehen, sie es selbst mit viel geringeren Kosten sammelten.

*„Werte und Überzeugunen leiten Menschen an, individuelle Entscheidungen in Übereinstimmung mit der Vision zu treffen", sagt Drew.*

**Drew wusste, dass seine Teammitglieder es verstanden" hatten, als sie erklärten, warum sie entschieden hatten, die anderen Anbaukulturen entlang der Moringa Bäume anzupflanzen. "Die brauchen dann keine Pestizide", erklärten sie. "Wir erinnerten uns, dass du sagtest, Pestizide enthielten schlimme Chemikalien, und der Grund für die Moringazucht ist die Gesundheit zu verbessern."**

*Drews Mission bestand zum großen Teil darin, die Dorfbewohner zu unterstützen, aus der Grundüberzeugung heraus zu leben, dass sie „für fast alle Probleme da draußen, eine Lösung finden können."*

*Sobald die Menschen an sich selbst glaubten, „auch wenn eine Katastrophe eintreten und die Farm zerstören würde, würden sie eine neue Lösung finden".*

**Eine entscheidende Fähigkeit bei der Gründung eines neuen Unternehmens ist die Konfliktlösung. "Du musst dich mit dem Konflikt auseinandersetzen und ihn schnell lösen; besonders zwischen den Schlüsselstakeholdern",sagt Drew. Er musste einen möglichen Streit zwischen den Dorfbewohnern und einer Nomadenfamilie klären, die auf dem Land kampierte, das für die Moringa Farm genutzt werden sollte.**

Drews Mission bestand zum großen Teil darin, die Dorfbewohner zu unterstützen, aus der Grundüberzeugung heraus zu leben, dass sie „für fast alle Probleme da draußen, eine Lösung finden können". Er wusste, damit das Projekt erfolgreich war, mussten die Dorfbewohner wirklich davon überzeugt sein, dass sie es tun konnten. Wie Drew sagt: „Der Erfolg für die Zukunft des Unternehmens hängt von der Überzeugung ab, dass sie es selbst wachsen lassen können. Das ist es, was ein vorübergehendes Projekt zu einem nachhaltigen Unternehmen macht."

In dieser Phase, erklärte Drew, „wurden sie über Ernährung unterrichtet und welche Methoden und Materialien es gibt. Jetzt müssen sie rausgehen und es selbst tun anstatt nur zu kommen und hart zu arbeiten." Er fügt hinzu: „Jetzt kommt der wahre ‚unternehmerische' Teil. Sie können nicht nur an sich selbst glauben, sie müssen andere Dorfbewohner überzeugen." Auf diesem Gebiet war die Einheimische Frau Marthe, die anfangs erwähnt wurde, unverzichtbar als Modell und Mentor, um das Gefühl für Zuständigkeit und Verantwortlichkeit einzubringen.

Drews Ansicht nach sind Überzeugungen und Werte letztendlich sogar wichtiger als die Ergebnisse eines bestimmten Unternehmens. Sobald die Menschen an sich selbst glaubten, „selbst wenn eine Katastrophe eintreten und die Farm zerstören würde, würden sie eine neue Lösung finden." Wenn sich die Menschen als Folge des Unternehmens befähigt und über ein Problem informiert fühlen, dass wir versuchen anzugehen, sagt Drew, dann „war es ein einschlagender Erfolg." Das kommt daher: „Menschen wären sich über die Ernährung und Kooperationsstrategien bewusst. Sie würden wissen, wie gute/ schlechte Ernährung aussieht und sie wissen, dass sie als Gemeinschaft etwas dagegen tun können. Drew führt weiter aus: „Moringa ist nicht die einzige Antwort noch die komplette Antwort. Mit bewusster Wahrnehmung und Überlegung, kann eine Gemeinschaft, deren Leute an sich glauben, weitere oder bessere Lösungen finden."

## Schlüsselfähigkeiten ausweiten

*Fähigkeiten* betreffen mentale Landkarten, Pläne, Strategien und Kompetenzen, die zum Erfolg führen. Sie steuern die Auswahl und Überwachung von Handlungen.

Im Fall eines neuen und herausfordernden Unternehmens ist laut Drew die Konfliktlösung eine kritische Fähigkeit für einen Unternehmer. „Wenn du etwas Neues startest", sagt er, „hast du nichts auf das du zurückfällst. Du musst dich mit dem Konflikt auseinandersetzen und ihn schnell lösen; besonders zwischen den Schlüsselstakeholdern."

Hier ein Beispiel: Im Fall der Moringa/Bienen Farm hatte Drew drei Hektar Land für das Projekt gesichert. Als das Team das Land rodete, entdeckten sie jedoch, dass eine Fulani Familie auf dem Land lebte. Die Fulani sind eine Gruppe von Nomaden, die Rinder durch Zentralafrika treiben. Normalerweise bleiben sie für ein oder zwei Jahre an einem Ort, wo sie ihr Vieh weiden lassen bis sie in eine andere Gegend ziehen.

In Benin kommt es häufig zu einer dauerhaften, unterschwelligen Auseinandersetzung zwischen den nomadischen Fulani und den Fon (der größten ethnischen Gruppe im Land). Da sie Nomaden sind, kennen Fulani nicht den Begriff „Land". Weil ihr Vieh Teile der Ernte zertrampelt, wenn sie über das Land ziehen, gibt es häufig Spannungen zwischen ihnen und den Fon Farmern.

Einige Dorfbewohner wollten die Familie vertreiben und sie auffordern, weiterzuziehen. Drew hatte jedoch das Gefühl, dass sie Teil der erweiterten Gemeinschaft waren, auch wenn sie eine Minderheit darstellten. Also waren auch sie eine Art „Stakeholder". Außerdem handelte es sich um eine Familie und der Sinn des Projektes bestand darin, das Wohlergehen der „gesamten Gemeinschaft" zu unterstützen. Darüber hinaus fand Drew, dass die Vertreibung der Familie Reibereien hervorrufen (wie es in der Vergangenheit der Fall war) und eine zu große Ablenkung sein würde. Er entschied, dass er so kein neues Unternehmen beginnen wollte, indem schlechte Energie und Negativwerbung geschaffen wurde. Er glaubte „wir können einen Ausweg finden" und begann nach einer Win-Win-Lösung zu forschen, indem er das Dilemma in ein Tetralemma verwandelte.

Laut Drew war es wichtig, sich immer wieder zu fragen: „Was versuchen wir dort zu erreichen?" Das half, die Verbindung mit der höheren Vision und dem Sinn des Unternehmens aufrecht zu erhalten. „Es war klar", sagt er, „dass wir keinen Konflikt zwischen ethnischen Gruppen und Stämmen heraufbeschwören wollten. Und wir wollten diese Familie nicht entwurzeln." Wieder kam die Frage auf: „Wie können wir damit umgehen, ohne die Vision zu beeinträchtigen?"

Drew überzeugte die Dorfbewohner, die Farm zunächst mit 1½ Hektar zu beginnen. Dies würde die Gelegenheit bieten, das Projekt aufzubauen und an allen Herausforderungen im geringeren Umfang zu arbeiten, was die Erfolgschancen steigerte. Es würde gleichzeitig den Fulani Zeit geben, in ihrem natürlichen Rhythmus weiterzuziehen.

Dieses Beispiel weist auf eine weitere Fähigkeit hin, die „Sensitivität auf das Feedback" von den sogenannten „Feld"-Indikatoren aus dem größeren System, in dem man handelt. Laut Drew war der Fulani-Vorfall wie „ein Zeichen von Gott" nicht zu ehrgeizig zu sein. Wenn man ein transformierendes (umwälzendes)

**Drew untersucht die Hüten der Fulani Familie, die auf dem Moringa Farmland entdeckt wurden.**

*Eine weitere Fähigkeit für erfolgreiche Unternehmer ist die soziale/emotio-nale Intelligenz. Das bedeutet die Sorgen und Wünsche der Kunden, Teammitglieder und Stakeholder zu kennen und zu verstehen, wie das Projekt da hineinpasst. „Es ist wichtig, sich sehr bewusst zu bleiben, was funktioniert, was geändert werden muss, was fertig ist und was nicht", stellt Drew fest.*

Unternehmen gründet, stellt Drew fest, „ist es wichtig, sich sehr bewusst zu bleiben, was funktioniert, was geändert werden muss, was fertig ist und was nicht." Dies ist eine subtile Kompetenz. Es beinhaltet, sich der „Energie" und seiner „Instinkte" bewusst zu sein. Drew sagt, dass es nicht um „blindes Vertrauen" geht, sondern eher, seine Instinkte wie einen Kompass zu verwenden. Es funktioniert am besten, sagt er, wenn dieses Energiebewusstsein und der Instinkt mit Recherche und sorgfältiger Prüfung kombiniert werden.

Eine ergänzende Fähigkeit für erfolgreiche Unternehmer, betont Drew, ist die soziale oder emotionale Intelligenz. Das bedeutet, sich bewusst zu sein, was andere Menschen über das Unternehmen denken und zu fragen: „Was motiviert die Menschen?" Das vorherige Beispiel mit „Geld" gegenüber „Mangel-ernährung" als ein Schlüsselmotivator für die Gemeinde veranschaulicht das gut. Drew beteuert: „Es ist wichtig, darin übereinzustimmen, was Stakeholder und Teammitglieder wollen." Um dies zu erfüllen, muss der Unternehmer „Hinein-schauen. Sei sorgfältig. Kenne die Kultur, mit der du arbeitest. Verbringe Zeit mit ihnen. Du kannst nicht nur ‚den Raum befragen'. Du musst die Kultur kennen".

Das bedeutet, die „Sorgen und Wünsche" der Stakeholder zu kennen und zu verstehen, „wie das Projekt da hineinpasst". Drew weist darauf hin, dass es wichtig ist, „strategisch bei der Umsetzung des Projektes zu sein, so dass es ihnen Spaß macht und Befriedigung verschafft." Manchmal heißt das, ihnen „auf halben Weg entgegen zu kommen".

Ein Beispiel dazu: Die beninesischen Dorfbewohner verstanden das Konzept „Ernährung" nicht, aber Drew hatte beobachtet, dass die Beninesier Tränke und „Heilmittel" liebten (die führende Religion im Land ist Voodoo). Er erzählte ihnen: „Nehmt jeden Tag zwei Löffel hiervon (Moringapulver) und ihr werdet eine Vielzahl von Krankheiten vermeiden." Sie reagierten mit Neugier und Begeisterung. Drew sagt dazu: „Lüge nicht, aber sage es so, dass sie es verstehen können."

In einem anderen Beispiel ging es um die Festlegung eines Zeitrahmens als Arbeitszeitplan auf der Farm. Eine sehr frustrierende Sache an der Beninesischen Kultur ist, dass die „Leute nicht erscheinen und sie Dinge vergessen." Der Versuch, Termine in Bezug auf eine bestimmte Stunde oder auf eine konkrete Zeitdauer jeden Tag festzulegen, war ein Ding der Unmöglichkeit. Stattdessen nutzte Drew einen wöchentlichen Zeitraum. Das schaffte genügend Struktur so dass er und das Team sicher sein konnten, dass Dinge, die getan werden mussten, fristgerecht erledigt wurden, aber es gab auch die erforderliche Flexibilität, um sich der kulturellen Beziehung zurzeit anzupassen.

Um generatives Empowerment zu erreichen, muss laut Drew, "der Erfolg an der Verhaltensänderung gemessen werden". Drew fand heraus, dass "es wichtig war, schriftliche Auszeichnungen oder andere Belege der Beteiligung zu haben", wie eine "stille, sichtbare Erinnerung und die Aufmerksamkeit auf das zu lenken, was die Menschen norma-lerweise tun, aber nicht weiter beachten."

*Grundlegende Ergebnisse bei Verhaltensänderung*

*Verhaltensbezogene* Faktoren sind die konkret umgesetzten Maßnahmen, um zum Erfolg zu kommen. Sie umfassen, WAS konkret getan werden oder erfüllt sein muss, um erfolgreich zu sein.

„Der Verhaltensplan ist ein wesentlicher Schritt", behauptet Drew. Im Rahmen von Drews Vision, wird der Erfolg an der Verhaltensänderung gemessen. Wie er sagt: „Das Ziel ist letztendlich, eher Verhaltensänderungen hervorzubringen, als ein besonderes Projektergebnis." „Andere Unternehmen sind vielleicht eher mit wirtschaftlichen Ergebnissen befasst als mit Verhaltensänderung", erklärt er. „In diesem Kontext zählen Ergebnisse aber nur, um das weitere Ziel, die Verhaltensänderung, zu unterstützen. . . Ich sorge für Erfolg auf der Ebene der Farmerträge, weil er die Verhaltensänderung ermöglicht."

Drew fährt fort: „Jedermanns Verhalten ist sehr wichtig, mehr als Worte oder sogar monetäre Ergebnisse. Wenn sie beginnen, Geld zu verdienen, wird es ihre Verhaltensänderung erleichtern. Wen kümmert es, ob ein konkretes Projekt erfolgreich ist, wenn die Leute sich befähigt fühlen und befähigt werden, ihre eigenen Projekte zu beginnen?" Als Unternehmer, glaubt Drew, „ist es niemals OK, ein Verhalten zu akzeptieren, dass die Qualität des Projektes im Hinblick auf die Vision gefährdet" (zum Beispiel Chemikalien und Pestizide einzusetzen, wenn der ganze Sinn darin besteht, die Ernährung zu verbessern). Andererseits fand Drew, dass er wegen der Kultur flexibel mit den Zeitplänen sein musste, so lange es nicht die Werte und den Sinn des Projektes gefährdete. Es ist kein Teil der Beninesischen Kultur, konkret über Zeit oder Erwartungen nachzudenken.

In dieser Hinsicht fand Drew jedoch heraus, dass „es wichtig war, schriftliche Aufzeichnungen oder andere Beweise für die Beteiligung zu haben nicht für mich, sondern für sie". Laut Drew „war es eine stille, sichtbare Erinnerung und lenkt die Aufmerksamkeit auf das, was Menschen normalerweise machen, aber nicht beachten". Es begann sich ein Verantwortungsgefühl zu entwickeln.

Die Teammitglieder würden anfangen, sich zu schämen, wenn sie erkannten, dass ihre Beteiligung hinterherhinkte, mit dem Gefühl: „Oh je, ich glaube, ich habe nicht sehr viel diese Woche gemacht." Es unterstütze auch das Ego derjenigen, die sagen wollten: „Schau her, ich war da!"

Ein weiteres wichtiges Thema auf der Verhaltensebene war, wie stark Drew in seine eigenen Aktionen eingebunden war. „Wie kann ich mich so verhalten, dass ich sie zu einer Verhaltensänderung veranlasse?", fragte er sich. „Ich bin sicher, dass ich könnte hingehen und das Projekt zum Erfolg führen könnte. Ich könnte allen die Schritte im Projekt diktieren, wobei die Dorfbewohner es einfach

*Ein weiteres Schlüsselthema auf der Verhaltensebene war, wie Drew in seine eigenen Aktionen einge-bunden war. „Wie kann ich mich so verhalten, dass ich sie zu einer Verhaltensänderung veranlasse?"*

**Laut Drew Dilts "diktieren" die Umfeldfaktoren "nicht die Vision", sondern sie bestimmen, wie die Vision zum Ausdruck kommt. "Die Vision transzendiert die Umfeldfaktoren, aber die Umwelt beeinflusst den ganzen Visionsansatz."**

umsetzen. Aber das hätte dem Sinn widersprochen." Andererseits sagte er: „Es war es wichtig, flexibel damit umzugehen, wenn nach meiner Anwesenheit gefragt wurde. Ich dachte nicht, dass es notwendig war, aber es stellte sich heraus, dass es der beste Weg war, alle zusammen dorthin zu bringen; der beste Weg, dass die Motivierten, die anderen zum Arbeiten brachten."

Ein gutes Beispiel, wie Drew sein Verhalten anpasste, um die Initiative und „generative Befähigung" zu fördern war seine Strategie, mit den Kindern im Dorf umzugehen. Drew erklärt, dass die Kinder in Benin immer die „yovo" (weiße Personen) nach Geld fragen. Anstatt ihnen Geld zu geben (was nur den Glauben nährte, dass weiße Menschen alles Geld und alle Antworten haben) oder die Kinder wie eine „Belästigung" zu ignorieren, band Drew sie als Helfer beim Farm-Projekt mit ein.

Wegen des heißen Klimas in Benin trinken die Menschen viel Wasser. Oft kommt das Wasser in kleinen Plastiktüten. Die Menschen trinken das Wasser, schmeißen die Tüten am Straßenrand weg, und verursachen so eine erhebliche Menge an unansehnlichen Abfalls. Drew erkannte, dass sie für das Moringa-Projekt die Tüten gebrauchen konnten, um den Moringasamen darin anzuziehen. „Du schneidest die Spitze ab und stichst Löcher in den Boden; füllst die Tüte mit Erde und setzt ein einzelnes Samenkorn hinein", erklärt Drew. „Die Tüten ermöglichen dir, die Samen leichter in eine Reihe zu setzen und sie zu wässern. Außerdem brauchst du kein Land, um anzufangen." Drew fand heraus, dass er 900 Tüten in seinem kleinen Zement-Hinterhof lagern konnte.

Anstatt den Kindern nur Geld zu geben, bezahlte Drew ihnen 50 Beninesische Franc (ungefähr 10 Cent) für einhundert Tüten. Dies reduzierte den Abfall und unterstützte gleichzeitig das Farm-Projekt. Die Kinder bekamen Geld, aber mit dem Gefühl, dass sie es „verdienten", indem sie etwas Wertvolles taten.

### Anpassung der Vision an das Umfeld

*Umfeldfaktoren* sind exerne Umstände und Merkmale, die konkrete Chancen oder Einschränkungen bestimmen, die Menschen und Organisationen erkennen müssen und auf die sie reagieren sollten, um erfolgreich zu sein. Umfeldfaktoren beziehen sich auf das WO und WANN Aktionen unternommen werden sollen.

Drew macht geltend, dass letztendlich „die Umfeldfaktoren der Hauptgrund waren, weshalb wir die Sache machten". Er erklärt weiter: „Sie diktierten nicht die Vision (über die Ernährung, die Selbst-Behauptungsbefähigung und die Kollaboration), aber sie bestimmten, wie die Vision zum Ausdruck kam."

Wie Drew erklärt, wählte er ein Landwirtschaftsprojekt, weil der Kontext eine ländliche Umgebung war. Er wählte Moringa Bäume, weil Mangelernährung ein großes Problem in der lokalen Gemeinde darstellte. „Wir suchten die Moringa aus, weil sie nahrhaft und haltbar ist und keine besonderen Bodenbedingungen braucht. Sie kann in Sand wachsen. Wir wussten, was unsere Einschränkungen für andere Pflanzen waren, wie der Wasserverbrauch und die Bodenqualität." Bienenzucht wurde gewählt, weil wir Rabatt darauf bekamen und es mit der Moringa Farm eine gute Synergie gab.

Er wählte eine Farm, weil sie das Land bekamen. Drew war sich bewusst, dass der Delegierte ein Unterstützer der Moringa war und glaubte, er würde einwilligen, den Dorfbewohnern das Land für ein solches Projekt zu geben. Er weist darauf hin, dass, wenn er das Land nicht hätte bekommen können, „wir vielleicht nur von Tür zu Tür gegangen wären und hätten die Menschen gefragt, ob sie Moringas in ihren Gärten anpflanzen."

Die Umgebung war eine Herausforderung für die Farm. Sie mussten das Land roden und während der Trockenzeit beginnen. Es gab keinen Regen und die Dörfer hatten keine Bewässerung. So verschob sich das Projekt um 2 ½ Wochen, weil es keinen Regen gab.

Drew zieht das Fazit, dass „die Vision die Umfeldfaktoren transzendiert, aber das Umfeld den ganzen Ansatz bis zur Vision beeinflusst".

*Fazit*

Drews Fall zeigt deutlich, wie er eine signifikante „Plattform" in seiner Kollaborationsspirale geschaffen hatte durch:

1. Das Meistern der relevanten Erfolgsfaktoren
2. Die Fähigkeit, die erforderlichen kollaborativen Beziehungen aufzubauen, um einen robusten Erfolgszirkel zu entwickeln.
3. Das Vermögen sich an kollektiver Intellegenz und generativer Kollaboration zu engagieren und diese zu ermöglichen.

Drew Dilts bildete seinen Erfolgszirkel, indem er viele Prinzipien anwandte, die wir in den ersten beiden Bänden dieser Success Factor Modeling Serie erkundet haben. Er hatte ein tiefes intuitives Verständnis von den vielfältigen Erfolgsfaktorebenen, die im Success Factor Modeling Band I beschrieben und am Anfang dieses Buch zusammengefasst wurden – Vision, Identität, Werte und Überzeugungen, Fähigkeiten, Verhalten und Umfeld.

*Drew arbeitete systematisch an der Entwicklung jedes Quadranten seines Erfolgszirkels: er wandte die Vision auf seine Kunden zur Schaffung eines einzigartigen, gemeinnützigen Projekts; er richtete sein Team auf die gemeinsame Mission, der Verbesserung der Gesundheit und des Wohlergehens der Gemeinde, aus; er setzte die Ambition der Stakeholder wirksam zum Erwerb benötigter Ressourcen ein; und nutzte seine Rolle zur Kollaboration mit Partner, um Kosten zu reduzieren und Win-Win-Allianzen aufzubauen.*

# Erfolgszirkel der Drew Dilts Moringa Farm

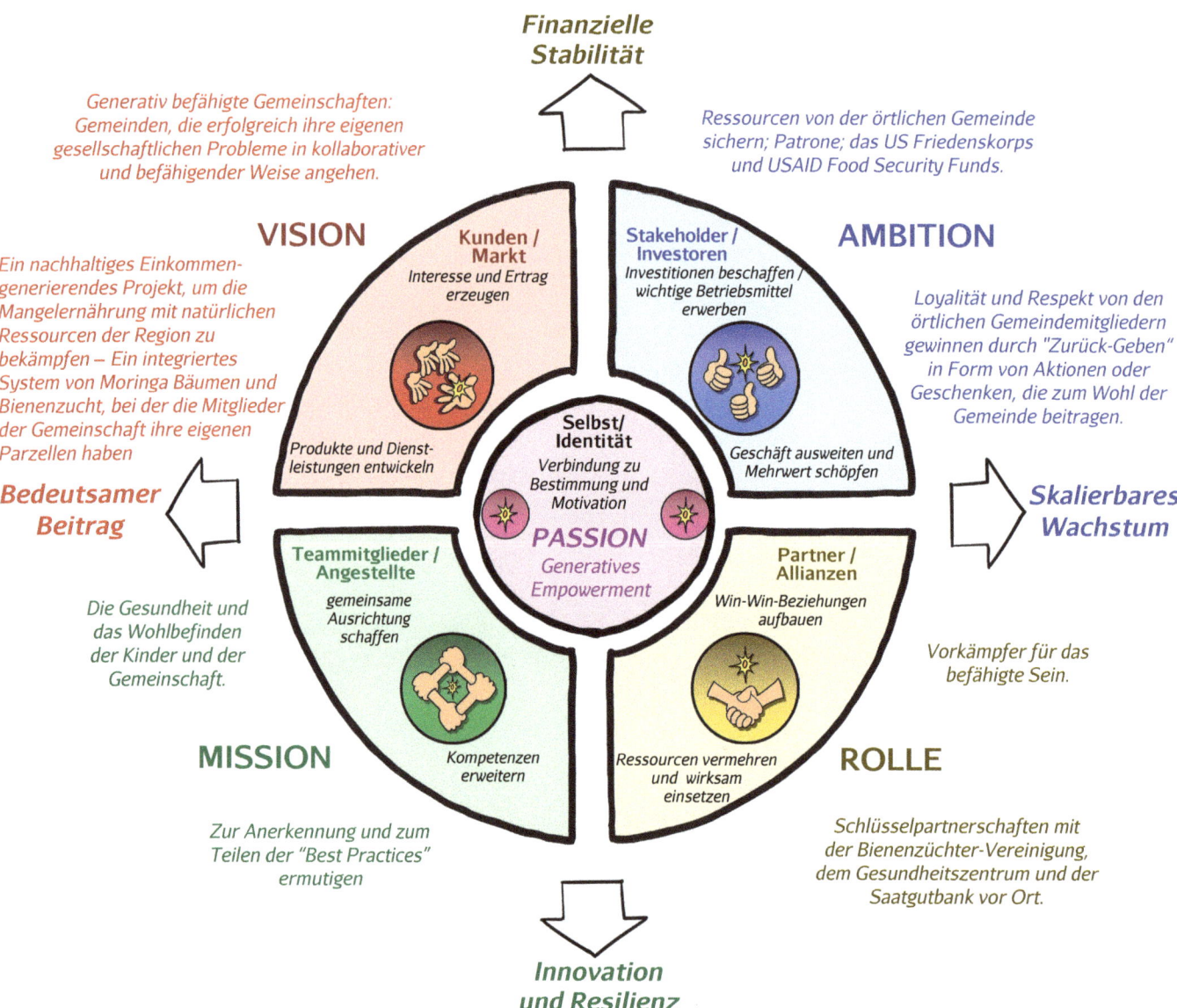

**Finanzielle Stabilität**

*Generativ befähigte Gemeinschaften: Gemeinden, die erfolgreich ihre eigenen gesellschaftlichen Probleme in kollaborativer und befähigender Weise angehen.*

*Ressourcen von der örtlichen Gemeinde sichern; Patrone; das US Friedenskorps und USAID Food Security Funds.*

**VISION**

*Ein nachhaltiges Einkommen-generierendes Projekt, um die Mangelernährung mit natürlichen Ressourcen der Region zu bekämpfen – Ein integriertes System von Moringa Bäumen und Bienenzucht, bei der die Mitglieder der Gemeinschaft ihre eigenen Parzellen haben*

**AMBITION**

*Loyalität und Respekt von den örtlichen Gemeindemitgliedern gewinnen durch "Zurück-Geben" in Form von Aktionen oder Geschenken, die zum Wohl der Gemeinde beitragen.*

**Kunden / Markt**
*Interesse und Ertrag erzeugen*

Produkte und Dienstleistungen entwickeln

**Stakeholder / Investoren**
*Investitionen beschaffen / wichtige Betriebsmittel erwerben*

Geschäft ausweiten und Mehrwert schöpfen

**Selbst/ Identität**
*Verbindung zu Bestimmung und Motivation*

**PASSION**
*Generatives Empowerment*

**Teammitglieder / Angestellte**
*gemeinsame Ausrichtung schaffen*

Kompetenzen erweitern

**Partner / Allianzen**
*Win-Win-Beziehungen aufbauen*

Ressourcen vermehren und wirksam einsetzen

**Bedeutsamer Beitrag**

*Die Gesundheit und das Wohlbefinden der Kinder und der Gemeinschaft.*

**Skalierbares Wachstum**

*Vorkämpfer für das befähigte Sein.*

**MISSION**

*Zur Anerkennung und zum Teilen der "Best Practices" ermutigen*

**ROLLE**

*Schlüsselpartnerschaften mit der Bienenzüchter-Vereinigung, dem Gesundheitszentrum und der Saatgutbank vor Ort.*

**Innovation und Resilienz**

# ERFOLGSZIRKEL DER DREW DILTS MORINGA FARM

**VISION**
**Kunden / Markt**

* GENERATIV BEFÄHIGTE GEMEINSCHAFTEN: GEMEINDEN, DIE ERFOLGREICH IHRE EIGENEN GESELLSCHAFTLICHEN PROBLEME IN KOLLABORATIVER UND BEFÄHIGENDER WEISE ANGEHEN.

* EIN NACHHALTIGES EINKOMMEN-GENERIERENDES PROJEKT, UM DIE MANGELERNÄHRUNG MIT NATÜRLICHEN RESSOURCEN DER REGION ZU BEKÄMPFEN – EIN INTEGRIERTES SYSTEM VON MORINGA BÄUMEN UND BIENENZUCHT, BEI DER DIE MITGLIEDER DER GEMEINSCHAFT IHRE EIGENEN PARZELLEN HABEN.

**AMBITION**
**Stakeholder / Investoren**

* RESSOURCEN VON DER ÖRTLICHEN GEMEINDE SICHERN; PATRONE; DAS US FRIEDENSKORPS UND USAID FOOD SECURITY FUNDS.

* LOYALITÄT UND RESPEKT VON DEN ÖRTLICHEN GEMEINDEMITGLIEDERN GEWINNEN DURCH "ZURÜCK-GEBEN" IN FORM VON AKTIONEN ODER GESCHENKEN, DIE ZUM WOHL DER GEMEINDE BEITRAGEN.

**MISSION**
**Teammitglieder / Angestellte**

* DIE GESUNDHEIT UND DAS WOHLBEFINDEN DER KINDER UND DER GEMEINSCHAFT.

* ZUR ANERKENNUNG UND ZUM TEILEN DER "BEST PRACTICES" ERMUTIGEN.

**ROLLE**
**Partner / Allianzen**

* VORKÄMPFER FÜR DAS BEFÄHIGTE SEIN

* SCHLÜSSELPARTNER-SCHAFTEN MIT DER REGIONALEN BIENENZÜCHTER-VEREINIGUNG, DEM GESUNDHEITSZENTRUM UND DER SAATGUTBANK VOR ORT.

**PASSION:**

GENERATIVES EMPOWERMENT
- GENERATIVE BEFÄHIGUNG

Drew konnte alle erforderlichen Erfolgsfaktorebenen erkennen, abstimmen, integrieren und effektiv angehen, um seine Vision in Aktion umzusetzen.

Außerdem arbeitete Drew systematisch daran, jeden Quadranten seines Erfolgszirkels zu entwickeln: Indem er die Vision auf seine Kunden anwandte, um ein einzigartiges, gemeinnütziges Projekt zu schaffen; indem er sein Team auf die gemeinsame Mission, der Verbesserung der Gesundheit und des Wohlergehens ihrer Gemeinde, ausrichtete; indem er die Ambition seiner Stakeholder wirksam einsetzte, um die benötigten Ressourcen zu erwerben; und indem er seine Rolle nutzte, um mit Partnern zu kollaborieren, so dass die Kosten reduziert und Win-Win-Allianzen aufgebaut wurden.

Des weiteren wandte Drew intuitiv viele der Schlüsselkonzepte an, die ich in diesem Band präsentiert habe. Drews Leidenschaft für generatives Empowerment – sein Verlangen, die Welt zu verbessern und seine eigene Mission, über sein Leben hinaus weiterzuleben – ist ein gutes Beispiel für die Integration von Ego und Seele. Es zeigt die Wertschätzung für sich selbst als ein separates, unabhängiges Individuum und auch als Teil, der sich im Dienst für ein größeres Ganzes befindet.

Drews Vision von einer „generativ befähigten Gemeinschaft" ist ein hervorragender Ausdruck für die Begriffe „Holon", „Hologramm" und „Aufgabensignifikanz". Jedes Mitglied leistet seinen Beitrag zu einem größeren Ganzen und profitiert individuell vom Erfolg des größeren Ganzen. Drews Idee für ein „kollaboratives, befähigendes, nachhaltiges einkommen-generierendes Projekt, das die Mangelernährung mit natürlichen Ressourcen aus dem Gebiet bekämpft" schaffte mehrfachen Gewinn auf vielen Holon-Ebenen; Individuell, Familie, Dorf, Gemeinde und letztendlich für das Land. Ein großer Teil von Drews Erfolg resultierte aus seiner Fähigkeit, Synergien zwischen Stakeholdern, Kunden und Teammitgliedern zu schaffen. Drew entwickelte ein integriertes System aus Moringa-Bäumen und Bienen, in dem jedes Gemeindemitglied seine eigene Parzelle hatte. Dies bringt zum Ausdruck, wie verschiedene Arten von Synergie. geschaffen und wirksam eingesetzt werden. Auf der Umfeldebene setzte er die Synergie zwischen dem Moringa-Anbau und der Bienenzucht wirksam ein, indem er die Bäume fremd bestäuben ließ und den Honig-Ertrag der Bienen verdoppelte. Damit verbesserte sich im Gegenzug die Gesundheit der Gemeinde, es gab größere Ernteerträge und ein Extraeinkommen für die Dorfbewohner.

Drew war in der Lage, seine Teammitglieder auf die Mission, die Verbesserung der Gesundheit und des Wohlergehens der Kinder und der Gemeinde, auszurichten, wobei er eine stark wahrgenommene „Aufgabensignifikanz" für ihre Aktionen schuf. Indem er jedem Teammitglied seine oder ihre Parzelle zuwies und Autonomie innerhalb des Kollektivs schuf, setzte Drew unmittelbar die duale Natur der Menschen als Holon wirksam ein. Als separates Individuum pflegte es ein Gefühl von Stolz und Verantwortung. Gleichzeitig nährte es die kollektive Intelligenz auf der Gemeindeebene durch die Einführung kollektiver Standards und des Austauschs von Best Practices. Zusätzlich konnte das überschüssige Moringa-Pulver und der Honig, den die Dorfbewohner als Kollektiv verkauften, einen höheren Preis in Nachbarstädten erzielen, als wenn sie als Einzelne versucht hätten, die gleichen Artikel zu verkaufen.

Drew hatte das Vermögen, entscheidende externe Stakeholder, wie den einheimischen Patron und den Delegierten, die individuell in Bezug auf materiellen Reichtum und Besitz erfolgreich waren, zu dem Projekt zu überreden, so dass sie zur Finanzierung des Landes, des Saatguts, des Transports der Materialien und anderer wesentlicher Ressourcen beitrugen. Dies war ein weiterer wichtiger Schlüsselerfolgsfaktor. Er konnte sie überzeugen, dass sie größere Loyalität und Respekt von den einheimischen Gemeindemitgliedern bekamen, wenn sie ihnen etwas in der Form „zurückgaben", das zum Wohlergehen der Gemeinde beitragen würde; Somit verstärkte er die Win-Win-Schleife zwischen individuellem Erfolg und Gemeinschaftserfolg.

Indem diejenigen in seinem Unternehmen eingebunden waren, die die Rolle als „Vorkämpfer für ein befähigtes Sein" übernahmen, war Drew in der Lage, Schlüsselpartnerschaften mit der regionalen Bienenzüchter-Vereinigung, dem Gesundheitszentrum und der Saatgutbank vor Ort einzugehen, um die Kosten wesentlich zu reduzieren und das Projekt zukunftsfähig zu gestalten.

Kurz gesagt, bietet Drew Dilts Beninesisches Moringa Farm/Bienenzucht-Projekt ein klares, eindrucksvolles Beispiel, wie die Erfolgsfaktoren, die wir in den ersten beiden Bänden dieser Arbeit bestimmt haben, zur Gründung eines erfolgreichen und transformativen Unternehmens führen. Auch wenn die konkreten Inhalte und Kontexte sich verändern, liefert der Prozess, dem Drew folgte, einen expliziten Rahmen, um die transformative Vision zu verwirklichen.

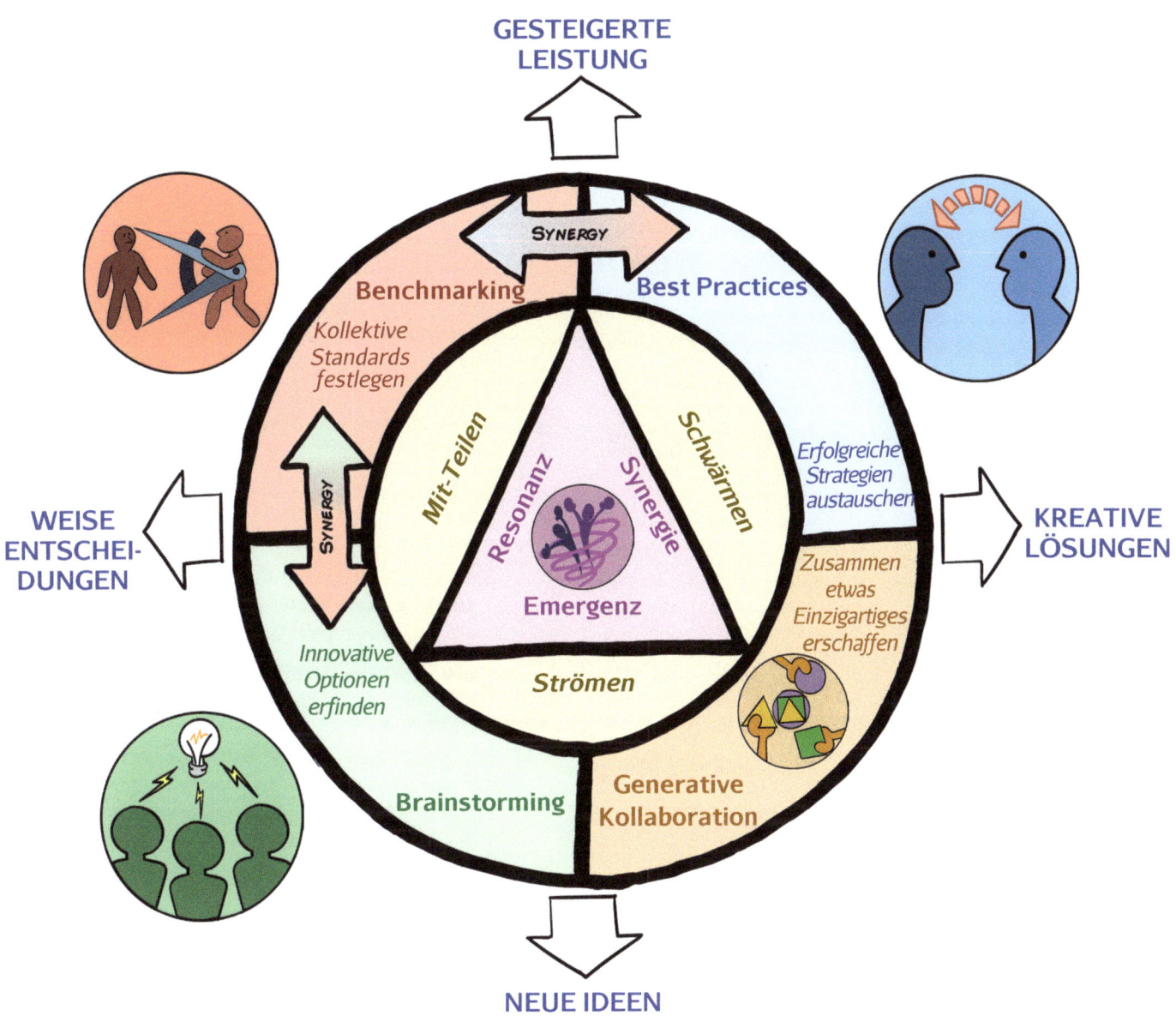

**GESTEIGERTE LEISTUNG**

**KREATIVE LÖSUNGEN**

**NEUE IDEEN**

**WEISE ENTSCHEIDUNGEN**

SYNERGY

Benchmarking

Kollektive Standards festlegen

Best Practices

Erfolgreiche Strategien austauschen

Mit-Teilen

Schwärmen

Resonanz

Synergie

Emergenz

Strömen

Zusammen etwas Einzigartiges erschaffen

Innovative Optionen erfinden

Brainstorming

Generative Kollaboration

Drews Erfolg resultierte zum großen Teil aus seiner Fähigkeit,
Synergien zwischen Stakeholdern, Kunden und Teammitgliedern zu schaffen.

## Zusammenfassung des Kapitels

Weisheit ist das „Vermögen, unter Anwendung von Wissen, Erfahrung, Verstehen, gesundem Menschenverstand und Einsicht zu denken und zu handeln". Das bedeutet, eine breite und ausgewogene Sichtweise einzunehmen, die es einer Person oder Gruppe ermöglicht, bessere und ökologischere Auswahlen oder Entscheidungen zu treffen. Die Entwicklung von Weisheit erfordert, Menschen, Ziele und Situationen zu verstehen und wie sie miteinander agieren, um dann die optimale Vorgehensweise festzulegen. Dies setzt die Fähigkeit voraus, vielfältige Perspektiven anzunehmen und zu integrieren. Weisere Entscheidungen zu treffen, ist einer der Hauptnutzen und Ziele bei der Förderung von kollektiver Intelligenz.

Die *Weisheit der Vielen* bezieht sich auf das Phänomen, dass Gruppen unter den richtigen Umständen bemerkenswerte Weisheit und Intelligenz zeigen „und oft gescheiter sind als die gescheitesten Menschen unter ihnen." Laut dem Autoren James Surowiecki sind kollektive Entscheidungen höchstwahrscheinlich gute, wenn sie von Menschen mit unterschiedlichen Meinungen getroffen wurden, die ihre unabhängigen Schlüsse gezogen haben und hauptsächlich auf ihre privaten Informationen vertrauen. Unter diesen Bedingungen entsteht eine Art kollektive Weisheit, die die Gruppe wie eine „unsichtbare Hand" zu einem optimalen Ergebnis lenkt.

Die Tatsache, dass die durchschnittliche Gruppenein-schätzung beim Erraten von Mengen (wie die Anzahl von Bonbons in einem Glas) allgemein viel näher an der wirklichen Menge liegt als fast jede andere individuelle Schätzung, ist dazu ein einfaches aber eindrückliches Beispiel. Andere Beispiele schließen die Entwicklung der Open Source Computer Codes (wie Linux) und die Entdeckung der Lösung bei der SARS Epidemie 2003 ein. Diese resultierte aus der Forschungsarbeit und Datensammlung vieler verschiedener Krankenhäuser und Universitäten weltweit, die ohne einzelne, zentrale Koordinierungsstelle arbeiteten.

Eine der Hauptstörungen für die Weisheit von Gruppen ist die Konformität oder das „Gruppendenken". Anstatt die Weisheit der Gruppe zu erhöhen, schränken Konformität und Konsens das Erkunden anderer möglicher Alternativen oder Ideen ein. Um „Hineinzupassen" oder um Zustimmung oder Bestätigung ihrer eigenen Meinungen zu gewinnen, schwanken die Menschen oft durch das, was andere sagen oder denken. Deshalb ist folgendes wichtig zu beachten:

1. *Meinungsvielfalt (Die Menschen vertreten ein breites Spektrum an Ansichten.)*
2. *Unabhängigkeit (Die Meinungen der Menschen werden nicht von den Meinungen um sie herum bestimmt.)*
3. *Dezentralisierung (Die Menschen können sich spezia-lisieren und auf lokale Informationen zurückgreifen.)*
4. *Zusammenführung (Es existiert ein unvoreingenommener Mechanismus, um die individuellen Schlussfolgerungen in eine kollektive Entscheidung zu verwandeln.)*

Außerdem ist es sehr wichtig für eine Gruppe, eine *gemeinsame Vision oder Absicht* zu teilen. Dies ermöglicht Gruppenmitgliedern, ihren Eigennutz mit dem Gemeinwohl (d. h. „Ego" und „Seele") auszubalancieren und Wege zu finden, wie sie der Gruppe nützen können, während sie gleichzeitig ihre eigenen Ziele und Ambitionen vorantreiben.

Durch die Ergebnisse der *Google-Suche nach dem perfekten Team* kommen weitere Bedingungen hinzu, die den „kollektiven IQ" einer Gruppe steigern können. Nachdem sie Millionen von Dollar und mehrere Tausend Stunden aufgewandt haben, um Daten über die Merkmale und das Verhaltensmuster von Menschen in Teams mit unterschiedlichen Leistungsniveaus zu sammeln, kamen Googles Forscher zu dem Schluss, dass die Zusammensetzung eines Teams wenig oder gar keinen Unterschied machte. Stattdessen fanden sie gewisse Schlüssel-verhaltensmuster, die am wichtigsten sind, wie „gleichmäßige Verteilung des Redeanteils" und „soziales Feingespür"; d. h. wahrzunehmen wie andere fühlen auf Basis ihres Tonfalles, Gesichtsausdrücken und weiterer nonverbaler Hinweise.

Die Google-Forscher schlossen daraus, dass diese Merkmale zu einem Gefühl von „psychologischer Sicherheit" führen und „einem Teamklima, das durch zwischenmenschliches

Vertrauen und gegenseitigen Respekt gekennzeichnet ist, in dem sich Menschen wohl fühlen, sie selbst zu sein". Gemäß den Google-Daten ist die psychologische Sicherheit zusammen mit der wahrgenommenen Aufgabensignifikanz, also wie die Handlungen zu Googles größerer Vision passen, für effektive Teamarbeit am wichtigsten.

Die verschiedenen Bedingungen, um die *Weisheit der Vielen* hervorzubringen und den *kollektiven IQ* einer Gruppe zu verbessern, können mit den folgenden sechs Schritten zur Aktivierung der Weisheit der Massen zusammengefasst werden.

1. Gründen Sie einen COACH Container.
2. Ermitteln Sie eine gemeinsame Intention/Zweck.
3. Entwickeln Sie einen generativen Leistungszustand.
4. Fokussieren Sie sich auf ein Ziel oder Problem aus vielfältigen Perspektiven.
5. Halten Sie alle Perspektiven in einem Zustand aus Respekt und Neugier.
6. Erlauben Sie neuen Möglichkeiten zu entstehen.

Diese Schritte werden neben vielen Methoden und Übungen aus diesem Buch von zwei wichtigen Kollaborations-Katalysatoren unterstützt. Der erste ist der *Wechsel vom CRASH Zustand zum COACH State*, wobei die Gruppenmitglieder nonverbale Signale vereinbaren, deren Sinn darin bestehen, dass die Gruppe im COACH State bleiben und ein tieferes Gefühl von sozialem Feingefühl und psychologischer Sicherheit erfahren kann.

Der zweite Kollaborations-Katalysator ist der *Tetralemma-Gruppenprozess*. Er unterstützt die psychologische Sicherheit, indem eine ritualisierte Struktur eingeführt wird, um Dilemmas aus unterschiedlichen und oft gegensätzlichen Perspektiven zu betrachten und in eine Gelegenheit für die Entwicklung eines höheren Bewusstseins und Weisheit zu verwandeln.

Das Success Factor Fallbeispiel von Drew Dilts und seinem Projekt mit der Benin Moringa Farm und der Bienenhaltung für das Friedenskorps der Vereinigten Staaten bietet ein anschauliches und deutliches Beispiel, wie die verschiedenen Erfolgsfaktoren, die wir in den ersten beiden Bänden des Success Factor Modeling erkundet haben, eingesetzt werden können, um „generatives Empowerment" zu erreichen. Diese generative Befähigung ist eine Form kollektiver Intelligenz, die „die Stärkung von Menschen mit Kompetenzen und Selbstvertrauen" umfasst, „um Anführer bei der gesellschaftlichen Verbesserung zu werden, die dann im Gegenzug andere um sie herum in der gleichen generativen Weise befähigen". Drews Vision von „einem kollaborativen, befähigenden, nachhaltigen, einkommen-generierenden Projekt zur Bekämpfung der Mangelernährung und Verwendung von natürlichen, lokalen Ressourcen" schaffte vielfältige Gewinne auf verschiedenen Holon-Ebenen; auf der individuellen, der familiären, der des Dorfes, der Gemeinschaft und letztlich der des Landes.

## Referenzen und Literaturhinweise

- https://en.wikipedia.org/wiki/Wisdom
- http://www.dailygood.org/story/607/how-to-think-like-a-wise-person-adam-grant/
- *The Wisdom of Crowds*, James Surowiecki, Anchor Books, New York, NY, 2005. (dt. *Die Weisheit der Vielen*, Goldmann, 2007; Börsenbuch Verlag, September 2017)
- *What Google Learned From Its Quest to Build the Perfect Team*; Charles Duhigg, NYTimes.com, 2/28/2016 — http://www.nytimes.com/2016/02/28/magazine/what-google-learned-from-its-quest-to-build-the-perfect-team.html?emc=eta1&_r=0

# Fazit

*Ein Mensch ist Teil des Ganzen, was wir Universum nennen, ein Teil begrenzt in Zeit und Raum. Er erlebt sich, sein Denken und sein Fühlen als etwas vom Rest Getrenntes, als eine Art optische Täuschung seines Bewusstseins. Diese Täuschung ist wie ein Gefängnis für uns, das uns auf unser persönliches Verlangen beschränkt und auf die Zuneigung zu wenigen Personen, die uns nahestehen. Unsere Aufgabe muss es sein, uns selbst aus diesem Gefängnis zu befreien, indem wir unseren Radius des Mitgefühls ausweiten, um alle Lebewesen und die ganze Natur in ihrer Schönheit zu umarmen.*

**Albert Einstein**

*I get by with a little help from my friends.*
*– Ich komme mit ein wenig Hilfe von meinen Freunden zurecht.*

**John Lennon & Paul McCartney**

# Fazit

Unsere Welt ändert sich schnell und sie wird zunehmend komplexer. Die Begrenzungen des Intellekts und der Energie eines Einzelnen wird immer offensichtlicher, während die Neue Generation von Unternehmern und Führungskräften versucht, die Probleme im Zusammenhang mit unserer globalen Ökonomie, nationalen Sicherheit, planetarischen Umwelt, kommunalen Gesundheitsversorgung, kollektiven Identität usw. in Angriff zu nehmen. Wenn wir etwas von Bedeutung erreichen wollen, müssen wir mit den Worten des berühmten Beatles' Hit „ein wenig Hilfe von Freunden" haben. Wenn wir etwas von ganz besonderer Bedeutung erreichen wollen, brauchen wir viel Hilfe, einschließlich derer, die wir noch nie persönlich getroffen haben.

Wenn wir und unsere Unternehmen in unserer heutigen Welt überleben und gedeihen wollen, müssen wir die kreative Kraft kollektiver Intelligenz freisetzen, um generative Kollaboration zu fördern, disruptive Innovationen herzustellen, generative Gemeinschaften zu kultivieren, dynamisches Teaming zu fördern, die Weisheit der Vielen freizulassen und generative Befähigung zu beschleunigen.

Im Verlauf des Buches haben wir die verschiedenen Möglichkeiten erkundet, wie Prinzipien und Praktiken zur Förderung kollektiver Intelligenz angewandt werden können, um Probleme zu lösen, den Wandel zu bewältigen und neue Chancen zu schaffen. Ausgehend von der grundlegenden Denkweise, dass wir sowohl separate, einzigartige Individuen sind und gleichzeitig auch Teil von immer größer werdenden „Holons", haben wir Möglichkeiten untersucht, wie *Resonanz, Synergie* und *Emergenz* in Gruppen und Teams durch einfache Methoden wie *Teilen, Schwärmen* und *Strömen* erzeugt werden können. Durch die Erfolgsfaktor-Fallbeispiele und die SFM Kollaborations-Katalysatoren haben wir gesehen, wie Maßnahmen des *Benchmarkings, Best Practices, Brainstorming* und *Generative Kollaboration* in unterschiedlichen Kombinationen genutzt werden können, um die *gesteigerte Leistung* zu erzielen, *weise Entscheidungen* zu treffen, *neue Ideen* zu entwickeln und *kreative Lösungen* zu erzeugen.

Ebenso haben wir gesehen, wie Aktionen und Ergebnisse der kollektiven Intelligenz durch weitere Schlüsselerfolgsfaktoren gestärkt und bereichert werden können, wie das *Teilen einer gemeinsamen Vision und Bestimmung*, die deutliche Wahrnehmung der *Aufgabensignifikanz* und die Entwicklung der Fähigkeit, *vielfältige Wahrnehmungspositionen* einzunehmen.

In Kombination mit dem SFM Erfolgszirkel werden die Prinzipien und Praktiken der kollektiven Intelligenz besonders beschleunigt und unsere Chancen für ein erfolgreiches und skalierbares Projekt oder Geschäft gesteigert. Verbesserte Leistung hilft uns, *finanzielle Stabilität* zu erreichen; weise Entscheidungen unterstützen uns, *bedeutsame Beiträge* zu leisten; neue Ideen sind essenziell zur Entwicklung *bahnbrechender Innovationen*; und kreative Lösungen beschleunigen unser Vermögen *skalierbares Wachstum* zu erzeugen.

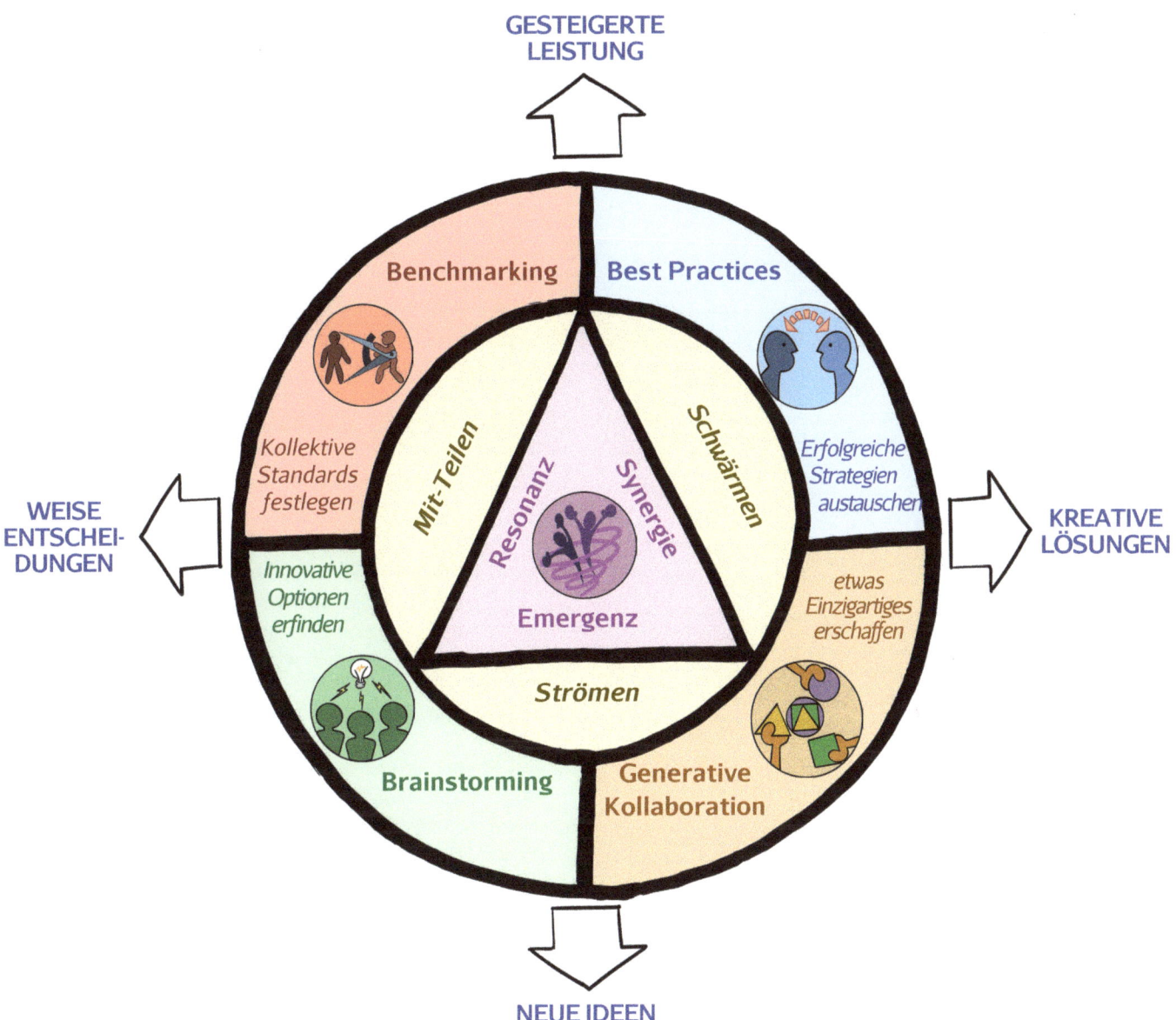

Das SFM Kollektive Intelligenz Modell beschreibt die grundlegenden Merkmale der Denkweise, die Schlüsselaktionen und die Ergebnisse, die mit den angewandten Prinzipien der kollektiven Intelligenz zusammenhängen.

## Ein Rückblick auf die Hauptthemen

Der Sinn dieses Buches ist die Präsentation, Untersuchung und Erkundung vieler unterschiedlicher Arten, wie kollektive Intelligenz und generative Kollaboration unterstützt und ange-wandt werden können, um das Erfolgspotenzial von Gruppen, Projekten und Unternehmen zu steigern.

In Kapitel 1 haben wir beschrieben, wie kollektive Intelligenz in Unternehmen und Firmen angewandt werden kann, um Ressourcen zu teilen und wirksam einzusetzen, so dass Geschäftschancen ausgeweitet und neue Märkte geschaffen werden können – d. h. einen „größeren Kuchen" zu teilen. Ich stellte *Mastermind-Gruppen* als eindrucksvolles Beispiel vor, wie kollektive Intelligenz bei unternehmerischen Bestrebungen eingesetzt werden kann. Sie bieten eine Kombination aus Brainstorming, Training, Verantwortlichkeit Gleichgesinnter und Unterstützung durch Gruppensitzungen, wodurch die unternehmerischen und persönlichen Kompetenzen jedes Mitglieds geschärft werden. Facilitators (Anm. d. Ü. Moderatoren mit Coachingkompetenzen) von Mastermind-Gruppen helfen der Gruppe verschiedene Arten von Kollaborations-Katalysatoren einzusetzen. Als *Kollaborations-Katalysatoren* verstehen wir Methoden, die zu einem gewissen Maß an Resonanz, Synergie oder Emergenz zwischen den Mitgliedern einer Gruppe führen, die in irgendeiner Weise zusammenarbeiten. Die Schaffung eines COACH Containers, die Pflege eines Co-Sponsoring-„Feldes" sowie Suchen und Teilen von Best Practices durch Success Factor Modeling sind Beispiele für Kollaborations-Katalysatoren, die eine Grundlage für kollektive Intelligenz schaffen.

In Kapitel 2 haben wir untersucht, wie die grundlegenden Methoden für kollektive Intelligenz ausgeweitet werden können, um generative Kollaborationen einzugehen. *Generative Kollaboration* entsteht aus kollektiver Visionsfindung, bei der die Menschen ihre individuelle Leidenschaft und Vision mitteilen und Synergien bilden; ähnlich wie sich Seifenblasen miteinander verbinden, um ein größeres Ganzes zu bilden, oder wie sich zwei Wasserstoffatome mit einem Sauerstoffatom zu Wasser vereinen. In der generativen Kollaboration spornen sich die Menschen gegenseitig an, „über den Tellerrand hinaus" zu denken und unterstützen einander, um Dinge zu erreichen, die neu und unvorhersebar sind. Die Generative Kollaboration wird durch die Kollaborations-Katalysatoren wie ‚Bildung eines generativen Leistungszustandes', Intervision und ‚Analyse aus der Zweiten Position' bereichert.

Wie wir im dritten Kapitel zeigten, ist die generative Kollaboration wichtig für disruptive Innovationen. *Disruptive Innovationen* schaffen neue Märkte und bringen sowohl den Kunden als auch den Firmen erhebliche Veränderungen. Disruptive Innovationen entstehen aus Synergien der Werte und der Identität unter den Mitgliedern der unter-schiedlichen Bereiche im Erfolgszirkel, wenn sie virtuelle Gemeinschaften bilden, deren Vision über das aktuell Existierende hinausgehen. Disruptive Innovationen entstehen aus Kollaborationen zwischen den Früh-Anwendern unter den Kunden und den Pionieren innerhalb des Unternehmens. Häufig erfordern sie die Bereitschaft zu *offener Innovation* innerhalb des Unternehmens und Partnern als Wegbereitern. Diese virtuellen Gemeinschaften lassen sich mit einer Kolonie von „Fledermäusen" vergleichen, die schwache Signale neuer Chancen und Möglichkeiten erkennen und daraufhin aktiv werden können, anstatt „Fröschen", die einfach nur warten, bis das Potenzial offensichtlich wird.

Die vierte Position (die kollektive oder die „Wir"-Position) ist notwendig, um starke Bindungen zwischen den Kollabo-ratoren innerhalb virtueller Gemeinschaften zu knüpfen und ein generatives *Beziehungsfeld* zu bilden. Die vierte Position kann durch die Kollaborations-Katalysatoren ‚Resonanz für die Aufgabensignifikanz ermitteln' und ‚Kollektive-Kreativitäts-Katalysatoren' vertieft werden. Sie fördern das generative Zusammenspiel zwischen den Kollaboratoren, weil Menschen ermutigt werden, Ideen zu finden und mitzuteilen, bei denen sie leidenschaftlich werden. Außerdem helfen diese Katalysatoren schwache Signale von zukünftigen Trends zu erkennen.

Das vierte Kapitel hat die Kultivierung einer generativen Unternehmensgemeinschaft durch die Anwendung von kollektiver Intelligenz und generativer Kollaboration zum Thema. Eine *generative Unternehmensgemeinschaft* ist dadurch gekennzeichnet, dass die Mitglieder einander unterstützen, weil sie sowohl persönlich wachsen als auch zum Vorhaben jedes anderen etwas beitragen wollen. Somit entsteht eine sich verstärkende Rückkopplungsschleife zwischen individuellem Wachsen und dem Wachstum der

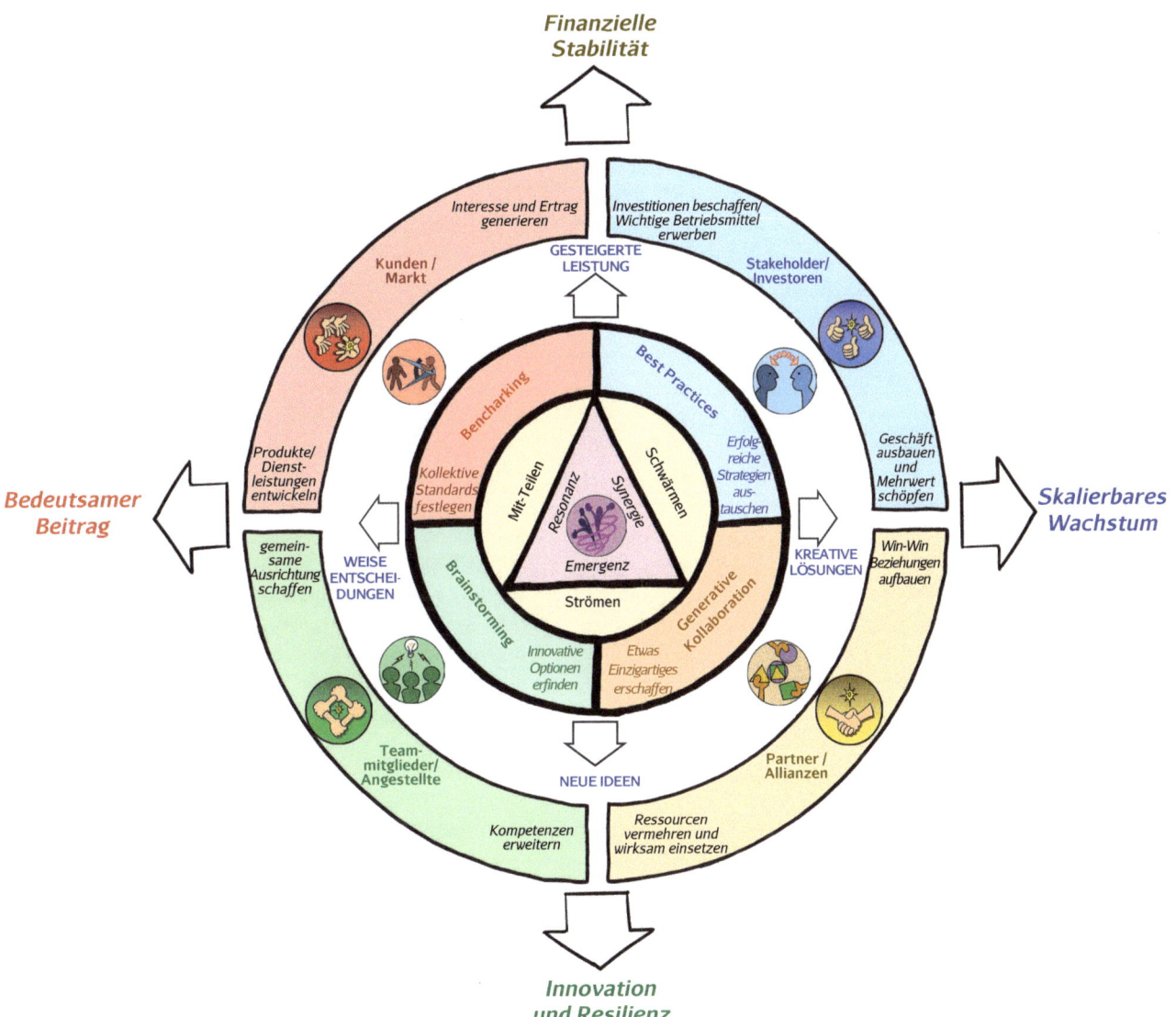

**Finanzielle
Stabilität**

Interesse und Ertrag
generieren

Investitionen beschaffen/
Wichtige Betriebsmittel
erwerben

GESTEIGERTE
LEISTUNG

Kunden /
Markt

Stakeholder/
Investoren

Best Practices

Bencharking

Schwärmen

Erfolg-
reiche
Strategien
aus-
tauschen

Produkte/
Dienst-
leistungen
entwickeln

Kollektive
Standards
festlegen

Mit-Teilen

Resonanz

Synergie

Geschäft
ausbauen
und
Mehrwert
schöpfen

**Bedeutsamer
Beitrag**

gemein-
same
Ausrichtung
schaffen

WEISE
ENTSCHEI-
DUNGEN

Brainstorming

Emergenz

Strömen

Generative
Kollaboration

KREATIVE
LÖSUNGEN

Win-Win
Beziehungen
aufbauen

**Skalierbares
Wachstum**

Team-
mitglieder/
Angestellte

Innovative
Optionen
erfinden

Etwas
Einzigartiges
erschaffen

Partner /
Allianzen

Kompetenzen
erweitern

NEUE IDEEN

Ressourcen
vermehren und
wirksam einsetzen

**Innovation
und Resilienz**

**Die Prinzipien und Praktiken der kollektiven Intelligenz verbessern die Fähigkeit, einen effektiven Erfolgszirkel zu bilden.**

Gemeinschaft. Generative Gemeinschaften begünstigen eine *Gewinnerkultur* in der die Erwartung einer positiven Zukunft, der Sinn für Kompetenz und Verantwortung sowie das Selbstwert- und Zugehörigkeitsgefühl bei den Mitgliedern der Gemeinschaft gefördert wird. In einer Kultur des Gewinnens einer generativen Unternehmensgemeinschaft glauben die Menschen aneinander und bestätigen das Vermögen jedes anderen, die eigenen Träume und Ziele zu erreichen. Kollaborations-Katalysatoren wie die *Gruppen-Affirmation* und die *Traumwächter-Übung* können bei der Bildung eines stärkenden *„Unterstützerfeldes"* zwischen den Teammitgliedern oder Kollaboratoren helfen, wobei sich die Erfolgschancen jedes Einzelnen erhöhen.

Das Modell der SFM-Kollaborationsspirale™ zeigt, wie die Etablierung von Schlüsselbeziehungen und Kollaborationen zu einer aufsteigenden Spirale aus aufeinanderfolgenden Platt-formen führen kann, die bei Projekten oder Unternehmen entstehen. Damit erweitert sich unser Einflussbereich und bringt uns entlang der Laufbahn unserer Mission zu unserer ultimativen Vision. Die Plattformen werden durch das Netz-werk generativer Kollaborationen ausgebaut. Dies hilft uns, einen stabilen Erfolgszirkel aufzubauen und die verschiedenen Erfolgsfaktorebenen (Umfeld, Verhalten, Fähigkeiten, Glaubenssätze, Werte und Identität) zu erweitern oder zu stärken, die erforderlich sind, um im entsprechenden Projekt oder Unternehmen effektiv zu sein. Die erfolgreiche Einrichtung einer neuen Plattform führt zur Ausweitung unserer Identität und unseres Einflussbereiches über den bestehenden hinaus.

Das Hauptthema in Kapitel 5 war Dynamisches Teaming. *Dynamisches Teaming* ist eine Art Teamarbeit, bei der die Gruppenmitglieder die Kompetenzen und persönlichen Charakterzüge jedes anderen ergänzen, die Verantwortung für die Ergebnisse teilen und zusammen arbeiten, um mehr zu erreichen, als was durch die Summe aller individuellen Anstrengungen möglich wäre. *Dynamische Teamentwicklung* bedeutet, für das in die unternehmerischen Aktivitäten eingebundene Team solche Bedingungen zu schaffen, dass es zusammen-„strömen" kann, um den größtmöglichen Effekt im Dienst der gemeinsamen Mission und Vision zu haben. Mit den Kollaborations-Katalysatoren *‚Ausgraben der Ressourcen'*, *‚Ausrichten der Rollen auf die gemeinsame Vision'* und *‚Modellieren der Erfolgsfaktoren des Dynamischen Teaming'* kann eine effektive Infrastruktur für die Zusammenarbeit aufgebaut werden, indem die entscheidenden Erfolgsfaktoren für Dynamisches Teaming und Generative Kollaboration festgelegt und einem Benchmarking unterzogen werden.

Kapitel 6 untersuchte die erforderlichen Bedingungen zur Aktivierung der Weisheit der Vielen. Die *Weisheit der Vielen* bezieht sich auf das Phänomen, dass Gruppen unter den richtigen Umständen bemerkenswerte Weisheit und Intelligenz zeigen „und oft schlauer sind als die schlausten Leute unter ihnen". Weise Gruppen bestehen meist aus Menschen mit vielfältigen Meinungen, die zu unabhängigen Schlussfolgerungen kommen, wobei sie sich hauptsächlich auf ihre eigene Information verlassen. Des Weiteren ist es für die Gruppenmitglieder wichtig, eine gemeinsame Vision oder Bestimmung zu teilen. Die Ergebnisse von *Googles Suche nach dem perfekten Team* zeigten, dass die Zusammensetzung eines Teams nur wenig bis gar keinen Unterschied macht. Stattdessen sind gewisse Schlüsselverhaltensweisen unter den Teammitgliedern, wie *„gleichmäßige Verteilung des Redeanteils"* und *„soziales Feingefühl"* zusammen mit der wahrgenommenen Aufgabensignifikanz am wichtigsten für die effektive Teamarbeit.

Das Vermögen vielfältige Perspektiven im Dienst einer gemeinsamen Vision und Mission einzunehmen und zu integrieren, schafft die Möglichkeit für generative Befähigung (Empowerment). Diese *generative Befähigung* ist eine Form der kollektiven Intelligenz, die „das Stärken der Menschen mit Kompetenzen und Selbstvertrauen" beinhaltet, „damit sie zu Anführern für gesellschaftliche Verbesserung werden, die dann im Gegenzug jene um sie herum in derselben generativen Weise befähigen".

## Ein abschließendes Beispiel für die Kraft der kollektiven Intelligenz

Es scheint offensichtlich zu sein, dass die grundlegenden Aktionen der kollektiven Intelligenz – *Benchmarking, Best Practices, Brainstorming und generative Kollaboration* – die Basis von erfolgreichen und skalierbaren Unternehmen bilden. Diese Aktionen können durch die hier in diesem Buch präsentierten Kollaborations-Katalysatoren gefördert werden. Jedoch ist es wichtig, zu bedenken, dass die Aktionen und die kollektive Intelligenz fördernden Kollaborations-Katalysatoren sowie das Phänomen der generativen Kollaboration natürlich und spontan von einer Denkweise ausgehen, die kollektive Intelligenz wertschätzt und die Individuen, Teams und Organisationen als Teil desselben größeren Holons ansieht.

Ein gutes Beispiel dafür ist die Erfahrung meiner Tochter Julia Dilts bei ihrer Arbeit für die Online-Reiseagentur Expedia. Nach ihrer Gründung 1996 als kleine Abteilung von Microsoft, während das Internet noch in den Kinderschuhen steckte, wuchs Expedia, Inc. Zur weltweit führenden Online-Reiseagentur; mit einem Portfolio, das viele der namhaftesten Reisemarken in der Welt, wie Travelocity, Hotels.com und Orbitz, einschließt.

Nach ihrem Abschluss in Toursimus-Management an der Universität von Hawaii, begann Julia im November 2014 für Expedia in deren Büro in Honolulu im Marketing zu arbeiten. Expedia befand sich in einer rapiden Expansionsphase und die Vermittlung von Unterkünften ist eines der lukrativsten Bereiche in ihrem Geschäft. Obwohl die hawaiianische Expedia-Gruppe schon Beziehungen zu den großen Hotelketten der Region hatte, wollten sie proaktiv neue Einträge für kleinere Hotels und andere Unterbringungsarten suchen. Julia war eingestellt worden, um diese Expansion zu leiten.

Die Klienten von Expedia sind im Wesentlichen Partner; und viele Schritte sind erforderlich, um einen neuen Eintrag an Bord zu holen. Julias Rolle war, den Erstkontakt mit den neuen, aufzunehmenden Liegenschaften herzustellen. Außerdem musste sie mehrere weitere Unterstützungsfunktionen übernehmen, um die Vergütungen auszuhandeln, die Preise festzusetzen, den Online-Eintrag vorzunehmen usw.

Da es sich dabei um eine relativ neue Maßnahme in der Firma handelte und weil sie an einer bedeutenden Anzahl von neuen Einträgen beteiligt war, versuchte Julia, nicht nur den Ablauf ihrer eigenen Arbeit zu verstehen und zu organisieren, sondern auch wie sie mit den anderen Unterstützungsfunktionen und Teams koordiniert werden konnte. Schon nach wenigen Monaten im Job versuchte Julia sich eine Übersicht zu verschaffen und zu verfolgen, in welcher Phase des Prozesses sich ihre Liegenschaften befanden. Virtuell kollaborierte sie mit einem weiteren Team auf dem Festland in Seattle (dem Hauptquartier von Expedia), dass sie jedoch nicht persönlich kannte. Dafür hatte sie eine Tabelle angelegt, um den Fortschritt der verschiedenen Maßnahmen zur Aufnahme neuer Liegenschaften nachzuvollziehen.

Beim folgenden wöchentlichen Treffen des Honolulu Teams fragte der Chef von Julias Chef, der Marketingdirektor für Hawaii, Alejandro Moxey, nach dem Status von verschiedenen neuen Liegenschaften – weil das Team diese so schnell wie möglich online stellen sollte. Julia antwortete, indem sie die Tabelle präsentierte, die sie durch Kollaboration mit dem Content Team in Seattle hergestellt hatte. Dadurch konnte sie auf einen Blick zeigen, in welchem Stadium sich jeder Klient befand.

Alejandro erkannte den Wert dieser Arbeit und sagte zu Julia: „Das ist großartig. Das ist genau das, was wir im Sinn hatten, als wir dich einstellten." Er bat Julia, ihm eine Beschreibung in Stichpunkten zum Ablauf zuzusenden, wie sie und ihre Kollegen vorgegangen waren, um die Tabelle anzufertigen. Julia dachte über den Ablauf nach, dem sie intuitiv gefolgt war, und verallgemeinerte die Schritte, so dass sie von jedem anderen in ihrer Position angewandt werden könnten. Dabei fügte sie auch den Input ihrer Kollegen in Seattle ein. Danach sandte sie die Zusammenfassung ihrer wichtigsten Schritte an Alejandro.

Alejandro leitete Julias Email an seinen eigenen Chef, den Marketingdirektor für die gesamte Region, weiter. Auch der Direktor erkannte den Wert von diesem Ablauf und entschied sich, die Zusammenfassung als Information an jeden in der gesamten Nordamerikanischen Region zu verschicken, der Senior Market Manager oder höher war, um sie bei der Optimierung ihrer regionalen Praxis der Listenverwaltung zu unterstützen.

Dies hatte zur Folge, dass sich das effektive lokale Engagement einer Neuen über die gesamte Firma verteilte, so dass es die Effizienz und Leistung anderer verbesserte, die Julia nie zuvor getroffen hatten. Sie profitierten von ihrer individuellen Intelligenz und ihrem Beitrag wie auch von den kollektiven Bemühungen mit ihren Kollegen.

Es gibt eine Reihe bemerkenswerter Punkte bei diesem Beispiel. Zunächst einmal hätte Julias Direktor Alejandro leicht den Beitrag einer jungen, neuen Mitarbeiterin, die erst wenige Monate in der Firma war, ignorieren oder herunterspielen können. Zum Zweiten hätte er, als er den Beitrag für wichtig und nützlich erachtet hatte, die Lorbeeren selbst einheimsen können, indem er Julias Mail nicht weitergeleitet, sondern die Tabelle kopiert hätte, als sei wäre es seine Idee gewesen; dies passiert häufig in vielen Organisationen. Stattdessen würdigte Alejandro Julias Bemühungen und die ihrer Kollegen sowie ihren kollaborativen Beitrag direkt. Und auch der Marketing-direktor für Nordamerika tat das Gleiche. Julia und ihre Kollegen profitierten von der offenen Wertschätzung ihrer Arbeit. Die Firma profitierte von der Verteilung des effektiven, nachvollziehbaren Prozesses. Und auch Alejandro profitierte, weil er die Person war, die in Julias individuellem Beitrag den Wert für das größere System der Organisation erkannt hatte.

Es ist unnötig zu erwähnen, dass Julia sich sehr anerkannt fühlte und aufgrund dieser Ereignisse sehr motiviert war, weiterhin ihr Bestes zu geben und sich so gut wie möglich in der Firma einzubringen.

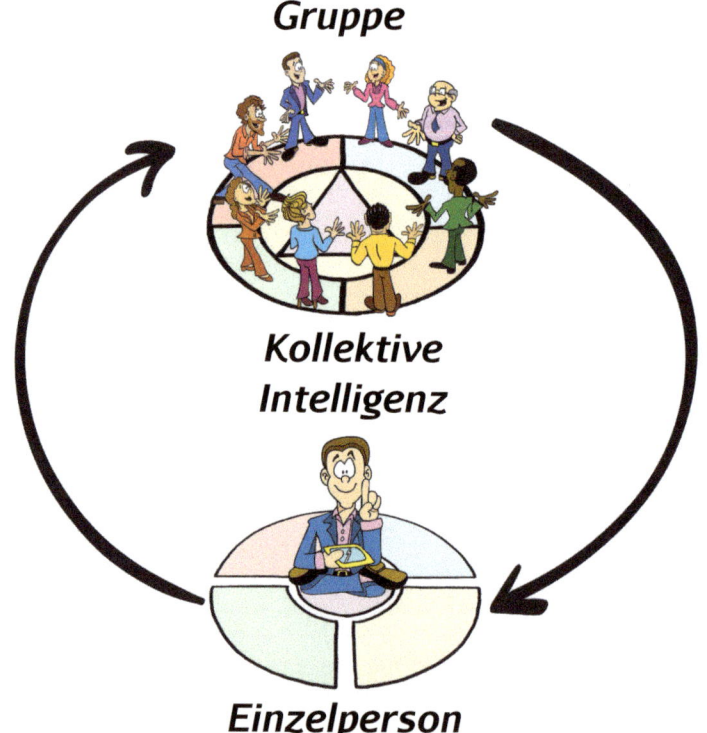

## Abschließende Überlegungen

Das Beispiel von Julia bei Expedia verdeutlicht noch einmal das grundlegende Prinzip, um das es in diesem Band ging: dass die individuellen Anstrengungen und Beiträge der Effektivität und Leistung des größeren Systems nützen. Wenn diese Beiträge wiederum auch den Einzelpersonen Nutzen bringen, hat man einen „virtuosen Kreislauf", der ein eskalierendes Modell für kollektiven Erfolg ergibt.

In diesem Fall gab es viele Beispiele für die Kollaboration. Zuerst waren es Julias Bemühungen um das Benchmarking und Brainstorming mit ihren Kollegen, um sich einen klaren Überblick über die Geschäftsvorgänge zu verschaffen, in die sie eingebunden waren. Das nächste Kollaborations-Beispiel beinhaltete das Teilen der Best Practices innerhalb Julias Team. Und der dritte Fall von kollektiver Intelligenz war Alejandros Weitergabe von relevanten Best Practices an seinen Chef und letztlich an die gesamte Region.

Man kann sicher sagen, dass Firmen wie Expedia so gewachsen und gediehen sind, weil sie für eine Gewinnerkultur gesorgt haben, indem eine kollaborative Denkweise etabliert und die generative Befähigung begünstigt wurde.

Aus Sicht des Success Factor Modeling beruht eine Kultur des Gewinnens auf Kollektiver Intelligenz, die aus der Balance und Integration entsteht, dass wir selbst sowohl einzigartige, unabhängig denkende Individuen sind und gleichzeitig Teil eines größeren Holons. Das folgende Zitat von Albert Einstein fängt diese Beziehung sehr gut ein:

*Der Mensch, wäre er von Geburt an allein gelassen, würde mit seinen Gedanken und Gefühlen primitiv und wie ein Tier sein, in einem Maße, das wir nur schwer begreifen können. Der Mensch ist, was er ist, und erkennt die Tragweite, dass er weniger aufgrund seiner Individualität hat und mehr als Mitglied einer großen menschlichen Gesellschaft, die seine materielle und geistige Existenz von der Wiege bis zur Bahre lenkt.*

*Der Wert eines Mannes für die Gemeinschaft hängt maßgeblich davon ab, wie weit seine Gefühle, Gedanken und Handlungen zum Wohle seiner Gefährten ausgerichtet sind.*

*Wir nennen ihn gut oder schlecht, je nachdem wie er sich in einer Angelegenheit verhält. Auf den ersten Blick sieht es aus, als würde sich unser Urteil über einen Menschen gänzlich auf seine sozialen Eigenschaften stützen.*

*Und doch wäre eine solche Haltung falsch. Es ist offensichtlich, dass all die wertvollen Dinge, materieller, spiritueller oder moralischer Natur, die wir von der Gesellschaft erhalten, durch zahllose Generationen auf gewisse kreative Menschen zurückgeführt werden können. Der Gebrauch von Feuer, der Anbau essbarer Pflanzen, die Dampfmaschine – alle wurde von einer Person entdeckt.*

*Nur der Einzelne kann denken und dadurch neue Werte für die Gesellschaft schaffen – Ja, sogar neue moralische Standards setzen, an die sich das Leben der Gemeinschaft anpasst. Ohne kreative, unabhängig denkende und urteilende Persönlichkeiten wäre die aufwärts strebende Entwicklung der Gesellschaft genauso undenkbar wie die Entwicklung der individuellen Persönlichkeit ohne die nährende Erde der Gemeinschaft.*

Einsteins Kommentar weist darauf hin, dass eine gesunde, kreative und intelligente Gruppe, Team oder Organisation etwas ist, das aufgrund der individuellen Vision, der Ideen und Leidenschaft seiner Mitglieder expandiert und gedeiht. Sie ist so strukturiert, dass es eine positive Verstärkung zwischen dem Wachsen des Einzelnen und dem Wachstum der Gruppe, des Teams oder der Gemeinschaft gibt. Kollektive Intelligenz entsteht als Folge dieser Art sich generativ verstärkender Feedbackschleife zwischen dem Einzelnen und der Gruppe.

Und wie wir in unserem Erfolgsfaktor-Fallbeispiel gesehen haben, erfordert die Erfüllung dieser generativ verstärkenden Feedbackschleife in einer Organisation ein hohes Maß an emotionaler Intelligenz und bewusster Leadership-Kompetenz. Diese bilden den Schwerpunkt im nächsten Band unserer Serie über Bewusste Führung und Resilienz (Conscious Leadership and Resilience).

# Collective Intelligence

*Collective intelligence Is not just a gathering.*

*It is a meeting of the souls,*

*Of the hearts and of the minds.*

*It takes a village to raise a child.*

*It takes water, sun, wind, stillness and a fertile soil for the seed to become a tree.*

*So ask yourself: "What part will I play in this collective?"*

*"How can I create the space to welcome your very unique contribution?"*

*Ask yourself: "With how much joy will you all jam your song like no one has heard before?"*

*"What is that merging dance of individual and group, of holon to holon, through holon?*

*I bring out the best in you.*

*You bring out the best in me, in us.*

*And together we are an incredible force, So much more than the sum of the parts.*

*Like the sand on the plate resonating with sound,*

*Ask yourself: "What is the vibration that allows us to vibrate together?"*

*And like the sand on the plate, notice how beautiful and meaningful this merging is!*

*Collective intelligence is the meeting of the best of me with the best of you for the best of us.*

*We are equal partners in this enterprise for we all value each other and have a vivid commitment to support the intention and the goal.*

*In this dance between structure and freedom, the power lies in the process that sustains inclusion, consent and transparency.*

*Anything is possible when we bring our super powers to the circle!*

*And I, for one, am really curious about what is possible when you and you and you and I are in resonance.*

**Dorothy Oger**
Santa Cruz, California, August 20th, 2015

## Kollektive Intelligenz

*Kollektive Intelligenz ist mehr als ein Zusammensein.*

*Es ist ein Treffen der Seelen,*

*der Herzen und der Vernunft.*

*Man braucht ein Dorf, um ein Kind aufzuziehen.*

*Man braucht Wasser, Sonne, Wind, Stille und fruchtbaren Boden, damit aus Samen ein Baum werden kann.*

*Also frage dich: „Welche Rolle will ich in dieser Gemeinschaft spielen?"*

*„Wie kann ich Raum schaffen für deinen einmaligen Beitrag?"*

*Frage dich: „Mit wie viel Freude werden wir unser Lied singen, wie es noch niemand zuvor gehört hat?"*

*„Was ist das für ein vereinender Tanz zwischen Einzelnen und der Gruppe, von Holon zu Holon durch Holons?"*

*Ich bringe das Beste in dir hervor.*

*Du bringst das Beste in mir hervor, und das Beste in uns allemal.*

*Und zusammen sind wir eine unglaubliche Kraft, so viel mehr als die Summe ihrer Teile.*

*Denk' an den Sand auf der Platte in Resonanz mit dem Klang*

*Und frage dich: „Welche Schwingung ermöglicht uns, gemeinsam zu schwingen und in Resonanz zu kommen?"*

*Und wie beim Sand auf der Platte bemerkst du, wie wunderschön und bedeutungsvoll diese Vereinigung im Tanze ist!*

*Kollektive Intelligenz ist das Zusammentreffen des Besten in mir mit dem Besten in dir zu unserem Besten.*

*Bei diesem Unternehmen sind wir gleiche Partner, weil wir einander schätzen und mit viel Engagement das Vorhaben und das Ziel unterstützen.*

*In diesem Tanz zwischen Struktur und Freiheit liegt die Kraft im Prozess, der Integration, Konsens und Transparenz aufrechterhält.*

*Alles ist möglich, sobald wir unsere Super-Power in diesen Kreis einbringen!*

*Und ich bin wirklich neugierig, was alles möglich wird, wenn Du und Du und Du und ich in Resonanz sind.*

## Referenzen und Literaturhinweise

- https://en.wikipedia.org/wiki/Expedia_(website)
- http://www.expediainc.com/about/history
- *The World As I See It*, Einstein, A., Citadel Press, Secaucus, N.J., 1934/

# Nachwort

Ich hoffe, Ihnen hat diese Erkundung des Success Factor Modeling™ und das SFM Kollektive Intelligenz Modell™ gefallen. Wenn Sie daran interessiert sind, die Grundsätze und Techniken des Success Factor Modeling zu vertiefen, gibt es weitere Ressourcen und Instrumente, um die besonderen Merkmale, Strategien und Fertigkeiten, die auf diesen Seiten beschrieben sind, weiter zu entwickeln und anzuwenden.

## Dilts Strategy Group

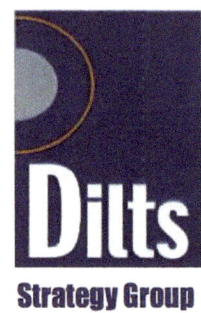

Die *Dilts Strategy Group* ist eine Organisation, die sich verpflichtet hat, Training, Beratung und Coaching in der Anwendung des Success Factor Modeling, einschließlich Next Generation Entrepreneurship (Unternehmertum der Zukunft), Kollektive Intelligenz, Leadership und Innovation anzubieten. Die Dilts Strategy Group fördert Forschungsprojekte, welche die Entwicklung neuer Modelle und die Identifikation sich entwickelnder Erfolgsfaktoren in der dynamischen sozialen und ökonomischen Welt, in der wir leben, vorantreiben. Die Dilts Strategy Group bietet Trainings und Zertifizierungsprogramme in Success Factor Modeling weltweit an.

Für mehr Informationen kontaktieren Sie bitte:

**Dilts Strategy Group**
P.O. Box 67448
Scotts Valley CA 95067
USA
Telefon: +1 (831) 438-8314
E-Mail: info@diltsstrategygroup.com
Homepage: http://www.diltsstrategygroup.com

Zusätzlich zu den Trainingsprogrammen biete ich aufgrund weitreichender internationaler Reisetätigkeit durch die Dilts Strategy Group Seminare und Workshops zu vielfältigen Themen zur persönlichen und beruflichen Entwicklung an.

Mehr Information über geplante Programme finden Sie auf meiner Website: http://www.robertdilts.com oder schreiben Sie mir bitte an: rdilts@nlpu.com.

Für deutschsprachige Seminare und Workshops informieren Sie sich bitte auf der Website unseres Partners Deutsches Institut für Success Factor Modeling: https://www.successfactormodeling.de

## Journey to Genius

Ebenso habe ich zahlreiche weitere Bücher geschrieben und Tonaufnahmen entwickelt, die auf den Prinzipien und besonderen Merkmalen des Success Factor Modeling und NLP basieren. Zum Beispiel habe ich mehrere Produkte produziert, die auf meinem Modeling der Strategien von Genies beruhen, wie Tonaufnahmen, in denen die kreativen Prozesse der Genies wie Mozart, Walt Disney und Leonardo Da Vinci vorgestellt werden.

Für weitere Informationen über diese und weitere Produkte und Quellenangaben kontaktieren Sie bitte:

**Journey to Genius**

P.O. Box 67448

Scotts Valley, CA 95067-7448

Telefon: +1 (831) 438-8314

E-Mail: info@journeytogenius.com

Homepage: http://www.journeytogenius.com

## NLP University

Ich bin Mitbegründer, Direktor und Trainer an der NLP Universität, eine Organisation, die sich dafür einsetzt, Trainings in höchster Qualität zu Grundlagen und fortgeschrittenen NLP Kompetenzen anzubieten und die Entwicklung neuer Modelle und Anwendungen von NLP in den Bereichen Gesundheit, Beruf, Kreativität und Lernen voranzutreiben. Jeden Sommer hält die NLP University auf dem Campus der University of California in Santa Cruz, Programme mit Übernachtungsmöglichkeit vor Ort, und bietet dabei ausführliche Kurse in NLP an, einschließlich Programmen für Unternehmensberatung und Coaching.

Für weitere Informationen kontaktieren Sie bitte
Teresa Epstein:

**NLP University**

P.O. Box 1112

Ben Lomond, California 95005

Phone: (831) 336-3457

Fax: (831) 336-5854

E-Mail: Teresanlp@aol.com

Homepage: http://www.nlpu.com

## Success Factor Modeling Illustrationen und Produkte

Antonio Meza und ich haben diese Buchserie mit der Absicht gestaltet, Ihnen etwas Besonderes zu bieten, das Spaß macht und reich bebildert ist. Durch die Seiten in diesem Buch und den folgenden Bänden werden Sie viele Illustrationen und Charaktere finden, an die Sie sich leicht erinnern können und die Ihnen helfen, eine tiefere Verbindung mit dem Inhalt des Buches zu bekommen.

Wir haben einen speziellen Online-Shop eingerichtet, wo Sie eine Vielzahl an Produkten wie Poster, T-Shirts, Becher usw. finden können, die Sie unterstützen können, mit dem wesentlichen Konzept des Unternehmertums der Zukunft – Next Generation Entrepreneurship in Verbindung zu bleiben.

Für weitere Informationen und weitere Produkte und Ressourcen, besuchen Sie:

### Success Factor Modeling Website

Homepage: http://www.successfactormodeling.com

### Success Factor Modeling Product Store

Homepage: http://society6.com/successfactormodeling

Antonio Meza illustriert Bücher, Artikel, Präsentationen und arbeitet ebenfalls als graphischer Facilitator auf Konferenzen und Seminaren. Er ist als Unternehmensberater, Trainer und Coach Mitglied der Dilts Strategy Group.

Interessieren Sie sich für Antonios Arbeit als Illustrator? So können Sie ihn kontaktieren:

### Antoons

E-Mail: hola@antoons.net
Homepage: http://www.antoons.net

## Conscious Leaders Mastermind

Conscious Leaders Mastermind ist ein exklusives Programm für beschleunigtes Wachstum für erfolgreiche Unternehmer/Entrepreneure und Geschäftsinhaber. Conscious Leaders integriert die sieben Kernstrategien, die die weltweit erfolgreichsten Menschen in ihrer Führungspraxis bewusst verwenden. Dies bietet Teilnehmern einen klaren Plan für nachhaltigen Erfolg, beschleunigtes Wachstum und positiven Einfluss (s. Kap. 1, S.66-71). Die derzeitigen Mitglieder schließen einflussreiche Führungspersönlichkeiten aus verschiedenen Bereichen ein, die das Leben von hunderten Millionen Menschen positiv beeinflusst haben.

Conscious Leaders Mastermind wurde vom Autor Robert Dilts, Mitchell Steyko (Wachstumsexperte aus dem Silicon Valley, der mehr als 150 Unternehmern geholfen hat, ihre Träume zu verwirklichen, in dem er ein Gesamtkapital von über fünf Milliarden US Dollar aufbrachte) und Dr. Olga Steyko (russische Ärztin und Expertin für Geistheilung (Belief Medicine), die sich auf die Arbeit mit hochqualifizierten Führungskräften spezialisiert hat). Das Conscious Leaders Mastermind Programm ist ausschließlich durch genehmigten Antrag und Bewerbungsgespräch oder durch die Empfehlung eines Mitglieds verfügbar.

Wenn Sie bereit sind, Ihr Unternehmen und Ihre Begabungen auf eine ganz neue Wirkungs- und Einflussebene zu bringen, können Sie mehr erfahren und sich um die Mitgliedschaft bewerben bei:

E-Mail: mitchell@consciousleadersmm.com

Homepage: http://www.consciousleadersmm.com

## Logical Levels Inventory

Logical Levels Inventory (*lli*) ist ein innovatives Online Leadership Profiling Instrument, das auf den viefältigen Ebenen der Erfolgsfaktoren basiert, die wir in diesem Buch erforscht haben. *lli* identifiziert die Schlüsseleigenschaften, die Führungspersönlichkeiten haben müssen, um Chancen zu nutzen und in Zeiten von Unsicherheit und Krisen erfolgreich zu bleiben. *lli* wurde als direktes Ergebnis des ersten Zertifikats-Programms zum Success Factor Modeling entwickelt. Es führt Sie durch einen Selbsteinschätzungs-Prozess, der Ihnen hilft, die Antriebskräfte hinter Ihren Aktionen aufzudecken und Einsichten bietet, was Sie ändern können, um eine erfolgreichere Führungspersönlichkeit auf ihrem Gebiet zu werden.

E-Mail: info@lld.uk.com

Homepage: http://www.logicallevels.co.uk

## Anhang A: Fortlaufende Success Factor Modeling Projekte

Wie ich im Vorwort dieses Buches erwähnt habe, gibt es derzeit Anfang 2015 mehrere laufende Projekte mit Success Factor Modeling, um wichtige Trends für neue und bestehende Unternehmen zu erforschen. Eines zur „Kollektiven Intelligenz in Organisationen" wird von Gilles Roy, Formation Evolution et Synergie und der Vision 2021 in Avignon, Frankreich gefördert. Ein weiteres über „Next Generation Entrepreneurship" wird vom Institut REPERE in Paris gefördert. Die folgenden Überblicke fassen zwei dieser Projekte und ihren Zweck zusammen.

Weitere Informationen erhalten Sie bei:

**Formation Evolution et Synergie**

Gilles Roy

3 Avenue de la Synagogue

84000 Avignon, France

+33 4 90 16 04 16

Gilles Roy <gilles.roy2@orange.fr>

www.intelligence-collective.net

46 Boulevard Raspail

84000 Avignon, France

www.vision-2021.fr

*Modeling Studie zur Kollektiven Intelligenz*

Diese Studie hat den Zweck, aktuelle Trends und Ideen zu ermitteln, die Teams und Organisationen erzeugen, um die kollektive Intelligenz in der Absicht zu erhöhen, dem aktuellen ökonomischen Umfeld mit seinen Herausforderungen gerecht zu werden und aufkommende Chancen zu nutzen. Mitglieder der Dilts Strategy Group haben eine Reihe von Teams und Firmen eingeladen, an Interviews und anderen Aktivitäten teilzunehmen, die eine Dauer von einer Stunde bis zu mehreren Tagen hatten. Diese Teams und Firmen wurden auf der Grundlage ihrer Reputation als starke Anführer auf dem Gebiet der Kollektiven Intelligenz unter Kollegen ausgewählt. Die folgenden Themen wurden untersucht:

- Welchen aktuellen Herausforderungen und Chancen begegnet die Firma oder das Team.
- Wie sehen und schätzen sie kollektive Intelligenz als Mittel der Wahl ein, um im heutigen Geschäftsumfeld erfolgreich zu sein.
- Wie haben sie ihre Business-Strategie und Management-Praxis verändert, um kollektive Intelligenz zu fördern und zu steigern.
- Welche konkreten Schritte haben sie eingeführt, um kollektive Intelligenz in der Praxis zu unterstützen.

Die Haupttrends werden durch Veröffentlichungen in ausgewählten Business Magazinen und auf der Dilts Strategy Group Website dokumentiert.

Diese Studie unter dem Titel PERICEO wird in Zusammenarbeit mit der Formation Evolution et Synergie und Vision 2021 in Avignon, Frankreich durchgeführt.

*Modeling Studie zum Next Generation Entrepreneurship*

Diese Studie hat zum Ziel die neusten Trends zu ermitteln, die das entstehende *Unternehmertum der Neuen Generation* anwenden, um Herausforderungen zu begegnen und die Chancen des derzeitigen ökonomischen Umfeldes zu nutzen. Die gesammelten Erkenntnisse aus dieser Studie sollen die Produktivität, Profitabilität und Zufriedenheit der Neuen Generation von Entrepreneuren und unternehmerisch handelnden Führungskräften (Intrapreneuren) verbessern.

Bisher umfasste das Projekt Interviews mit 18 ausgesuchten *„Next Generation Entrepreneurs"* Der Next Generation Entrepreneur wird definiert als:

> *Jemand der ein nachhaltiges Geschäft oder Projekt aufbaut, um seinen eigenen Traum zu leben, während er oder sie ein Produkt oder eine Dienstleistung anbietet, die einen positiven Unterschied in der Welt bewirkt, und wodurch er oder sie persönlich wächst.*

Die Auswahl der Interviewpartner erfolgte unter vier obligatorischen Kriterien:
- Er oder sie lebt ihren Traum und setzt sich leidenschaftlich für etwas anderes als Geld ein.
- Er oder sie will einen positiven Unterschied in der Welt bewirken.
- Das Geschäft ist zumindest ökonomisch nachhaltig oder wachsend.
- Etwas Neues und Innovatives liefern

Die ausgewählten Interviewpartner repräsentieren ein breites Unternehmensspektrum, einschließlich:
- Unterschiedliche Geschäftsarten
  *Industrie, Dienstleistungen, Technologien, Umweltbezogen, NGO (Non-Profit Organisationen), usw.*
- Unterschiedliche Geschäftsgrößen
  *Kleine bis mittelständische Betriebe, unternehmerisch handelnde Führungskräfte (Intrapreneure) innerhalb großer oder Multinationaler Konzerne, Soziale Unternehmer, usw.*
- Unterschiedliche Geschäftsphasen
  *Start-up, Wachstum, Expansion, Reife Unternehmen*
- Reputation und allseitiger Bekanntheitsgrad der Unternehmer
  *Reputation unter Kollegen war lokal, regional, national oder international*

Die Haupttrends werden durch Veröffentlichungen in ausgewählten Business Magazinen und auf der Dilts Strategy Group Website dokumentiert.

Diese Studie wird in Zusammenarbeit mit dem Institut REPERE in Paris, Frankreich durchgeführt.

Weitere Informationen erhalten Sie bei:

**Institut REPERE**
78 Avenue du Général Michel Bizot
75012 Paris, France
+33 1 43 46 89 41
commercial@institut-repere.com
http://www.institut-repere.com

# Anhang B: Gedanken zu Kollektiver Intelligenz als „Beziehungsfeld"

Die Begriffe ,Beziehungsfeld' und ,Generativen Feld' sind für die Sichtweise des Success Factor Modeling auf kollektive Intelligenz und generative Kollaboration grundlegend. Ein „Feld" ist, aus SFM-Perspektive, im Wesentlichen eine Art energetische Qualität oder „Schwingung", die aus Beziehungen und Interaktionen innerhalb eines Systems aus Individuen entsteht. Der zentrale Punkt dieser Auffassung von dem Feld ist die Idee, dass selbst aus der Beziehung, die von den Beteiligten erzeugt wird, eine „dritte Einheit" entsteht; ähnlich wie die Kombination aus Wasserstoff und Sauerstoff eine dritte Einheit, nämlich Wasser, erzeugt. Die Beziehung wird zu einer Art Container, der durch die Gedanken, Emotionen und Erfahrungen der einzelnen Beteiligten nicht nur hergestellt wird, sondern auch Einfluss darauf ausübt.

In der Physik wird das Feld als „Ausschnitt des Raums" definiert, der „durch eine physikalische Eigenschaft wie die Gravitationskraft, die elektromagnetische Kraft oder den Flüssigkeitsdruck charakterisiert wird. Diese haben an jeder Stelle des Bereichs einen bestimmbaren Wert". Ein Feld in der Physik bezieht sich auf die Bewegung der Energie durch einen weitgehend genutzten Raumausschnitt. Ein elektromagnetisches Feld, wie zum Beispiel das eines Radiosignals, wird üblicherweise durch „Kraftlinien" dargestellt, die sich von der Quelle aus in jede Richtung ausbreiten und ihren Einfluss auf Objekte innerhalb ihrer Reichweite geltend machen. Die Dichte dieser Kraftlinien bestimmt die Intensität, also den Einflussgrad, des Feldes. Dies steht im Gegensatz zu dem Begriff eines „Teilchens", das als Objekt nur in einem limitierten und definierten Raumausschnitt existiert. Ein Feld ist weniger greifbar als ein Teilchen, und es geht mehr um die Energie, die Bewegung und Beziehungen als um „Dinge" oder „Objekte". Ein Feld wird nicht nur aus den Beziehungen zwischen den „Teilchen" – d. h. Objekten oder Individuen – generiert, sondern es übt auch seinen Einfluss auf das Verhalten oder die Handlungen der Objekte und Individuen aus.

Ein Gravitationsfeld hängt beispielsweise von der grundsätzlichen Anziehung zwischen allen Objekten im Raum ab. Die Schwerkraft existiert nicht ohne die Anwesenheit von Objekten die einander anziehen. Das Gravitationsfeld zwischen zwei Objekten (sagen wir zwei Planeten) wird also das Verhalten anderer Objekte (ein Raumfahrzeug oder ein Meteor zum Beispiel) beeinflussen, wenn sie in den Einflussbereich des Feldes eintreten.

Das Beispiel mit den Gebilden, die aus dem Wasser mit Maismehl auf einem oszillierenden Lautsprecher entstehen und das Kymatik-Experiment aus Kapitel 1 (S. 14-15), das wechselnde Sandmuster auf einer vibrierenden Metallplatte zeigt, sind weitere Beispiele für Einflüsse von Feldern. Solche Naturphänomene haben wichtige Auswirkungen (sowohl direkte als auch metaphorische) auf unser Verständnis von kollektiver Intelligenz und generativer Kollaboration.

In der Physik wird ein Feld durch "Kraftlinien" dargestellt, die sich im Raum ausbreiten.

Eisenspäne offenbaren die "Kraftlinien", die von einem Stabmagneten ausgehen.

*„Verstand" und Intelligenz hängen von Feldern ab, die aus Interaktionen entstehen*

Der Sozialwissenschaftler und Systemtheoretiker Gregory Bateson wies darauf hin:

*Jedes laufende Ensemble von Begebenheiten und Objekten, das geeignete Komplexität ursächlicher Kreisläufe und entsprechende Energiebeziehungen aufweist, wird sicherlich mentale Charakteristiken (geistige Eigenschaften) zeigen. Es wird vergleichen . . . es wird „Prozessinformation" und es wird unausweichlich sich selbst korrigierend sein, entweder bis hin zu einem homöostatischen Optimum oder zu einem Maximum gewisser variabler Größen.*

Was Bateson im Wesentlichen damit sagt, ist, dass mit genügend Resonanz und Synergie jedes System ein Beziehungsfeld erzeugen kann, das es befähigt, ein höheres Integrationsniveau zu erreichen, und Eigenschaften intelligenter Selbst-Organisation zeigt. Dies ist das Prinzip, das von Peter Russell bei seinem Konzept des „Globalen Gehirns" (1983, 1995) angewandt wurde. Russell nimmt Evolution als progressives Zusammensuchen von Einheiten in größere, selbst-organisierende Systeme wahr – von Elementarteilchen zu Atomen, zu Molekülen, zu Zellen, zu Gewebe und so weiter bis zu selbstbewussten Organismen und letztendlich bewussten Gemeinschaften.

Batesons Beobachtung ist also sehr kongruent mit unseren Überlegungen über die Signifikanz von Resonanz, Synergie und Emergenz als Erfolgsfaktoren für die Herstellung kollektiver Intelligenz in Ansammlungen von Menschen. Der Schlüssel ist, die passende Komplexität der Interaktionen und die entsprechenden Energiebeziehungen zu erhalten, aus denen kollektive Intelligenz hervorgehen kann. Wenn diese Bedingungen erfüllt sind, werden separate Individuen in eine zusammenhaltende (kohäsive) Gruppe transformiert, die ein Team bildet, bei dem das Ganze wirklich größer ist als die Summe seiner Teile.

Tatsächlich ist der Eindruck, Teil eines größeren Systems oder Feldes zu sein, eine übliche subjektive Erfahrung von fast jedem menschlichen Wesen. Wir sprechen beispielsweise oft von dem Gefühl des „Teamgeistes", welches die Wahrnehmung beschreibt, Teil einer Gruppe zu sein, die uns einschließt und größer ist als wir selbst. Solche Erfahrungen entstehen aus dem Gespür für ein interpersonelles „Beziehungsfeld", das aus den Interaktionen zwischen uns selbst und anderen hervorgeht; eine Art größeres physikalisches und mentales Holon bildend.

## Eigenschaften des „Gruppendenkens"

Unsere Beteiligung an einem solchen Feld bewirkt die Beeinflussung unserer Gedanken und Emotionen, individuell und gemeinschaftlich. Ausreichend starke Beziehungsfelder können eine Art „Gruppengeist" erzeugen, das die Merkmale und Eigenschaften einer Intelligenz aufweist, die sich sehr vom individuellen Verstand der Gruppenmitglieder unterscheidet. Gemäß dem Psychologen Le Bon (1985):

*Die auffälligste Eigenart, die eine psychologische Gruppe zeigt, ist die folgende: Wer auch immer die Individuen sein mögen, aus denen sich die Gruppe zusammensetzt, wenn sich auch ihre Art zu Leben, ihre Berufe, ihr Charakter oder ihre Intelligenz ähnelt oder unterscheidet, versetzt sie die Tatsache, dass sie zu einer Gruppe transformiert wurden, in den Besitz einer Art von Kollektiver Intelligenz, die sie ganz anders fühlen, denken und handeln lässt, als wenn jeder Einzelne fühlen, denken und handeln würde wenn er oder sie isoliert wären. Es gibt gewisse Ideen und Gefühle, die nicht zustande kommen oder nicht in die Tat umgesetzt werden, außer wenn die Einzelpersonen eine Gruppe bilden.*

*Die psychologische Gruppe ist ein provisorisches Wesen, das aus heterogenen Elementen formiert wird, die für einen Moment verbunden sind; genau wie die Zellen, die sich zu einem lebendigen Körper zusammenschließen, durch ihre Vereinigung ein neues Wesen bilden, dessen Merkmale sich sehr stark von denen unterscheiden, die jede Zelle allein besitzt.*

Le Bons Vorstellung eines ausgeprägten „kollektiven Geistes" stimmt mit James Surowieckis Vorstellung von der „Weisheit der Vielen" (Wisdom of Crowds) (S. 296-299) überein und auch mit Googles Entdeckung, dass der „kollektive I. Q." ihrer Teams wenig mit der Mischung spezifischer Persönlichkeitstypen, Kompetenzen oder Werdegänge der Einzelnen, aus denen die Teams bestehen (S. 300-301), zu tun hat. Le Bons Kommentar, dass „es gewisse Ideen und Gefühle gibt, die nicht zustande kommen oder nicht in die Tat umgesetzt werden, außer wenn die Einzelpersonen eine Gruppe bilden" offenbart den stärksten Beitrag kollektiver Intelligenz zu Kreativität und Innovation. Eine Art größere Intelligenz entsteht als Folge einer gesunden Beziehung und Interaktion zwischen Menschen, die nicht verwirklicht wird, wenn Einzelpersonen voneinander isoliert sind. Gregory Bateson behauptet:

*Der individuelle Verstand ist immanent, aber er befindet sich nicht nur im Körper. Er ist immanent in den Wegen und Botschaften außerhalb des Körpers; und es gibt einen größeren Verstand, von dem der individuelle Verstand nur ein Sub-System ist.*

Bateson sagt, dass unser individueller Verstand als eine Art Feld entsteht und aus den Interaktionen innerhalb unseres Körpers und Nervensystems sowie aus unseren Interaktionen mit der Welt um uns herum resultiert. Er vertritt die These, dass ein „größerer Verstand" aus den Interaktionen unseres individuellen Verstandes mit anderen Intelligenzen entsteht und diese beeinflusst.

Der „größere Verstand", auf den sich Bateson bezieht ist vielleicht das, was mit „Intuition" gemeint ist, dem „kreativen Unbewussten" in der Arbeit von Milton H. Erickson oder das „kollektive Unbewusste" in Carl Jungs Schriften. Ein weiteres Phänomen, das sich auf den von Bateson genannten „größeren Verstand" bezieht, ist was Rupert Sheldrake als Morphische Felder bezeichnete. Sheldrake schlug die Idee der Morphischen Felder vor, um Phänomene zu erklären, die Handlungen in der Ferne umfassen, angefangen mit der Entwicklung von Embryonen bis zur Heilung durch das Gebet und das Phänomen „Der Hunderste Affe" – d. h. Situationen, in denen Veränderung in Teilen der Population Veränderung bei weiteren Mitgliedern der Population anregt oder bei der Gruppe als Ganzes ohne jeden physischen Kontakt. Es spiegelt ebenfalls das Konzept eines „Hologramms" wieder, das in Kapitel 1 vorgestellt wurde. Das Ganze ist irgendwie in jedem Teil enthalten und aus jedem Teil kann das Ganze wiederhergestellt werden.

Wesentlich für Sheldrakes Modell ist der Prozess der Morphischen Resonanz. Dies ist ein Feedback-Mechanismus zwischen dem Feld und der entsprechenden Interaktion der Elemente, aus denen er entsteht. Je größer der Ähnlichkeitsgrad der Interaktion zwischen den individuellen Elementen ist, desto größer ist die Resonanz, die zu der Existenz, Stärke und Beständigkeit einer bestimmten Form von Gedanken oder Verhalten beiträgt, das wahrscheinlicher im Großen Feld enthalten ist.

## Machen Sie sich den „größeren Verstand" zunutze

Sheldrake schlägt vor, dass der Prozess der morphischen Resonanz zu stabilen Morphischen Feldern führt, auf die man sich deutlich leichter einstellen kann. Zum Beispiel schlägt er dies als Mittel vor, durch das sich einfachere organische Lebensformen synergetisch zu komplexeren selbst organisieren; und dass dieses Modell eine andere Erklärung für den Prozess der Evolution selbst ermöglicht, als Ergänzung von Darwins evolutionären Prozessen der Selektion und Variation.

Eine Auswirkung von Batesons Vorstellung von einem „größeren Verstand" und Sheldrake's Idee einer „morphischen Resonanz" ist die Möglichkeit, dass wir Netzwerke einer höheren Intelligenz, die größer als unser individueller Verstand ist, anzapfen können. Mit anderen Worten, es werden Arten latenter Ideen und Einsichten spontan in Individuen als Folge entstehen, Teil einer Gruppe zu sein. Die wäre niemals für dieselben Individuen geschehen, wenn sie allein für sich gearbeitet hätten – unabhängig davon wie viel Zeit sie auf das Nachdenken aus eigener Kraft verwendet hätten. Eine Person könnte jahrelang allein über etwas nachdenken, ohne irgendein Ergebnis zu erreichen, das leicht und sofort passiert, wenn diese Person mit anderen unter den richtigen Bedingungen interagiert.

Es ist jedoch sehr wichtig, sich daran zu erinnern, dass, wie Bateson hinweist, „die mentalen Merkmale inhärent oder immanent in dem Ensemble als Ganzes sind." Wenn wir uns selbst separieren oder vom größeren System getrennt werden, verlieren wir den Zugang zu der darin enthaltenen Intelligenz. Wir müssen mit uns selbst und miteinander verbunden sein (d. h. im COACH State), damit die Intelligenz in dem größeren Holon in uns als Individuen entstehen kann.

Wenn ein Kind zum Beispiel in Isolation ohne Interaktion mit anderen Mitmenschen aufgezogen wird (wie die sogenannten „wilden Kinder", die von Wölfen oder anderen Tieren aufgezogen wurden [oder Kasper Hauser, Anm. d. Ü.], lernt es niemals eine Sprache. Tatsächlich haben wilde Kinder große Schwierigkeiten aufrecht zu laufen und zeigen ein komplettes Desinteresse an menschlichen Aktivitäten um sie herum. Oft scheinen sie geistig zurückgeblieben und haben unüberwindbare Schwierigkeiten, eine menschliche Sprache zu lernen, wenn sie nach einem gewissen Alter entdeckt werden. Werden jedoch zwei oder mehr Kinder zusammen großgezogen, sogar in Abwesenheit äußerer Einflüsse durch Erwachsene, werden sie spontan ihre eigene Sprache erfinden, auch wenn sie niemals einer verbalen Interaktion ausgesetzt waren.

Mit anderen Worten, Interaktion, Resonanz und Synergie mit anderen erweckt latente Intelligenz, Ideen und Fähigkeiten innerhalb größerer Kollektive oder Holons und setzt sie frei. Zweifelslos ist das der Grund, warum so viele erfolgreiche Organisationen aus generativen Kollaborationen hervorgegangen sind, wie Jobs und Wozniac (Apple Inc.), Hewlett und Packard (HP) usw. Natürlich entstand Success Factor Modeling selbst als eine gemeinsame Schöpfung zweier Personen: John Dilts und Robert Dilts.

## Referenzen und Literaturhinweise

- *Steps to an Ecology of Mind*, Bateson, G., Ballantine Books, New York, New York, 1972.
- *The Global Brain Awakens*, Russell, P., Global Brain, Inc., Palo Alto, CA, 1995.
- *The Crowd: A Study of the Popular Mind*, Le Bon, G., Digireads.com Publising, 2008 (1895).
- *A New Science of Life: The hypothesis of formative causation*, Sheldrake, R., J.P. Tarcher, Los Angeles, CA, 1981 (dt. Ausgabe: *Das schöpferische Universum. Die Theorie des morphogenetischen Feldes*, Ullstein, Frankfurt, 2009 (1983))
- *NLP II: The Next Generation*, Dilts, R. and DeLozier, J. with Bacon Dilts, D., Meta Publications, Capitola, CA, 2010. (dt. Ausgabe: *NLP II - Die Neue Generation*, Junfermann, Paderborn 2013)

# Fotos

Seite  50 – Entnommenes Bild aus dem Video „Non-Newtonian Fluid on a Speaker Cone" in YouTube

Seite  51 – Entnommene Bilder aus dem Video „Cymatix Experiment" in YouTube

Seite  56 – Adam Grant  – https://www.linkedin.com/in/adammgrant

Seite 101 – Steve Fiehl, Michaël Ohana, Pascal El Grably and Hervé Goudchaux
  http://www.crossknowledge.com/group/management-team

Seite 105 – Foto mit freundlicher Genehmigung von Robert B. Dilts

Seite 117 – Entnommenes Bild von der DVD „Yanni at the Acropolis"

Seite 154 – Stefan Crisan, Foto mit freundlicher Genehmigung von Stefan Crisan

Seite 176 – Google und Pixar Arbeitsräume
  http://www.home-designing.com/2008/10/seriously-cool-workplaces

Seite 177 – Disney's Träumerzimmer
  Finch, C.; *The Art of Walt Disney* ; Harry N. Abrahms Inc., New York, New York, 1973.

Seite 178 – Walt Disney
  The Walt Disney Family Museum, San Francisco, CA

Seite 178 – Walt Disney
  Thomas, F. & Johnson, O.; *Disney Animation; The Illusion of Life* ; Abbeyville Press, New York, New York, 1981.

Seite 192 – Randy Williams – https://www.linkedin.com/in/randy-williams-86b4581a

Seite 236 – John Dilts Foto mit freundlicher Genehmigung von Robert B. Dilts

Seite 258 – Extrahierte Bilder aus dem Video: A Bird Ballet by Neels Castillon

Seite 259 – Bilder von:
  http://www.red3d.com/cwr/boids/applet/
  http://black-square.github.io/BirdFlock/

Seite 261 – Die Schlacht um Midway
  http://superhypeblog.com/marketing/smart-data-business-lessons-from-the-battle-of-midway

Seite 310 – Drew Dilts Foto mit freundlicher Genehmigung von Robert B. Dilts

Seite 314 – Moringa Farm, Benin Foto mit freundlicher Genehmigung von Robert B. Dilts

Seite 321 – Fulani Familienhütten, Benin  Foto mit freundlicher Genehmigung von Robert B. Dilts

Seite 350 – Stabmagneten
  http://hypescience.com/o-que-e-magnetismo/
  http://www.alamy.com/stock-photo-bar-magnets-with-iron-filings-showing-magnetic-repulsion-between-31266486.html

# Bibliographie

- *Success Factor Modeling, Volume I – Next Generation Entrepreneurs: Live Your Dream and Create a Better World through Your Business*, Dilts, R., Dilts Strategy Group, Santa Cruz, CA, 2015

- *From Coach to Awakener*, Dilts, R., Meta Publications, Capitola, CA, 2003.
  Dt. Ausgabe: *Professionelles Coaching mit NLP*, Junfermann Verlag, Paderborn 2005

- *Tools for Dreamers*, Dilts, R. B., Epstein, T. and Dilts, R. W., Meta Publications, Capitola, CA, 1991.
  Dt. Ausgabe: *Know-how für Träumer*, Junfermann Verlag, Paderborn 1994.

- *Strategies of Genius Vols I, II & III*, Dilts, R., Meta Publications, Capitola, CA,1994-1995.

- *Alpha Leadership: Tools for Leaders Who Want More From Life*, Deering, A., Dilts, R. and Russell, J., John Wiley & Sons, London, England, 2002.

- *Visionary Leadership Skills*, Dilts, R., Meta Publications, Capitola, CA, 1996.
  Dt. Ausgabe: *Von der Vision zur Aktion*, Junfermann Verlag, Paderborn 1998.

- *Modeling with NLP*, Dilts, R., Meta Publications, Capitola, CA, 1998.
  Dt. Ausgabe: *Modeling mit NLP*, Junfermann Verlag, Paderborn 1999.

- *Encyclopedia of Systemic Neuro-Linguistic Programming and NLP New Coding*, Dilts, R. and DeLozier, J., NLP University Press, Santa Cruz, CA, 2000.

- *Effective Presentation Skills*, Dilts, R., Meta Publications, Capitola, CA, 1994.
  Dt. Ausgabe: *Kommunikation in Gruppen & Teams*, Junfermann Verlag, Paderborn 1997.

- *Skills for the Future*, Dilts, R., Meta Publications, Capitola, CA, 1993.
  Dt. Ausgabe: *Zukunftstechniken*, Dilts, R., Bonissone, G., Junfermann Verlag, Paderborn 1999.

- *NLP II: The Next Generation*, Dilts, R. and DeLozier, J. with Bacon Dilts, D., Meta Publications, Capitola, CA, 2010.
  Dt. Ausgabe: *NLP II – Die Neue Generation*, Junfermann Verlag, Paderborn 2013.

- *The Hero's Journey: A Voyage of Selbst-Discovery*, Gilligan, S. and Dilts, R., Crowne House Publishers, London, UK, 2009.
  Dt. Ausgabe: *Die Heldenreise: Auf dem Weg zur Selbstentdeckung*, Junfermann Verlag, Paderborn 2013.

- *Innovations in NLP*, Hall, M. and Charvet, S., Editors; Crown House Publishers, London, 2011.

## Success Factor Modeling Band II – Next Generation Collaboration wurde mit folgenden Fonts erstellt:

- Aurulent Sans - by Stephen G. Hartke
- Roman Serif - by Mandred Klein
- COMIC GEEK - WWW.BLAMBOT.COM
- Comic Book - www.pixelsagas.com
- BADABOOM BB - WWW.BLAMBOT.COM

## Robert B. Dilts – Autor

**Robert Dilts – Autor**

Email: rdilts@nlpu.com
Homepage: www.robertdilts.com

Robert Dilts erlangte seine internationale Reputation als führender Coach und Trainer für Verhaltenskompetenz sowie als Unternehmensberater schon in den 1970er Jahren. Als einer der Hauptentwickler und Experte für Neuro-Linguistisches-Programmieren (NLP) hat Robert Dilts weltweit bei verschiedenen Organisationen und für Einzelpersonen Coachings, Beratungen und Trainings durchgeführt (Anm. d. Ü: und wurde dafür 2015 von managerseminare mit dem Life Achievement Award ausgezeichnet).

Zusammen mit seinem Bruder John hat Robert den Weg für die Prinzipien und Methoden des Success Factor Modeling™ bereitet und zahlreiche Bücher und Artikel geschrieben, wie sie angewandt werden können, um Leadership (Führungskompetenz), Kreativität, Kommunikation und Teamentwicklung zu bereichern. Sein Buch „*Von der Vision zur Aktion*" entstand aus Roberts eingehenden Studien über Führungspersönlichkeiten aus der Geschichte wie auch aus Unternehmen, um die notwendigen Instrumente und Kompetenzen darzustellen, um „eine Welt zu schaffen, der Menschen zugehören wollen." In „*Alpha Leadership: Instrumente für Unternehmensführer, die mehr vom Leben haben wollen*" (in Zusammenarbeit mit Ann Deering und Julian Russell) werden die aktuellsten Praktiken effektiver Führungskompetenz (Leadership) erfasst und ausgetauscht, wobei Ansätze angeboten werden, die zur Reduktion von Stress und Zunahme der Zufriedenheit dienen. „*Professionelles Coaching mit NLP*" bietet Coaches eine „Road Map" und eine Reihe von Instrumenten, um ihren Klienten zu helfen, ihre Ziele auf verschiedenen Ebenen des Lernens und der Veränderung zu erreichen. In „*Die Heldenreise: Eine Reise zur Selbstentdeckung*" (mit Stephan Gilligan) geht es darum, wie Sie sich mit Ihrer tiefsten Berufung verbinden, einschränkende Glaubenssätze und Gewohnheiten transformieren und Ihr Selbstbild verbessern können.

Unter den ehemaligen Firmenkunden und Sponsoren befinden sich Apple Computer, Microsoft, Hewlett-Packard, IBM, Lucasfilms Ltd. und die staatliche Eisenbahn in Italien. Er hat zahlreiche Vorträge über Coaching, Leadership, Innovation, Kollektive Intelligenz, Lernprozesse in Organisationen und Change Management gehalten. Er gab Präsentationen und Keynote-Vorträge für die International Coaching Federation (ICF), HEC Paris, die Vereinten Nationen, die Weltgesundheitsorganisation, Harvard University und die Internationale Universität in Monaco. 1997 und 1998 beriet Robert Weight Wachter's International bei dem Verhaltens-orientierten Teilprogramm des Konzepts „*Tool for Living*".

Robert war mehr als 15 Jahre außerordentlicher Professor an der ISVOR Fiat School of Management und wirkte mit an der Entwicklung der Programme zu Leadership, Innovation, Werten und Systemischen Denken. Von 2001 – 2004 war er als leitender Wissenschaftler und Aufsichtsratsvorsitzender für ISVOR DILTS Leadership Systems tätig, einem Joint-Venture mit ISVOR Fiat (der ehemaligen firmeneigenen Universität der Fiat Gruppe), das ein ausgedehntes Spektrum an innovativen Leadership-Entwicklungs-Programmen bei global tätigen Großunternehmen einführte.

Als Mitgründer der Dilts Strategy Group ist Robert ebenso Gründer und CEO der Behavioral Engineering, einer Firma, die Computersoftware- und Hardware-Applikationen zur Verhaltensänderung entwickelte. Robert hat einen Abschluss in Behavorial Technology von der Universität zu Kalifornien in Santa Cruz.

## Antonio Meza – Illustrator

Antonio Meza hat schon immer Cartoons gezeichnet, jedoch begann er erst kürzlich als professioneller Cartoonist zu arbeiten.

Antonio wurde in Pachuca, Mexiko geboren und ist Master-Practitioner und Trainer für Neuro-Linguistisches-Programmieren (NLP). Er hat einen Abschluss in Kommunikationswissenschaften an der Fundacíon Universidad de las Américas Puebla, einen Master-Abschluss in Film-Studien von der Université de Paris 3 – Sorbonne Nouvelle, ein Diplom in Cinema Scriptwriting von der General Society of Writers in Mexico (SOGEM) und ein Diplom in Documentary Films von der France's École Nationale des Métiers de l'Image et du Son (LaFémis).

Vor kurzem wurde er von Robert Dilts und Stephan Gilligan am Institut Repère in Paris in Generativem Coaching zertifiziert.

Antonios berufliche Karriere umfasst die Arbeit in Marktforschung, Werbung, Branding, Corporate Image, Filmproduktion und Drehbucherstellung. Seine Arbeit als professioneller Fotograf wurde in Mexiko, Belgien und Frankreich ausgestellt.

Bevor er nach Frankreich kam, wo er als Berater, Coach und Trainer mit der Spezialisierung kreatives Denken und kollektive Intelligenz tätig ist, war er an Start-ups in Mexiko beteiligt, die animierte Cartoons herstellten. Seine Dienstleistungen sind unter der Marke Akrobatas erhältlich.

Seine Kunden aus NGOs und Stiftungen schließen die European AIDS Treatment Group (EATG), OXFAM, die European HIV/AIDS Funders Group, die Open Society Foundations (OSF) und die European Public Health Alliance (EPHA) ein. Er hat für Business Schools, wie die EXCP-Europe und international Organisationen wie z. B. IABC (International Association of Business Communicators) Trainings und Workshops durchgeführt.

Antonio ist als Mitglied der Toastmasters International ein erfahrener öffentlicher Redner. 2015 wurde er als bester Sprecher im Internationalen Sprecher-Wettbewerb des District 59, der Süd-West-Europa umfasst, ausgezeichnet.

Seine Cartoons und Illustrationen wurden durch die Université Panteon-Assa (Paris 2) veröffentlicht. Er ist als Illustrator Co-Autor von zwei Büchern mit Jean-Eric Branaa: „English Law Made Simple" und „American Government Made Simple", die von Ellipses in Paris veröffentlicht wurden.

Er nutzt seine Kunstfertigkeit als Cartoonist und Trainer, um in Seminaren, Konferenzen und Brainstorming-Sitzungen als graphischer Facilitator mitzuarbeiten.

Er hat mehrere Illustrationsprojekte einschließlich "Carl Jung - Explorer of the Mind" und der drei Bände der *Success Factor Modeling* Reihe mit Robert Dilts durchgeführt.

**Antonio Meza – Illustrator**

Email: hola@antoons.net
Homepage: www.antoons.net
Foto: Susanne Kischnick

# Deutsches Institut für Success Factor Modeling

*Unsere Vision ist eine Arbeitswelt, in der alle Menschen mit Freude zur Produktivität beitragen und sich damit selbst verwirklichen, weil der nachhaltige Unternehmenserfolg einen Beitrag zu einer besseren Welt leistet.*

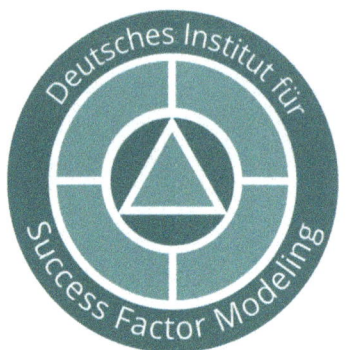

**Deutsches Institut für Success Factor Modeling**

Weiterbildung, Coaching und Beratung für Unternehmer, Führungskräfte, Selbstständige und Freiberufler

Tel: 0160/4458002
Email: mail@successfactormodeling.de
Home: http;/www.successfactormodeling.de

Das Deutsche Institut für Success Factor Modeling ist ein Geschäftsfeld der Marketing- und Unternehmerberatung Dr. *R*einschmidt & Partner. Es wurde als Ergebnis der SFM Ausbildung zum Next Generation Entrepreneur in Santa Cruz 2015 von Dr. Gudrun Reinschmidt gegründet. Als autorisierte Partnerin der Dilts Strategy Group sind wir international vernetzt und im ständigen Austausch mit unseren Kollegen aus aller Welt. So fangen wir die aktuellsten Trends im internationalen Business auf und entwickeln ständig neue Lernprogramme für Ihren Geschäftserfolg.

Vor dem Hintergrund Digitalen Transformation, die sich auf alle Aspekte des menschlichen Miteinanders auswirkt, ist im besonderen Maße das Unternehmertum der Zukunft von zunehmender Komplexität, starker Vernetzung und schnellen Veränderungen geprägt. Die Zukunftsfähigkeit Ihres Unternehmens hängt von seiner Innovationskraft ab, die wiederum stark vom Engagement und der Kollaborationsfähigkeit Ihrer Mitarbeiter abhängt. Laut Gallup Engagement Index 2019 bringen sich in Deutschland jedoch nur 15% der Menschen bei der Arbeit voll ein. Diese Zahlen sind seit 18 Jahren nahezu unverändert. Stellen Sie sich vor, wie stark sich die Produktivität vervielfachen würde, sobald es Ihnen gelingt, 85% oder die ganze Belegschaft mitzunehmen!

Unsere Vision ist eine gesundheitsfördernde Arbeitswelt, in der alle Menschen mit Freude zur Produktivität beitragen und sich selbst verwirklichen können, weil der nachhaltige Unternehmenserfolg einen Beitrag zu einer besseren Welt leistet.

Unsere Mission ist, Unternehmer, Gründer und Führungskräfte bei der Entwicklung und Durchführung ihrer nachhaltigen Geschäfts- oder Projektidee in komplexen Märkten durch Beratung, Training und Coaching zu unterstützen. Entfalten Sie sich zur resilienten, kollaborativen Unternehmerpersönlichkeit, die dem Kundennutzen verpflichtet ist, ihre Mitarbeiter für die Aufgabe begeistert, Stakeholder und Investoren überzeugt und Win-Win-Win-Partnerschaften bildet, um nicht nur einander, sondern auch der Umwelt einen Gewinn zu verschaffen.

Es ist unsere Ambition, die zentrale Anlaufstelle für innovationsbereite mittelständische Unternehmer, Entrepreneure und Intrapreneure in den DACH-Ländern zu sein, die vom „Silicon Valley Mindset" lernen und die Digitale Transformation in ihren Unternehmen proaktiv gestalten wollen. Dazu suchen wir Kollaborationspartner mit Weitblick und Bewusstheit.

Nutzen Sie unsere Leistungen für Ihren langfristigen Geschäftserfolg:

- Zertifikatskurse der Dilts Strategy Group in deutscher Sprache
  - Ausbildung zum Next Generation Entrepreneur
  - Conscious Leadership – Führung mit Bewusstheit und Resilienz
- Webinare und Workshops zur Personal- und Organisationsentwicklung
  - Erfolgreiche Positionierung mit dem SFM Erfolgszirkel
  - Aufbau einer innovationsfördernden Vertrauenskultur
  - Generative Kollaboration für selbstorganisierende Teams
  - Mitarbeiterbindung durch transformatives Führen
- Facilitation und Moderation von Innovationsworkshops sowie
- Mastermind-Gruppen für Unternehmer, Freiberufler und Selbstständige
- Einzel- und Team-Coaching für innovationsfördernde Unternehmenskulturen

Langfristig erfolgreiche Unternehmen messen sich nicht nur am finanziellen Ertrag, sondern an der Mitarbeiterzufriedenheit, der Kundentreue und ihrem Engagement und Beitrag für die Erde, auf der sie leben. Fragen Sie nach individuell zugeschnittenen Lösungen.

**Dr. Gudrun Reinschmidt**
**Facilitator, Coach, Trainerin, Autorin**

### Erfolgsfaktor-Fallstudien in den DACH-Ländern

Durch Interviews erforschen wir, wie sich die Erfolgsfaktoren im deutschsprachigen Raum zu denen in Amerika und speziell im Silicon Valley unterscheiden. Die *Interview-Partner erkennen ihre eigenen Erfolgsfaktoren und Signaturstärken*, die zumeist unbewusst sind, weil sie als völlig *normal* wahrgenommen werden. Mit der Kommunikation dieser Erfolgsfaktoren lassen sich vermehrt Kunden und Partner zur Kollaboration überzeugen, Unternehmensnachfolger können besser eingeführt werden. Haben Sie Interesse an einem Interview? Dann sprechen Sie uns an.

## Dr. Gudrun Reinschmidt – Übersetzerin

Die promovierte Naturwissenschaftlerin ist seit 25 Jahren als Innovationsmanagerin in Weiterbildung, Marketing und Vertrieb für die Medizintechnik und Pharmabranche engagiert. Ihr Erfahrungsschatz umfasst die Arbeit in und mit international besetzten Teams an den Schnittstellen von Vertrieb – Marketing – Produktmanagement – Klinischer Forschung – Training und der Geschäftsführung. Als Start-up-Beraterin, Executive Coach und Blended Learning Consultant unterstützt sie seit 2003 Unternehmer, Intrapreneure, Healthcare-Unternehmen und die High-Tech-Branche.

Die autorisierte Trainerin und Facilitatorin der Dilts Strategy Group setzt die in diesem Buch beschriebenen Modelle und Übungen seit 2004 regelmäßig in Workshops, Seminaren und Coachings ein. Ihr Schwerpunkt liegt auf der interdisziplinären Verständigung zur Etablierung einer innovationsfördernden Vertrauenskultur in Unternehmen.

*„Meine Mission ist, Success Factor Modeling zur Unterstützung der Zukunftsfähigkeit von Unternehmen im deutschsprachigen Raum bekannt zu machen und weiterzugeben."*

Email: gr@dr-reinschmidt.de
Homepage: www.dr-reinschmidt.de

# Castle Mount Media

*"Improving Leadership and Communication in Healthcare and Education"*

Der Verlag Castle Mount Media GmbH aus Erlangen hat sich auf Print- und Online-Medien spezialisiert, die sich der Verbesserung der Schlüsselkompetenzen in Führung und Kommunikation besonders in den Bereichen Gesundheitswesen und Bildung widmen. Unsere Mission ist, unsere Leser und die Teilnehmer unserer Seminare zu inspirieren und zu befähigen, ihre Erfolge durch Werte-orientierte, achtsame Führung und generative Kollaborationen zu erreichen.

Besuchen Sie bitte für weitere Informationen über Castle Mount Media, unsere Online-Seminare, Bücher und weitere Produkte unsere Website: https://www.castlemountmedia.de.

## Next Generation Leadership

### Mach Dich fit für die Zukunft mit Innovation und Resilienz

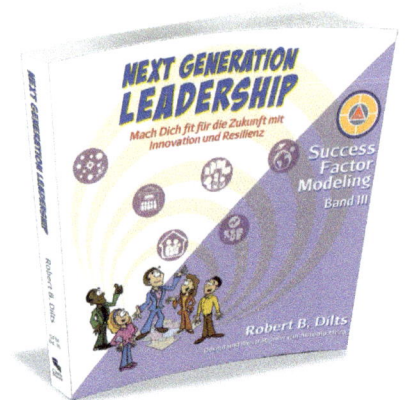

Lassen Sie sich inspirieren, durch das Conscious Leadership Modell im dritten Band *Next Generation Leadership* der *Success Factor Modeling* Trilogie des international bekannten Autors und Beraters *Robert B. Dilts* mit Illustrationen von *Antonio Meza* in der Übersetzung von *Dr. Gudrun Reinschmidt*.

Wir leben in herausfordernden, schnelllebigen Zeiten. Die beschleunigte Veränderungs-geschwindigkeit bringt zunehmende Instabilität, Ungewissheit und Risiko mit sich. Will man unter solchen Bedingungen ein zukunftsfähiges Unternehmen oder eine Karriere aufbauen, ist in hohem Maße bewusste Führungskunst, Innovationsbereitschaft und Resilienz gefragt. Belastbare und ausdauernde Führungskräfte, Teams und Unternehmen sind „fit für die Zukunft", d. h. sie reiten die unvermeidlichen Wellen der Veränderung und navigieren auf dem Pfad der Gefahren und Chancen, die mit diesen Wellen kommen.

Dieses Buch bietet Ihnen Grundlagen, Modelle, Übungen, Fallbeispiele und weitere Ressourcen, mit deren Hilfe Sie Ihr Können und Ihr Talent für virtuoses Führen erweitern, d. h. wie Sie sich selbst und Ihr Team aus einem Zustand der Präsenz und Achtsamkeit befähigen, coachen, beteiligen und engagieren, um ein profitables, nachhaltiges Geschäft aufzubauen. Mit Hilfe dieser Kompetenzen zeigen Sie mehr Authentizität, emotionale Intelligenz, Zielbewusstsein und Verantwortung und führen Teams oder Unternehmen, die produktiver, umweltbewusster und nachhaltiger sind und mehr Spaß haben.

Titel der englischsprachigen Originalausgabe: *Conscious Leadership and Resilience*
*Darin enthalten auch die Arbeit mit Mickey A. Feher zur Mindset Map App.*

**Verlag:** Castle Mount Media GmbH
**ISBN:** 978-3-9818472-8-4
**Seitenzahl:** 332

Lesen Sie auch den ersten Band der
*Success Factor Modeling Trilogie* –
Das Lebenswerk von Robert B. Dilts:

## Next Generation Entrepreneurs

Lebe Deinen Traum und schaffe eine bessere Welt durch Dein Unternehmen

*Next Generation Entrepreneurs* ist der erste Band der *Success Factor Modeling Serie* des renommierten Autors und Beraters *Robert Dilts* aus Kalifornien, USA.

Success Factor Modeling™ ist eine Methode, um gemeinsame Schlüsseleigenschaften und Fähigkeiten erfolgreicher Unternehmer, Teams und Organisationen zu ermitteln. Im Anschluss werden diese angewandt, um konkrete Abläufe und Kompetenzen zu definieren, die von anderen genutzt werden können, um die eigenen Erfolgschancen und Einflussmöglichkeiten deutlich zu steigern.

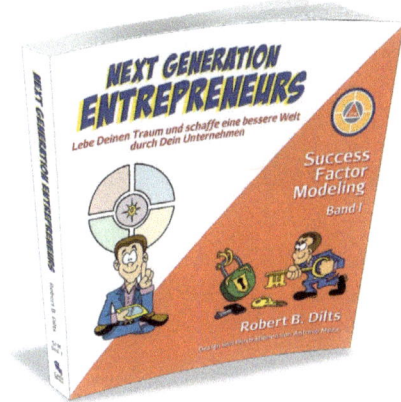

Entrepreneurs oder Intrapreneurs sind Unternehmer oder Führungskräfte, die für eine vielversprechende Gelegenheit bereit sind, persönliche, berufliche und finanzielle Verantwortung und Risiken zu übernehmen. Der Unternehmergeist war schon immer die Triebkraft für soziales und ökonomische Wachstum.

In den letzten Jahren ist eine Neue Unternehmergeneration herangewachsen, die an weit mehr als dem finanziellen Gewinn interessiert ist. Geprägt von Menschen wie Steve Jobs, Richard Branson und Elon Musk engagieren sich diese *Next Generation Entrepreneure*, ihre Träume zu leben und eine bessere Welt durch ihre Projekte oder Unternehmen zu schaffen. Durch Verknüpfung der persönlichen Ambition mit dem Wunsch nach Mitwirkung, Wachstum und Erfüllung bringen sie bahnbrechende und weltverändernde Innovationen hervor, die unseren Alltag und die Art, wie wir Geschäfte abwickeln, erheblich verändern.

| | |
|---|---|
| **Verlag:** | Castle Mount Media GmbH |
| **ISBN:** | 978-3-9818472-0-8 |
| **Seitenzahl:** | 336 |

Dieses Buch ist für Menschen mit ähnlichen Visionen. Für Menschen, die sich bewusst entscheiden, die Digitale Transformation zu nutzen und zu lernen, ein leidenschaftlicher, entschlossener und kreativer „*Next Generation Entrepreneur*" zu sein.

Das Buch bietet Modelle, Instrumente, Übungen, Illustrationen und Fallbeispiele von berühmten und weniger bekannten Unternehmern. So können Sie leicht nachvollziehen, wie Sie Ihren eigenen „*Erfolgszirkel*" gestalten und ein Unternehmen oder Projekt in Übereinstimmung mit Ihrer Lebensbestimmung aufbauen können.

# Weitere Bücher von Castle Mount Media

**Verlag:** Castle Mount Media GmbH
**ISBN:** 978-3-9818472-1-5
**Seitenzahl:** 232

**Virtual Power Teams: How to Deliver Projects Faster, Reduce Costs, and Develop Your Organization for the Future!**

von Peter Ivanov

## AMAZON International Bestseller

Globalisierung und Digitalisierung bringen es mit sich: Arbeit findet heute immer dezentraler statt. Expertenteams bilden sich, um ein Projekt erfolgreich zum Abschluss zu bringen, und trennen sich dann wieder, bis sie sich in anderer Konstellation neuen Inhalten widmen. Bei dieser häufig auch internationalen und damit kulturübergreifenden Form der Zusammenarbeit gilt es, im wortwörtlichen Sinne Grenzen zu überschreiten.

Dieses „grenzenlose" Arbeiten stellt besondere Herausforderungen an die Führung. Wo Teams nicht an einem Ort und von Angesicht zu Angesicht miteinander kooperieren, sind andere Techniken gefragt, um erfolgreiches Arbeiten zu ermöglichen: Eigenverantwortung statt Kontrolle, eine gut strukturierte Kommunikation und ein Verständnis für kulturelle Unterschiede sind die Hauptmerkmale einer guten Führung virtueller Teams.

In diesem spannend zu lesenden Buch packt Peter Ivanov sein Know-how und seine jahrelange Erfahrung in eine fiktive Story, anhand derer er Stück für Stück die Prinzipien für gute Führungsarbeit in virtuellen Teams erläutert.

Englischsprachige Ausgabe
© 2017 Castle Mount Media GmbH
ISBN 978-3-9818472-3-9

Deutsche Ausgabe © 2017 Gabal
ISBN 978-3-8693675-2-1

**Dealing with Divas & anderen schwierigen Persönlichkeiten –**

Mit Achtsamkeit und Souveränität Beziehungen stärken und Ziele erreichen

von Laura Baxter

## AMAZON #1 International Bestseller in 9 Ländern jetzt auch in deutscher Sprache

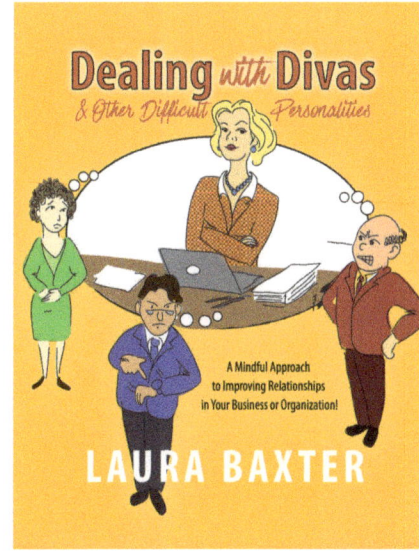

Haben Sie irgendeine „Diva" in ihrem Leben?
Sie sind nicht allein!

Diven und andere schwierige Persönlichkeiten rauben uns wertvolle Zeit und Energie. Sie lassen uns uns klein und unsicher fühlen. Sie verursachen Konflikte, Frustration, Ärger und lösen manchmal sogar Angst aus.

In einer Welt, in fruchtbare Beziehungen und effektive Kommunikation den Unterschied zwischen Erfolg und absolutem Versagen ausmachen, brauchen Sie Instrumente, die Ihnen helfen, ruhig, zuversichtlich und auf anstehende Aufgaben fokussiert zu bleiben, damit Sie Ihre Ziele erfüllen können – unabhängig von jeglichen Konflikten, die vielleicht um Sie herum vor sich gehen.

Genau dabei hilft Ihnen das neue Buch von Laura Baxter *Dealing with Divas und anderen schwierigen Persönlichkeiten*. Sie lernen Methoden kennen, die Sie brauchen, um gelassen, zentriert und fokussiert zu bleiben, wenn Sie mit schwierigen Menschen zu tun haben. Es bietet Ihnen genau die Instrumente, die Sie brauchen, um besser zu kommunizieren und so Ihre Ziele erfolgreich zu erreichen.
Wirkliche Lösungen für wirkliche Herausforderungen!
Dieses Buch richtet sich an:

- Projektleiter, die ihr Team zu mehr Produktivität und Erfolg führen wollen.
- Manager, die ihre Mitarbeiter motivieren und inspirieren wollen.
- jede Person, die mit schwierigen Menschen auskommen wollen,
  selbst wenn die Diva ihr Chef ist.

**Verlag:** Castle Mount Media GmbH
**ISBN:** 978-3-9818472-1-5
**Seitenzahl:** 232

Milton Keynes UK
Ingram Content Group UK Ltd.
UKHW050856201024
449759UK00014B/96